rororo sport
Herausgegeben von Bernd Gottwald

Grundlagen · Positionen · Tendenzen

KNUT DIETRICH
GERHARD LANDAU

SPORT PÄDAGOGIK

Rowohlt

SPORT
rororo

Originalausgabe
Umschlaggestaltung Jürgen Kaffer/Peter Wippermann
(Foto Karl-Bernd Karwasz)
Veröffentlicht im Rowohlt Taschenbuch Verlag GmbH,
Reinbek bei Hamburg, April 1990

Satz Sabon (Linotronic 500)
Gesamtherstellung Clausen & Bosse, Leck
Printed in Germany
1880-ISBN 3 499 18623 3

Inhalt

Vorwort

Es ist möglich, daß das vorliegende Buch die Erwartungen unserer Leser an eine Grundlegung der Sportpädagogik nicht erfüllt; Erwartungen etwa, daß ein solcher Text einen Überblick über unterschiedliche sportpädagogische Richtungen, über die Vielzahl der Forschungsansätze und Gegenstandsbereiche gibt, also in systematischer Absicht über den derzeitigen Erkenntnisstand der Sportpädagogik informiert, sind verständlich. Sie zu erfüllen war und konnte aber nicht das Anliegen der Verfasser dieses Buches sein. Dafür gibt es Gründe. Nach dem historischen Weg der «Theorie der Leibeserziehung» zur «Sportpädagogik» hat unser Fach weder in der Sportwissenschaft noch in der Erziehungswissenschaft einen klar umrissenen Standort gefunden, von dem aus klare Konturen des Faches in Abgrenzung zu anderen hätten entwickelt werden können. Wer heute einen solchen Versuch einer systematischen Grundlegung mit dem Anspruch längerfristiger Gültigkeit vorlegen wollte, würde die rasanten Veränderungen des Sports vernachlässigen, die ebenso zur Auflösung seiner Einheit wie zu einem Zuwachs an gesellschaftlicher Bedeutung geführt haben. In dieser Situation kann sich Sportpädagogik nicht problemlos als Anwalt des organisierten und staatlich geförderten Sports verstehen, mit der Aufgabe, die heranwachsende Generation in diese vermeintlich wohlgeordnete Welt des Sports hineinzuerziehen.

Gerade die Veränderungen im Sport mit den dabei nicht auszuschließenden problematischen Entwicklungen zwingen die Sportpädagogik dazu, sich ihres Gegenstandes distanziert zu vergewissern. Grundlegend für ein solches Vorhaben ist es, «Bewegung» und «Körper» als anthropologische Tatbestände wieder zu entdecken und sie in ihren historischen und sozialen Lebenszusammenhängen in der technischen Welt wie in der Welt des Sports aufzuspüren und als kritische Basis für pädagogische Analysen von Handlungsfeldern des Sports zu verwenden. Erst in und nach diesem Prozeß der Auseinandersetzung lassen sich Perspektiven der Erziehung konkret bestimmen.

Es ist deshalb das Anliegen dieses Buches, Anleitungen zur praxisorientierten sportpädagogischen Analyse von Handlungsfeldern des Sports zu geben. Die Verfasser erarbeiten dazu ihren eigenen Standort, und sie sind notgedrungen parteiisch. Insgesamt ist das Buch problementwickelnd aufgebaut. Die Verfasser suchen damit die sportpädagogische Diskussion, erwarten Widerspruch und konstruktive Kritik mit dem Ziel, einen perspektivenreichen Standort der Sportpädagogik neu herauszuarbeiten.

Dank sind wir dem Verlag schuldig, der lange und geduldig auf den Abschluß dieses Bandes gewartet hat. Dank auch den Kollegen, die den langen Prozeß der Entstehung kritisch begleitet haben. Dietrich Schwidder ist dabei besonders zu nennen. Er hat das Gesamtwerk mit der Kompetenz des theoretisch versierten Praktikers durchgesehen und uns zu notwendigen Korrekturen veranlaßt.

1 Einführung

Mit der Technisierung nahezu aller Lebensbereiche hat sich in den letzten Jahrzehnten ein rapider Wandel in den Lebensverhältnissen ereignet. Die industrietechnische Durchdringung der Lebenswelten brachte für die Menschen eine spürbare Befreiung vor allem von schwerer körperlicher Arbeit mit sich. Technische Rationalisierung der Arbeitswelt, verstärkte Mechanisierung der Produktionsvorgänge ersetzten menschliche Arbeitskraft. Für den Menschen selbst bedeutete dies einerseits eine spürbare Arbeitszeitverkürzung und andererseits ein zunehmendes Maß an Freizeit. Die Technisierung auch anderer Lebensbereiche (im Wohnbereich, im Haushalt), die Motorisierung der Verkehrsmittel, die Ausweitung der elektronischen Kommunikation ließen die körperliche Beanspruchung noch weiter zurückgehen. Inzwischen wird auf die Folgen dieser «technischen» Entlastung hingewiesen. Die Entlastung von körperlicher Arbeit und der damit verbundene Bewegungsmangel scheinen dem Menschen als Bewegungswesen gesundheitlich nicht zuträglich zu sein. Vermehrte Freizeit und Mobilität schaffen die Möglichkeit, an einem vielfältigen Bewegungsangebot teilzuhaben. Unter diesen vom technischen Fortschritt erzeugten Lebensbedingungen konnte der Sport zur Massenbewegung werden.

Eine verstärkte Aufmerksamkeit und Zuwendung zum eigenen Körper ist charakteristisch für das Leben in der modernen Welt geworden. Ein Körper- und Bewegungsmarkt ist entstanden, der noch expandiert. Das Angebot reicht dabei von herkömmlichen Sportgelegenheiten in Kommunen und Vereinen bis hin zu kommerziellen Angeboten der Fitness- und Körperstudios sowie des Tourismus. Mit dem eigens eingerichteten Dienstleistungssektor «Sport» scheint die moderne Industriegesellschaft das Körper- und Bewegungsproblem auf ihre Weise gelöst zu haben. Aber kann gesichert davon ausgegangen werden, daß mit dieser Art von Lösung das gerade aufgrund des technischen Fortschritts problematisch gewordene Verhältnis des Menschen zu seiner eigenen und zur äußeren Natur «angemessen» beantwortet wird? Dieser Frage muß sich eine Wissenschaft, die sich für das körperliche Dasein und das Bewegungsleben des Menschen verantwortlich fühlt, stellen.

Der Wandel der Lebensverhältnisse durch den technischen Fortschritt wird zu einer in Ausmaß und Qualität neuen Herausforderung an die Sportpädagogik. Mit den bisher ausgebildeten Konzepten kann die Sportpädagogik die entstandenen Probleme nicht lösen. Sie läuft im Gegenteil Gefahr, fragwürdige Tendenzen der Technisierung, die den

Sport selbst ergriffen haben, zu verstärken. Damit würde sich die Sportpädagogik zum Anwalt von oberflächlichen Lösungen machen und lediglich an Symptomen kurieren. Notwendig erscheint es vielmehr, die Probleme in ihrem Entstehungszusammenhang zu analysieren und pädagogisch zu bewerten. Dies wird die Grundlagen schaffen, die es ermöglichen, die Position der Sportpädagogik neu zu bestimmen.

Die Sportpädagogik, wie auch ihre historischen Vorläufer, die Theorien der Leibeserziehung, haben sich zu jeder Zeit bemüht, Verantwortung für die Leiblichkeit des Menschen zu tragen. Zur Neubestimmung ihres Standpunktes sahen sich die Vertreter der Leibeserziehung und Sportpädagogik immer dann veranlaßt, wenn in zeitgeschichtlichen Entwicklungen das Verhältnis der Menschen zu ihrem Leib berührt war. Dabei sind neue Konzeptionen der Leibeserziehung und Sportpädagogik aus einer Kritik am ‹Zeitgeist› entstanden. In Kapitel 2 werden beispielhaft historische Quellen ausgewertet, die auf der Grundlage solcher Kritik neue Konzepte der Leibeserziehung und der Sportpädagogik hervorbrachten. Aus ihnen lassen sich auch die Positionen aufzeigen, von denen aus Kritik geübt wurde. Es wird zu prüfen sein, inwieweit diese Positionen auch für heutige sportpädagogische Betrachtungen hilfreich sind. Die Frage, wie die Probleme heute zu betrachten sind, um sie als sportpädagogische Probleme hinreichend zu bestimmen, wird in Kapitel 3 aufgegriffen. Der Standpunkt des Betrachters und die Art seiner Betrachtung bestimmen weitgehend, was man sieht. Der Gegenstand der Sportpädagogik wird eben auf diese Weise seine Konturen gewinnen. Es wird in Kapitel 4 darum gehen, in der Auseinandersetzung mit dem derzeit herrschenden Verständnis eine Neubestimmung des Gegenstandes der Sportpädagogik zu unternehmen. Als wichtigste Bezugspunkte der Betrachtung des Gegenstandes der Sportpädagogik werden die Bewegung und die Entwicklung des Menschen herausgearbeitet. Nur durch ein angemessenes bewegungstheoretisches Konzept gewinnt Sportpädagogik ihre fachliche und eigenständige Grundlage. Ein solches wird in Auseinandersetzung mit einschlägigen Bewegungstheorien der Sportwissenschaft in ersten Ansätzen in Kapitel 5 entwickelt.

Mit dem Nachweis, daß die Bewegung des Menschen förderlich für seine Entwicklung ist, gewinnt Sportpädagogik ihr erzieherisches Kriterium, das für Analysen der sportpädagogischen Praxis und zu deren Anleitung notwendig ist. Eine für die Sportpädagogik grundlegende Entwicklungstheorie, die es erlaubte, Bedeutung der menschlichen Bewegung hinreichend zu bestimmen, gibt es bis jetzt nicht. Es wird in Kapitel 6 versucht, Konturen einer solchen Entwicklungstheorie herauszuarbeiten und sie, soweit möglich, mit Elementen relevanter Untersuchungsansätze zu füllen. Die Kapitel 2–6 haben die Funktion, sich der wichtigsten Bezugsgrundlagen der Sportpädagogik zu vergewissern. Ihre weitere Ausarbeitung ist angewiesen auf Untersuchungen in den Praxisfeldern der Sportpädagogik. Welche vorliegenden Arbeiten dafür hilfreich sind und wie Untersuchungen aussehen und wo sie durchgeführt werden können wird an Beispielen in Kapitel 7 gezeigt.

2 Historische Quellen kritischer Sportpädagogik

Es ist nicht schwer, anhand historischer Quellen der Leibeserziehung zu belegen, daß Fragen der leiblichen Erziehung nicht selten vor dem Hintergrund von zeitgeschichtlichen Fehlentwicklungen aufgeworfen und erörtert worden sind. BERNETT (1959) hat nicht unrecht, wenn er die Leibeserziehung ein «Kind der Kulturkritik» nennt. Solche Spuren «kritischer Erziehung» sollen im folgenden an einigen Beispielen nachgewiesen werden. Dies geschieht nicht in systematischer Absicht. Es sollen lediglich die grundlegenden Bezugspunkte der Kritik herausgearbeitet werden, um sie als Bestand einer kritischen Sportpädagogik darauf zu prüfen, ob sie auch heute noch bedacht und in die Diskussion einbezogen werden müssen.

Die Beachtung jener Phasen, in denen eine Neubestimmung der Leibeserziehung bzw. der Sportpädagogik versucht wurde, läßt die Begründungen des Faches besonders klar hervortreten, verdeutlicht die Positionen, von denen aus argumentiert wird, und macht kenntlich, auf bzw. gegen welche sozialen und kulturellen Erscheinungen Leibeserziehung ihre Bestrebungen richtet. Wie einleitend betont wurde, steht die Sportpädagogik auch heute vor einem neuerlichen Umbruch. Wenn auch die historische und gesellschaftliche Situation Ende des 20. Jahrhunderts eine andere ist, so wird doch heute wie damals die anthroposophische Frage aufgeworfen, wie Menschen sich zu ihrem Leib verhalten und wie sie sich über ihren Leib der Welt vermitteln. Um die noch heute bedeutsamen geschichtlichen Antworten auf diese Frage zu erhalten, reicht es auch, bis ROUSSEAU zurückzugehen, die ersten Ansätze einer Institutionalisierung der Leibeserziehung durch die Philanthropen zu verfolgen, um dann die Neuorientierung unseres Jahrhunderts (Reformbewegung, Neubestimmung nach 1945 und die Wende zum Sport) zu skizzieren. Die Geschichte der Sportpädagogik im Lichte kultur- und gesellschaftskritischer Theoreme neu zu bearbeiten hieße neben den reformerischen auch die affirmativen Phasen in der Geschichte der Sportpädagogik zu beschreiben. Kritik ist also kein durchgängiges Merkmal, an dem sich die Entwicklung der Sportpädagogik umfassend rekonstruieren ließe. In jenen Phasen ihrer Geschichte lassen sich ihre Grundlagen am deutlichsten herausarbeiten.

Ein Entwurf leiblicher Erziehung (J.-J. Rousseau 1712–1778)

Nachhaltige Wirkungen sind von ROUSSEAU ausgegangen. In seiner Streitschrift über den «Ursprung und die Grundlagen der Ungleichheit unter den Menschen» (1750) beschreibt er dies als einen Verlust der Bindung des Menschen an die Natur. Die Krisis der Kultur wird in der Entwicklung des Naturmenschen zum Gesellschaftsmenschen gesehen. Der zeitgeschichtlichen Situation von Kultur und Gesellschaft wird der Naturzustand als Maßstab gegenübergestellt. Von dieser Position aus entfaltet ROUSSEAU seine Kulturkritik. Bezogen auf die Natur des Menschen, kritisiert ROUSSEAU die Erziehungsmethoden seiner Zeit, die Hygiene und Ernährung, Lehre und Unterricht und insbesondere auch die körperliche Erziehung.

Diese Kritik impliziert aber nicht, wie oft mißverstanden, ein «Zurück zur Natur», sondern eine Erneuerung von Kultur und Gesellschaft, wie sie – freilich wiederum idealisierend – im ‹contrat social› beschrieben wird. Dies ist auch die Grundlage seines Erziehungsverständnisses, das er in seinem Roman «Emile» (1762) entwickelt und darstellt. «Es besteht ein großer Unterschied zwischen dem natürlichen Menschen, der im Naturzustand lebt, und dem natürlichen Menschen, der in der Gesellschaft lebt. Emile ist kein Wilder, der in die Wüste geschickt werden müßte, er ist ein Wilder, geschaffen für das Leben in den Städten. ... Man darf nicht verwechseln, was im Naturzustand natürlich ist und was im Gesellschaftszustand natürlich ist» (ROUSSEAU 1981, 47ff.). (Wo es möglich ist, wird auf die Quelle DENK/HECKER: Texte zur Sportpädagogik, Schorndorf 1981, 111–131 zurückgegriffen. Die anderen Zitate sind dem von P. SAKMANN herausgegebenen Rousseau-Text: Die Krisis der Natur, Stuttgart 1956, entnommen.) In ROUSSEAUS Erziehungskonzept ist der Naturbegriff wichtigster Bezugspunkt: «...Erziehung erhalten wir teils von der Natur, teils von den Menschen, teils von den Dingen. Die innere Entwicklung unserer Fähigkeiten und Organe ist die Erziehung der Natur; der Gebrauch, den man uns von dieser Entwicklung machen lehrt, ist die Erziehung der Menschen, und der Zuwachs unserer eigenen Erfahrung über die Gegenstände, die auf uns einwirken, ist die Erziehung der Dinge» (Rousseau 1956, 133). Die Natur soll für die beiden anderen richtungweisend sein, weil sie am wenigsten vom Menschen und seiner Erziehungskunst abhängig ist. Natur gibt sowohl Ziel wie Weg der Erziehung vor. «Das Kind ist von allem Anfang Zögling der Natur. Der Erzieher hat lediglich den Anweisungen dieses ersten Lehrmeisters zu folgen und dafür zu sorgen, daß die Wirksamkeit dieses ersten nicht gehemmt, seine Bemühungen nicht vereitelt werden» (Rousseau 137). Insofern die Natur das rechte Maß allen Tuns setzt, kann sich der Erzieher im Sinne einer negativen Erziehung zurückhalten. Rousseau fordert die Erzieher auf, den Zögling frei bestimmen zu lassen: «Seht an, was er tut, ohne ihm dreinzureden und erwägt, was er wohl tun und wie er sich dabei anstellen wird» (Rousseau 1981, 70). Bemüht euch, «ihn immer in sich selbst zu halten, nur auf das bedacht, was ihn unmittelbar berührt, dann werdet ihr feststellen, daß sich in ihm die Fähigkeit des Denkens, des Gedächtnisses, ja selbst der Urteilkraft entwickelt hat: so will es die Ordnung der Natur» (Rousseau 1981, 51). Zu Vernunft und Urteilskraft kann der Mensch nur im Rahmen der Ordnung der Natur kommen. Körperliche Erziehung wird zur Grundlage der Erziehung des vernünftigen Menschen. «Trainiert ständig seinen Körper, macht ihn robust und gesund, damit er klug und vernünftig wird..., laßt ihn durch Kraft ein Mensch sein, und bald wird er es durch die Vernunft sein» (Rousseau 1981, 51).

Mit Entwicklung der Kraft ist die Entwicklung aller Organe des Menschen gemeint: «Es gibt eine rein natürliche und mechanische Leibesübung, die wohl dazu dient, den Körper zu stärken, aber ohne Nutzen für die Ausbildung des Urteilsvermögens: schwimmen, laufen, springen, den Kreisel peitschen und Steine werfen» (Rousseau 1981, 61). «Übt also nicht allein die Kräfte, übt alle Sinne, durch die sie gelenkt werden; nutzt sie alle so gut wie möglich aus, und dann überprüft den einen Sinneseindruck durch den anderen» (Rousseau 1981, 61). Nur insofern durch körperliche Bewegung die Sinne angeregt werden, sich der Mensch über seine Sinne der Welt vermittelt, ist eine Erziehung zur Urteilskraft möglich. Dem Tastsinn kommt in der frühen Kindesentwicklung eine besondere Bedeutung zu. «So sehr der Tastsinn die Unternehmungen des Menschen auf seine nächste Umgebung konzentriert, so sehr führt der Gesichtssinn sie über diesen Kreis hinaus, und das ist es, was ihn trügerisch macht» (Rousseau 1981, 63). Eben weil man über den Gesichtssinn mehr erfaßt, als man verarbeiten kann, ist er zwar der weitestreichende, aber auch der unzuverlässigste, weil das, was er erfaßt, nicht durch den Tastsinn geprüft und korrigiert werden kann; deshalb muß der «Gesichtssinn dem Tastsinn untergeordnet werden» (ROUSSEAU 1981, 64).

Die menschliche Bewegung wird bei ROUSSEAU nicht für sich betrachtet oder in ihrer Funktion für die mechanisch-körperliche Entwicklung; sie ist vielmehr das Medium, das es dem Kind erlaubt, die Welt in Erfahrung zu bringen und dabei seine Urteilskraft zu entwickeln. «Wenn ihr es daran gewöhnt, auf solche Art die Wirkung all seiner Bewegungen vorauszusehen und seine Irrtümer durch Erfahrung zu korrigieren, ist es dann nicht klar, daß es, je mehr es handelt, desto urteilsfähiger wird?» (ROUSSEAU 1981, 61).

Vor allem der Umgang mit den Dingen ist in diesem Zusammenhang von großer Bedeutung, denn alles Wissen beruht auf Sinneseindrücken. «Erhaltet also das Kind einzig und allein in der Abhängigkeit von den Dingen, und ihr werdet auf der Bahn seiner Erziehung der Abhängigkeit der Natur folgen.» Es ist nur konsequent, daß ROUSSEAU der Arbeit des Handwerkers und des Landmannes eine besondere Bedeutung zuweist: «Unter allen Beschäftigungen, die dem Menschen den Unterhalt liefern, ist die Handarbeit diejenige, die uns dem Stand der Natur am nächsten bringt» (ROUSSEAU 1956, 162). Es ließen sich an dieser Stelle Parallelen zur heutigen sportpädagogischen Diskussion herstellen, so etwa zum Zusammenhang von sensomotorischer und kognitiver Entwicklung (PIAGET) und deren Rezeption durch zeitgenössische Autoren. SCHULZ hat in einer gründlichen Aufarbeitung des ROUSSEAUschen Erziehungskonzeptes die historischen Entwicklungslinien bis heute durchgezeichnet (SCHULZ 1982).

Die Natur wird für ROUSSEAU zum Maß aller Dinge in der Erziehung:

> Sie schafft den Raum, in dem Erziehung sich fern der Verführungen des gesellschaftlichen Lebens vollziehen kann. «Die guten gesellschaftlichen Einrichtungen sind gerade die, die den Menschen am meisten naturlos machen, ...» (ROUSSEAU 1956, 134). Hieraus wird das Lob des Landlebens und der Landwirtschaft verständlich.
>
> Die Natur vermittelt dem Menschen das Maß, wie er sich mit seiner Welt auseinandersetzt: Was der Zögling auch tun möchte, «niemals wird er etwas unternehmen, das seine Kräfte übersteigt, denn er hat sie gut geprüft und kennt sie» (ROUSSEAU 1981, 70).

Die Natur ist selbst der beste Lehrmeister: Der Zögling «erhält seine Lektionen von der Natur und nicht vom Menschen. Da er nirgendwo die Absicht sieht, ihn zu belehren, unterrichtet er sich selbst umso besser» (ROUSSEAU 1981, 53).
«Macht den Zögling auf die Erscheinungen der Natur aufmerksam; ihr werdet ihn dadurch bald wißbegierig machen» (ROUSSEAU 1956, 160).

Die Natur gibt das Zeitmaß und die Methode der Erziehung vor: «Gebt der Natur genug Zeit zu handeln, bevor ihr daran geht, an ihrer Statt zu handeln, aus Furcht, ihr Wirken zu durchkreuzen» (ROUSSEAU 1981, 50).

Sie gibt eine Entwicklungsgesetzlichkeit in Stufen vor, was in der Erziehung Beachtung verdient: «Jedes Alter, jeder Stand des Lebens hat seine ihm eigene Vollkommenheit, seine ihm eigentümliche Reife» (ROUSSEAU 1956, 156).

Die enorme Wirkung, die die Gedanken ROUSSEAUS auf die Theorie der Leibeserziehung und die Sportpädagogik bis heute haben, liegt darin, daß er eine Argumentationsfigur (Natur versus Gesellschaft) liefert, die fast zwangsläufig die Leiblichkeit des Menschen (als dessen Natur) in den Mittelpunkt stellt. Das, was Natur ist, bleibt allerdings eine Fiktion (GEBAUER 1981, 52f.), es kann nur negativ als Gegensatz zu Erscheinungen der Zivilisation formuliert werden. Naturvorstellungen, die in dieser Art im Spiegel der Erscheinungen von Zivilisation und Gesellschaft entwickelt werden, lassen sich als normative Begründungen für Erziehungsprogramme heranziehen und insbesondere zur Legitimation der leiblichen Erziehung (GEBAUER 1981, 53).

Die Institutionalisierung leiblicher Erziehung (Die Philanthropen)

Rousseau hat das Erziehungsdenken der Philanthropen nachhaltig beeinflußt. Das gilt insbesondere für deren Entwürfe zur leiblichen Erziehung. So sind es Rousseaus Gedanken, die in die Grundlegung von Guts Muths' «Gymnastik für die Jugend» (1793) eingehen. Die Philanthropen begründen die Notwendigkeit von Erziehungsreformen aus der Kritik an Erscheinungen der Zivilisation. Aber ihre kritische Auseinandersetzung bleibt im Vergleich zu den grundlegenden Gedanken Rousseaus doch recht oberflächlich. «Sie haftet am Äußerlichen: an der Kosmetik, an den Wickelbändern, Perücken und Korsetts der Zeitgenossen. Was für ein Aufhebens macht man aus der preisgekrönten Abhandlung der Philanthropen über die Schnürbrüste!» (Bernett 1960, 33). Wie Rousseau klagt man über den körperlichen Verfall des Zivilisationsmenschen und läßt sich durch die beispielhaften Gegenbilder des Naturmenschen, des urwüchsigen Germanen und des unverbildeten Kindes begeistern. Man kann den historischen Entwicklungsschritt von Rousseau zu den Philanthropen als einen Versuch kennzeichnen, eine Erziehungsidee im Rahmen der bürgerlichen Schule zu institutionalisieren. Rousseau hat in seinem Erziehungsprogramm «Emile» den idealen Erziehungsgang eines Einzelkindes beschrieben. Andere Kinder, andere Menschen kommen dort nur vor, soweit Rousseau sie für sein pädagogisches Arrangement braucht. Die soziale Umwelt wird nur soweit zugelassen, wie es den Erziehungsintentionen entspricht, oder die Umwelt wird als die verderbte Gegenwelt ausgeklammert. Das Erziehungsprogramm Rousseaus auf Schule zu übertragen, bedeutet aber die von Rousseau vorgenommene Gegenüberstellung bzw. Trennung von Natur (des Kindes) und Gesellschaft (und ihrer Institution) aufzuheben. Man könnte aus heutiger Sicht fragen, wie dies gelingen könnte:

Wie sieht eine Erziehungskonzeption aus, in der Emile «Schule» macht? Was geschieht, wenn man versucht, den Erziehungsgang des Emile in bürgerlichen Schulen zu institutionalisieren? Wie kann man der Natur zu ihrem Recht verhelfen, wenn man viele Schüler auf einmal unterrichten muß? Eben dies war das Problem der Philanthropen. Nicht das Erzieher-Zögling-Verhältnis und die im Lebensalltag sich ergebenden Erziehungsanlässe bestimmen den Erziehungsgang; die Philanthropine sind Anstalten mit vielen Schülern. Die Erziehungssituationen müssen für alle verbindlich hergestellt werden. Wie geschieht das? Zunächst fällt auf, daß GUTS MUTHS anstelle des pädagogischen Arrangements klare Inhalte setzt. Um Verbindlichkeit für alle zu schaffen, kann man sich nicht auf die sich spontan ergebende Erziehungssituation verlassen. Die Inhalte wählt er unter pädagogischen Aspekten:

Seine «Spiele zur Übung und Erholung des Körpers und des Geistes» (1796) und seine «Gymnastik für die Jugend» (1793) sind Beispiele dafür. Dabei läßt sich deutlich zeigen, wie seine späteren Werke, z. B. das «Turnbuch für die Söhne des Vaterlandes» (1817) und sein «Katechismus der Turnkunst» (1818) gegenüber den ersteren immer systematischer werden. Da er sich an Lehrer und Erzieher wendet, denen er seine Leibeserziehung vermitteln möchte, müssen klare, überschaubare Ordnungsschemata her. Er geht dabei vom Grundbestand des griechischen Fünfkampfes aus: Laufen, Springen, Speerwerfen, Diskuswerfen und Ringen. «So ist denn die Gymnastik ein System von Übungen, die auf Dauer und Kraft, auf Gewandtheit und Schönheit des Körpers abgezweckt sind» (GUTS MUTHS 1970, 6). Die Leibesübungen der Philanthropen sind ganz auf die «bürgerliche Brauchbarkeit» und auf lebenspraktische Funktion hin ausgerichtet. Die Aufklärung stärkte zugleich den Glauben an die allmächtige Vernunft. Die Philanthropen begannen, das Ideengut ROUSSEAUS den Prinzipien bürgerlicher Rationalität zu unterwerfen. BERNETT hat verdeutlicht, «wie die philanthropische Bewegung das Urphänomen des Spiels durch rationalistische Berechnung denaturiert. Das unvernünftig spielende Kind wird zur Raison gebracht, das Elementare zivilisiert, der Nutzwert dem Erlebniswert übergeordnet» (BERNETT 1960, 70). Diese Tendenz zur Rationalisierung wird vor allem in den Vorschlägen zur Systematisierung der Leibesübungen sichtbar. VIETH (1795) geht in seinem «Versuch einer Enzyklopädie der Leibesübungen» schon einen wesentlichen Schritt weiter; er gliedert die gymnastischen Übungen nach Gattungen, Arten und Unterarten. Zu deren Kennzeichnung wählt er Kategorien der Naturwissenschaft, der Mechanik und der Mathematik. Diese Systematisierungen werden im Zuge der Verschulung des Turnens und der Gymnastik später noch verstärkt, so im Anschluß an PESTALOZZI vor allem von SPIESS (1874). Für die Systematisierung der Leibesübungen war die Voraussetzung, sie streng zu methodisieren. Bestimmte bei

ROUSSEAU die Natur den Gang der Erziehung, so glauben die Philanthropen ganz an die Wirksamkeit eines methodischen Aufbaus. In seinem «Turnbuch» gliedert GUTS MUTHS seine Übungen in Vorübungen, Hauptübungen und Turnübungen. Ein anschauliches Beispiel ist der Kriegsschritt im Turnbuch (GUTS MUTHS 1817, 4–35). Dieses Beispiel zeigt nicht nur die starke Methodisierung des Stoffes, die im übrigen von BASEDOW noch verstärkt worden ist. Nun werden auch die sozialen Ordnungsformen streng geregelt. Gerade im Zusammenhang mit der Funktion des Turnens, auf den Wehrstand vorzubereiten, werden das Exerzieren und die Übung des Übergangs von einer Ordnungsform in die andere besonders notwendig. «Verein, Ordnung, Zeitmaß, Wink, Befehl, sind die Seele des Turnwesens» (GUTS MUTHS 1817, 307).

Der Drill des preußischen Heeres wird zum Vorbild für die Methodik und zum Vorbild auch der entsprechenden sozialen Ordnung: «Wenn die Meister oder Eltern die Kunst des Tanzes, des Ganges und der anständigen Stellungen... so elementarisch zu lehren wüßten wie die preußischen Offiziere das Exerzieren der Rekruten, so würde sie sehr bald auf eine ordentliche Weise gelernt» (BASEDOW, zit. nach BERNETT 1960, 76/77). Institutionalisierungen von Erziehung sind immer damit verbunden, daß legitimiert werden muß, wozu eine öffentliche Anstalt auf Dauer da sein soll. GUTS MUTHS hat seine «Turnübungen» dem preußischen Minister (1804) als «Vorbereitung zur Waffentracht» anempfohlen (GUTS MUTHS 1817). Dies hat, wie man unschwer erkennt, Rückwirkungen auf die Konzeption der Gymnastik und des Turnens gehabt.

Die rationale Gliederung des Stoffes, die ebenso logisch aufgebaute Methodik schaffen zugleich die Grundlage dafür, die Schüler bezüglich ihrer Leistungsfähigkeit und -bereitschaft zu unterscheiden. Die Basis dafür schafft die von den Philanthropen betonte Leistungsmessung. «Jene Eingangsübungen schaffen dem Turnlehrer zugleich die Bahn der Prüfung» (GUTS MUTHS 1817, 295). «Die Übung selbst muß mit mehr Genauigkeit und gleichsam unter Berechnung angestellt werden, denn es ist bei allen Anstrengungen auch für die Jugend angenehm, bestimmt zu wissen, was man geleistet hat, und wieviel man mehr leistete als ehedem;» ... «Dazu ist eine abgemessene Bahn notwendig» (GUTS MUTHS 1793, 90). Es werden Normentabellen aufgestellt, die eine aufsteigende Auflistung von Leistungen enthalten. «In Schnepfental kann nur der im Protokoll notiert werden, der wenigstens ¼ Meile gelaufen ist. Wer weniger läuft, ist nur noch in der Vorübung» (GUTS MUTHS 1793, 90). Das Verfahren der minutiösen Leistungsmessung wird in den Schulen zum Prinzip erhoben. «Es ist das Leistungsprinzip der bürgerlichen Arbeitswelt, das zum Nerv der neuen Leibeserziehung wird» (BERNETT 1960, 71). Es konnte gar nicht ausbleiben, daß sich das Bedürfnis nach Ordnung, Exaktheit der Bewegung und Leistungsmessung auch in der Entwicklung von Geräten niederschlug. Über die Geräte und die Gestaltung der Bewegungsräume wurden auch die Bewegungen in ihren Bahnen und ihren Maßen festgelegt. Die technische Konstruktion der Geräte, von denen viele noch heute zu finden sind, schaffte entsprechend künstliche Bewegungsformen. Über die Geräte konnten damit Inhalte des Lernens definiert werden. Das Gerät zu beherrschen wurde zum Ausdruck der Körperbeherrschung. Die allgemeine Tendenz zur Rationalisierung setzte sich über technische Normierung der Bewegungsräume fort und bestimmte auch das Verhältnis zum eigenen Körper.

Die «organische Bewegung» verlor an Bedeutung, sie wurde zur künstlichen Bewegung und in ihrer Systematisierung zur Bewegungskunst. Diese Entwicklungen zeigen, daß sich gegenüber ROUSSEAU die Auffassung vom Wesen der menschlichen Bewegung grundlegend geändert hat. Bewegung wird für sich und in ihrer äußeren Erscheinung betrachtet. Der Bewegungsablauf wird zerlegt und durch Befehle und die Vorgabe des Taktes zeitlich gegliedert. Das Bewegungslernen wird methodisch systematisiert. Die Mechanik des Körpers wird zur Grundlage der Einteilung von Bewegungen bzw. zum Ausgangspunkt, Bewegungsmöglichkeiten zu entdecken. Das Gleichmaß der Bewegung in der sozialen Ordnung und im geometrisch gegliederten Raum wird zum Ausdruck gesellschaftlicher Ordnung bzw. Unterordnung. ROUSSEAU hat den wichtigsten Impuls für eine kulturkritische Leibeserziehung gegeben. Er hat seine Ideen der Erziehung frei von den Realisierungszwängen, ja gerade gegen sie als eine Erziehungsutopie beschrieben. Das Beispiel der Philanthropen zeigt, wie es trotz der Berufung auf ROUSSEAU zu einer Wandlung und Umkehr der pädagogischen Ansätze im Rahmen bürgerlicher institutionalisierter Erziehung kommt. Dies zeigt, wie ungenau der Begriff der Natur bei ROUSSEAU ist, wie beliebig er verwandelt wird und wie er dennoch zur Legitimation zeitbedingter Erziehungskonzepte zu dienen vermag. Es ist im Laufe der Geschichte der Leibeserziehung immer wieder zu Rückgriffen auf das Gedankengut ROUSSEAUS gekommen, die sich nun gegen die Verkrustungen und Verschulungen der Leibesübungen selbst, aber auch gegen die Fehlentwicklungen der außerschulischen Bereiche von Turnen, Sport und Gymnastik richteten.

Die Wiederentdeckung des Natürlichen

Reformpädagogik – Natürliches Turnen

Mit der Einführung der Gymnastik und des Turnens in die preußischen Schulen wurde der Prozeß der Institutionalisierung der leiblichen Erziehung vollendet. Die Verankerung der Gymnastik, später des Turnens in den preußischen Lehrplänen führte zu planmäßigen Veranstaltungen in Klassenverbänden. Die Forderung nach Ordnung und Systematik des Übungsstoffes verstärkte sich. Indem eine der geistigen Strömung der Zeit entsprechende Systematik entstand, wurden die Leibesübungen schulreif. Ein Beispiel dafür ist SPIESS (1874). Er setzte sich mit seiner mechanistischen Gliederung der menschlichen Bewegung gegenüber Auffassungen durch, die aus der Turnbewegung JAHNS (1816) kamen und lebendigere Formen des volkstümlichen Turnens vorschlugen (MASSMANN 1981). Die Künstlichkeit der Übungen, die posenhaften, starren Haltungen und die streng kontrollierten Bewegungen nahmen zu. Die Tendenz zur Methodisierung verstärkte sich. Die körperlichen Bewegungen und die durch sie in Klassenverbänden herstellbaren sozialen Ordnungen werden zum Selbstzweck. Der Bewegung eine künstliche Form zu geben, wird als Formung der Person mißverstanden. Die sozialen Ordnungsformen der sog. Gemeinübungen sind Mittel zur Erziehung des guten Untertanen.

Dies war die Zeit, in der durch die Jugendbewegung ein Gegenimpuls gesetzt wurde. Sie mündete in eine pädagogische Reformbewegung, die sich gegen jene geschilderte verschulte Künstlichkeit richtete. Es waren die Österreicher GAULHOFER und STREICHER (1931, 1949), die die Gedanken der Reformpädagogik in die Fachdiskussion einführten. Mit ihr wird mit dem bisherigen Bewegungsverständnis, wie es oben gekennzeichnet wurde, gebrochen. Die «natürliche Bewegung» wird wiederentdeckt. Die folgenden Zitate zeigen, wie sehr STREICHER Gedanken ROUSSEAUS aufgreift:

> «Wenn man nun Erziehung überhaupt, und daher auch die körperliche Erziehung als Entwicklungshilfe auffaßt, nicht als Drill, so kann die natürliche Bewegung nur dadurch erhalten werden, daß man der naturgegebenen Entwicklung folgt: ... Es muß also zwischen 6 und 12 Jahren alles vermieden werden, was die natürliche Bewegung zerstören könnte. Am besten geschieht dies, wenn man den Kindern ihren Kräften angemessene Bewegungsaufgaben stellt, für die sie auf dem Wege vielfacher Versuche die beste Lösung allmählich von selbst finden. Die bewußte Schulung darf erst dann einsetzen, wenn sich das Bewußtsein von selbst mit der Bewegung zu beschäftigen begonnen hat...» (STREICHER 1931, 164).

> «Überlegt man, welche Leistungen man Kindern zumuten kann, so darf man nicht vergessen, daß es eine ‹absolute› Leistung nicht gibt, daß jedes Alter sein Maß und seine Art der Leistung hat» (STREICHER 1931, 165).

STREICHER stellt den «Schulformen» des Turnens die «Lebensformen» gegenüber. Die Lebensformen sollen die Hauptmasse der Übungen ausmachen, wenn auch die Schulformen für die ausgleichende Arbeit unerläßlich sind (205). «Am wenigsten vergreift man sich darin, wenn man die Bewegungsaufgaben des täglichen Lebens und des Arbeitslebens in den Vordergrund stellt» (STREICHER 1931, 165). GAULHOFER stellt ein System der Leibesübungen auf, wobei unter Leibesübungen immer Übungen in pädagogischer Absicht gemeint sind. «Wir rechnen zu den Leibesübungen die Alltagsbewegungen, die körperlichen Arbeiten, den Kampf und das körperliche Spiel, soweit durch diese Betätigungen dem Menschen innerer und äußerer Gewinn erwächst.» «Mit dem Wort Leibesübungen verbinden wir daher eine Wertvorstellung» (GAULHOFER 1949, 210). Damit wird der Begriff der Leibesübungen zur kritischen Instanz gegen schädliche Entwicklungen, wie sie in den gewachsenen Formen von Turnen, Sport, Spiel und Gymnastik sichtbar werden. Erst im pädagogischen Zusammenhang können aus ihnen Leibesübungen werden. Die Bestimmung dessen, was als natürlich zu bezeichnen ist, wird von STREICHER biologisch gedeutet. «Man könnte die körperliche Erziehung auch als angewandte Biologie bezeichnen.» Mit diesem Satz beginnt STREICHER ihren Vortrag «Über die natürliche Bewegung». «Sich natürlich bewegen heißt ja nichts anderes, als sich körpergesetzlich bewegen» (STREICHER 1931, 147). «Was an mancher Turnweise so unerträglich ist, das Sichhinwegsetzen über innere Forderungen des Körpers, das gewaltsame Geltendmachen von außen herangetragener Forderungen, das stammt durchwegs aus der Zeit der Herrschaft über die Natur. Alle Neuerungsbestrebungen stehen dem Körper grundsätzlich anders gegenüber: sie halten ihn für eins der Wunderwerke der Natur, dessen Gesetze sie erforschen müssen; denn sie erkennen in ihnen die Grundlage jeder Bildungsarbeit» (STREICHER 1931, 147). Sie möchte die «mechanischen Bedingungen» der menschlichen Bewegung klarlegen, wie sie zwischen Eigenkraft und Schwerkraft nachweisbar sind. «Die natürliche Bewegung erscheint mir als eine solche, die nicht nur von den eigenen Kräften des Körpers, den Muskelkräften geführt, sondern auch von der nie und nirgend auszuschaltenden Schwerkraft gerichtet wird. Dieses wundervolle Zusammenspiel der beiden Kräfte in allen Bewegungen hat seine bestimmten Gesetze, die geachtet werden müssen» (STREICHER 1931, 152).

Elementare Leibeserziehung (Erneuerungsversuche nach 1945)

Die Leibeserziehung hatte es nach 1945 schwer, sich aus der ideologischen Überformung zur Zeit des Nationalsozialismus zu befreien. Sie greift deshalb auf das Gedankengut der Reformpädagogik vor 1933 zurück. So begann 1958 eine geradezu emphatische Diskussion um eine Neubestimmung des Standorts der Leibeserziehung unter dem Motto «Elementarisierung der Leibeserziehung». Der Begriff «elementar» weist uns den Zugang zu einer Reihe von Gedankengängen zu einer Leibeserziehung, die sich aus der Kritik am «Zeitgeist» zu begründen versuchte. Der Begriff «elementar» wird verwandt, um auf «nichtelementare» kulturelle Erscheinungen aufmerksam zu machen und auf Kritik, die eingebunden sein müßte in einige Bemerkungen zum Bildungserziehungsbegriff der damaligen Zeit. So nimmt das nur der informierte Fachmann auf, bezogen darauf den erzieherischen Auftrag der Leibeserziehung abzuleiten. Die Neubesinnung folgt einer bis heute verbreiteten kulturkritischen Betrachtung, die vor allem die Argumentation der Reformpädagogik wieder aufgreift. Die kulturkritische Begründung der Leibeserziehung mündet, wie zu zeigen sein wird, in anthropologische Erörterungen, die die Bedeutung der Leibeserziehung für das menschliche Dasein hervorheben. In den folgenden kulturkritischen Beiträgen werden diese Positionen, von denen aus kritisiert wird, ohne besondere Auslegung der Texte sichtbar.

«Für eine ursprungsbewußte elementare Leibeserziehung... ist die Opposition eines ihrer Grundgesetze; ... von jeher verlangt sie ein Gegengewicht gegen die Fehlentwicklungen der Zivilisation. Haben wir in diesem Grundgesetz nicht den «Urgedanken» im Sinne SPRANGERS zu sehen? Eine Grundfigur unserer Erziehungsweise? Diese Haltung des Widerspruchs gegen eine schon vorhandene Welt ist kein unfruchtbares Hadern, sondern letztlich eine legitime Einstellung der Pädagogik, die sich aus der Kritik am Zeitgeist «verpflichtet fühlt, gegen ihn zu erziehen» (BERNETT 1959a, 2). Daß hier vor allem BERNETT zu Wort kommt, läßt sich damit begründen, daß das Problem von ihm auf recht hohem Reflexionsniveau in Kenntnis der historischen Entwicklung abgehandelt wurde und bis in eine didaktische Konzeption hinein weiterverfolgt worden ist (siehe dazu Abschnitt 1.4). Diese wenigen Sätze BERNETTS kennzeichnen die Haltung nahezu aller Autoren der damaligen Diskussionsbeiträge zum Thema «Elementare Leibeserziehung». BERNETT versteht «Zivilisation als eine bedenkliche Tendenz zum Verlust alles Ursprünglichen, als zunehmende Distanzierung vom Echten, vom wahren Bedürfnis und von der Natürlichkeit». Die Kulturkritik dagegen erstrebe «eine Regeneration wahren Menschentums». «Inmitten der rationalisierten Zivilisation» gelte es, einen «Gegenraum», einen «Spielraum» zu schaffen, «in dem die verlorengegangenen Bedingungen des Seins und Tuns wiederhergestellt werden». Diese Grundhaltung der Opposition richte sich vor allem «gegen das Gekünstelte und Abstrakte, gegen das Durchreflektierte und Verzweckte». Innerhalb der eigenen Fachgrenzen kritisiert er eine Körperkultur, die sich völlig der rationalen Planung unterworfen hat, die keinen Raum «für das Spielerische und Musische» gewährt (BERNETT 1959, 1). BERNETT betont die «elementare Beziehung jeder Form der Leibeserziehung zur Natur». Das «zu bildende Ursprünglich-Anfängliche» finde sich «in den elementaren Antriebskräften, in der ursprünglichen Lebensaktivität (ORTEGA), in der Dynamik der autoergia (LERSCH), in der Freude an der zweckfreien Anstrengung, im Erlebnisgrund des Thymos (NOHL)» (BERNETT 1959a, 1). Unter Elementarisierung der Leibeserziehung wird demnach jener Prozeß der Selbstbesinnung und Reform verstanden, der den Ursprung der Leibeserziehung im o. a.

Sinne wieder freilegen soll, um von dort aus das elementare Anliegen der Leibeserziehung zu formulieren. Die meisten Autoren der damaligen Diskussion scheinen mit BERNETT einer Meinung zu sein, daß die Leibeserziehung nach der Lebensphilosophie und der Reformpädagogik eine neue geistige Bewegung darstellt. Sie richtet sich gegen die Erscheinungen des Rationalismus, Intellektualismus, der Technisierung, Mechanisierung, Automation, Perfektionierung, Kommerzialisierung und des Utilitarismus. Das Anliegen der geistigen Bewegung ist, «eine durch den Menschen zerstörte organische Ordnung durch Menschen wiederherzustellen» (BERNETT 1959a, 2). Wo aber soll nach all der Negation bestehender kultureller Verhältnisse der positive Ansatzpunkt der Leibeserziehung gesucht werden? BERNETT: «Sie spürt das Leben dort auf, wo es noch nicht verfälscht ist, in der Natur und im Kind» (BERNETT 1959a, 2). Der pädagogische Naturalismus erweist sich als Ausgangspunkt der «elementaren Leibeserziehung» und zugleich als Position, von der aus bestehende kulturelle Zustände kritisiert werden. Grundlegend für den pädagogischen Naturalismus ist der Glaube an die «überlegene Weisheit» der Natur (JOPPICH 1956, 155) «In der organischen Bewegung offenbart sich Natur... als Selbstproduktion einer bewußtlosen Intelligenz (SCHELLING); als Natur ist die organische Bewegung keiner Erklärung bedürftig und fähig, sondern selbst Bedingung aller möglichen Erfahrung und objektiver Erklärung.» MOLDENHAUER (1959, 3) fährt fort: «Eben darin besteht ihr elementarer Charakter, und es wäre ein Pleonasmus, wenn man von ihr als elementare Bewegung spräche; lebendige Bewegung ist ein elementarer Vollzug.» Von dieser Argumentationsebene aus wird dann die elementare Bewegung als «natürliche» Bewegung definiert.

Die Vorstellung, man müsse sich der Weisheit der Natur bloß anvertrauen, liegt vielen Erörterungen zugrunde. «Die Bewegung kann, ohne sich zu denaturieren, Gestaltung, d. h. Kultur, erst werden, wenn sie im naiven organischen Vollzug ihre natürliche Vollkommenheit erreicht hat. Diesen Prozeß der unreflektierten Entfaltung des menschlichen Bewegungsvermögens zu ermöglichen und zu unterhalten, ist die Aufgabe einer elementaren Leibeserziehung» (MOLDENHAUER 1959, 3). Auch für die Lernvorgänge in der Leibeserziehung werden damit Prinzipien aufgestellt. Lernen bleibt beschränkt auf das sogenannte natürliche Lernen, eine rationale und technische Anleitung des Lernablaufes wird ausgeschlossen. In der Entfaltung der Motorik werde das «Individuum von der naiven Natur zur reflektierten ‹zweiten Natur› geführt». In der «Elementaren Leibeserziehung» genießt das

«Kind» besondere Beachtung. Es wird als «Inkarnation wahren Menschentums, der unverfälschten Natur» (JOPPICH 1956, 168) angesehen. Es erscheint als «ein Mensch elementaren Ranges, welches alle Dinge und Vorgänge seiner Umgebung mit elementaren Vermögen aufnimmt und elementar handelnd antwortet» (GEISSLER 1960, 22).

Die These von der Leibeserziehung als unersetzbarem Bestandteil der Gesamterziehung wird in vielen Fällen unmittelbar aus der kulturkritischen Haltung heraus begründet. Folgerichtig weist man dann der Leibeserziehung die Aufgabe zu, «den biologischen Unterbau, die reine Natur des Menschen ins Auge zu fassen und diese Naturgrundlage in Ordnung zu halten, ihr die erforderlichen Entwicklungsbedingungen zu schaffen» (WESERHAUS 1960, 388 f.). «Der Körper ist» nach SPIELER (1959, 7) dann «integrierender Zubehörteil und Entfaltungsmittel der Person»; unter «Leibeserziehung» versteht der Autor alle Erziehungsmaßnahmen, die geeignet sind, den gesunden, starken, geschickten, widerstandsfähigen und schönen Körper in seiner Entwicklung zu unterstützen und den Leib in das Gesamtmenschsein – seinem Wesen gemäß – richtig einzuordnen» (SPIELER 1959, 7). Auch HAMMELSBECK (1961) bestimmt den Ort der «Leibeserziehung in der Gesamterziehung» aus kulturkritischer Sicht. In der Erziehung, als «geistig zu verantwortendem Vorgang», gelte es, den Anteil der Leibeserziehung «an der Mitbestimmung des geistigen Lebens zu entnebeln». Der Leibeserziehung kommt dabei die Aufgabe zu, «dem Ungeist zu wehren». Das heißt, Leibeserziehung ist «abzugrenzen gegenüber der fahrlässig geläufigeren Bezeichnung Körperertüchtigung, Sport und Leibesübungen», die «ohne den Vorrang der Leibeserziehung» ... «anfällig für den Ungeist» seien (HAMMELSBECK 1961, 11). Der Begriff «Beweglichkeit» wird für HAMMELSBECK zum Schlüsselwort für die Kennzeichnung der Stellung der Leibeserziehung in der Gesamterziehung. «Die beiden verschiedenen Lebendigkeiten des Geistigen und des Leiblichen gehen ineinander über mittels der Beweglichkeit, als Bewegung in Raum und Zeit, als Bewegung im Natürlichen und Geschichtlichen» ... «Die geistige Erziehung hat es vornehmlich mit Zeit und Geschichte zu tun, die leibliche mit Raum und Natur.» Beide bestimmen die «Entfaltung der Seele». Dort sind beide Einzelaspekte aufgehoben (HAMMELSBECK 1961, 28). Hier wird von HAMMELSBECK ausgesprochen, was den anderen Beiträgen als Vorentscheidung zugrunde liegt: daß die Begründung der Leibeserziehung nicht durch «Zeit» oder «Geschichte» bestimmt ist, sondern daß es hier um einen übergeschichtlichen Auftrag geht, der in jeder Zeit neu interpretiert werden müsse. Kulturkritik dieser Art wird zum Dauerauftrag der Leibeserziehung. Wir begegnen dem in bildungshistorischen Begründungen häufigen Versuch, die Leibeserziehung auf übergeschichtliche Kategorien zurückzuführen. Ihre vermeintlich übergeschichtliche Bestimmung erzeugt zwangsläufig Spannungen zur jeweiligen geschichtlich-kulturellen Lage, die sich dann in kulturkritischen Betrachtungen entladen. Dementsprechend hat BERNETT mehrfach betont, daß die Leibeserziehung «schon ex origine ein Kind der Kulturkritik» (BERNETT 1959b, 9) sei. Sehr häufig sind diese Begründungsversuche verbunden mit einem dualistischen Denken, das sich vor allem die Begriffspaare Natur und Geschichte, Raum und Zeit, Leib und Seele, Körper und Geist, Leben und Geist zu eigen macht. Der Leibeserziehung wird die Aufgabe zugewiesen, der Anwalt der in unserer Zeit zu wenig berücksichtigten Seite (Natur, Raum, Leib, Körper, Leben) zu sein. Innerhalb einer als einseitig kritisierten Erziehung soll dann die Leibeserziehung die unersetzbare Ausgleichsfunktion erfüllen. Ergebnisse solcher Betrachtungen sind dann Thesen wie: Erziehung des Menschen ist nicht denkbar ohne leibliche Erziehung, oder «Leibeserziehung ist ein unersetzbarer Bestandteil der Gesamterziehung». Begriffe wie «Gesamtmenschsein» und «Gesamterziehung» erscheinen in diesem Denken als notwendige Hilfsbegriffe, die einen größeren anthropologischen bzw. pädagogischen Zusammenhang stiften, in dem sich Leibeserziehung als elementares erzieherisches Anliegen ausweisen läßt. Im Anschluß an moderne Anthropologien wird allerdings versucht, das dualistische Denken zu überwinden. Die menschliche Bewegung wird als die Bedingung jeglicher, auch geistiger Erfahrung dargestellt. PASCHEN übernimmt den von WEIZSÄCKER geprägten Begriff der Selbstbewegung und führt aus: «Diese Selbstbewegung ist leibhaft, aber nicht auf das Körperliche beschränkt, sie ist geistig, aber nicht intellektuell; ... sie erschließt dem Sichbewegenden Grundweisen des Seins, des Verhaltens und des Verstehens» ... «So bildet Selbstbewegung eine Grundmöglichkeit des menschlichen Daseins, eine Lebenskategorie» (PASCHEN 1961, 22). Für PASCHEN ist «das Wesen der Leibesübungen begrifflich erklärt als elementare Selbstbewegung» und damit Leibeserziehung als «grundlegende Bildung» (PASCHEN 1961, 26 u. 75).

«Die menschliche Bewegung als Einheit von Natur und Geist» (BUYTENDIJK/CHRISTIAN/PLÜGGE 1962) ist die anthropologische Grundthese, von der ausgehend Leibeserziehung nicht mehr nur als ergänzender Bestandteil einer Gesamterziehung, sondern selbst als grundlegende Bildung bezeichnet wird. Ähnlich der Sprache wird die Bewegung als Medium erkannt – als Bedingung jeglicher Bildung und als spezielles «Bildungsmittel» der Leibeserziehung. PASCHENS konsequenter Vorschlag, den Begriff Leibeserziehung durch «Bewegungserziehung» zu ersetzen, wird jedoch als eine Verengung des erzieherischen Anliegens der Leibeserziehung zurückgewiesen und später von Paschen selbst wieder aufgegeben (PASCHEN 1961).

Es wurden unter dem Stichwort «Elementare Leibeserziehung» Begründungszusammenhänge des Faches referiert, die sich unschwer als eine Wiederentdeckung der natürlichen Erziehung im Sinne ROUSSEAUS erkennen lassen. Ihre besondere Relevanz für die Weiterentwicklung des Faches erhalten diese Beiträge durch das kritische Selbstverständnis ihrer Autoren, das sich an angeblichen Fehlentwicklungen der Zivilisation sowie an der Spiegelung dieser Entwicklung in der Leibeserziehung selbst entzündet. Vom «Zeitgeist» geprägte Formen der Leibeserziehung werden als konformistisch entlarvt. Diesen Fehlerscheinungen wird eine «Elementare Leibeserziehung» gegenübergestellt. Die Elementarisierung der Leibeserziehung bezeichnet den notwendigen Reformprozeß. Betrachtet man das kritische Engagement der Autoren formal, d. h. zunächst unabhängig vom idealistischen Reformziel, so erscheint es als ein erfolgversprechender Ausgangspunkt für eine Reform. Aber diese Reform hat nicht stattgefunden, denn was unter «Elementarer Leibeserziehung» verstanden wurde, war durch Reformen nicht herstellbar. Sie entzog sich gerade durch ihre überzeitliche Orientierung an einer nicht konkretisierbaren «Ursprünglichkeit» und «Natürlichkeit» der Revision und lieferte demzufolge auch keine Kriterien für eine Veränderung der von ihr kritisierten Verhältnisse. Die «Elementare Leibeserziehung» ist ideologisch, weil hier die geschichtlich gebundene Auffassung eines «pädagogischen Naturalismus» für überzeitlich gültig erklärt wird. Das gilt auch für den deutlich erkennbaren Autonomieanspruch der Leibeserziehung. Vergessen wird, daß jeder erzieherische Anspruch in veränderten gesellschaftlichen Lagen jeweils neu interpretiert werden muß. LEMBERG hat dieses Sendungsbewußtsein autonomer Erziehungstheorien kritisiert. Es äußere sich darin, «der Gesellschaft gegenüber ein System von Normen zu verteidigen, das von dieser Gesellschaft mißachtet, verleugnet, gefährdet zu werden droht». Bei einem solchen Versuch, «von einem außerhalb der Gesellschaft gegebenen Normensystem aus Anweisungen zum richtigen Verhalten… zu geben», werde übersehen, daß es die Gesellschaft selber sei, «die diese Normen entwickelt» (LEMBERG 1969, 6).

Die kulturkritische Leibeserziehung trägt damit eher restaurative als reformerische Züge. Sie sind durch die gesellschaftspolitische Lage der Leibeserziehung unmittelbar nach dem Krieg besonders ausgeprägt worden. Es war eines der Hauptanliegen der Leibeserziehung nach 1945, sich durch eine eigenständige Theorie von zeitbedingten ideologischen und politischen Einflüssen zu befreien. Die Lösung wurde darin gesehen, eine zeitenthobene Idee der Leibeserziehung anzunehmen, sie durch die nationalsozialistische Ideologie als verschüttet zu bezeichnen (BERNETT 1965, 91 ff.) und nach dem Krieg an ihrer Entfaltung zu arbeiten. Diese aus der Zeit heraus durchaus verständliche Haltung hat sich allerdings, wie MESTER in einem Rückblick herausstellt, zu einer «Tendenz» verfestigt, «allen Schwierigkeiten gesellschaftlicher Ansprüche aus dem Wege zu gehen und aus dem neutralen Bereich anthropologischer Besinnung die Argumente für die Notwendigkeit eines besonderen Schulfaches abzuleiten» (MESTER 1970). Aber diese Überlegungen MESTERS haben damals noch nicht dazu geführt, sich gesellschaftlichen Ansprüchen zu stellen. Begründungsversuche der Leibeserziehung wurden deshalb zunächst in anderer Richtung gesucht. Eine Neuorientierung gelang erst dadurch, daß man die in der Erziehungswissenschaft ausgearbeitete Bildungstheorie mit der Diskussion um das Elementare verknüpfte.

Leibeserziehung als Bildungsaufgabe

Zu Beginn der 60er Jahre suchte die Theorie der Leibeserziehung – vor allem im Rahmen der Lehrerausbildung in den Pädagogischen Hochschulen – eigene Fachdidaktiken zu entwickeln. Dies geschah im Rahmen der allgemeinen fachdidaktischen Diskussion in Anlehnung an die geisteswissenschaftlich orientierte Bildungstheorie. Ganz im Sinne dieser Tradition meint Bildung hier die geistige Formung der Person. Der Mensch als geistbegabtes Wesen bringt Kulturgüter hervor. Sie sind Objektivationen der geistigen Tätigkeit des Menschen. Jede dieser Objektivationen, ob in der Musik, Kunst, Literatur, aber auch die materiellen Schöpfungen des Menschen, tragen ein Stück dieses objektiven Geistes in sich. Indem die nachwachsende Generation sich diese Kulturgüter aneignet, wird dieser objektive Geist lebendig; der Mensch wird geistig geformt. Die zentrale Frage der auf dieser Bildungstheorie aufbauenden Didaktik ist, welche Bildungsgüter (geistige Objektivationen) zu Bildungsinhalten werden sollen. Bildungstheoretische Didaktik versteht sich als Theorie der Bildungsinhalte. Ihre Aufgabe ist die Auswahl und Anordnung der Bildungsinhalte. «Es charakterisiert einen Bildungsinhalt, daß er als einzelner Inhalt immer stellvertretend für viele Kulturinhalte steht; immer soll ein Bildungsinhalt Grundprobleme, Grundverhältnisse, Grundmöglichkeiten, allgemeine Prinzipien, Gesetze, Werte, Methoden sichtbar machen.» … «Die didaktische Analyse soll ermitteln, worin der allgemeine Bildungsgehalt des jeweils besonderen Bildungsinhaltes liegt» (KLAFKI 1964, 134).

Soviel zunächst zur allgemeinen Kennzeichnung der bildungstheoretischen Didaktik. Es ist sicherlich erklärungsbedürftig, wie diese zur Grundlage der Theorie der Leibeserziehung werden konnte. War dies überhaupt möglich? Geht es in der Leibeserziehung nicht eher um das «Leibliche» und weniger um die geistige Bildung der Person? Welches sind die Bildungsinhalte der Leibeserziehung, und worin liegen deren Bildungsgehalte? Ganz im Sinne des Konzeptes der bildungstheoretischen Didaktik hat BERNETT eine Theorie der Leibeserziehung entworfen. Diese sei hier stellvertretend für eine Reihe ähnlicher Ansätze hervorgehoben, weil BERNETT wohl am konsequentesten der bildungstheoretischen Didaktik und ihrer geisteswissenschaftlichen Orientierung gefolgt ist. BERNETTS geistesgeschichtliche Untersuchungen gelten den «geschichtlichen Bewegungen», der Turnbewegung, der Spielbewegung, der Sportbewegung und der Gymnastikbewegung. Diese geistigen Bewegungen haben die Grundformen der Leibesübungen Turnen, Spiel, Sport und Gymnastik hervorgebracht. «Spiel, Sport, Turnen und Gymnastik sind Sinngebilde des Menschen; er hat sie entwerfend geschaffen und damit ihr Sein begründet» (BERNETT 1962, 11). BERNETT stellt heraus, «daß die Struktur der modernen Leibesübung nicht historisch zufällig, sondern anthropologisch bedingt ist» (BERNETT 1965, 87). Er findet in den «elementaren Aktionsweisen» Beherrschen, Spielen, Kämpfen und Gestalten die den Grundformen zugrundeliegenden «Konstanten der Humanmotorik». «Das bedeutet erzieherisch: wenn wir den jungen Menschen dahin führen, den Sinngehalt der Gebilde Turnen, Spiel, Sport und Gymnastik zu aktualisieren, führen wir ihn zu sich selbst, das heißt zur Entfaltung der Grundmotive menschlichen Bewegungslebens» (BERNETT 1962, 286f.). So gesehen sind die elementaren Aktionsweisen Beherrschen, Spielen, Erkämpfen und Gestalten «bildende Tätigkeiten, die in den dazugehörigen Grundformen aktualisiert werden.» Mit den Grundformen ist nach BERNETT der «Kanon der Leibeserziehung» bestimmt, der der Leibeserziehung als Orientierung für Gegenwart und Zukunft dienen kann. Den Rang von Bildungsinhalten erhalten die historisch gegebenen Formen der Leibesübungen dadurch, daß man sie auf naturgegebene Verhaltensweisen (MESTER), auf «Konstanten des Humanen» (BERNETT) zurückführt. BERNETT ordnet den Grundformen der Leibeserziehung Sinnrichtungen zu, die als anthropologische Konstanten gleichsam überzeitliche Gültigkeit erhalten. Das, was sein soll, wird abgeleitet aus dem, was war. Die für jegliche Erziehung notwendige Zukunftsperspektive wird sozusagen rückwärtsschauend in der Vergangenheit, in der Kulturtradition gefunden. Weil die Grundformen der Leibeserziehung zur Zeit des Nationalsozialismus ideologisch überformt wurden, fordert BERNETT als Konsequenz, «die immanenten geistigen Inhalte und bildenden Gehalte der Grundformen Spiel, Sport, Turnen und Gymnastik entschieden zu würdigen und zu überliefern» (BERNETT 1962, 105). Es ist ein Kennzeichen fast aller pädagogischen Entwürfe in der Leibeserziehung, daß sie historische Gebilde (wie Turnen, Spiel, Sport und Gymnastik) auf anthropologische Dispositionen des Menschen zurückführten. Den elementaren Aktionsweisen bei Bernett entsprechen die Tätigkeitselemente (Spielen, Kämpfen, Leisten und Gestalten) bei Hanebuth (1956); Mester hat aus Beobachtung von Kindern vier Grundformen des Verhaltens (Spielen, Kämpfen, Üben und Tanzen) gewonnen und sie als von der Natur gegebene Formen des Verhaltens bezeichnet. Paschen unterschied in seiner Analyse von Leibesübungen und Sport die spielerische, tänzerische, sportliche und erholsame Übungsweise. Schmitz (1966/67) benennt Bewegung, Spiel und Wetteifer als Primärkategorien, die allen Leibesübungen zugrunde liegen. Obwohl die hier genannten Theoretiker der Leibeserziehung ihre Systematiken in z. T. heftigen Diskussionen voneinander abzugrenzen versuchen, kann man im historischen Abstand doch feststellen, daß ihre Vertreter grundsätzlich dem gleichen Denkmodell folgten. Als Bezugssystem für die Ermittlung der pädagogischen Grundlagen heben alle Autoren zwei kennzeichnende Determinanten hervor: «Kulturtradition» und «Menschenbild». Beide werden systematisch aufeinander bezogen. Erscheinungen der Kulturtradition werden zurückgeführt auf ein Bündel benennbarer Antriebe, Dispositionen, elementare Aktionsweisen usf. und auf diese Weise zu erklären versucht. Der Mensch erscheint dort als ein in die Kulturtradition «montiertes» Wesen. Seine anthropologisch vorgegebenen Grundfähigkeiten können sich «paßgenau» in den traditionell verfügbaren Verhaltensmöglichkeiten entfalten. Die feste Verknüpfung von Innerem und Äußerem, leiblichem Ausdruck und seelischer Befindlichkeit, «Erga» und «Energeia», objektivem Gebilde und objektivem Geist, Inhalt und Gehalt führt zu einem sterilen Denkzirkel. Die teils heftige Diskussion darüber, ob der anthropozentrische oder der objektivistische Ausgangspunkt der für die pädagogische Betrachtung legitimere bzw. für die Erziehungspraxis tragendere sei, hat nicht dazu geführt, den Denkzirkel selbst zu durchbrechen. Klafki hat gerade im Anschluß an Weniger (1963) darauf hingewiesen, daß der Lehrplan «nicht nur einen historischen Kulturbesitz kodifizieren dürfe und der Bildungsauftrag… deshalb nicht zulänglich als ‹Tradition des Kulturgutes bestimmt werden› könne» (Klafki 1968, 160). Eine pädagogische Theorie «kann nicht auf außerhalb der zu untersuchenden Wirklichkeit liegende Axiome, Sätze, ‹Grundwahrheiten› o. ä. zurückgreifen – etwa … auf eine außerhalb der Erziehungswirklichkeit gefundene anthropologische Theorie darüber, ‹was› der Mensch ‹lernen müsse›, ‹um Mensch sein zu können›» (Klafki 1968, 139). Bernett ist der Vertreter der bildungstheoretischen Didaktik unseres Fachgebietes, der am konsequentesten anthropologische Überlegungen mit historischen Betrachtungen verbunden hat. Der Versuch allerdings, historisch gewachsene Gebilde (des Turnens, des Spiels, der Gymnastik und des Sports) unter Rückbezug auf ‹Konstanten des Humanen› festzuschreiben, hat allerdings gerade seine historische Betrachtungsweise außer Kraft gesetzt. Denn das, was er als Konstanten des Humanen auf anthropologischer Ebene verankert, erweist sich in Wahrheit als Sinnrichtungen, die historisch und kulturell abhängig sind. Ihre Wiederbelebung nach 1945 ist nicht gelungen, im Gegenteil haben sie in ihrer Differenzierung und Eigenständigkeit weiter an Bedeutung verloren; sie sind vom Geist unserer Zeit neuerlich überformt. Der Sport hat mit seiner Leistungs- und Wettkampforientierung die Strukturen der anderen Grundformen verändert. BERNETT (1984) hat diesen Vorgang selbst als Prozeß der Versportlichung beschrieben und damit seine damalige Auffassung nicht nur revidiert, sondern zu einer für unser Fachgebiet sehr aufschlußreichen historischen Betrachtung zurückgefunden.

Eine eher phänomenologische Auslegung der Bildungstheorie finden wir bei PASCHEN (1970). «Es geht bei unserer phänomenologischen Darstellung weder um die Entstehung der Leibesübungen und des Sports noch um ihren Sinn, weder um die Antriebe und Motive des Sportlers noch um die Wirkungen und Weisen, in denen sie erlebt werden» (PASCHEN 1970, 18). Die Begriffe Leibesübungen und Sport sind weitgehend identisch, wobei der Begriff Leibesübungen jene Bereiche als pädagogisch relevant ausgrenzt, die sich (im Gegensatz etwa zum Segeln und Motorsport) als Selbstbewegung identifizieren lassen. Didaktisch gewendet bedeutet das, «daß für die Leibeserziehung der Schule nur jene Sportarten Bedeutung haben können, die zur Hauptsache Selbstbewegung sind» (PASCHEN 1970, 20). In dieser Argumentation ist die Wendung zum Sport bereits weitgehend vollzogen. Im Sinne der Bildungstheorie WENIGERS erkennt PASCHEN den Deutschen Sportbund als legitime Bildungsmacht an, und er hebt hervor, «daß besonders der Sport-Bund seine Aufgabe, in die Schule hineinzuwirken, deutlich erkannt und ergriffen hat; er ist zur Bildungsmacht geworden» (PASCHEN 1970, 52). Auch an den didaktischen Konzeptionen anderer Theoretiker der Leibeserziehung läßt sich verdeutlichen, wie schon in ihrem System die Wendung zum Sport angelegt ist und dann auch unter dem Einfluß des Sports ausdrücklich vollzogen wird.

Die Hinwendung zum Sport

Wir haben gesehen, daß sich das didaktische Denken in der Theorie der Leibeserziehung nach 1945 von der geschichtlichen Vergangenheit durch anthropologische, nicht geschichtlich gebundene Überlegungen zu lösen versuchte. Einer im Dritten Reich politisierten Leibeserziehung folgte eine bewußt unpolitische Haltung. Die gesellschaftlichen Bedingungen von Schule und Erziehung blieben weithin ausgeblendet. Erziehung wurde sozusagen «in einem vorgesellschaftlichen, herrschaftsfreien, unpolitischen Raum angesiedelt, in dem das Kind zu seinem Wohle kommen könnte, wenn nur der Erzieher sich entschlösse, das ‹Wesen des erzieherischen Verhaltens› (Nohl) zu realisieren»... (Mollenhauer 1969, 24). Haseloff hat auf «die scheinbare Paradoxie hingewiesen, daß gerade die autonomen pädagogischen Konzeptionen eine besonders geringe Widerstandskraft gegen außerpädagogische Machtbefugnisse und gegen die Intentionen wechselnder Einflußgruppen aufbringen» (Haseloff 1960). Genau dies ist der Leibeserziehung als Schulfach widerfahren. In der Lücke der Unverbindlichkeit didaktischer Orientierung konnte sich damals eine umfangreiche lehrpraktische Literatur ansiedeln, die weitgehend darauf verzichtete, die Gültigkeit der methodisierten Inhalte zu begründen. Unterhalb einer sehr weitläufig argumentierenden Theorie der Leibeserziehung hatte die Praxis ihre eigene «Theorie» entwickelt. Die Veränderungen, die in der Praxis selbst zu beobachten waren, beruhten nicht auf theoretisch angeleiteter Reform. In der Praxis vollzog sich ein scheinbar naturwüchsiger Wandel, auf den die Theorie der Leibeserziehung keinen Zugriff mehr hatte. Das wichtigste pädagogische Feld der Theorie der Leibeserziehung, die Schule, stand aktuellen gesellschaftlichen Gruppeninteressen ohne Konzept gegenüber. Bestimmte gesellschaftliche Erwartungen im Zusammenhang mit dem Sport besetzten die offen gelassenen Stellen des didaktischen Feldes der Leibeserziehung. Dabei waren es, wie bereits oben ausgeführt, die Theoretiker der Leibeserziehung selbst, die ihre Grundlegungen zur Didaktik der Leibeserziehung in dieser Zeit (ab 1969) unter Verwendung des

Begriffes Sport als Sportpädagogik und Sportunterricht fortschrieben (siehe dazu SCHMITZ 1979, PASCHEN 1960, GRUPE 1969). Der damit um 1970 eingeführte Begriff «Sportpädagogik» kennzeichnet einen für unser Fachgebiet wichtigen Einschnitt. Die unter dem Begriff «Theorie der Leibeserziehung» versammelten bildungstheoretisch orientierten Konzepte (MESTER, HANEBUTH, PASCHEN, BERNETT, SCHMITZ u. a.) hatten das Ende ihrer Epoche erreicht. Sportpädagogik trat an ihre Stelle und reihte sich zugleich ein in die sich entwickelnden Teildisziplinen der Sportwissenschaft; Sportpädagogik steht dort nunmehr neben Gebieten wie Sportsoziologie, Sportpsychologie und Sportmedizin.

Die Theorie der Leibeserziehung hatte sich vornehmlich im Zuge der Lehrerausbildung und ihrer Verwissenschaftlichung entwickelt. In dieser Tradition wurden die Konzepte der Theorie der Leibeserziehung an der allgemeinen Pädagogik und Didaktik orientiert. Mit der Einordnung der Sportpädagogik in die Sportwissenschaft mußte sie nun auch innerhalb der fachwissenschaftlichen Gliederungen ihre Position bestimmen. Der Standort der Sportpädagogik war dadurch gekennzeichnet, daß sie sich gleichermaßen als ein Teilgebiet der Erziehungswissenschaft wie auch der Sportwissenschaft begreifen und entwickeln mußte. Geradezu selbstverständlich und ohne nennenswerte Auseinandersetzungen hatten zu Beginn der 70er Jahre mit dem Begriff Sport ein Schulfach (MESTER 1969), eine Wissenschaft und ihre Teildisziplinen (GRUPE 1971) und ein Bereich der Pädagogik (Sportpädagogik) ihren Gegenstand gefunden. Sport wurde zum Sammelbegriff für ein Gegenstandsfeld, das in der Theorie der Leibeserziehung zuvor differenzierter gekennzeichnet war. Jene Gebiete der Bewegungskultur wie: Turnen, Gymnastik, Tanz und Spiel, die im Rahmen der Theorie der Leibeserziehung gleichrangig neben Sport standen, wurden diesem nun begrifflich untergeordnet. Organisatorisch eingebunden in den DSB, wurden und werden die Gebiete Turnen, Gymnastik, Tanz und Spiel sportiv überformt. Die Einzelgebiete verlieren die von BERNETT (1962) in einer kulturhistorischen Analyse nachgewiesene bzw. behauptete Eigenständigkeit. Die schon im Dritten Reich wirksame Nivellierung der Grundformen wurde endgültig durch eine Sportkultur besorgt. Der politische Einfluß des organisierten Sports setzte sich ohne Widerstand bis in den Schulsport fort. Im Zuge der zunehmenden internationalen Wettkämpfe (insbesondere im Ost-West-Vergleich) gewann Sport seine Bedeutung als Mittel der staatlichen Repräsentation. Sport erfuhr damit eine allgemeine gesellschaftspolitische Aufwertung. Der Deutsche

Sportbund als Dachverband des deutschen Sports verstand sich und versteht sich als Sachwalter der Interessen aller Sporttreibenden, die er in allen gesellschaftlichen Bereichen, einschließlich des Bildungs- und Erziehungswesens, nachdrücklich und mit Erfolg wahrnimmt. Nach einer eher der Tradition verpflichteten bildungstheoretischen Didaktik gewannen damit didaktische, insbesondere curriculare Überlegungen an Einfluß, die Schule und Sportunterricht für aktuelle Interessen des deutschen Sports in Dienst zu nehmen trachteten. Talentsuche und Talentförderung, eine Erneuerung des schulischen Wettkampfwesens bis hin zu «Jugend trainiert für Olympia» und die zunehmende Ausrichtung aller Schulsportstätten an den Normen der Sportverbände waren und sind Anzeichen, Schulsport als Organisation von Verbandssport in der Schule zu begreifen (Dietrich 1972). Im Sinne der Lehrplantheorie Wenigers ist es damit dem Sport als gesellschaftlicher Macht gelungen, seinen Bestand über die Lehrpläne und Curricula der Schule zu sichern und auszubauen.

So sehr es allgemein begrüßt wurde, daß das Schulfach nunmehr einen realen Gegenstandsbezug im Begriff Sport gefunden hatte, so sehr muß man aus heutiger Sicht auch bedauern, daß mit dieser Wende auch die anthropologische Fragestellung an den Rand sportpädagogischer Überlegungen gedrängt wurde. Eben damit hat die Sportpädagogik kritische Distanz gegenüber allgemeinen gesellschaftlichen Erscheinungen verloren. In der Theorie der Leibeserziehung waren allgemeine gesellschaftliche Entwicklungen einer Zivilisationskritik unterworfen worden. Die «bessere Welt» wurde in der Vergangenheit gesucht. Man berief sich auf die lebendige Kraft der Tradition. Die glatte Wende von einem dieser Haltung entsprechenden «pädagogischen Traditionalismus» zu einem «pädagogischen Aktualismus» (Klafki 1964), der sich allein auf die aktuelle Erscheinung des Sports bezog, war nur möglich, weil man auf zeitgemäße anthropologische Überlegungen weitgehend verzichtete. Aber auch ein anderer, für die Sportpädagogik wichtiger Aspekt konnte in der Phase der Neuorientierung um 1970 nicht wiedergewonnen werden. Schon die Theorie der Leibeserziehung hatte bei ihren anthropologischen Orientierungsversuchen die sozialhistorische Betrachtung weithin ausgeblendet. In ihrer Feststellung einer überzeitlich gültigen Bestimmung des Menschen (z. B. als Spielender, Leistender, Tanzender, Übender) wurden Analysen der konkreten gesellschaftlichen Bedingungen der leiblichen Verfaßtheit des Menschen außer acht gelassen. In der Hinwendung der Sportpädagogik zu einem pädagogischen Aktualismus brauchte diese sozialhistorische Betrachtung auch nicht wiederentdeckt zu werden. Denn auch der Sport wurde, gestützt durch die sich selbst erhaltende Macht der Sportverbände, zu einer unveränderbaren und dem Wesen des heutigen Menschen entsprechenden Sache erklärt. Sport als Ausdruck des modernen Lebens wurde als angemessene Betätigung des modernen Menschen herausgestellt. Obwohl GRUPE seine 1969 veröffentlichte, anthropologisch begründete Sportpädagogik mit dem Hinweis abschloß, die anthropologischen Betrachtungen, die seinem Buche zugrunde lagen, müßten dringend durch sozialanthropologische ergänzt werden, ist dies seitdem weder durch GRUPE noch durch Kollegen, die die anthropologische Betrachtungsweise bis dahin für bedeutsam hielten, eingelöst worden. Diese ‹realistische› Wende ist für den Schulsport, als dem noch immer wichtigsten Bezugsfeld der Sportpädagogik, nicht ohne Folgen geblieben. Mit dem Niedergang der Theorie der Leibeserziehung hat das Schulfach auch die bis dahin brauchbaren Kriterien der didaktischen Reflexion der Unterrichtsinhalte verloren. Diese werden nun eher durch die in den Schulsportwettkämpfen organisierten Sportarten von außen vorgegeben. Die für die Schule notwendige strukturelle Distanz zum gesellschaftlichen Sport ging damit weitgehend verloren. Hatte man zuvor noch sehr genau zwischen Leibesübungen und Sport, zwischen Leibesübungen und Leibeserziehung unterschieden und in didaktischen Analysen Inhalte auf ihre bildenden Gehalte hin untersucht, so wurde nun Sport gleichermaßen zum Inhalt und zum Ziel des Sportunterrichts erklärt. Es waren die Theoretiker der Leibeserziehung selbst, die unter Verwendung ihrer bildungstheoretischen Kategorien den Sport pauschal als pädagogischen Inhalt legitimierten. Der Vielfalt der Sportangebote steht die Schule seitdem hilflos gegenüber.

Die Notwendigkeit, kritische Distanz zu ihrem Gegenstand zu gewinnen, ist von der Sportpädagogik in den letzten zehn Jahren durchaus erkannt und auch partiell eingelöst worden. Dennoch hat die Sportpädagogik jene Geschlossenheit der Theoriebildung noch nicht wieder erreicht, wie sie der Theorie der Leibeserziehung – bei aller berechtigten Kritik – eigen war. Im Zuge solcher Distanzierungsbemühungen hat die Sportpädagogik zu Beginn der 70er Jahre ihre Hoffnung darauf gesetzt, in der aufkommenden Curriculumtheorie eine Instanz kritischer Prüfung sowohl der traditionellen Inhalte wie der mächtigen aktuellen sportpolitischen Erwartungen zu gewinnen. Entsprechende Versuche können als gescheitert gelten, zumal es einer sportkonformen Sportwissenschaft gelungen war, curriculare Entwicklungskonzepte technokratisch und konformistisch auszulegen (Ballreich/Becker/Kaiser 1971), die Curriculumentwicklung demokratischer Willensbildung zu entziehen und sie einer staatlichen Lenkung zu überlassen, die mit den Sportorganisationen eng zusammenarbeitete (Dietrich 1972). In den nun entstehenden Curricula gelang gerade im Sport eine schnelle Übernahme lerntheoretischer Konzepte, die in ihrer behavioristischen Orientierung den Schüler als Sportlerner kennzeichnet. Der Anspruch der bildungstheoretischen Didaktik, den Menschen als Bildungsperson zu betrachten, geriet in der Oberflächlichkeit der eher technizistischen Konzepte in Vergessenheit. Die in dieser Zeit zugleich lebendige Bildungseuphorie nährte auch Hoffnungen auf die Wirksamkeit der Bildung als gesellschaftsverändernder Macht. Wie sich im historischen Abstand zeigt, wurde hier die Macht der Bildung weit überschätzt; dies ist heute gewiß. Der Versuch, im Zuge dieser Tendenzen den «pädagogischen Aktualismus» durch einen «pädagogischen Utopismus» (Klafki) zu überwinden, mußte angesichts der sport- und bildungspolitischen Lage scheitern. Die zwischen staatlichen Stellen wie der Kultusministerkonferenz (KMK) und dem DSB ausgehandelten Programme (wie das Aktionsprogramm für den Schulsport 1972) bildeten die Grundlagen für das neue Schulsportkonzept, Sport wurde zu einer schulischen Veranstaltung, die in Inhalt, Gliederung und Aufbau vom organisierten deutschen Sport gelenkt werden konnte. Eine Reihe von weiteren Entschließungen zum Schulsport zwischen KMK und DSB bestätigten und sicherten dieses Konzept (vgl. Wolf 1974).

Im Zuge dieser Entwicklung wurde von der Sportpädagogik erwartet, eine Theorie des Sportunterrichts zu sein, die für die Verbreitung des Sports in der Schule und durch sie zu sorgen hatte. Damit unterlag die Sportpädagogik den gleichen Erwartungen wie alle anderen Teilbereiche der Sportwissenschaft: von je eigenem Zugriff aus sollte sie den Sport, wie er von den Sportverbänden im Verein, national und international organisiert wurde, fördern. Die sich nach 1970 stark entwickelnde Sportwissenschaft hat diese von den Sportverbänden gestützte Erwartung, die Substitutionswissenschaft des Sports zu sein (Rittner 1979), weithin bestätigt. Es ist sicher, daß Sportwissenschaft und Sportpädagogik diesen sport- und bildungspolitischen Umständen ihren Aufschwung verdanken. Aber der Preis dafür ist unbekannt, zumal es doch unbestritten ist, daß Wissenschaft sich selbst den Boden entzieht, wenn sie sich auf diese Weise funktional verhält und sich unter Verzicht auf weiter reichende Maßstäbe für Interessengruppen des Sports in Dienst nehmen läßt.

3 Grundpositionen und Betrachtungsweisen der Sportpädagogik

Grundpositionen der Sportpädagogik

In den bisher herangezogenen Quellen zur Leibeserziehung wird deutlich, daß dort die Kritik immer von benennbaren Positionen aus gegen bestimmte Erscheinungen der Zeit erhoben wurde. Ihre Prägnanz gewinnt solche Kritik vor allem dadurch, daß sie die eigene Position absolut setzt, um damit um so deutlicher die kritikwürdigen Zustände zu entlarven. Daß die Kritiker dabei selbst oft sehr einseitige Positionen einnehmen, wird von ihnen zumeist gar nicht bemerkt.

Es lassen sich zusammenfassend vier solcher Grundpositionen herausarbeiten. Jede kennzeichnet auf ihre Weise einen wichtigen Aspekt sportpädagogischen Denkens. Von einer Position allein läßt sich aber weder schlüssig argumentieren noch eine sportpädagogische Theorie aufbauen.

Pädagogischer Naturalismus

Wegbereiter des pädagogischen Naturalismus ist ROUSSEAU. Sein Gedankengut ist in der pädagogischen Reformbewegung zu Beginn dieses Jahrhunderts wieder aufgegriffen worden und insbesondere im «Natürlichen Turnen» der Österreicher und dann später in der Erneuerung der Theorie der Leibeserziehung nach 1945 rezipiert worden (s. dazu auch SCHULZ 1982).

Die anthropologische Frage nach dem Bild vom Menschen wird in jeder Erziehungstheorie implizit oder ausdrücklich aufgegriffen. Mit dem Rückgriff auf die im Grunde undefinierbare Natur des Menschen wird zugleich ein Bild vom Menschen gezeichnet, das zum Leitbild der Erziehung wird. Daß gerade in der leiblichen Erziehung dabei auf die Natur des Menschen Rückbezug genommen wird, ist durchaus verständlich. Denn gerade in seiner Leiblichkeit erfährt sich der Mensch selbst als Natur. Leibliche Entwicklung läuft – trotz aller Modifikation im Rahmen des jeweiligen soziokulturellen Umfeldes – gerade in den frühen Phasen der kindlichen Entwicklung in gleichsam «natur»gesetzlichen Bahnen ab. Wachstum und Reifung vollziehen sich ganz augenscheinlich in der Leiblichkeit des Menschen.

Zu jeder Zeit wird deshalb die Frage nach der Natur des Menschen für die leibliche Erziehung grundlegend sein. Nie wird jedoch eine Antwort derart möglich sein, einen Naturzustand des Menschen zu konstruieren und zum Maß aller Dinge in der Erziehung zu machen. Die Natur des Menschen wird nur erfahrbar in seiner Auseinandersetzung mit den historischen, gesellschaftlich gegebenen Lebensbedingungen. Hier können dann allerdings sehr wohl Anzeichen dafür sichtbar werden, daß natürliche Ordnungen, die für den Menschen auf Dauer lebenswichtig sind, zerstört werden. Dies betrifft ebenso die innere Natur des Menschen wie die ihn umgebende äußere Natur. Die Natur des Menschen läßt sich nicht als solche darstellen, wie es in naturalistischen Deutungen versucht wurde. Menschliche Natur ist immer kulturell vermittelt, ja zumeist scheint sie uns erst im Gegensatz zu gesellschaftlichen Lebensbedingungen als bedrohte oder verlorengegangene Natur klarer bestimmbar zu sein. So konnte auch ROUSSEAU nur im Gegensatz zu Kultur und Gesellschaft sein Bild vom edlen und guten Naturmenschen ausmalen.

Viel mehr als bei ROUSSEAU selbst ist dieses Denken bei seinen Rezipienten zu einem einseitigen Naturalismus geworden, weil andere unverzichtbare Aspekte pädagogischen Denkens unterschlagen oder nur ungenau bedacht worden sind. Denn ROUSSEAU hat seine Überlegungen zur Natur des Menschen auf eine Gesellschaftstheorie bezogen und seine Erziehungsidee im Spannungsfeld von Natur *und* Gesellschaft entwickelt. Weder das Bild, das er von der Natur des Menschen zeichnete, noch das von der Gesellschaft war dabei mit der Lebensrealität seiner Zeit vereinbar. Gerade dies mag ein Grund für die nachhaltige Wirkung ROUSSEAUschen Gedankengutes sein. Diejenigen, die sich auf ROUSSEAU berufen, sind gerade deshalb einem blanken Naturalismus verfallen, weil sie zwar die Idee der natürlichen Erziehung übernahmen, aber übersehen haben, daß die Erziehungstheorie ROUSSEAUS eine Verbindung von natürlicher und politischer Erziehung darstellte (s. auch SCHULZ 1982, 62 ff.).

Pädagogischer Traditionalismus

Eine andere bedeutende Richtung pädagogischen Denkens ist der pädagogische Traditionalismus. Alle Lebensbedingungen sind geschichtlich gewordene. Erziehung kann unabhängig und außerhalb der geschichtlichen Entwicklung nicht angemessen konzipiert werden. Das, was der Mensch in seiner Geschichte (an Kultur) hervorgebracht hat, ist ihm als Bedingung und Möglichkeit, als Erbe und Verpflichtung für das gegenwärtige Leben vorgegeben. Gerade die bildungstheoretische Didaktik war sich dieser Tatsache immer bewußt. Die in der Tradition gewachsenen Kulturgüter stellten zugleich das Bildungsgut für die heranwachsende Generation dar.

«Dem jungen Menschen das in der Geschichte sichtbar gewordene Große und Gültige, das Gesicherte, Bewährte, Objektive zugänglich zu machen, ihn durch die bewahrenden Kräfte der Tradition und durch den Zuspruch des schon Geleisteten zu stärken und für die Ungewißheiten seiner Gegenwart auszurüsten – das scheint mir das tiefste erzieherische Anliegen des pädagogischen Traditionalismus zu sein» (Klafki 1964, 13f.).

In der Rezeption dieser Bildungstheorie durch die Theorie der Leibeserziehung ist das für die Erziehung grundlegende Moment der Geschichtlichkeit nur einseitig und verkürzt gesehen worden. Geschichtliche Betrachtungen wurden angestellt, um bestimmte Bereiche der Bewegungskultur im Sinne der Bildungstheorie als «Kulturgüter» auszuweisen. Ihre Dignität und Bedeutung als Bildungsgüter wurden dann allerdings aus anthropologischen Überlegungen begründet. D. h., die vom Menschen hervorgebrachte und tradierte Bewegungskultur wurde auf vermeintlich anthropologisch «konstante» Verhaltensdispositionen zurückgeführt.

In der Theorie der Leibeserziehung wurden anthropologische Grundannahmen über den Menschen festgeschrieben und zugleich zur Erklärung und pädagogischen Aufwertung einer nachweisbaren Kulturtradition benutzt. Der Mensch erscheint als ein in die Kulturtradition fest eingefügtes Wesen. Seine anthropologisch vorgegebenen Grundfähigkeiten finden in den geschichtlich bereitgestellten Verhaltensmöglichkeiten ihre Entsprechung. Die feste Verknüpfung von Innerem und Äußerem, leiblichem Ausdruck und seelischer Befindlichkeit, objektivem Gebilde und subjektivem Geist führt zu einem sterilen Denkzirkel, in dem die Frage der zeitgeschichtlichen Bedeutung der Bildungsinhalte keine konstituierende Funktion hatte. Die auf diese

Weise anthropologisch fundierten Grundformen der Leibeserziehung (Spielen, Turnen, Gymnastik und Sport, BERNETT 1962) konnten zur Perspektive der Leibeserziehung erklärt und als Programm für die Zukunft empfohlen werden.

Der Gefahr, daß die im Traditionalismus «erstrebte Bildung den Zusammenhang mit der geistigen Wirklichkeit, mit der Gegenwart des jungen Menschen verliert» (14), ist die Theorie der Leibeserziehung nicht entgangen. Sie gewinnt dort restaurative Züge, wo versucht wird, die geschichtlich entstandenen Grundformen in der Gegenwart wiederzubeleben.

Bei aller Einseitigkeit und Überbetonung geschichtlicher Begründung der Erziehung im pädagogischen Traditionalismus ist die damit verbundene historische Betrachtungsweise jedoch ein unerläßlicher Bezugspunkt pädagogischen Denkens. Traditionalistisch wird solches Denken, wenn einzig in der Geschichte nach Sicherheit für die Gegenwart und nach gültigen Perspektiven für die Zukunft gesucht wird. Historische Betrachtungen in der Erziehung sind bedeutsam, wenn sie den geschichtlichen Wandel der Lebens- und Erziehungswirklichkeit erfassen.

Es gibt derzeit eine spürbare Wiederbelebung historischer Forschung in der Sportwissenschaft. Sie wird aber weitgehend außerhalb pädagogischer Fragestellung angestellt. Auch die didaktischen Konsequenzen, die sich aus der geschichtlichen Betrachtung des Sports ergeben können, sind weitgehend unbearbeitet.

Pädagogischer Aktualismus

Erziehung vollzieht sich immer hier und jetzt. «Das Hier und Heute des zu Erziehenden zum Ausgangspunkt des pädagogischen Denkens und Handelns zu machen, die Motive der unmittelbaren Gegenwart des Kindes zum Richtmaß des erzieherischen Wirkens zu erheben» (KLAFKI 1964, 15), ist ein unumgehbarer Bezugspunkt einer realistischen Pädagogik.

Immer dann, wenn die Funktion der schulischen Erziehung in unserer Gegenwart kritisch befragt wird, entsteht die Tendenz, aktuelle gesellschaftliche Erwartungen und Trends zum Richtmaß der Erziehung zu machen. «Der Erziehung macht man… zur Auflage, sich solchen Trends anzupassen, d. h. hier: sich ihnen einzuordnen und damit dem Zögling die Anpassung, sprich: Angleichung an jene Tendenzen zu erleichtern» (KLAFKI 1964, 15).

Bereits bei den Philanthropen findet man aktualistische Züge dort, wo sie ihre Erziehungsziele ausdrücklich auf «bürgerliche Nützlichkeit» hin ausrichten. Der Exerzierplatz wird nicht nur zum Maßstab für eine Reihe von Erziehungsmaßnahmen. Erziehung soll auch unmittelbar auf die «Waffentracht» vorbereiten.

Auch an der Wende von der Leibeserziehung zum Sport ist die Tendenz zum aktualistischen Denken sichtbar geworden. Sport, so wie er im Interesse der Sportverbände betrieben wird, wird zum Inhalt und Ziel der schulischen Veranstaltung Sportunterricht. «Der Sport erfüllt in der modernen Gesellschaft wichtige biologische, pädagogische und soziale Funktionen» (Charta des deutschen Sports). PASCHEN (1961) spricht im Anschluß an die Lehrplantheorie WENIGERS (1963) vom Sport als einer «Bildungsmacht», deren Vertretung im Lehrplan zu sichern sei. Durch eine Reihe von Maßnahmen wird der Schulsport für die Weiterentwicklung des Leistungssports in Dienst genommen und aktuellen politischen Bemühungen um eine wirksamere Repräsentation unserer Gesellschaft im internationalen Raum unterworfen.

Da der Sport auch in dieser Gesellschaft bedeutsame Normen (z. B. Leistungsbereitschaft in einer Leistungsgesellschaft) repräsentiert, wird Sport als wertvolle und gesellschaftsdienliche Veranstaltung bezeichnet. Das führt zu einem Schulsport, von dem offensichtlich erwartet wird, eben diesen Sport auch in der Schule zu betreiben, um damit einen Beitrag zur Integration junger Menschen in diese gegenwärtige Gesellschaft zu leisten.

Der in der Erziehung notwendige Gegenwartsbezug wird zum pädagogischen Aktualismus, wenn die gegenwärtige gesellschaftliche Lage nicht nur als Bedingung der Erziehung betrachtet, sondern zur Erziehungsnorm erhoben wird. Erziehung ist funkional gebunden an unmittelbar an sie herangetragene Erwartungen. Die gegenwärtige Erscheinung, Kinder für den Hochleistungssport heranzuziehen und dies durch schulische Einrichtungen und Veranstaltungen zu unterstützen, trägt ebenso Züge eines pädagogischen Aktualismus wie die mißverständliche Leitidee, den Menschen zur «Handlungsfähigkeit im Sport» zu erziehen (KURZ 1986).

Die kritische Rückfrage, was denn Erziehung angesichts der Erfordernisse der Gegenwart leiste, ist prinzipiell notwendig, und sie muß gerade angesichts gesellschaftlicher Entwicklungen immer neu gestellt werden. Wenn diese kritische Frage jedoch in Forderungen an die Erziehung mündet, bestimmte Bereiche unserer Gesellschaft um ihrer selbst willen unmittelbar in ihrer Weiterenwicklung durch Unterricht und Erziehung zu unterstützen, dann ist der Schritt zum pädagogischen Aktualismus bereits getan.

In der Sportpädagogik besteht eine geringe «strukturelle Distanz» (Kob 1970, 124) zwischen schulischer Erziehung und gesellschaftlichem Sport. Dies verstärkt die Gefahr einer Funktionalisierung des schulischen Sportunterrichts. Schule und Erziehung werden für den «offiziellen» Sport in Dienst gestellt. Die für die Erziehung notwendige Frage, welche Bedeutung Bewegung, Spiel und Sport in der Lebenswelt der Menschen heute haben, wird in solchem Denken unterschlagen. Dieser Frage nachzugehen ist aber für die Bestimmung der Ziele und Methoden der Erziehung notwendig.

Pädagogischer Utopismus

Erziehung ist immer auf Zukunft gerichtet. Das gilt ebenso für das Leben des heranwachsenden Kindes und Jugendlichen wie für die Sicherung und Weiterentwicklung der Gesellschaft insgesamt. Deshalb ist es zu verstehen, daß es in der Erziehung immer wieder anthropologische Entwürfe sowohl des zukünftigen Menschen als auch damit zumeist verbundene Vorstellungen von einer zukünftigen Gesellschaft gegeben hat.

Zum pädagogischen Utopismus geraten solche Erziehungsauffassungen dann, wenn man von einem fixierten Bild des zukünftigen Menschen bzw. einer zukünftigen Gesellschaft ausgeht und der heutigen Pädagogik die Aufgabe zuweist, auf dieses Ziel konsequent hinzuarbeiten.

Vor allem die Pädagogik, die sich an die Konzeption des dialektischen Materialismus anlehnt, zielt auf einen zukünftigen Zustand der Menschheit, «der angeblich sogar mit naturgesetzlicher Notwendigkeit eintreten werde und dessen Heraufkunft es eigentlich nur zu beschleunigen gelte. Es ist die Lebenssituation der klassenlosen Gesellschaft, in der mit der endgültigen und restlosen Niederlegung aller

Klassenschranken auch die Grundübel der Vergangenheit und Gegenwart getilgt würden» (KLAFKI 1964, 19). KLAFKI weist darauf hin, daß eine solche Pädagogik in eine Paradoxie gerate, weil man sich angesichts so großer Ziele als Politiker und Erzieher befugt glaube, «dem Kinde die Freiheit der Gegenwart... nehmen zu dürfen. Um der utopischen Freiheit der Zukunft willen zerstört man die wirklich mögliche Freiheit der Gegenwart» (19).

Verstärkt wird solche Paradoxie vor allem in streng geordneten totalitären Gesellschaften, wo ein Bild zukünftigen gesellschaftlichen Lebens mit Mitteln mächtig durchgesetzt werden, die die zuvor formulierte Leitidee selbst verraten. Die Entwürfe etwa der nationalsozialistischen Erziehung im Dritten Reich tragen deutlich solche Züge.

Auch die revolutionäre studentische Bewegung Ende der 60er Jahre war nicht frei von utopischen Zügen. In der als Leittheorie fungierenden Kritischen Theorie der Gesellschaft gab es durchaus Entwürfe einer neuen Gesellschaft. Das Bild des politisch emanzipierten Menschen wurde zur Leitidee einer kritischen Pädagogik. Von dieser Position aus wurde z. B. die schulische Erziehung kritisiert. GAMM (1970) vertrat die These, «daß die heutige Schule die Produktivität des Schülers vernichtet und seine Kreativität verschüttet» (GAMM 1970, 17). Gefragt war eine Pädagogik der Aufklärung, in der Zwang und Herrschaft des Menschen aufgedeckt wurde, um solche Zustände zu überwinden. «Die radikale Perspektive zeichnet hier also einen noch nicht eingetretenen, aber doch wünschenswerten und sogar notwendigen Zustand, dem durch seine gedankliche Vorwegnahme eine bewußtseinsbildende und -verändernde Funktion innewohnt» (GAMM 1970, 19).

Im Sport, einschließlich des Schulsports, fand man systemkonforme und -stabilisierende Tendenzen. Und es wurde nach Wegen gesucht, wie auch im Sport emanzipatorische und chancengleiche Erziehung möglich sei (JENSEN 1973, HARTMANN 1975).

Die emanzipatorische Leitidee der Kritischen Theorie, die das pädagogische Denken der Jahre nach 1970 stark geprägt hat, hat heute an Bedeutung und Einfluß nicht verloren. Das gilt für die daraus abgeleitete Forderung nach Chancengleichkeit ebenso wie für die Forderung, den jungen Menschen zu einem selbstbestimmten und zugleich verantwortlichen Handeln in unserer Gesellschaft zu erziehen. Aber die dazu notwendigen gesellschaftlichen Zustände lassen sich ad hoc weder durch Politik noch durch Erziehung herstellen.

Grundsätzlich kann man auch im pädagogischen Utopismus einen in der Erziehung nicht hintergehbaren Aspekt erzieherischen Denkens entdecken. Jede Erziehung ist zukunftsorientiert und kommt ohne einen Vorentwurf künftigen Zusammenlebens nicht aus. Eine Verabsolutierung eines zukünftigen Zustandes zum einzig gültigen Erziehungsziel hebt Erziehung als solche selbst auf und macht sie zu politischer Strategie, die sich gegen die Menschen richtet, die zu erziehen sie vorgibt.

Unsere Überlegungen sollen an dieser Stelle verdeutlichen, daß mit den Begriffen wie pädagogischer Naturalismus, Traditionalismus, Aktualismus und Utopismus nicht vergangene und endgültig abgeschlossene Epochen mißratener Sportpädagogik gemeint sind, die wir überwunden hätten. Es sollte vielmehr gezeigt werden, daß die in diesen Epochen vertretenen Positionen immer lebendig sind, ja z. T. wiederbelebt werden müssen, um ein außer Balance geratenes Erziehungsdenken kritisch zu markieren und Ansätze zu seiner Revision zu finden.

Alle hier genannten Positionen kritischer Erziehung sind gekennzeichnet dadurch, daß sie jeweils notwendige Bezugspunkte erzieherischen Denkens beschreiben. Die einseitige und dogmatische Fixierung auf eine dieser Positionen überführt solches Denken aber in Spielarten einer normativen Pädagogik. Von normativer Pädagogik sprechen wir immer dann, wenn sie auf eine Erziehung aus ist, die einmal gesetzten Normen folgt und sich gegen deren kritische Prüfung abschirmt. Insofern läuft normative Pädagogik immer Gefahr, Erziehungsideologien heraufzubeschwören, weil sie die anderen notwendigen Bezugspunkte pädagogischen Denkens außer acht läßt oder einseitig und verkürzend auslegt.

Die Einseitigkeit und Verkürzung des pädagogischen Denkens läßt sich an einem Bezugsschema veranschaulichen, in dem die für didaktische Entscheidungen immer notwendigen Determinanten aufgeführt werden (Schulz 1969).

Dieses Schema enthält als Bezugspaare «Person» und «Gesellschaft» sowie «Tradition» und «Perspektive». «Nicht einer dieser vier Gesichtspunkte kann bei der Formulierung der Voraussetzungen (didaktischer Planung, Zus. Verf.) unbestimmt bleiben, ohne daß das Planungssystem ein Leck bekäme, durch das der Zufall hereinströmt» (Schulz 1969, 72).

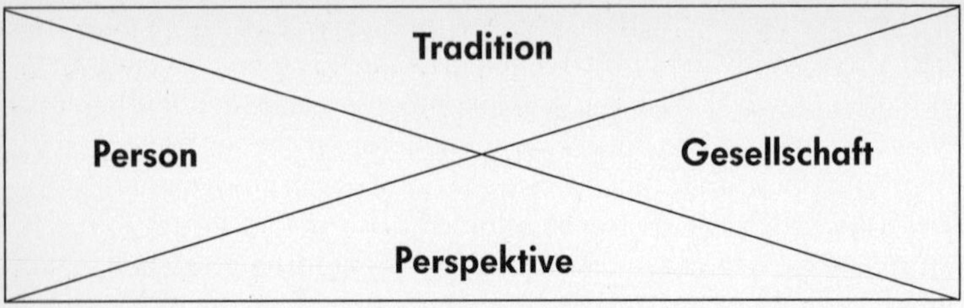

Diesem Determinantenschema kommt in unseren weiteren Überlegungen eine doppelte Funktion zu. Es kann a) zur Beschreibung und «Einordnung» bestehender Konzeptionen der Sportpädagogik verwandt werden, aber auch b) eine reflexive Funktion bei der Behandlung sportpädagogischer Probleme haben.

Zu a) Die Kennzeichnung herkömmlicher Konzepte und ihre theoretische Verortung soll hier zusammenfassend nur für jene geschehen, die einigermaßen vollständig ausgeführt und die in der Praxis wirksam geworden sind: die Theorie der Leibeserziehung und jene Sportpädagogik, die sich als Substitutionstheorie des offiziellen Sports versteht.

Die Theorie der Leibeserziehung hat sich, wie ausgeführt, aus einer Verknüpfung von «Person» und «Tradition» begründet. Sie hat die anthropologisch begründete Idee eines pädagogischen Naturalismus einem bildungstheoretisch hergeleiteten Traditionalismus verbunden.

Der im Begriff «Perspektive» enthaltene Zukunftsbezug ist in bildungstheoretischen Ansätzen der Leibeserziehung nur als Fortsetzung der Tradition denkbar. Auf «Gesellschaft» beziehen sich die Leibeserzieher nur dort, wo diese kulturpessimistisch, d. h. als kultureller Niedergang ausgelegt werden kann. Auf eine Analyse des Sports und der Leibeserziehung in der politischen und gesellschaftlichen Wirklichkeit wird verzichtet.

Die Sportpädagogik, die nach der Theorie der Leibeserziehung die «realistische Wendung» zum Sport vollzogen hat, ist besonders in der Schule (als Schulsport) wirksam geworden. Sie verhält sich im Sinne des herrschenden Sportverständnisses und gegenüber den einflußreichen Sportorganisationen funktional. Sie trägt insofern deutlich aktualistische Züge. In ihrer «Perspektive» ist

diese Sportpädagogik an die historische Entwicklung des offiziellen Sports gebunden. Angesichts des deutlichen Wandels des Sports versuchen die Sportorganisationen, die Geschlossenheit und Autonomie des Systems Sport zu sichern. Als «Tradition» des Sports wird seine Entwicklung zum heute anerkannten Sportsystem gewürdigt, die Tatsache seiner «historischen Relativität» und des Wandels werden eher als verunsichernd erfahren, als sie zeitgeschichtlich auf dem Hintergrund allgemeiner Entwicklungen zu deuten.
Die Menschen werden als «Personen» für den Sportbetrieb wahrgenommen, die für den Sport gewonnen, im Schulsport unterwiesen, in den Wettkampfsport integriert und im Breitensport «lebenslang» betreut werden. Die «Person» wird also nicht als leibliches Wesen, als sich bewegender Mensch in seinen sonstigen Lebensverhältnissen beachtet, sondern nur bezogen auf die Sache «Sport» bedeutsam. In einer Art impliziter «Sportanthropologie» wird der Mensch in seiner Laufbahn als Sportler zum Gegenstand einer aktualistischen Sportpädagogik.

Zu b) Das o. a. Schema mag zugleich dazu dienen, sportpädagogische Probleme in einem Zusammenhang zu betrachten, der Einseitigkeiten des Denkens zumindest einschränkt. Anders gesagt: Jeder, der Sportpädagogik betreibt (als Wissenschaftler oder in ihrer Anwendung in der Erziehungspraxis), kommt nicht umhin, seinen Standpunkt im Rahmen der genannten Determinanten einzunehmen. Die Forderung wäre, diese explizit zu reflektieren, das heißt Fragen wie folgende zu bedenken:

- Welche gesellschaftliche Realität wird als relevanter Ausschnitt betrachtet?
- Wie ist der Mensch in sie eingeordnet, und was bedeutet angesichts dieser Realität – und ihr gegenüber – Erziehung?
- Welche historische Bewegungen haben diese erziehungsrelevante Realität hervorgebracht, durch welche Kräfte wird sie heute getragen, und wie kann der Mensch in ihr und ihr gegenüber in Zukunft Verantwortung übernehmen?

Die Frage ist also, welchen Betrachtungsweisen Sportpädagogik folgen muß, damit sie ihren Gegenstand angemessen erfaßt, relevante Probleme identifiziert und untersucht.

Betrachtungsweisen der Sportpädagogik

Betrachtungsweise und Gegenstand der Betrachtung sind nicht unabhängig voneinander. Sie bestimmen sich gegenseitig. Art und Ausgangspunkt der Betrachtung lassen den Gegenstand in einem bestimmten Licht erscheinen und rekonstruieren ihn auf bestimmte Weise. Die gewählten Betrachtungsweisen sind aber keinesfalls beliebig. Ein Gegenstand erfordert seinerseits bestimmte Betrachtungsweisen, um ihn angemessen und im Interesse des Betrachters zu bestimmen. Dies macht es notwendig, den Gegenstand der Sportpädagogik in einer begründbaren Vorentscheidung so weit zu bestimmen, daß die Art der Betrachtung und der Gegenstand aufeinander bezogen erörtert werden können.

Mit dem Begriff der Sportpädagogik sind diese Bezugspunkte bereits angedeutet. Es geht einmal um den Vorgang der Erziehung. Versucht man den Teilbegriff Sport angesichts des historischen Wandels allgemein auf das Phänomen Bewegung zurückzuführen, dann wird im Begriff «Erziehung durch Bewegung» eine erste vorläufige Gegenstandskennzeichnung gegeben. Eine solche kategoriale Setzung muß freilich auf ihre Bewährung hin geprüft und vor allem präzisiert werden.

Betrachtet man diesen vorläufig gekennzeichneten Gegenstand von jener im vorangegangenen Kapitel ermittelten Grundposition aus, so entsteht ein vorläufiges Bezugssystem, daß eine Orientierung für die weiteren Darstellungen liefern kann.

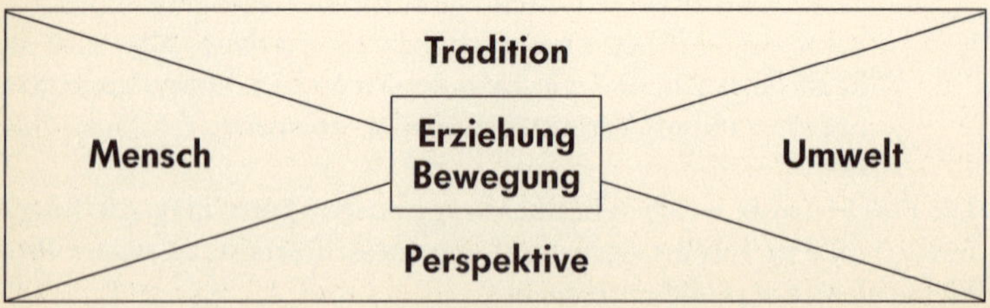

Die Wahrung und Analyse des Gegenstandes von dieser Grundposition aus geschieht unter drei voneinander unterscheidbaren Betrachtungsweisen.

Die anthropologische Betrachtungsweise

Die über die Bewegung gestiftete Mensch-Umwelt-Beziehung verweist auf die Prozeßhaftigkeit dieses Vorganges, in dem dem Menschen eine bestimmte Stellung zur Welt zugesprochen wird. Damit wird eine anthropologische Vorentscheidung getroffen, die den Menschen als ein Wesen bestimmt, das seine Umwelt gestaltend verändert, das eine Kultur hervorzubringen imstande ist und das sich in diesem Prozeß selbst entfaltet.

Rückt man die Mensch-Umwelt-Beziehung in den Mittelpunkt der Betrachtung, so müssen zwei anthropologische Denkrichtungen unterschieden werden: es stellt sich einmal die Frage nach der «Natur» des Menschen und seiner Einbindung in die Natur; diese Frage wird von der biologischen Anthropologie aufgeworfen. Zum zweiten wird die kulturanthropologische Frage berührt, die den Menschen als Schöpfer und Geschöpf der Kultur betrachtet. Gerade das Bewegungsverhalten des Menschen und sein Körperverständnis sind zutiefst von beiden Denkrichtungen geprägt, die beide in der geistigen Tradition des Abendlandes verankert sind.

Die Auffassung vom Menschen als Schöpfer und Geschöpf seiner Kultur ist auch in die Erziehungslehren eingegangen als Bild vom mündigen, sich selbst bestimmenden, aber gleichwohl für seine Welt verantwortlichen Menschen.

Diese anthropologischen Grundlagen werden in den weiteren bewegungstheoretischen und erziehungstheoretischen Betrachtungen ausgeführt werden.

Dabei ist zu prüfen, ob über relativ übereinstimmende Grundlegungen beider Bereiche eine konsistente Gegenstandsbestimmung der Sportpädagogik mitbegründet werden und inwieweit dies durch eine Rekonstruktion der anthropologischen Grundlegung der Sportpädagogik gelingen kann.

Mit dem oben herausgearbeiteten Hinweis auf die Prozeßhaftigkeit der (bewegungsmäßigen) Auseinandersetzung des Menschen mit seiner Umwelt ist zugleich ein weiteres, für die Erziehung bedeutsames

Merkmal benannt, nämlich, daß solche Auseinandersetzung Veränderung bewirkt, und zwar nicht nur Veränderung der Umwelt, sondern in ihrer Rückwirkung auch Veränderung des Menschen selbst. Auf der Grundlage der Prozesse des Wachstums und der Reifung vollzieht sich in diesen Veränderungen die Entwicklung des Menschen. Mit dem Begriff der Entwicklung (durch Bewegung) ist der wichtigste Bezugspunkt für Erziehung benannt.

Im Rahmen der anthropologischen Betrachtungen sind damit auch entwicklungstheoretische Erörterungen nötig, um die Phänomene Bewegung und Erziehung aufeinander zu beziehen und damit den Gegenstand der Sportpädagogik angemessener zu bestimmen.

Am deutlichsten haben wohl die pädagogischen Naturalisten von anthropologischer Position aus argumentiert. Mit dem Verweis auf die Natur des Menschen wollten sie auf eine durch keine andere Argumentation hintergehbare Grundlage menschlichen Seins hinweisen. An den historischen Quellen wurde allerdings deutlich, daß selbst die biologische Anthropologie ihre Aussagen nur bezogen auf historische und gesellschaftliche Aspekte des menschlichen Lebens präzisieren und verständlich machen kann.

So ist die anthropologische Betrachtungsweise, wie wir gesehen haben, auch bei den Traditionalisten notwendig, die ja gerade die Forderung nach Wahrung der Kulturtradition anthropologisch begründet haben. Ihre eher kulturanthropologischen Betrachtungen sehen den Menschen als Schöpfer und zugleich als Geschöpf seiner Kultur.

Dementsprechend haben auch die Utopisten immer ein Menschenbild vor Augen, das zum Leitbild der Erziehung erhoben wird. Und selbst diejenigen, die im Sinne des Aktualismus gesellschaftliches Leben so, wie es sich gegenwärtig zeigt, zum Maßstab des Tuns machen, tun dies, wenn auch nicht immer explizit, bezogen auf eine in ihren Augen Wirklichkeit gewordene Leitidee vom menschlichen Leben, etwa wenn sie sagen: Uns ist es noch nie so gut gegangen! So frei haben Deutsche in ihrer Geschichte nie gelebt! Wann hat es einmal so lange Frieden gegeben?

Es ist das Kennzeichen des pädagogischen Aktualismus und des pädagogischen Utopismus, daß sie ihr Bild vom Menschen immer im Zusammenhang mit einem Gesellschaftsbild zeichnen. Die einen sind zwar mehr darauf aus, das in der Gegenwart Erreichte zu bewahren, während die anderen gerade umgekehrt die Veränderung der derzeitigen Verhältnisse für notwendig halten. Da beide ihr Menschenbild immer bezogen auf ein Bild der Gesellschaft entwerfen, kann man sagen, sie argumentieren sozialanthropologisch.

Die für pädagogisches Denken grundlegende anthropologische Betrachtungsweise wirft die Frage nach der Stellung des Menschen in seiner Welt auf. Dies aber ist nicht nur ein Thema der Philosophie oder ihres Teilgebietes, der philosophischen Anthropologie. Gültige Antworten auf die Frage nach der Stellung des Menschen in seiner Welt sind immer auch auf Übereinkunft zwischen Menschen angewiesen. Dies ist deshalb auch eine politische Frage.

Das eigentliche Anliegen unserer anthropologischen Betrachtungen ist jedoch die Konzipierung einer fachbezogenen pädagogischen Anthropologie. Sie hat auszugehen von der Tatsache, daß der Mensch auf Erziehung angewiesen ist. Erziehung wird von BERNFELD (1970) als Reaktion auf die Tatsache bezeichnet, daß Menschen sich entwickeln. Da sie sich immer in einer gesellschaftlich bestimmten Lebenswelt entwikkeln, ist es verständlich, wenn gefordert wird, die pädagogische Anthropologie in eine «kritische Theorie der Sozialisation» zu überführen (KAMPER 1974, 16–19). Die dazu notwendigen entwicklungstheoretischen Betrachtungen (siehe Kap. 6) müssen deshalb in sozialisationstheoretischen Kontext gestellt werden. Die in unserem Fachgebiet üblichen individualanthropologischen Untersuchungen sind durch sozialanthropologische zu ergänzen (siehe GRUPE 1969).

Die sozialhistorische Betrachtungsweise

Die sich aus dem Prozeß der Auseinandersetzung des Menschen mit seiner Umwelt ergebenden Veränderungen bestimmen nicht nur die Entwicklung des einzelnen in seiner Lebensgeschichte. Die Tatsache, daß der Mensch seine Umwelt dauerhaft verändert und Kultur als eine sein Leben überdauernde und bleibende Leistung hervorbringt, bestimmt ihn auch als geschichtliches Wesen. Die bewegungsmäßige Auseinandersetzung mit der Umwelt ist sozusagen eingespannt zwischen soziokultureller Tradition und der Entwicklungsperspektive von Kultur und Gesellschaft. Der junge Mensch begegnet nicht einer als Natur gegebenen, gleichbleibenden Umwelt, sondern immer einer, die vor ihm andere Menschen über viele Generationen geschaffen haben.

Der Hinweis auf die Geschichtlichkeit der Auseinandersetzung des Menschen mit seiner Umwelt hat auch für die Erziehung Folgen. Erziehung muß sich in veränderten sozialen und geschichtlichen Situationen immer neu orientieren; sie kann die gesellschaftlichen Verhältnisse, deren Teil sie selber ist, nie als festen, unveränderlichen Bezugsrahmen annehmen, sondern als eine von Menschen geschaffene und durch nachwachsende Generationen (und deren Erziehung) jeweils weiterzuentwickelnde Lebenswelt. Nicht nur die vom Menschen hervorgebrachte und immer neu konstituierte Gesellschaft und die Bewegungskultur, die Menschen immer neu hervorbringen, haben Geschichte. Auch die Erziehung selbst hat ihre eigene Tradition, und sie kommt ohne auf die Zukunft gerichtete neue Perspektiven und Lebensentwürfe nicht aus.

Auch das weiter oben gekennzeichnete Menschenbild ist keine über alle Zeiten und Gesellschaften gültige anthropologische Konstante, sondern speziell in unserem abendländischen (christlichen und philosophischen) Denken entstanden und verankert.

Mit der sozialhistorischen Betrachtungsweise haben wir damit eine zweite Position gewonnen, von der aus Bewegung und Erziehung analysiert werden müssen, wenn man den Gegenstand der Sportpädagogik in Eigenart und Aufbau angemessen erfassen will.

Ziel solcher sozialgeschichtlichen Betrachtungen müßte eine Sozialgeschichte der leiblichen Erziehung sein, die spezifische Probleme der Gegenwart begreiflich machen könnte.

Die lebensweltliche Betrachtungsweise

Es ist an der Geschichte der Leibeserziehung verdeutlicht worden, daß weder aus der Vergangenheit noch aus der Natur des Menschen bestimmt werden kann, was Erziehung soll. Auch wenn, wie in der bildungstheoretisch begründeten Leibeserziehung, beide Betrachtungsweisen aufeinander bezogen werden, kann es passieren, daß das daraus ableitbare Erziehungskonzept die Forderungen und die Möglichkeiten der Gegenwart verfehlt.

Es ist deshalb nötig, die Erziehungswirklichkeit der Gegenwart im Umfeld unserer gesellschaftlichen Lage zu analysieren. Dies ist Aufgabe der Erziehungs- und Bildungssoziologie. Die Erziehungssoziologie «untersucht die Abhängigkeit pädagogischer... Prozesse, Methoden und Institutionen von gesellschaftlichen Umgebungseinflüssen sowie die Auswirkungen und Ergebnisse pädagogisch-erzieherischen Handelns auf die Gesellschaft» (HARTFIEL 1974, 98–104).

Die in der Erziehungssoziologie eher üblichen makrosoziologischen Betrachtungen (z. B. über Erziehungsinstitutionen, die Funktion der Erziehung in der Gesellschaft) bemühen sich in der Regel um allgemeine, überindividuell gültige Aussagen. Diese bedürfen jedoch der Ergänzung, wenn man den Menschen in seiner individuellen Lage, in seiner für seine Erziehung grundlegenden Subjektivität wahrnehmen und verstehen will. Dies ist gemeint, wenn hier ergänzend von der lebensweltlichen Betrachtung die Rede ist.

Die alltägliche Lebenswelt ist nach SCHÜTZ (1975, 23) «der Wirklichkeitsbereich, an dem der Mensch in unausweichlicher, regelmäßiger Wiederkehr teilnimmt. Die alltägliche Lebenswelt ist die Wirklichkeitsregion, in die der Mensch eingreifen und die er verändern kann, indem er in ihr durch die Vermittlung des Leibes wirkt. Zugleich beschränken die in diesem Bereich vorfindlichen Gegenständlichkeiten und Ereignisse, einschließlich des Handelns und der Handlungsergebnisse anderer Menschen, seine freien Handlungsmöglichkeiten. Sie setzen ihm zu überwindende Gegenstände wie auch unüberwindliche Schranken entgegen. Ferner kann sich der Mensch nur innerhalb dieses Bereiches mit seinen Mitmenschen verständigen, und nur in ihm kann er mit ihnen zusammenwirken.»

Mit diesen wenigen Sätzen von SCHÜTZ wird bereits deutlich, daß der Mensch seine Erfahrungen in Situationen des Alltags macht, daß er in Interaktionen mit anderen und in der Auseinandersetzung mit ihnen seine Umwelt und sich selbst erfährt.

Die Lebensweltanalyse erlaubt es, den zu erziehenden Menschen in seiner sozialen Wirklichkeit wahrzunehmen, Erziehungssituationen zu analysieren und die Wirklichkeit von Spiel, Sport und Bewegung unter erzieherischen Gesichtspunkten zu betrachten und zu rekonstruieren.

Mit der Lebensweltanalyse gewinnen sportpädagogische Untersuchungen ihren empirischen Gehalt und zugleich ihren aktuellen Bezug zu den sich bewegenden und zu erziehenden Menschen in ihren jeweils gegebenen Lebensverhältnissen. Der Gefahr des Aktualismus entgehen solche Betrachtungen eben dadurch, daß sie sich im Rückbezug zu sozialhistorischen und anthropologischen Betrachtungen relativieren.

4 Der Gegenstand der Sportpädagogik

In den einführenden Kapiteln (1–3) wurde der Versuch unternommen, das Anliegen leiblicher Erziehung in ausgewählten geschichtlichen Phasen nachzuzeichnen. Wichtig war dabei vor allem, die in den unterschiedlichen historischen Situationen gefundenen Begründungen einer leiblichen Erziehung zu bestimmen (Kap. 2). Es hat sich gezeigt, daß es dabei fruchtbar sein kann, jene Leibeserzieher zu Wort kommen zu lassen, die ihr Konzept der Leibeserziehung in kritischem Interesse gegen Erscheinungen der Zeit formuliert haben; hier treten die eingenommenen Positionen besonders prägnant hervor.

Betrachtet man die Begründungsversuche insgesamt, so zeigt sich ihr systematischer Stellenwert: sie kennzeichnen nicht nur jeweils mögliche, sondern insgesamt notwendige Grundlagen sportpädagogischen Denkens. So kann als ein Ertrag der Aufarbeitung historischer Quellen festgehalten werden: sportpädagogisches Denken sollte, um Einseitigkeiten zu vermeiden, Menschen in ihrer Beziehung zur Natur, zur Geschichte, zur Gegenwart und zur Zukunft betrachten. Das daraus folgende Anliegen mußte es sein, notwendige wie unverzichtbare Betrachtungsweisen der Sportpädagogik zu entwickeln (Kap. 3), deren Anwendung sichert, den Gegenstand und die Problemfelder der Sportpädagogik zu identifizieren und angemessen aufzuarbeiten.

Betrachtungsweisen der Sportpädagogik herauszuarbeiten, ist eine notwendige Bedingung für sportpädagogische Untersuchungen. Denn es ist die Art der Betrachtung, die den Gegenstand auf spezifische Weise hervorbringt, ihm besondere Konturen verleiht und in bestimmtem Licht erscheinen läßt. Hinreichend gerüstet für sportpädagogische Untersuchungen ist man jedoch erst, wenn entschieden ist, worauf man den Blick richtet, welche Tatbestände und Handlungszusammenhänge relevante Gegenstände der Betrachtung sind.

Es wäre vermessen zu glauben, solche Fragen seien neu und sie ließen sich unabhängig von der gegenwärtigen Situation der Sportpädagogik beschreiben. Es läßt sich vielmehr nachweisen, daß auf solche Fragen in der sportpädagogischen Praxis (z. B. in Schule und Jugenderziehung) und in der sportpädagogischen Theorie (insbesondere der Fachdidaktik) Antworten vorliegen und ständig neu gegeben werden.

Gerade im Hinblick auf die in Kapitel 3 formulierten Betrachtungsweisen ist konsequent zu fordern, eigene Gegenstandsbestimmungen nicht losgelöst vom historischen und gesellschaftlichen Kontext, sondern in der Auseinandersetzung mit der derzeitigen pädagogischen Praxis und der Art ihrer theoretischen Reflexion vorzunehmen und zu begründen.

Dies soll in diesem Kapitel geschehen. Die Richtung läßt sich besser markieren, wenn man die Situation der Sportpädagogik in unserer Zeit beschreibt und dabei kenntlich macht, welche Strömungen, Einseitigkeiten und Entwicklungsprobleme die Sportpädagogik in unserer Zeit kennzeichnen.

1) Die Sportpädagogik hat sich unter der Bezeichnung «Theorie der Leibeserziehung» als Berufswissenschaft für Sportlehrer entwickelt. In dieser Funktion wurde sie nach 1950 besonders an den Pädagogischen Hochschulen gelehrt. Wie für alle anderen Schulfächer galt es, didaktische und methodische Grundlagen auch für das Schulfach «Leibeserziehung» zu schaffen und konzeptionell auszuarbeiten. Die unter diesen Umständen entwickelten theoretischen Konzeptionen wurden in Kapitel 2 beschrieben.

Es ist verständlich, daß im Rahmen dieses begrenzten Auftrages, Lehrer auszubilden, eine Sportpädagogik nicht in ganzer Breite erarbeitet werden konnte. Sie begrenzte sich auf das Anwendungsfeld Schule und darauf, didaktische und methodische Anleitungen für die schulische Leibeserziehung speziell für den Unterricht bereitzustellen.

Diese Einseitigkeit gilt es aufzuheben. Es muß deutlich gemacht werden:

- daß außerhalb und neben der Schule andere Anwendungsfelder der Sportpädagogik liegen;
- daß es neben den Menschen im Schulalter weitere Zielgruppen gibt mit Problemen, die die Sportpädagogik herausfordern;
- daß der Sport, der in der Schule gelehrt und betrieben wird, nicht der einzige Sport ist, der pädagogisch relevant ist, und
- daß die pädagogische Praxis nicht nur durch Lehre und Unterricht hervorgebracht wird, sondern daß es vielfältige Menschen gibt, die sportpädagogisch relevant sind.

2) Klärungsbedürftig ist zum zweiten die Stellung der Sportpädagogik als Wissenschaft. Zunächst reduziert auf ihre Funktion als Berufswissenschaft für Sportlehrer, wurde die Theorie der Leibeserziehung zugleich zum Ausgangspunkt der Entwicklung einer Fachwissenschaft, der Sportwissenschaft. Vor allem an den Instituten für Leibesübungen der Universitäten (später Institute für Leibeserziehung und dann für Sportwissenschaft) waren im Sinne der traditionellen Fakultätengliederung Elemente einer Sportwissenschaft in den Bereichen Sportgeschichte und Sportmedizin entstanden.

Die Einführung des Begriffes «Sportwissenschaft» und deren Ausdifferenzierung in verschiedene Teilwissenschaften (wie Sportpsychologie, -medizin, -soziologie, -geschichte) führte dazu, auch die Sportpädagogik in die Reihe der Teilwissenschaften einzuordnen. Daraus entstand die Notwendigkeit, sich als eigenes Teilsystem von anderen Gebieten der Sportwissenschaft abzugrenzen und ein eigenes Profil zu erarbeiten.

Trotz vieler Versuche, solche Eigenständigkeit durch schematische Konstruktionen der Über- und Unterordnung, sozusagen auf dem Papier zu lösen (SCHMITZ 1979) muß man heute feststellen, daß eine Abgrenzung und Profilierung der Sportpädagogik und die Grundlegung einer eigenständigen Forschungs- und Lehrpraxis noch nicht vollzogen ist.

Eine stärkere Besinnung auf ihr eigenes Anliegen in Forschung und Lehre wird möglicherweise gefördert durch die Gründung eigener Wissenschaftsorganisationen. Die Gründung sowohl einer Kommission Sportpädagogik in der ‹Deutschen Gesellschaft für Erziehungwissenschaft› wie die Bildung einer ‹Sektion Sportpädagogik› als Untergliederung der ‹Deutschen Vereinigung für Sportwissenschaft› zeigt zwei Orientierungsrichtungen, die die Sportpädagogik notwendigerweise braucht, die allerdings nicht getrennt voneinander verfolgt werden dürfen. Das Problem, das die Sportpädagogik angesichts solcher auseinanderdriftenden Perspektiven lösen muß, ist, wie sie sowohl einen eigenen Gegenstandsbereich im Rahmen der Fachwissenschaft (Sportwissenschaft) ausgrenzen kann und zugleich eine spezifische pädagogische Fragestellung im Rahmen der Erziehungswissenschaft zu verfolgen imstande ist.

3) Es kennzeichnet die derzeitige Lage der Sportpädagogik, daß vor allem von ihr erwartet wird, Erziehungsfragen aufzugreifen, die im Rahmen des institutionalisierten Sports auftreten. Diese Wendung zum Sport wurde in Kapitel 2 ausführlich als eine Entwicklung beschrieben, die vor allem durch den Einfluß des Deutschen Sportbundes auf die politischen Träger des öffentlichen Schulwesens herbeigeführt wurde. Eine gleichgerichtete Einwirkung konnte der Deutsche Sportbund auch auf die Forschungsförderung nehmen. Das Bundesinstitut für Sportwissenschaft als nachgeordnete Behörde des Bundesinnenministeriums (zugleich einzige speziell der Forschungsförderung der Sportwissenschaft dienende Institution) ist vornehmlich für die Forschung des Leistungssports zuständig und wird deshalb in starkem Maße unter die-

sem Interesse gelenkt. Damit ist indirekt auch die Förderung sportpädagogischer Forschung auf das Gegenstandsgebiet des Wettkampf- und des Leistungssports ausgerichtet worden. Man kann nicht sagen, daß sich Sportpädagogik nun gänzlich diesen äußeren Zwängen und den damit gegebenen Forschungsinteressen unterworfen hätte. Die Folge dieser forschungspolitischen Lage ist aber, daß es bislang wenig Ansätze gibt, die die tendenzielle Einseitigkeit systematisch in Frage stellen und überwinden würden. Die nächsten Kapitel stellen den Versuch dar, dies zu tun.

Die zentrale Aufgabe dabei ist, den Gegenstand der Sportpädagogik neu zu bestimmen. An einem Beispiel sollen zunächst kontroverse Bestimmungsmöglichkeiten veranschaulicht werden; an ausgewählten Fachbeiträgen wird dann verdeutlicht, wie sich solche Kontroversen in der Fachdiskussion spiegeln. Das Hauptanliegen dieses Kapitels ist es, die soziale Wirklichkeit des Sports so zu beschreiben, daß dort die Gegenstandsgebiete der Sportpädagogik identifiziert werden können.

Zum Problem der Gegenstandsbestimmung der Sportpädagogik

Wenn Sportpädagogik diese Aufgaben lösen will, muß sie zuallererst ihren Gegenstand bestimmen. Ihre traditionelle Hinwendung auf Schule verlangt zwar, Sportunterricht als ein spezielles, nach wie vor wichtiges Gebiet zu betrachten. Darüber hinaus aber muß sich sportpädagogisches Denken auch auf gesamtgesellschaftliche Problemstellungen richten und darin eingelassene sportpädagogische Felder untersuchen. Dabei ist es wichtig, eigene Fragestellungen, Erkenntnisinteressen und Methodenkonzepte zu entwickeln und diese von denen anderer Teildisziplinen der Sportwissenschaft abzugrenzen. Die Darstellung der historischen Entwicklung der Sportpädagogik und die Kennzeichnung ihres Verhältnisses zum Gebiet des Sports haben gezeigt, daß die Frage nach der Gegenstandsbestimmung der Sportpädagogik unterschiedlich beantwortet wurde und heute nach wie vor offen ist.

ROUSSEAU (s. Kap. 1) hat das Kind in seiner Auseinandersetzung mit einer ausgewählten Umwelt zum Gegenstand seiner Betrachtungen gemacht. Er stellte den Prozeß der Auseinandersetzung in den Mittelpunkt, ohne besondere Inhalte vorzugeben.

Die Philanthropen dagegen haben Gymnastik und Spiele zusammengestellt, die sie als geeignete Übungen für ihre Leibeserziehung ansahen. Gesucht war die «wahre künstliche Übung». GUTS MUTHS' Bücher über die «Gymnastik der Jugend» (1793) und die «Spiele für die Jugend» (1802) sind Beispiele dafür.

Die auf die Philanthropen folgenden Systematiker der Leibesübungen übertrafen sich gegenseitig im Entwurf streng und logisch geordneter Systeme von Leibesübungen, die mehr oder weniger klar formulierten Zwecken folgten.

Im natürlichen Turnen der Österreicher gab es im Zuge der pädagogischen Reformbewegung und in Rückbesinnung auf ROUSSEAU wiederum eine Auflockerung der Systeme. Die frei gestaltete Bewegung dominierte über die gekünstelte. Leibesübungen waren Übungen in pädagogischer Absicht.

In der bildungstheoretischen Didaktik schließlich ging man von

Bildungsinhalten aus, die als Turnen, Spiel, Gymnastik... ihre bildenden Gehalte dadurch zugesprochen bekamen, daß man ihnen anthropologische Bedeutung beimaß.

Die Wendung zum Sport führte schließlich dazu, daß Sport, vor allem so, wie er sich in der außerschulischen gesellschaftlichen Realität herausgebildet hat, zum Inhalt und Ziel pädagogischen Handelns erhoben wurde.

Die deutliche und z. T. unreflektierte Bindung der Sportpädagogik an den organisierten Sport hat, wie w. o. bereits angedeutet, zu einigen Problemen in der Entwicklung der Sportpädagogik geführt. Es ist deshalb sinnvoll, die Frage nach der Gegenstandsbestimmung der Sportpädagogik erneut aufzuwerfen und zu klären.

Die Kontroverse um die Bestimmung ihres Gegenstandes ist in der sportpädagogischen Fachdiskussion lebendig, ob sie nun an Orten wissenschaftlicher Auseinandersetzung oder in Fachseminaren der Zweiten Phase der Lehrerausbildung diskutiert wird. Die folgenden Abschnitte sollen dies an einem Beispiel verdeutlichen. Kontroverse Argumentationen, wie sie in der Praxis üblich sind, seien in einem fiktiven Fachgespräch eingefangen. Es soll veranschaulichen, welche grundsätzlichen Standpunkte in der Diskussion eingenommen werden.

Ein Beispiel

Das nun folgende Gespräch hat folgende Ausgangssituation: Zwei Vertreter des Faches möchten z. B. in der Lehrerausbildung ihren Studierenden (oder Referendaren) an einem einleuchtenden Beispiel erklären, was Gegenstand der Sportpädagogik sei. Schon öfters haben sie – zumeist kontrovers – Grundprobleme der Sportpädagogik diskutiert. Trotz der zu erwartenden Widersprüche faßt sich der eine (wir wollen ihn hier M. nennen) ein Herz und schildert einen Fall. Sein Kollege K. hört mit der ihm eigenen skeptischen Erwartung zu.

«Ein etwa vierjähriger Junge sitzt am Straßenrand am unteren Rand eines Haufens frischen Bausandes. Er scharrt den auf der Oberfläche liegenden trockenen Sand zusammen, füllt damit seine Hand und läßt ihn langsam im stetigen Fluß aus der geöffneten Hand rieseln. Die Bedächtigkeit, mit der er den Sand fließen läßt, steht im Widerspruch zu der Hastigkeit, mit der er seine Hand von neuem mit Sand füllt, um ihn nun abermals über die Handkante fließen zu lassen. Mit leicht geneigtem Kopf verfolgt er mit großer Aufmerksamkeit ebenso den gleichmäßig rieselnden Strahl wie den stetig wachsenden Kegel auf dem Boden, den er jedesmal erzeugt. Ohne sichtbaren Grund oder äußeren Anlaß bricht er das Spiel ab. Der Junge fährt nun mit wilden Bewegungen in den Sand hinein, gräbt sich mit seinen Händen in die feuchte Kühle des Untergrundes, schleudert beim Herausziehen der Hände Teile des Sandes auf die graue Asphaltstraße, die er dabei gelb besprenkelt. Fasziniert von der Färbung, die er erzeugt, schleudert er mit Kreisbewegungen mehr und mehr Sand und beobachtet dabei die Veränderungen auf der Straße. Ein vorbeigehender Erwachsener gebietet Einhalt: ‹Das macht man nicht!› Der Junge ist verlegen, klettert mit fahrigen Bewegungen auf den Sandhügel, rutscht auf dem Hosenboden hinunter und beobachtet dabei erwartungsvoll und zugleich ängstlich den Erwachsenen. Der geht weiter. Der Junge genießt in immer neuen Wiederholungen das neue Spiel, den Sandhügel hinabzurutschen und dabei mit den Füßen im Sand zu verschwinden.» Der Erzähler bricht hier ab. Er schaut seinen Kollegen auf eine Weise an, die vermittelt, er habe diesem zunächst einmal genug erzählt!

K.: Ja und weiter?

M.: Was weiter? Das genügt!

K.: Meinst du das im Ernst?

M.: Ja, was fehlt dir denn an meinen Beispiel?

K.: Wir wollen ein Beispiel, das anschaulich ist und für sich selbst spricht. Was darin doch mindestens vorkommen muß, ist Sport und Pädagogik, damit meine ich etwas, was für jeden einsichtig etwas mit Erziehung zu tun hat. Und gerade in der Sportlehrerausbildung sollte der Sport doch im Mittelpunkt…

M.: Du meinst die Bewegung.

K.: Ja, natürlich, aber doch nicht jede. Und im übrigen, was kommt denn da schon an Bewegung vor?

M.: Na, immerhin…

K.: Was, das regellose Sandspiel mit den hektischen Ausfällen? Denk an das Sandschleudern oder das Gehopse auf dem Haufen! Das ist nicht mal ein Bewegungsspiel mit einer klaren Ordnung, das man im Gespräch mit Studenten aufgreifen könnte.

M.: Aber der kleine Junge spielt doch, und er bewegt sich.

K.: Zugegeben. Aber ist denn jede Art von Bewegung pädagogisch relevant? Wenn hier wenigstens eine Bewegungsfertigkeit sichtbar wäre, die in der Ausführung und im Spiel geübt würde. Oder willst du das Sandschaufeln mit der Hand und das fast bewegungslose Wiederausschütten eine Bewegungsfertigkeit nennen, auf die es uns im Sport doch ankommt?

M.: Natürlich ist dies eine Bewegungsfertigkeit, aber darauf kommt es mir nicht unbedingt an...

K.: Worauf denn sonst, daß...

M.: Wichtig ist mir, daß das Kind sich über seine Bewegung mit der Umwelt auseinandersetzt und dabei Erfahrungen macht und dabei sogar etwas lernt.

K.: Sag doch mal, was hier gelernt wird. Sandschaufeln, das ist doch keine Bewegungsfertigkeit, die man lernen muß. Und wozu auch?

M.: Daß du immer auf deiner Bewegungsfertigkeit herumreitest! Der Prozeß der Auseinandersetzung des Kindes mit seiner Umwelt, der ist mir wichtig; wie es auf die Umwelt einwirkt, die Eigenschaften des Materials kennen und unterscheiden lernt; wie es lernt, sie zielsicher zu handhaben, und dabei Erfahrungen gewinnt.

K.: Hoffentlich die Erfahrung, daß man nicht Sand auf die Straße werfen darf, denn, wenn das...

M.: Auch das, daß die Umwelt, in der sich dieser Junge bewegt, sozial geordnet ist, daß dort jeder Gegenstand seine Bedeutung hat, die Straße eine andere als der Sand, daß daraus Verbote erwachsen können...

K.: Also mit Schule hat das doch nun gar nichts zu tun. Aber darauf kommt es uns doch schließlich an. Unsere Studenten wollen wir doch auf ihre Arbeit in der Schule vorbereiten.

M.: Wenn wir wissen wollen, wie Schule erzieherisch wirkt oder wirken kann, dann müssen wir eine Vorstellung von Erziehung haben, die auch über die manchmal einschränkenden Bedingungen von Schule hinaus Gültigkeit beanspruchen kann.

K.: Aber wir bilden Sportlehrer für die Schule aus. Dort müssen sie ihren Erziehungsauftrag erfüllen. Dort müssen sie...

M.: Und was ist ihr Erziehungsauftrag als Sportlehrer?

K.: Na ja, darum geht es uns doch. Wenn zum Beispiel...

M.: Ein Beispiel, eben! Dann gib doch du ein Beispiel, an dem du deutlich machen willst, welche Bezugspunkte wichtig für sportpädagogisches Denken in der Sportlehrerausbildung sind!

Es wäre an dieser Stelle vielleicht aufschlußreich, das Gegenbeispiel des kritischen Gesprächspartners kennenzulernen. Mancher Leser mag aufgrund seiner Erfahrung durchaus selbst in der Lage sein, dieses Gegenbeispiel zu konstruieren.

Deutlich wird, daß diese beiden Gesprächspartner unterschiedliche Bezugspunkte sportpädagogischen Denkens in den Vordergrund stellen möchten. Würde man die Unversöhnlichkeit dieser beiden Kollegen unterstellen – was in diesem Falle sicherlich auch hieße, sie des wissenschaftlichen Diskurses für unfähig zu halten –, dann blieben recht stark polarisierte Standpunkte bestehen. Welches sind in diesem Falle die jeweiligen Bezugspunkte, von denen aus der Gegenstand der Sportpädagogik bestimmt wird?

Bezugspunkte sportpädagogischen Denkens

In seinem Beispiel stellt M. das sich bewegende Kind in den Vordergrund. Der andere möchte, ganz im Sinne der Fachbezeichnung, am Sport ansetzen. Und da geht es eben um Bewegungsfertigkeiten innerhalb von Sportarten, die man lernen muß, und dann darum, wie man sie unter den Bedingungen von Schule lehren bzw. lernen soll. K. dagegen verteidigt sein Beispiel damit, daß es ihm hauptsächlich um den Prozeß der bewegungsmäßigen Auseinandersetzung des Menschen mit seiner Umwelt geht und daß es, vor allem absichtsvollen Lehren, um die Erfahrungen geht, die man dabei gewinnen kann. Offenbar geht es ihm auch darum, unabhängig von Schule (als einem Bereich institutioneller Erziehung) eine Vorstellung von Erziehung zu entwickeln. Vereinfachende Begriffe können als kontroverse Positionen gegenübergestellt werden:

Bewegung		**Sport**
Auseinandersetzung mit der Umwelt	–	Bewegungsfertigkeiten des Sports
aus Erfahrung lernen	–	aufgrund von Belehrung lernen
Kind	–	Sache
Erziehung		**Schule**

Diese Gegenüberstellung macht deutlich, daß es hier im Grunde um keinen wirklichen Gegensatz geht. Sport heißt auch sich bewegen. Bewegungsfertigkeiten sind einmal aus der Auseinandersetzung mit der Umwelt entstanden, und sie werden gerade in spezifisch sportlich gestalteten Umwelten immer neu angeeignet und perfektioniert. Belehrung, die nicht auf Erfahrung gründet und neue auslöst, wird wirkungslos bleiben. Und Schule, die nicht auf Erziehung zielt, wird sich nur schwer legitimieren lassen.

Dies alles ist sicherlich auch den streitenden Kollegen bewußt. Dennoch scheint der jeweilige Ansatzpunkt ihres sportpädagogischen Denkens zu recht unterschiedlichen Denkrichtungen und zu sich unterscheidenden sportpädagogischen Konzepten zu führen. Jeder betont einen wichtigen Aspekt des Problems, aber in der jeweils einseitigen Vertretung dieses Standpunktes verkürzen sie zugleich die sportpädagogische Fragestellung:

Wer am Sport – und am derzeitigen öffentlichen Bewußtsein über ihn – ansetzt und dann konsequent die sportlichen Bewegungsfertigkeiten, wie sie sich zu den einzelnen Sportdisziplinen gruppieren, zum primären Bezugspunkt macht, läuft Gefahr, Sport als festen, unwandelbaren Kulturbestand und als pädagogische Norm festzulegen. Dabei würde der Vorgang aus dem Blick verloren, in dem Sport unter sich wandelnden äußeren Bedingungen jeweils neu von Menschen hervorgebracht werden muß. Erst wenn Sport allgemeiner als handelnde Auseinandersetzung mit seiner spezifischen Umwelt begriffen wird, vermag man auch die historischen Besonderheiten dieser Form menschlichen Bewegens zu verstehen. Ein angemessenes Gegenstandsverständnis würde verfehlt, wenn man Sport, wie er sich derzeit aktuell darstellt, zum Bezugspunkt für sportpädagogische Überlegungen machen würde.

Wer umgekehrt der Faszination der Umwelterkundungen von Kindern erliegt und allein hier den Beispielfall förderlicher Entwicklungssituationen sieht, mag leicht übersehen, daß Kinder nur scheinbar ihre Welt originär, unverstellt und in je eigenem Zugriff in Erfahrung bringen. Auch hier wird möglicherweise vergessen, daß alle Kinder in eine Bewegungskultur hineinwachsen, die Erfahrungen und Kulturschöpfungen vieler Generationen enthält. Sport ist nur ein zeitgemäßer Ausdruck eben dieser sich historisch wandelnden Bewegungskultur. Auch das im Sand spielende Kind wird im Laufe seiner Entwicklung dem Sport nicht entgehen. Er wird ihm als Maßstab für Bewegungsausdruck und Körperverständnis unserer Zeit begegnen. Solche Prägungen werden von den jungen Menschen als hilfreich oder auch als einschränkend erfahren werden.

Beide Positionen unterliegen der Gefahr, ganz unhistorisch von «dem Kind» bzw. von «dem Sport» zu reden. Das Kind auf der einen Seite, der Sport auf der anderen – diese Form des polarisierenden Denkens hat in der Geschichte der Pädagogik allgemein und auch speziell in der Theorie der Leibeserziehung und nun in der Sportpädagogik die fachliche Diskussion immer wieder bestimmt.

Ebenso problematisch erscheint es, als Erziehung nur das für bedeutsam zu halten, was in der Schule geschieht. Ebensowenig wie der Sport schon als solcher pädagogisch genannt werden darf, kann man sagen, die Schule wirke als solche erzieherisch. Erst dann, wenn wir unabhängig von Schule einen Begriff von Erziehung entwickeln, läßt sich Schulwirklichkeit als Erziehungswirklichkeit auslegen und gegebenenfalls kritisch analysieren. Schule ist zwar der Ort, an dem eine Gesellschaft ihre Vorstellung von Erziehung für die nachwachsenden Generationen eingerichtet hat, aber Erziehung geht als Erscheinung und Aufgabe über das hinaus, was Schule vermag. So gesehen, erscheint es notwendig, die Einengung der Sportpädagogik auf Schulpädagogik und Didaktik aufzuheben.

Sport ist zwar aktueller Bezugspunkt für Erziehung. Seine pädagogische Relevanz werden wir aber nur ausarbeiten können, wenn wir ihn als spezifische Erscheinungs- und Ausdrucksform menschlicher Bewegung begreifen.

Nicht Schule und Sport, sondern Erziehung und Bewegung sind also die unumgehbaren Bezugspunkte sportpädagogischen Denkens.

Gegenstandsbestimmungen in der Sportwissenschaft

Unser praktischer Dialog kennzeichnet auch die Lage in der Theoriediskussion. Hier ist die Frage nach der Gegenstandsbestimmung in der Sportpädagogik ebenfalls offen. Sie ist in ähnlicher Weise kontrovers. Anhand von drei Beiträgen soll dies im folgenden verdeutlicht werden. Das erste Beispiel zeigt einen Ansatz, der vom Sport her denkt (KURZ 1977); der zweite geht von der menschlichen Bewegung aus (SCHERLER 1975); der dritte schließlich geht von der Bewegung aus, führt dann aber aufgrund eines spezifischen Bewegungskonzeptes konsequent zum Sport hin (BALLREICH u. a. 1971).

Eine Pädagogik des Sports (KURZ)

KURZ (1977) nimmt die weiter oben beschriebene realistische Wende zum Sport als eine Gegebenheit hin und empfiehlt zugleich, sie zur Grundlage sportdidaktischer Überlegungen zu machen. «Für die heutige Praxis des Faches in der Schule ist die enge Bindung an das gesellschaftliche und kulturelle Phänomen Sport als entscheidende Gegebenheit anzusehen...» (58).

KURZ macht diesen historischen Entwicklungsstand zur normativen Grundlage seiner weiteren Überlegungen. «Sport in der Schule wird also mit dem Blick auf den Sport außerhalb von ihr konzipiert; er gewinnt seine Elemente aus ihm und bereitet auf ihn vor. In der in der Curriculumdiskussion geläufig gewordenen Denkweise heißt das zunächst: Schulsport qualifiziert für die Situationen des außerschulischen Sports; sein zentrales Bezugsfeld ist der Sport» (58).

Begründungen des Faches, bezogen auf die Kategorien wie Bewegung, Spiel, Leib, Gesundheit, Leistung, Gestaltung (59), sind hier nicht notwendig, denn: «Die Bedeutung und Anerkennung, die dem Sport in unserer Gesellschaft inzwischen zukommen, lassen diese Art der

Rechtfertigung zunehmend als überflüssig erscheinen. Für die bildungspolitische Argumentation scheint es zunehmend auszureichen, den Schulsport im Kern daraus zu begründen, daß er einen Ausschnitt gesellschaftlicher Wirklichkeit repräsentiert, dessen Umfang, Komplexität und Ambivalenz es verbieten, daß Schüler ihm unvorbereitet ausgeliefert werden. Schulsport soll also zunächst und vor allem die Fähigkeit der Schüler entwickeln helfen, im Feld des Sports zu handeln. Als didaktische Leitidee wird damit die Förderung der Handlungsfähigkeit im Sport angenommen» (61). Gerade die institutionalisierten Formen des Sports mit ihrem relativ stabilen System von Handlungsvorschriften und Rollenerwartungen schafften die Grundlagen für Orientierung und Sicherheit. «Die Entwicklung sportlicher Handlungsfähigkeit wird daher zunächst immer von den Gegebenheiten der Institution Sport ausgehen müssen» (64). Die bildungspolitisch hinreichende Legitimation wird zusätzlich durch eine pädagogische Begründung gestützt.

In einer neueren Überarbeitung des hier zitierten Textes räumt Kurz (1985) zwar ein, daß die Handlungssicherheit, die Institutionen bieten, immer zugleich eine Einschränkung der den Menschen prinzipiell gegebenen Offenheit ist. Handlungsfähigkeit schließe deshalb die Kompetenz ein, «den Sinn der Institution freizulegen und zu hinterfragen» (31). Versuche, genau dies zu tun, werden aber von Kurz kritisiert, sie gehen nach seiner Ansicht von einem einseitigen Sportbild aus; er unterstellt den Vertretern eines offenen Sportunterrichts, sie wollten «die Einführung in den institutionalisierten Sport nicht nur ergänzen, sondern ersetzen» (32). Kurz sieht damit die Handlungsfähigkeit im Sport als Richtziel schulischen Lernens gefährdet.

Kurz macht sich hier zu einem empfindsamen Grenzwächter des institutionalisierten Sports, dem gegenüber sich der Schulsport funktional zu verhalten habe. Trotz aller Betonung der Vielfalt des Sports, seiner Sinnrichtungen und Elemente orientiert sich Kurz doch an der Geschlossenheit des Sports. Sport wird selbst prinzipiell zu einer pädagogischen Erscheinung, er liefert die pädagogische Orientierung und Sicherheit. Konsequent kritisiert er deshalb die didaktische Konzeption eines offenen Sportunterrichts. Er bemerkt, «daß in den bisher veröffentlichten Beispielen der offene Unterricht kaum einmal auf den Sport zuläuft, den die Schüler durch ihre außerschulischen Erfahrungen kennen, sondern meist auf ‹alternative› Bewegung und Spielarrangements» (38). Vertreter eines offenen Unterrichtskonzeptes werden dies in der Regel als gelungenen pädagogischen Prozeß interpretieren. Für Kurz ist es dagegen eine Abweichung von dem Ziel, im institutionalisierten Sport handlungsfähig zu werden. Der zu erziehende Mensch, Kinder mit ihren Bedürfnissen, ihren eigenen Interpretationen und entwicklungstypischen Eigenheiten werden bei Kurz im Grunde ausgeblendet. Die konsequent vorgetragene Orientierung am Sport bringt den Menschen nur als Sportler in den Blick, das entwicklungsfähige Kind entsprechend als Noch-nicht-Sportler.

Kurz gehört also zu jenen Fachvertretern, die von der Geschlossenheit des Sports ausgehen und hieraus ihre pädagogischen Maßstäbe gewinnen. Grundlage ist die derzeitige Erscheinung des Sports und ihre prinzipiell positive Interpretation als pädagogisch gehaltvoller Gegenstandsbereich. Was derzeit ist, soll sein. Das, was weiter oben als pädagogischer Aktualismus bezeichnet wurde, findet bei Kurz seine theoretische Grundlegung als gesellschaftlich funktionale Auslegung. Eine sozialhistorisch orientierte Reflexion der eigenen Erkenntnisposition wird ersetzt durch das, was sich im Lager des Sports als herrschendes Bewußtsein ausgebildet hat.

Eine Bewegungserziehung für Kinder (Scherler)

Scherler (1975) stellt in seinen Untersuchungen zur sensomotorischen Entwicklung die Auseinandersetzung des Kindes mit seiner Umwelt in den Mittelpunkt. Im Rahmen und auf der Grundlage der Entwicklungstheorie Piagets fragt er nach der Bedeutung der Motorik für die Entwicklung des Kindes.

«Durch die Motorik erlebt, erfährt und erfaßt das Kind zunächst ‹seine› Welt. Neue Bewegungen erschließen ihm einen neuen, größeren Bewegungs- und Erfahrungsraum. ‹Ich-Findung› und ‹Weltentdekkung› sind hierbei zentrale Begriffe zur Beschreibung der leiblichen Entwicklung des Kindes» (Scherler 1975, 20). Scherlers Interesse richtet sich dabei besonders auf die gegenständliche Erfahrung, wie sie im erkundenden, probierenden und experimentierenden Handeln des Kindes zu beobachten ist. Eine solche Auseinandersetzung des Kindes mit seiner Umwelt führt zu materialer Erfahrung, die gerade für Bewegung und Spiel im Vorschulalter von Bedeutung ist.

Scherlers Untersuchung liegt eine anthropologische Vorentscheidung zugrunde, die er wie folgt darlegt: «Für die pädagogischen Ableitungen aus der vorgestellten Theorie materialer Erfahrung ist z. B. wesentlich, daß ein solcher Erfahrungsbegriff das Kind als ein aktives, neugieriges und unermüdliches Wesen voraussetzt. Hierin liegt zweifellos eine Gefahr der Idealisierung des Kindes. Ohne Interesse für das Neue und Ungewohnte, ohne Bereitschaft und Ausdauer, sich darauf einzulassen, ist materiale Erfahrung nicht möglich; ebensowenig ohne eine entdeckenswerte Umwelt, die Probleme bereithält, welche zu den Vorerfahrungen der Kinder passen und die ein weitgehend selbsttätig handelndes Lernen erlauben.» Noch akzentuierter wird dann SCHERLERS Konzept eines erfahrungsoffenen Lernens, wenn er fortfährt: «Noch weniger sind materiale Erfahrungen in einer Umgebung denkbar, die dem Kind weder Entscheidungs- noch Handlungsspielraum läßt und ihm ausschließlich Wissen und Belehrung anbietet» (SCHERLER 1975, 20).

Damit ist in groben Zügen auch das pädagogische Programm umrissen. SCHERLER geht davon aus, «daß die Erfahrungsgewinnung des Kindes weitgehend selbstbestimmt und selbsttätig ablaufen kann, sofern die Bedingungen dafür gegeben sind». Entsprechend betreffen die didaktischen Maßnahmen «vor allem den Erfahrungsprozeß und beziehen sich auf die Sicherung jener situativen Bedingungen, denen dieser unterliegt». Seine Überlegungen zielen daher konsequent auf «Grundsätze der Organisation offener und veränderbarer Lernsituationen» (SCHERLER 1975, 24).

Es ist nur zu verständlich, daß Untersuchung, Bewertung und Gestaltung von Bewegungsumwelt in SCHERLERS didaktischem Konzept einen zentralen Stellenwert besitzen. Dabei beschränkt er sich verständlicherweise nicht auf die sportorientierten, formellen und in ihrer Nutzung dauerhaft vorbestimmten Bewegungsumwelten.

Gerade und auch die informellen, situativ undefinierten Umweltgegebenheiten, die Erkundung und Spiel der Kinder herausfordern können, sind ihm wichtig. Umwelt dieserart als Bewegungsraum zu erschließen bzw. die Nutzung vordefinierter Bewegungsräume zu erweitern, ist sein Ziel (SCHERLER 1979). In seinen Betrachtungen ist dabei der Sport immer eine Sonderform von Bewegung und Spiel eine andere, dem Sport entgegengesetzte Erscheinung. Die Entwicklung einer «Eigenweltlichkeit des Sports, die in der Ausgrenzung und Reglementierung eigener Räume, Zeiten, Geräte und Bewegungen ihren sichtbaren Ausdruck findet», sei zwar nicht zu verhindern. Der Schulsport solle jedoch «dafür eintreten, sie zum ‹Thema› des Unterrichts zu machen, statt sie als ‹soziokulturelle Voraussetzung› des Unterrichts hinzunehmen» (SCHERLER u. a. 1986, 200 f.).

KURZ und SCHERLER räumen dem Sport also einen sehr unterschiedlichen Stellenwert ein. KURZ hat diese Unterschiede durch den Hinweis zu nivellieren versucht, daß es SCHERLER vor allem um die Bewegungserziehung der Vorschule gehe und daß hier seine entwicklungstheoretisch orientierte Betrachtung und die Betonung einer Bewegungserziehung durchaus angemessen sei. Dies ist sicher nicht falsch. Dennoch, wollte KURZ eine Konzeption für die Vorschule und Grundschule entwickeln, würde er wohl das, was Kinder dort lernen sollen, immer im Lichte der Anforderungen des institutionalisierten Sports definieren; SCHERLER dagegen würde es zunächst leichter fallen, einen Begriff von Sport auf spiel- und bewegungstheoretischer Grundlage zu formulieren. Aber auch er kann die Welt des Sports nur dann angemessen erfassen, pädagogisch deuten und didaktisch «brechen», wenn er die (offenen und geschlossenen) Bewegungsumwelten unter sozialhistorischen Gesichtspunkten untersucht und danach fragt, wie die Menschen sich und die Welt in Bewegungssituationen erfahren.

Ein bewegungstheoretisch begründetes Sportcurriculum (BALLREICH u. a.)

Die folgende Darstellung soll zeigen, daß ein bewegungstheoretischer Ausgangspunkt nicht automatisch zu einem Konzept einer Bewegungserziehung führt. Vielmehr läßt sich verdeutlichen, daß die Art des Ansatzes und die Handhabung der im Modell benutzten Kategorien die Konstruktion von Curricula entscheidend bestimmen.

BALLREICH u. a. gehen von dem Anfang der 70er Jahre verbreiteten Modell von ROBINSOHN (1969) aus. In einer Strategie der Curriculumentwicklung müssen danach zuerst «Lebens- und Verwendungssituationen» identifiziert, danach «Qualifikationen» bestimmt werden, die für ihre Bewältigung notwendig sind; in einem dritten Schritt sind schließlich «Curriculumelemente» zu konstruieren, die es erlauben, sich die Qualifikationen anzueigen. Soweit das Modell, über dessen immanente Tendenz zur Reproduktion des Bestehenden sich die Autoren durchaus im klaren sind und das sie zur Grundlage eines heuristischen Verfahrens machen.

Das weitere Vorgehen ist gekennzeichnet durch die Vorgänge der Klassifikation und Reduktion. Die Verwendungssituationen werden klassifiziert nach kognitiver, affektiver und motorischer Funktionsbeanspruchung. Auch als Qualifikationskategorien werden einem Persönlichkeitsmodell folgend motorische, kognitive und affektive Kategorien unterschieden. Ohne die Reduktion weiter zu begründen, werden in den weiteren Überlegungen zunächst nur motorische Qualifikationen weiterverfolgt, die wiederum in alltags-, arbeits- und sportmotorische Qualifikationen unterteilt werden. «Bei ausschließlicher Berücksichtiung der alltags-, arbeits- und sportmotorischen Qualifikation ist die Bezeichnung des entsprechenden Curriculum ‹Motorik-Curriculum›.» Dann folgt die Reduktion auf Sportmotorik und wird mit dem Hinweis begründet, daß man davon ausgehen könne, «daß sportmotorische Aktivitäten ein noch nicht austauschbares Optimierungsinstrument der motorischen Funktionskomponente darstellen» (191).

Ohne etwa die Relevanz auch anderer Bewegungstheorien und entsprechender Kategorien für die weitere Unterteilung zu prüfen, wird die Motorik nun nach zwei in der sportbezogenen Trainingslehre üblichen Komponenten unterschieden, und zwar nach a) motorischem Eigenschaftsniveau und b) motorischem Fertigkeitsniveau. Dem entsprechen die Qualifikationen a) motorische Fitness und b) motorische Disponibilität. Das Aneignen von Qualifikationen bedeutet in diesem Denkzusammenhang, ein je entsprechendes Optimierungsniveau zu erreichen. Für die sportmotorischen Qualifikationen sind es sportmotorische Leistungen in den Sportarten auf je nach Altersstufe zu bestimmendem Niveau (192).

Nach der Reduktion auf ein Motorik-Curriculum wird dieses nun zu einem Schulsport-Curriculum ausgebaut und theoretisch unverbunden um die kognitive und die affektive Qualifikationskomponente erweitert. Dabei wird die vorher nicht weiter begründete Reduktion auf die motorische Qualifikationskomponente teilweise wieder zurückgenommen.

«Im Unterschied zum ‹Motorik-Curriculum› werden durch das Schulsport-Curriculum neben motorischen auch kognitive und affektive Qualifikationen berücksichtigt» (193). Wie sich in den weiteren Schritten allerdings zeigt, werden diese der Kategorie Sportmotorik untergeordnet: im kognitiven Bereich geht es um Regeln, Trainingsprinzipien oder Übungsbezeichnungen oder um die Entwicklung sportlicher Taktik oder von Bewegungsvorstellungen. Entsprechend werden im affektiven Bereich genannt: Reduktion von Triebspannungen, Entwicklung stabiler Interessen an (sport)motorischen Aktivitäten und Erwerb sport-(art)-spezifischen Rollenverhaltens.

Das der Taxonomie unterlegte Persönlichkeitsmodell erlaubt es, die motorische Komponente als fachspezifisch relevante sozusagen auszugrenzen; die Wahl des bewegungstheoretischen Ansatzes vermag aufgrund der ihm eigenen Kategorien (Eigenschaften, Fertigkeiten) eine dem Leistungsport entsprechende Gliederung des Gegenstandsbereiches, der Motorik, auszuarbeiten. Mit scheinbar zwingender Logik wird auf diese Weise im Rahmen eines rationalen Curriculum-Modells ein Schulsport-Curriculum entwickelt. Die Gegenstände, an denen die Überlegungen ansetzen, Persönlichkeit, Motorik, Sport werden weder in ihrer anthropologischen noch in ihrer sozialhistorischen Dimension wahrgenommen. Nur nachträglich läßt sich interpretieren, welches Bild des Menschen solche Überlegungen prägt. RUMPF (1983) hat in einer Studie eine Reihe von anthropologischen Vorentscheidungen der von BALLREICH zugrunde gelegten Bewegungslehre beschrieben und grundsätzlich in Frage gestellt, ob der «Menschenkörper als Bewegungsapparat» behandelt werden könne.

Die Beispiele fachtheoretischer Argumentation haben verdeutlicht, daß die Autoren von verschiedenen Positionen aus denken und dabei notwendigerweise bestimmten Betrachtungsweisen folgen, die den Gegenstand der Sportpädagogik je anders rekonstruieren.

Autoren (wie SCHERLER), die von der menschlichen Bewegung ausgehen und anthropologisch fundiert argumentieren, betonen die Offenheit des Menschen mit seiner Möglichkeit, über das Medium der Bewegung vielfältige Erfahrungen zu machen.

Diejenigen, die eher vom Sport ausgehen (wie KURZ) oder konsequent zu ihm hinführen wollen (wie BALLREICH u. a.), argumentieren gesellschaftlich-funktional. Sport gilt bei aller Vielfalt seiner Erscheinungen als ein von anderen gesellschaftlichen Bereichen abgrenzbares, geschlossenes Gebilde von eigenem Wert. Der Begriff der Geschlossenheit verweist auf die starke Normierung von Bewegungsräumen und Verhalten, der der Sportler in seinen Handlungen folgt. Dies gilt vor allem für den institutionalisierten Wettkampfsport, der solcherart geradezu zum normativen Bezugspunkt für sportpädagogisches Denken wird.

Das folgende Bezugsschema hat die Funktion, den Standort einzelner Ansätze der Sportpädagogik zu bestimmen und sie in ihrer Reichweite bzw. in ihrer Einseitigkeit zu kennzeichnen.

Struktur des sportpädagogischen Untersuchungsfeldes

Person	**Interaktion**	**Organisation**
anthropologische Betrachtungen	lebensweltliche Betrachtungen	gesellschaftlich/ funktionale Betrachtungen
Bewegung		Sport
Erziehung		Schule
Offenheit		**Geschlossenheit**

Dabei wird zunächt von der bekannten Tatsache ausgegangen, daß sich Erziehung in der Auseinandersetzung zwischen (der heranwachsenden) Person und (der gegebenen) Gesellschaft vollzieht. Wie aber läßt sich darin der für die Sportpädagogik relevante Wirklichkeitsbereich als ihr Gegenstand bestimmen?

Unsere Überlegungen haben einerseits ergeben, daß dies nicht dadurch möglich ist, daß wir von einem bedeutsamen Ausschnitt unserer Gesellschaft wie dem Sport ausgehen und ihm erzieherische Bedeutung unter Hinweis auf seine gesellschaftlichen Funktionen verleihen. Wir haben andererseits gesehen, daß wir den relevanten Wirklichkeitsausschnitt nicht dadurch treffend erfassen, daß wir allein beim einzelnen heranwachsenden Menschen ansetzen und seine Art der Welterschließung im Medium der Bewegung zum Gegenstand erklären. Das heißt nicht, daß damit die grundlegende anthropologische Bedeutung der menschlichen Bewegung für den erziehungsbedürftigen Menschen verkannt würde, im Gegenteil.

Auch die Erziehung muß in einem doppelten Bezugszusammenhang betrachtet werden. Der Erziehung darf nicht allein zugerechnet werden, was in Institutionen der Erziehung geschieht. Die Institution Schule würde ihre eigenen Möglichkeiten und Grenzen gar nicht bestimmen können, wenn sie übersähe, was außerhalb, neben und nach ihr an Erziehung stattfindet. Pädagogik würde ihren Gegenstand verfehlen, wenn sie nur die institutionalisierten (geschlossenen) Formen der Erziehung wahrnähme und nicht beachtenswert fände, was sich in der (offenen) Auseinandersetzung von Menschen mit ihrer Umwelt an Entwicklungsförderung und -beschränkung ereignet.

Das o. a. Strukturschema soll zudem verdeutlichen, in welchem Rahmen sportpädagogische Überlegungen stattfinden müssen. Um Einseitigkeiten und Verkürzungen zu entgehen, müssen die in Kap. 3 beschriebenen Betrachtungsweisen solche Überlegungen bestimmen.

Jede Art pädagogischer Betrachtung enthält – versteckt oder ausdrücklich – immer Annahmen über ein Bild vom Menschen. Sportpädagogische Abhandlungen enthalten dementsprechend immer Angaben über den Menschen als «Bewegungswesen», d. h. über die Art, wie der Mensch sich selbst über seine Bewegung der Welt vermittelt und wie er diese erfährt und begreift. Solche anthropologischen Aspekte allein können aber nicht Grundlage und Orientierung für sportpädagogische Praxis sein. Erst ein Rückbezug solcher Betrachtungen auf gesellschaftliche Gegebenheiten macht die Chancen, Bedingungen und Forderungen deutlich, die sich dem Menschen in seiner Welt eröffnen oder sich ihm begrenzend entgegenstellen.

Aber selbst solche aufeinander bezogenen anthropologischen und gesellschaftlichen Betrachtungen garantieren noch nicht, die Erziehungswirklichkeit angemessen zu erfassen. Zu leicht wird von ‹dem› Menschen und von ‹der› Gesellschaft gesprochen und das konkrete Dasein im Alltag der Menschen verfehlt. Dies führt, wie es auch in den Beispielen angeklungen ist, zu Idealisierungen. Erst im Rückbezug auf die konkrete Lebenswelt der Menschen erhalten die in den anderen Betrachtungsweisen gewonnenen Erkenntnisse ihren konkreten Bezug und lassen sich, gleichsam empirisch, als pädagogische Tatsachen auslegen. In seinen Interaktionen vermittelt sich der Mensch einer vorgegebenen Welt. In ihren lebensweltlichen Betrachtungen muß sich Sportpädagogik den Interaktionen im Medium der Bewegung unmittelbar zuwenden.

Die Bezeichnung unseres Fachgebietes ist nun nicht Bewegungserziehung, sondern Sportpädagogik. Es ist deshalb naheliegend zu prüfen, ob es gelingt, Sport im Sinne der o. a. Betrachtungsweisen so zu rekonstruieren, daß er als pädagogisch relevanter Wirklichkeitsbereich erfaßt werden kann.

Die lebensweltliche Betrachtungsweise ist darauf angewiesen, anthropologische mit gesellschaftlichen Aspekten zu vermitteln. Danach wäre es sinnvoll, den Gegenstand der Sportpädagogik dort zu suchen, wo sich die Auseinandersetzung von Person und Gesellschaft selbst vollzieht, d. h. dort, wo in der Lebenswirklichkeit des Menschen und aus ihr heraus Bewegung, Spiel und Sport hervorgebracht werden. Nur in diesem Prozeß der Hervorbringung selbst handeln Menschen in und aus ihrer subjektiven Lage, und eben dort und dabei erfahren sie die vorgegebene, schon bestehende «Welt» als widerständig, hilfreich, formend, gestaltbar oder begrenzend. Die für uns relevante Erziehungswirklichkeit wird dort am angemessensten erfaßt werden, wo sich Menschen in unmittelbarer Interaktion mit den bereits vorgegebenen sozialen Strukturen (Organisation) auseinandersetzen. Erst in einer solchen lebensweltlichen Betrachtung sichert sich Pädagogik ihren realen (empirischen) Bezug, und nur dann kann es ihr auch gelingen, der Neigung der Anthropologie wie der Gesellschaftstheorie zu überindividuellen Wesensbestimmungen mit ihrer Gefahr zu falschen Verallgemeinerungen zu entgehen.

Um nun den spezifischen Gegenstand der Sportpädagogik auszuweisen, sind zwei Aufgaben zu lösen. Einmal ist zu klären, welche Handlungen, genauer, welche Formen der Auseinandersetzung des Menschen mit seiner Umwelt, wir dem Sport zurechnen wollen; zum anderen wird zu bestimmen sein, welche der in diesem Sport vorfindbaren Ereignisse sich als erzieherische bezeichnen lassen. Das bedeutet, wir gehen an dieser Stelle von der Annahme aus, daß es gelingt, Sport derart als soziale Wirklichkeit zu rekonstruieren, daß sich aus dieser dann eine erzieherische Wirklichkeit bestimmen läßt.

Sport als soziale Wirklichkeit

Der Begriff «Sport» ruft selbst immer schon die Vorstellung einer eigenen, in sich geschlossenen Welt hervor. Man denkt dabei an Sportarten, an die Organisation von Wettkämpfen in diesen Sportarten, an Sportler, die dafür trainieren, mit anderen im Wettstreit zu konkurrieren, an Leistungsbilanzen, die die Erfolge einzelner Sportler und Mannschaften einschätzbar und mitunter konsumierbar machen, an Bewegungsräume, die in Größe und Ausstattung genormt sind und damit gleichartige und chancengleiche Formen des Sporttreibens jederzeit und allerorten ermöglichen. Das, was wir über Sport wissen, ist uns in der Regel über die Massenmedien vermittelt. Sie stellen den Leistungssport und seine spektakulären Wettkämpfe in den Mittelpunkt ihrer Berichterstattung und prägen in dieser Weise das öffentliche Bewußtsein von Sport einseitig aus. Würde sich unsere Betrachtung nur auf diesen Sport im engeren Sinne beziehen, würden wir unseren Gegenstand – gemessen an unseren bisherigen Überlegungen – zu eng fassen. Denn auch Radfahren, Wandern, Fitnessgymnastik und Bewegungen am Hometrainer werden inzwischen als Sport verstanden. Die zunehmende Verbreitung des Sports gelingt vielleicht gerade deshalb, weil immer mehr Menschen abweichend vom «offiziellen» Verständnis bestimmte Bewegungshandlungen als ihren Sport bezeichnen und damit eine eigene erweiterte Interpretation des Sportbegriffs hervorbringen. Je mehr diese von vielen Menschen geteilt wird, um so mehr entstehen neue Sportszenarien, die die relative Einheit des in Verbänden organisierten Sports verwischen.

Ein ganz anderes Gegenstandsverständnis gewinnt man, wenn wir nicht von *dem* Sport, sondern von der Lebenswelt der Menschen allgemein ausgehen und nach jenen Bezirken und Regionen fragen, in denen Leiblichkeit und Bewegung bedeutsam werden. Wenn man in diesem Sinne die Lebenswelt als Bewegungswelt wahrnimmt, läßt sich erschließen, wie Menschen im Medium der Bewegung ein spezifisches Mensch-Welt-Verhältnis konstituieren. Bei einer solchen Betrachtung wird dann nicht in erster Linie der «offizielle» Sport, wie er oben beschrieben wurde, in den Blick geraten, sondern es werden eher die sozialen Umfelder der Familie, des Wohnens oder des Betriebes als Bedingungen für Körper und Bewegung bedeutsam. Wie bereits w. o. betont, muß der Gegenstand der Sportpädagogik von zwei Seiten aus erschlossen werden.

Diese Erweiterung des Gegenstandsfeldes über den oben skizzierten Sport hinaus schafft allerdings ein terminologisches Problem. Man könnte angesichts dieser Situation dazu neigen, den Begriff «Sport» als allgemeine Kennzeichnung unseres Gegenstandes ganz aufzugeben und allgemeiner von Bewegungswirklichkeit, Bewegungsleben oder Bewegungskultur zu sprechen und Sport als eine spezifische Erscheinungsform solcher Bewegungskultur zu kennzeichnen. Den Begriff Sport auf diese Weise aufzugeben, würde aber eher verwirren und neue komplizierte Wortschöpfungen notwendig machen, die ihrerseits wenig Zugewinn an Genauigkeit und Begriffsabgrenzung erbringen. Es kann aber ebenso zu Mißverständnissen kommen, wollten wir den Begriff Sport ohne Einschränkung und Abgrenzung gegenüber dem offiziellen Sprachgebrauch beibehalten.

Als ein Versuch, eine notwendige (und offiziell wie verbandspolitisch durchaus verständliche) Übereinkunft zu erzielen, kann die Begriffsabgrenzung des Wissenschaftlichen Beirates des DSB (1980, 437–439) gelten. Dieser Definitionsversuch ist ein treffender Beitrag für einen Sportbegriff, der seine Bestimmung ausschließlich anhand der konstitutiven Regeln des institutionalisierten Sportsystems (und deren bewegungs- und trainingswissenschaftlicher Substitution) gewinnt (vgl. dazu unsere Ausführungen zu «Bewegung als Gegenstand der Trainings- und Bewegungswissenschaft» [Kap. 5]). Diese Gegenstandskennzeichnung erscheint uns jedoch als zu eng, und zwar in mehrfacher Weise:

a) Als Sport darf nicht nur der organisierte, institutionalisierte Sport gelten, der «von der Orts- bis zur internationalen Ebene» als geregeltes Wettkampfsystem ausgebildet ist (439); die informellen, nicht periodisch wiederkehrenden, situationsgebundenen, ad hoc organisierten Formen des Sporttreibens, wie sie der DSB selbst in seinen Breitensportprogrammen proklamiert, wären damit ebenso ausgeschlossen wie die gewerblichen Sport- und Bewegungsangebote, solche von Volkshochschulen und sonstigen Bildungseinrichtungen wie auch jene Formen von Sport, die von verschiedenen Einrichtungen für spezielle Zielgruppen angeboten werden.
b) Die «sportliche» Handlung darf nicht zwingend als «... Erwerb, Er-

halt und Optimierung motorischer Fertigkeiten» bzw. «Leistung und Wettbewerb» (439) verstanden werden; die bewußte Entscheidung, im Alltag bereitgestellte Bewegungsentlastungen rückgängig zu machen, Bewegungsmöglichkeiten wiederzuentdecken, z. B. die Treppe statt den Fahrstuhl zu benutzen, zu Fuß zu gehen, statt den Bus zu nehmen usf. wären damit (als «mein» Sport) aus der Betrachtung ausgeschlossen; ebenso bleiben die Bewegungsformen unbeachtet, die anderen Sinnrichtungen (wie meditativen, expressiven) folgen.

c) Ein dieserart einseitiger Sportbegriff würde auch die noch immer begrifflich unterschiedenen Bereiche der Bewegungskultur (wie Spiel, Gymnastik, Tanz, Bewegungstheater, Bewegungskünste) nur in ihrer wettkampf- und leistungsorientierten Ausformung anerkennen, hingegen alle anderen Formen als bedeutungslos an den Rand drängen.

Wenn wir uns dennoch aus den weiter oben genannten Gründen entschließen, den Sportbegriff beizubehalten, dann geht dies nur, wenn wir den Begriffsumfang erweitern, um damit für die Sportpädagogik noch hinreichend relative Ereignisse der Bewegungskultur erfassen zu können. Eine solche Erweiterung gegenüber der Ausgrenzung des Wissenschaftlichen Beirates des DSB ist auch deshalb unbedenklich, weil sich unter dem Dach des DSB längst Formen des Sports und Sportprogramme etabliert haben, die sich unter der engen Begriffsfassung gar nicht mehr einordnen lassen.

Außerdem entfalten sich außerhalb der Organisationen des Sports zunehmend Formen der Bewegungskultur, die als Weiterentwicklungen traditioneller Formen verstanden werden können (Bewegungstheater, Bewegungskünste, Pantomime, neue Formen des Tanzes, beeinflußt durch andere Kulturen u. v. m.).

Wir fassen den Gegenstand der Sportpädagogik also weiter, als er im Begriff Sport gegeben ist. Gegenstand unserer Betrachtungen ist die Summe aller körperlichen Aktivitäten und Bewegungsformen, die von Menschen im Bewußtsein ihrer Bedeutung unternommen werden. Immer dann, wenn der Körper/die Körperlichkeit aus dem Zustand des fraglos Gegebenen herausgenommen und bewußt in den Mittelpunkt der Aufmerksamkeit und der Lebensgestaltung gestellt wird, wenn also Körper und Bewegung relevant für das Handeln, Denken und die Beziehungen zwischen Menschen werden, dann konstituiert sich eine Wirklichkeit, die bedeutsam wird für sportpädagogische Betrachtungen. D. h. nicht, daß jede Erscheinung, die diesen recht allgemeinen Kriterien genügt, bereits pädagogisch genannt werden kann. Erst wenn sich dort über Bewegung ein erfahrungsreiches Verhältnis des Menschen zu seinem Umfeld konstituiert, das für seine Entwicklung relevant ist, ist das Kriterium einer pädagogischen Wirklichkeit erfüllt (siehe dazu Kap. 5 und 6). Diese Wirklichkeitsbereiche decken sich eben nicht mit der Lebenswelt des Sports, wie sie oben beschrieben wurde, beziehen sie aber als individuell wie gesellschaftlich bedeutsames Gegenstandsfeld ein.

Eine Gegenstandsbestimmung der Sportpädagogik muß also von zwei Seiten aus versucht werden. Wenn wir davon ausgehen, daß Ausgangspunkt und Ziel der Sportpädagogik der sich bewegende Mensch ist, dann können wir sagen:

a) Sportpädagogik betrachtet einerseits den sich bewegenden Menschen bezogen auf alle Formen des Sports;
b) Sportpädagogik betrachtet andererseits den sich bewegenden Menschen in seinen (außersportlichen) Lebenswelten (der Familie, der Wohngegend, des Betriebes usf.), denn der Mensch bleibt auch dann ein Bewegungswesen, wenn er nicht in den eigens für Sport präparierten Lebensräumen agiert.

Wie sich der Mensch im Sport und in den außersportlichen Bewegungswelten verhält, was er dabei hervorbringt und was ihm dort widerfährt, bezeichnen wir insgesamt als Bewegungskultur.

Methodische Probleme der Gegenstandserfassung

Mit der Benennung von Wirklichkeitsbereichen bzw. von Ausschnitten aus ihnen ist freilich nur eine Bedingung der Gegenstandsbestimmung erfüllt. Gegenstände der Wissenschaft werden erst im Zugriff ihrer Methoden als ihre Gegenstände rekonstruiert. Indem sie von bestimmten Positionen und in spezifischem Interesse betrachtet werden, erscheinen sie in spezifischem Licht und werden so strukturiert, daß Aussagen über sie gemacht werden können.

Je nachdem, ob man eher von der sozialen Wirklichkeit des Sports ausgeht (siehe a) oder von der Lebenswelt des Menschen, wird man traditionell auf je eigene theoretische Bezugssysteme zurückgreifen.

Solche Bezugstheorien stellen dann auch die Kategorien und Ordnungsstrukturen bereit, die zur Betrachtung, Beschreibung, Klassifikation und Analyse herangezogen werden: Wer vom System des Sports ausgeht, wird eher mit soziologischen, vielleicht systemtheoretischen

Kategorien arbeiten und zum Verständnis des Phänomens Sport seine Sozialgeschichte verfolgen. Er wird sich dem Problem der Erziehung von der Welt des Sports her nähern, in die das Kind hineinwachsen soll. Daher wird er den Gang der Erziehung eher als einen Sozialisationsprozeß beschreiben. In diesen Prozeß eingelagerte Lehre und Unterricht wird sich konsequent auf die Handlungskompetenz im Sport ausrichten, wie wir das ja kennen.

Wer umgekehrt vom Kind als einem Bewegungswesen ausgeht, ist zuallererst auf eine anthropologische Betrachtung angewiesen, die entwicklungstheoretische Erörterungen nutzt, um eine eher entwicklungstheoretische Position zu erarbeiten. Ansatzpunkte dazu liefert die sozialökologische Betrachtungsweise. Hier wird die Frage im Mittelpunkt stehen, wie das Kind über seine Bewegung Welt in Erfahrung bringt und dabei zu einer Persönlichkeit wird. Die Aufmerksamkeit wird dabei in der Regel auf die zu erkundenden Formen der Welterschließung gerichtet, und es wird darauf geachtet, daß dafür günstige äußere Bedingungen geschaffen werden.

Beide Ansätze werden in der derzeitigen Sportpädagogik bereits verfolgt. Der Nachteil ist, daß sie in der Regel getrennt voneinander entwickelt werden, sich kaum vereinigen lassen, ja, mitunter kontrovers diskutiert werden. Dies mag auch daran liegen, daß man den Blickwinkel jeweils zu sehr einschränkt.

Die Welt des Sports ist also konkreter faßbar, weil sie sich in vielfacher Weise vergegenständlicht hat. Es haben sich Strukturen ausgebildet, die sich in den Regeln des Sports, seinen Organisationen, definierten Rollen, Räumen und Geräten fassen lassen. Die uns zusätzlich wichtigen Formen der Bewegungskultur konstituieren sich dagegen im Lebensalltag der Menschen selbst, sie unterliegen komplexeren Regeln, bringen eigene soziale Gebilde hervor und folgen im Vergleich zum institutionalisierten Sport anderen Sinnorientierungen und Wertsystemen. HEINEMANN (1983, 37) spricht von Modellen des Sports, die sich hinsichtlich bestimmter Merkmale und ihrer jeweiligen Ausprägung unterscheiden. Um sie als soziale Realität zu erfassen und der Analyse zugänglich zu machen, bedarf es eines wissenschaftlichen Zugriffs, der die subjektiven Momente sich bewegender Menschen beachtet, sie vor dem Hintergrund ihrer Lebenssituationen deutet und zur Entwicklung der Lebensverhältnisse unserer Gesellschaft in Beziehung setzt.

Der Rückgriff auf das lebensweltlich fundierte Untersuchungskonzept von SCHÜTZ (1932) und SCHÜTZ/LUCKMANN (1975) scheint uns gerade für eine solche sportpädagogische Analyse hilfreich zu sein. Denn im Rahmen dieses Ansatzes läßt sich die Teilnehmerperspektive handelnder Menschen in ihrer sozialen Welt thematisieren.

Auf der Grundlage des Lebensweltkonzeptes lassen sich anhand biographischer Erlebnisse und Beschreibungen, an den darin enthaltenen Deutungen Rückschlüsse darüber gewinnen, wie und warum gerade so Menschen sich in ihrer Welt eingerichtet haben. In der Auslegung solcher Quellen kann auch die sportpädagogische Frage aufgeworfen werden, wie sich Menschen hinsichtlich ihrer Leiblichkeit, als «Bewegungswesen» in ihrer Lebenswelt arrangieren. Im Sinne dieses (der Wissenssoziologie verpflichteten) Ansatzes können die Wissensbestände identifiziert werden, über die Menschen verfügen, um sich in ihrer Welt zurechtzufinden bzw. sie ständig zu reproduzieren.

Hierbei ist allerdings zu bedenken, daß mit einem solchen Zugriff zunächst nur jene Formen des Wissens in den Blick geraten, mittels derer die Menschen den «sinnhaften Aufbau ihrer sozialen Welt» (SCHÜTZ/LUCKMANN 1975) stiften. Somit können mit der von SCHÜTZ/LUCKMANN vorgeschlagenen Perspektive Einblicke in das Dasein von Lebenswelten gewonnen, auch das je Besondere einer solchen Wirklichkeit erfaßt werden. Was jedoch außer Betracht bleibt, sind die objektiven Grundlagen der Lebenswelten. Damit sind jene Maßgaben gesellschaftlicher Organisation gemeint, denen unsere Industriegesellschaft folgt, Maßgaben, wie wir unsere Wohnstätten anlegen und einrichten, Raumplanungen vornehmen, Produktionsstätten einrichten, unsere Nahrungsversorgung und unser Verkehrswesen organisieren, wie die zur Sicherung unseres gesellschaftlichen Systems notwendigen Kommunikationen eingerichtet sind usf. Die objektiven Grundlagen unserer Lebenswelten aber wirken nachweisbar darauf ein, wie sich Menschen leiblich erfahren können, welche Funktionen die Bewegungshandlungen im alltäglichen Leben haben, wo Handlungsspielräume eingeschränkt sind und gegebenenfalls angemessene neue Bewegungsformen entwickelt werden müssen.

Vor allem der wissenschaftlich-technische Fortschritt hat solche objektiven Grundlagen geschaffen, die unsere Lebenswelten durchdringen. Um sportpädagogisch bedeutsame Lebenswelten angemessen analysieren zu können, ist es notwendig, sich vor allem jener Gegebenheiten zu vergewissern, die durch Wissenschaft und Technik in die Welt gesetzt wurden und unsere Lebenswelten grundlegend bestimmen (vgl. hierzu Kap. 5). Diese Erscheinungen und ihre Auswirkungen können erst über eine ergänzende systemtheoretische Betrachtung hinreichend erfaßt werden.

Dafür liefert die Systemtheorie hilfreiche Begriffsinstrumente. Soziale Systeme bilden sich (nach Luhmann 1986, 9–38) auf verschiedenen Ebenen aus: auf der Ebene der Interaktion, auf der Ebene der Organisation und allgemein auf gesellschaftlicher Ebene. Diese Unterscheidung Luhmanns wird hier eingeführt, weil damit die objektiven Strukturen gekennzeichnet werden können, auf die im Sport agierende Menschen treffen und an denen ihre je subjektiven Absichten scheitern können. Auf diesen Ebenen lassen sich auch die Systemstrukturen beschreiben, die bestimmte Bedingungen schaffen, Sport immer von neuem zu reproduzieren. Die Verbindung beider theoretischer Zugriffe (des lebensweltlichen wie des systemtheoretischen) erlaubt es, jene Prozesse angemessen zu erfassen, durch die sportliche Wirklichkeiten hervorgebracht werden (siehe dazu auch Habermas 1981, 182 ff.).

Die Prozesse der Hervorbringung von Sport wollen wir im folgenden seine Inszenierung nennen, ganz im Sinne der Inszenierungen im Theater, in dem ja (ebenso wie im Sport) immer gleichartige Formen neu arrangiert werden. Mit diesem Begriff wollen wir den Blick auf jene Ereignisse richten, in denen Menschen in ihrer je subjektiven Lage auf historisch und gesellschaftlich ausgeprägte Gegebenheiten treffen, aus denen heraus sie Sport hervorbringen bzw. in denen sie der spezifischen Lebenswelt des Sports begegnen, sich in sie einfügen, sie dauerhaft tragen und gegebenenfalls weiterentwickeln.

Die Lebenswelt, aus der heraus Sport hervorgebracht wird, und die Kontextbedingungen des sozialen und kulturellen Umfeldes bestimmen am Ende die spezielle Ausprägung von Sport. Kurz: Sport angemessen erfassen heißt, die Arten und Formen zu beschreiben, in denen er jeweils neu hervorgebracht wird. Dafür steht der Begriff Inszenierung des Sports.

Inszenierungsformen des Sports

Um zu verdeutlichen, was mit Inszenierung gemeint ist, geben wir zunächst ein Beispiel. In der Auslegung dieses Beispiels versuchen wir dann, Inszenierung als allgemeinen Begriff in unsere weiteren Betrachtungen einzuführen in der Gewißheit, damit eine pädagogisch relevante Klassifikation unseres Gegenstandes zu gewinnen.

Eine Einzelperson geht in ein Bodybuilding-Center, bezahlt ihren Eintritt oder zeigt ihre Mitgliedskarte, kleidet sich in speziellen Räumen um, betritt den mit verschiedenen Geräten ausgestatteten Übungsraum, absolviert auf Anleitung eines anwesenden Beraters ein systematisch aufgebautes Bewegungsprogramm, das bestimmten Kriterien der Belastung und Dosierung folgt. Sie muß sich in den Übungsgang anderer Trainierender einfügen, tauscht sich mit ihnen gegebenenfalls über das gemeinsame Tun aus, verläßt nach Beendigung eines Bewegungsprogramms den Raum, duscht, kleidet sich an, trinkt an der Bar einen Orangensaft und verläßt das Sportzentrum.

An diesem Beispiel läßt sich zeigen, daß Inszenierungen durch Aktivitäten auf den drei genannten Ebenen (Interaktion, Organisation, Gesellschaft) zustande kommen bzw. ermöglicht werden. Sehen wir uns die beschriebenen Aktivitäten der Personen (ihre Interaktionen), durch die Sport hergestellt wird, einmal näher an. Nachdem sich unser Besucher durch mehrere «Schleusen» (Vorraum mit Pförtner, Umkleideraum) hindurchbewegt hat, beginnt er seine Aktivitäten, auf die es ihm zentral ankommt. Er absolviert ein Bewegungsprogramm. Die Geräte weiß er in der Regel richtig zu bedienen. Die Programmabfolge, nach trainingstheoretischen Erfahrungen festgelegt, kann er befolgen. In der Reihenfolge der Gerätebenutzung muß er sich mit anderen gegebenenfalls abstimmen. Ein Trainer berät ihn immer dann, wenn er in irgendeiner Sache nicht weiter weiß: wenn er ein Gerät nicht richtig auf seinen Körper einstellen kann, wenn die Dosierung einzelner Übungen überprüft und korrigiert werden muß oder wenn der Fluß des Gerätewechsels ins Stocken gerät. Die beiden interagieren miteinander und bestätigen damit ihre vorab festgelegten Rollen als Trainer und Trainierender, die im organisatorischen Rahmen des Bodybuilding-Centers vorgegeben sind.

Die Erfahrungen und die Wissensbestände beider erlauben es ihnen, sich in dieser Welt des Fitness-Centers angemessen zu bewegen. Für andere Mittrainierende gilt das gleiche. Mit ihnen zu interagieren, ist möglich, aber in diesem Fall für die eigenen sportlichen Aktivitäten nicht notwendig. Mit ihrem gleichgerichteten Tun bestätigen sie die eben beschriebene Rollenverteilung, und sie zeigen, daß das, was hier geschieht, für eine ganze Reihe von Personen übereinstimmend von Bedeutung ist. Mit ihren Interaktionen stellen sie laufend und «in der Tat» diese Wirklichkeit des Sports her.

Die Inszenierung des Sports auf der Ebene der Interaktion ist – folgt man LUHMANNS Kennzeichnungen – dadurch charakterisiert, daß Handelnde «anwesend» sind, sich «wechselseitig wahrnehmen» und «auf ein Thema konzentrieren, das im Zentrum gemeinsamer Aufmerksamkeit steht» (LUHMANN 1986, 10ff.).

Aber was hier in aufeinander abgestimmten Aktivitäten abläuft, ist von bestimmten Bedingungen abhängig. Vor dem eigenen Tun gibt es ein organisatorisches Umfeld. Der Besucher findet ein vorab organisiertes Szenarium vor: Räume, Geräte, einen Zeitplan, Benutzungsregeln der Geräte, ein fachlich aufgebautes Programm, hygienische Einrichtungen, eine Erfrischungsbar. Das eigene sportliche Handeln ist ohne diesen organisatorischen Kontext gar nicht denkbar. Die bereitgestellten Räume und Geräte repräsentieren ein Programm, das vom Besucher realisiert wird. Mit seinen körperlichen Übungen paßt er sich ein in eine speziell präparierte Bewegungsumwelt, die er verlebendigt und als für ihn bedeutsam bestätigt.

Durch die schon genannten «Schleusen» wird die besondere Welt dieses Sports ausgegrenzt. Durch die Kontakte mit dem Pförtner wird die Mitgliedschaft erzeugt oder bestätigt, die nach LUHMANN (1986) das wesentliche Merkmal von Organisationen darstellt. Diese Mitgliedschaft, hier durch Zahlung eines Beitrages besiegelt, schafft die besondere organisatorische Einheit, die sich auf diese Weise gegen andere abgrenzt. Im Umkleideraum wandelt sich die Person zum Sportler. Mit seiner Kleidung unterscheidet er sich dabei möglicherweise von anderen Mitgliedern, die Squash spielen, in die Sauna gehen oder schwimmen wollen. Wenn er schließlich den Raum betritt, in dem «die anderen» und der Betreuer sind, taucht er ein in die von ihm intendierte, akzeptierte und mitkonstituierte Welt des Fitness-Sports. Die gelingenden Interaktionen im gegebenen organisatorischen Rahmen bringen die subjektiven Interessen und die objektiven Gegebenheiten in Übereinstimmung.

Die Aktivitäten des Sporttreibenden und das organisatorische Umfeld, das diese Aktivitäten speziell ermöglicht, sind die notwendigen Bedingungen, um die hier beschriebene sportliche Wirklichkeit herzustellen. Sie zu benennen, ist aber noch nicht hinreichend, um zu erklären, wie diese Erscheinung entsteht und warum sie auf Dauer Bestand hat. Denn darüber hinaus ist ein gesellschaftlicher Kontext gegeben, der wiederum die spezifische Organisation dieses Sportangebots einschließt: Ohne die allgemeine gesellschaftliche Erscheinung und Bedeutung des Fitness-Sports, ein damit verbundenes Verständnis von Gesundsein und eine daraus entstandene Entwicklung von Geräten, Programmen und Marketing-Strategien ist auch das spezielle Fitness-Center nicht erklärbar. Hierzu gehören auch die von Wissenschaft und Technik bereitgestellten Wissensbestände über Training, Trainingsgeräte und deren angemessene Nutzung. Daß sich dies alles zu einer spezifischen Form von Sportwirklichkeit zusammenfügt (hier das Sportstudio), ist das Ergebnis einer historischen Entwicklung unserer Industriekultur. Auf gesellschaftlicher Ebene ist diese sportliche Wirklichkeit dadurch gekennzeichnet, daß hier ein Bereich grundsätzlich «möglicher und sinnvoller Kommunikation» vorliegt, der für alle Mitglieder einer Gesellschaft «erreichbar und verständlich» ist (11). Das heißt, in dieser Wirklichkeit kommt ein Konsens darüber zum Ausdruck, was in den Interaktionen und der sie ermöglichenden Organisation Gültigkeit hat (siehe dazu Ehni 1977).

Die sozial-historische Betrachtung der Entstehung solcher Wirklichkeit, die diesen Konsens erklärt, wird an anderer Stelle (siehe dazu Kap. 5) geführt. Hier soll es darum gehen, deutlich zu machen, daß solche Bezüge zu allgemeinen gesellschaftlichen Entwicklungen hergestellt werden müssen, um sportliche Wirklichkeiten angemessen zu erfassen.

Alle großen Inszenierungen im Sport, vom olympischen Wettkampf über Schulsport bis zu Sport im Studio, vom Sport in der Rehabilitation oder in der Sozialarbeit zum Sport im Rahmen des Tourismus, alle diese Wirklichkeitsbereiche des Sports sind durch Aktivitäten auf den hier genannten Ebenen gekennzeichnet.

Die drei Ebenen wurden gewählt, um Aktivitäten zu unterscheiden und zu ordnen, die notwendig sind, um Sport hervorzubringen. Da diese Aktivitäten aufeinander bezogen und voneinander abhängig sind, sind auch die Inszenierungsformen nicht ein für allemal und auf Dauer festgelegt. Relativ gleichbleibende Inszenierungen (wie etwa internationale Turniere) lassen sich nur dadurch erreichen, daß man für die einzelnen Tätigkeiten Regeln formuliert, die zumeist institutionalisiert gesichert werden. Aber auch diese sind ständigen Änderungen unterworfen. So werden bei sportlichen Großveranstaltungen derzeit gerade die Aktivitäten im gesellschaftlichen Kontext (wie Aktivitäten der Marketing-Firmen, der Massenmedien) und im organisatorischen Umfeld (Sportverbände, örtliche Sportorganisation) ständig neu abgesteckt. Die Abmachungen, die Verträge folgen z. B. zunehmend den «Gesetzen des Marktes» und immer weniger den Regeln des Sports. Diese nachweisbaren Veränderungen der traditionellen Inszenierung verändern auch den Sport selbst, und sie lassen sich nur angemessen klären, wenn sie auf Aktivitäten der drei genannten Ebenen rückführbar sind.

Die Sportwissenschaft nun kann ihren Gegenstand nur angemessen erfassen, wenn sie das Umfeld, in das sportliche Handlungen eingelagert sind, bzw. aus dem heraus sie hervorgebracht werden, mit in den Blick nimmt. Gerade zur Aufklärung der Wandlungen des Sports im weitesten Sinne ist es notwendig, die Inszenierungsleistungen aller mittelbar und unmittelbar beteiligten Personen und Organisationen in die Untersuchungen einzubeziehen.

Die Aktivitäten auf den drei Ebenen bilden einen sich gegenseitig beeinflussenden dynamischen Zusammenhang. In ihm wird Sport sowohl immer wieder hergestellt, wie auch die Einflüsse zu seiner Veränderung erzeugt werden. So lassen sich beispielsweise die Veränderungen des Skilaufs in den letzten dreißig Jahren aus Aktivitäten erklären, die auf diesen drei Ebenen stattgefunden haben (Entwicklung der Aufstiegshilfen, Erschließung der Alpen für den Tourismus, Pistenpflege, Entwicklung des Skigerätes, Einordnung des Skilaufens in die Lebenswelt der Menschen, Entwicklung neuer Skilauftechniken, rationellerer Vermittlungsmethoden, Weiterentwicklung des Fremdenverkehrswesens usf.).

Ebenso läßt sich die Entstehung neuer Sportarten (wie Windsurfen) als ein Institutionalisierungsprozeß von Aktivitäten erklären, die zunächst explorativ von einzelnen Personen begonnen wurden, sich dann organisatorische Bedingungen zu ihrer Absicherung schafften und schließlich durch internationale Regelungen einen weltweiten Vergleich sportlicher Leistung in Weltmeisterschaften und in Olympischen Spielen ermöglichten.

Nach der Darlegung konkreter Beispiele kann der Begriff Inszenierung nun genauer expliziert und theoretisch begründet werden. Er ist der Theatersprache entlehnt. Seine Übertragung auf den Bereich des Sports ist, wie die Beispiele zeigen, durchaus angemessen: Das gleiche immer wieder neu in Szene zu setzen, ist die Absicht des Theaters wie des Sports. Texte und Textbücher liegen vor (Rollen, Regeln) und sind um so mehr fest umrissen, je offizieller die Darstellungen präsentiert werden. Jede Neuinszenierung schafft aufgrund veränderter Bedingungen und unterschiedlicher Interpretationen neue reizvolle Spannungen; das gilt für jede neu inszenierte Hamlet-Aufführung ebenso wie für die sich wöchentlich wiederholenden Sportereignisse.

In der Tat kann man Sportereignisse wie z. B. das Skilaufen als Inszenierungen auf einer Bühne beschreiben: Eine Vielzahl von Menschen versucht, das gleiche Stegreifspiel zu spielen: Skilaufen als Drama, als spannungsreiche Balance zwischen Selbstüberwindung, Selbstbeherrschung und Selbstdarstellung. Man führt als Skiläufer einen «Kampf» mit sich selbst, seinem Körper und dem Skigerät. Der erkundende Umgang mit dem Skigerät ist getragen vom immanenten Drang zu einer gelingenden Bewältigung selbstgewählter Handlungssituationen. In diesem Spiel stellt man sich anderen dar, die ihrerseits gleicherart die Skipiste zur Bühne machen. Aber dabei darf nicht vergessen werden, daß der Auftritt einzelner Akteure auf den Bühnen des Skilaufens nicht möglich wäre ohne die vielen Aktivitäten, die andere hinter der Bühne für die Akteure auf sich nehmen (und sich bezahlen lassen).

GOFFMANN (1973, 99–128) hat in seinem Buch: «Wir alle spielen Theater» dementsprechend Vorderbühne und Hinterbühne unterschieden (1973, 99–128). An unserem Beispiel verdeutlicht: Auf der Vorderbühne tummelt sich das Volk der Skiläufer zugleich in der Rolle der Schauspieler wie der Zuschauer. Auf der Hinterbühne agieren all die vielen Geister (die Liftboys, Techniker, Rampenfahrer, die Träger der gesamten Infrastruktur), die sichern, daß die Vorderbühne nutzbar ist und benutzt wird, und sie legen in der Regel auch fest, wie sie zu benutzen ist.

Unsere gesellschaftliche Praxis hat sehr vielfältige Formen der Inszenierung von Sport hervorgebracht. Das liegt unter anderem daran, daß Sport in sehr unterschiedlichen Kontexten und in verschiedenartigem Interesse bereitgestellt bzw. hervorgebracht wird. Angesichts dieser Vielfalt scheint es deshalb weder legitim, verallgemeinernd von *dem* Sport zu sprechen, noch scheint es sinnvoll, angesichts des Wandels sportlicher Phänomene pauschal von dem «alternativen Sport» zu sprechen (Krüger 1988). Wichtig ist es vielmehr, sich gerade der differenten Formen des Sports zu vergewissern, sie eingehend zu beschreiben und in ihrer je eigenen Ausprägung als Inszenierungen zu analysieren und erst dann neue Ordnungsversuche zu unternehmen.

Untersuchen wir an einigen Beispielen, ob sich solche Unterschiede von Sportinszenierungen darstellen lassen.

Die Vielfalt von Sportinszenierungen

Um Inszenierungen des Sports in ihrer jeweiligen Eigenart zu kennzeichnen, ist es hilfreich, sich an den Fragen zu orientieren: Welches sind die notwendigen und hinreichenden Aktivitäten, die ihr Zustandekommen sichern? Wer ist Initiator und Träger dieser Aktivitäten, und auf welcher Ebene (Interaktion, Organisation, gesellschaftliches System) sind sie verankert?

Der Besucher des Fitness-Centers handelt als Individuum, dies allerdings auf der Grundlage des gemeinsamen Wissens, daß es einen Zusammenhang zwischen Leistungsfähigkeit und Bewegungsbelastung gibt, daß Fitsein nur über regelmäßiges und dosiertes Sporttreiben erreicht werden kann usf. Dieses Wissen bestimmt auch sein Motiv (gesund und fit sein wollen). Es ist aber nicht nur «hier und jetzt» tragend, sondern spiegelt allgemein verbreitete, gesellschaftlich verankerte Intentionen wider, die man heute mit Sporttreibenden verbindet. Sie werden über die Organisation, hier das Fitness-Studio, vermittelt. Der Fitness-Sportler agiert als einzelner in einem organisatorisch sehr stark «präparierten» Umfeld. Die räumliche Gliederung des Centers, das dort vorhandene Gerätearrangement und das Dienstleistungsangebot selbst verweisen auf einen eindeutigen Zweck, der mit den Motiven des Sporttreibenden in Übereinstimmung gebracht wurde. Es ist hier eine feste Verknüpfung von wohlorganisiertem Angebot und einer verbreiteten Nachfrage hergestellt, die als solche kommerziell genutzt werden kann.

Eine Besonderheit dieses Beispiels ist auch, daß das Sporttreiben individuell abläuft. Es entsteht zwar aus Interaktionen zwischen Berater und Trainierenden, die Beziehungen zu anderen Übenden sind dagegen nicht konstitutiv für das Zustandekommen des Trainings, aber für die handelnden Personen möglicherweise wichtig, denn die nebeneinander Übenden bestätigen sich in ihren gleichgerichteten Handlungen symbolisch die Bedeutung ihres Tuns. Insofern es viele einzelne sind, ist eine kommerzielle Nutzung dieser Dienstleistung erleichtert.

Im Vergleich dazu ist im ungelenkten Bewegungsspiel von Kindern der Anteil eigener Initiative vergleichsweise hoch. In den meisten Fällen müssen sie sich ihren Spielraum erst ausgrenzen. Sie müssen ihn oft erst zum Spielraum machen, ihn möglicherweise gegen die üblichen Regeln seiner Nutzung im Sinne ihrer Spielintention umdeuten. Dabei können sie durchaus in Konflikte mit Erwachsenen geraten, weil die Raumdeutungen der Kinder den üblichen (gesellschaftlichen) Konventionen widersprechen. Auch in der Verfügung über ihre Zeit mag man sie begrenzen, wenn z. B. ihre Eltern glauben, daß es jetzt Nützlicheres gäbe als ihr Spiel. Aber im Prozeß der Erzeugung und Aufrechterhaltung ihres Spiels sind sie selbständig, sie definieren ihre Spielideen, treffen organisatorische Maßnahmen bezüglich Raum und Gerät und wenden dabei für die Herstellung und Umorganisation ihres Spiels mitunter mehr Zeit auf als für das «eigentliche» Spiel. Wie sehr sie gleichermaßen auf Vorder- und Hinterbühne agieren, aber dabei dennoch beide Bereiche klar zu trennen vermögen, zeigt ihre Sprache. So geben sie sich z. B. während des Spiels Regieanweisungen: «Ich bin jetzt Schiedsrichter!» oder: «Du wärst jetzt der Turnlehrer», um dann wieder in den Fluß ihrer Spielhandlung zurückzutauchen. Die Spielräume, die Kindern gelassen oder geschaffen werden, was sowohl die zeitlichen, räumlichen, sozialen als auch die thematischen Festlegungen betrifft, sind gesellschaftlich bestimmt. Sie können sich wandeln und sind von Kultur zu Kultur unterschiedlich ausgeprägt.

Sportspiele der Erwachsenen sind im Gegensatz zum «freien» Kinderspiel in der Regel von vornherein auf organisatorischer Ebene abgesichert. Dies läßt sich deutlich machen, wenn man zwei Squash-Spieler verfolgt, die ihren Sport betreiben. Sie müssen mit dem Besitzer der Spielhalle als dem Organisator einen Zeitpunkt vereinbaren, an dem sie den Platz mieten können. Sie müssen dafür Geld bezahlen, bekommen die Möglichkeit, spezielle Sportbekleidung anzulegen, betreten einen vorbereiteten Platz, dessen Einrichtung und Kennzeichnungen (wie Linien auf Wänden und auf dem Boden) sie im Sinne des Herstellers deuten können. Sie müssen – soll ihr Spiel gelingen – über spezielle Geräte und über die Fertigkeiten ihrer Handhabung verfügen usf. Die Inszenierungsleistungen dieser Spieler sind ganz andere als bei den oben beschriebenen Kindern. Zwar finden sie den Kontext dieses speziellen Spiels wie der Besucher des Fitness-Centers vor, von anderen gestaltet und funktionsgerecht bereitgestellt. Aber um ihr Spiel in Gang zu bringen, müssen sie in ihren Handlungen einen Spielfluß zu gegenseitiger Zufriedenheit erzeugen, ihn aufrechterhalten und gegebenenfalls bei Störungen wiederherstellen. Es wäre eine reizvolle Aufgabe, die aber an dieser Stelle nicht geleistet werden kann, herauszubekommen, welches allgemeine Einverständnis jene zusammenbringt, die sich derzeit zunehmend den Rückschlagspielen, wie Tennis, Badminton und Squash, zuwenden. Was macht diese Spiele für viele Menschen so attraktiv? Was steckt hinter der Spiellust derer, die im permanenten Schlagaustausch Vorteile anhäufen und sich gegen einen Partner durchsetzen wollen?

Während solche Spiele ihre Bedeutung für die Akteure eher in der Gegenwart haben, ist die Herstellung sportlicher Höchstleistungen einem zukunftsgerichteten, systematisch geplanten Zusammenspiel von Aktivitäten von Experten unterworfen. Es gleicht eher einem Produktionsprozeß, in dem der Sportler selbst ein Experte unter Experten ist, die allesamt und gemeinsam eine sportliche Leistung herstellen.

Die für gesellschaftlich bedeutsam erklärte Repräsentation unseres Landes bei internationalen Leistungsvergleichen, die dementsprechende staatliche Förderung des Leistungssports, die organisatorische Absicherung durch Instanzen des Sports, der Bau und der Betrieb von Bundesleistungszentren, die Zusammenarbeit der Sportler mit Trainern, Ärzten, Psychologen, Pädagogen und den Experten, die für die materielle Ausstattung sorgen, schließlich der systematisch durchgeführte Trainingsprozeß des Sportlers selbst, die in Wettkämpfen organisierte Selektion der Besten – all dies sind allgemeine Kennzeichen des heutigen Hochleistungssports. Die sportliche Leistung, die ein Sportler am Ende öffentlich präsentiert, ist nicht seine Leistung allein, es ist die Leistung eines sozialen Systems mit vielen aufeinander abgestimmten Funktionen.

Es gibt wohl keine andere Inszenierung im Sport, die auf allen

Ebenen so rational geplant, so professionell gestaltet und so institutionell verankert ist wie diese. Der Hochleistungssport, der hohe Grad seiner Institutionalisierung gelingt auf Dauer nur, wenn ein Konsens über die gesellschaftliche Bedeutung des Sports hergestellt und aufrechterhalten werden kann. Dies leisten die Massenmedien durch ihre auf den Leistungssport konzentrierten Inszenierungen. Erst durch sie werden die Sportler selbst zu Trägern von Leistungen mit hoher symbolischer Bedeutung. Sie schaffen die hohe Identifikation aller Beteiligten und der Öffentlichkeit mit dem System des Sports. Damit erst gelingt die Aktivierung aller technischen, wissenschaftlichen und ökonomischen Ressourcen und deren gesellschaftliche Legitimation.

Wählen wir zum Abschluß dieser Kette von Beispielen eine Sportinszenierung, die gerade im zuletzt genannten Punkt einen starken Kontrast zum Hochleistungssport bildet. Sportangebote im Urlaub müssen den Verdacht, Menschen zu etwas zwingen zu wollen, ganz und gar vermeiden. Freizeit zu haben, heißt für die meisten Urlauber, im Gefühl freier Entscheidung zu handeln. Eine Lenkung von außen geschieht bestenfalls in Form einer Animation bzw. lediglich in der Bereitstellung von Übungsraum und -gerät. Es müssen Sportangebote gemacht werden, die individuell nutzbar sind, unterschiedlichen Bedürfnissen entsprechen und ein Höchstmaß der Entscheidungsfreiheit sichern. Das Gegenwartserleben dominiert. Die soziale Bindung der Sporttreibenden ist kurzlebig, und sie bleibt unverbindlich. Dort wo Gruppen von Urlaubern gemeinsam Sport treiben, tritt das im Wettkampfsport dominierende Element der sozialen Differenzierung («Ich bin besser als du!» oder «Ich bin gegen ihn ausgeschieden») zurück. In sog. Juxturnieren werden Momente des Glücksspiels mit echten Leistungsvergleichen auf eine Weise vermischt, daß Zuweisungen von individuellem Erfolg oder Mißerfolg im Grunde sinnlos werden.

Die wenigen hier nur skizzenhaft dargestellten Beispiele von Sportinszenierungen zeigen, wie stark Sporttreiben durch die Art der Verankerung in sozialen Kontexten variieren kann. Das freie Kinderspiel lebt allein durch die gelingende Interaktion der Kinder untereinander; der Aktive im Fitness-Center wie auch der Squash-Spieler profitieren dagegen von einer privatwirtschaftlich bereitgestellten Dienstleistung, die einen festen, zuverlässigen organisatorischen Rahmen zum Sporttreiben schafft; der Hochleistungssport erzeugt ein auf allen Ebenen verankertes Produktionssystem mit Zwängen, denen man durch Anpassung bzw. durch Verinnerlichung der durchgängig gültigen gesellschaftlichen Leistungsnormen scheinbar entgeht; der soziale Kontext des Urlaubs mit zeitlich begrenzt, unverbindlich und zufällig zusammengeführten Gruppierungen von Menschen bringt einen Sport hervor, der sich beispielsweise vom Vereinssport deutlich unterscheidet. Mit der unterschiedlichen Art der Inszenierung variieren auch die Chancen und die Gegenstände möglicher Erfahrung. Gerade wenn man ihre Aktivitäten und Inszenierungsleistungen erfaßt, werden die Erfahrungsfelder aufgedeckt, die von besonderer pädagogischer Relevanz sind. Vor allem die Fragen nach dem Zugang zu Sportinszenierungen, die dort möglichen sachlichen und persönlichen Bindungen wie auch die Frage nach den möglichen Initiativen und Handlungsspielräumen erschließen die Chancen möglicher Erfahrung und deren pädagogischer Bewertung. Diese Aspekte sollen hier kurz ausgeführt werden.

Für den Sporttreibenden selbst unterscheiden sich vorgegebene Sportinszenierungen einmal hinsichtlich des Zugangs. Manche Sportereignisse stellen an die Beteiligten so hohe Anforderungen an Wissen, Können und Erfahrung, daß ein unmittelbarer Zugang gar nicht möglich ist. Tennis hat für den Anfänger eine recht hohe Zugangsschwelle; beim Boule-Spiel am Strand kann man dagegen unmittelbar mitmachen; die Zugangsschwelle ist hier bezogen auf die notwendigen Fertigkeiten so niedrig, daß es bei Kenntnis der Spielidee ganz ohne Hilfen von außen selbst inszeniert werden kann. Die Zugangsschwellen werden dort aber nicht nur im Hinblick auf das geforderte Wissen und die Fertigkeiten als hoch oder niedrig empfunden. Gerade Boule-Spieler agieren in relativ geschlossenen Zirkeln, die sich bewußt gegen andere abschirmen, indem sie Rituale entwickeln, die potentiellen Teilnehmern über die Kenntnisse und Fertigkeiten hinaus ein Insiderwissen abverlangen, das man sich nur aneignen kann, wenn man in der Welt der «Einheimischen» lebt. Für das Spiel Boule hat JOST (1986) dies überzeugend dargestellt.

Der Zugang zu einem kommerziellen Sportangebot, wie etwa zum bereits erwähnten Fitness-Center, kann auf Gewohnheiten im Konsumverhalten der Menschen zurückgreifen. Die Art des Zugangs, die einer Hotelrezeption ähnliche Gestaltung der Zugangsräume und die angenehme Atmosphäre eines Clubs mit Bildern, Pflanzen und Musik sind zugleich selektiv, weil sie ein bestimmtes, in diesem Sinne «eingeweihtes» Publikum anspricht. Andererseits sind gerade im Fitnessbereich so gut wie keine Leistungsvoraussetzungen erforderlich. Man muß nicht eine Biographie als Sportler hinter sich haben, um mitmachen zu können. Der in diesem Sinne «nicht sportliche Sport» bietet andererseits gerade den Personengruppen eine Möglichkeit zum Sporttreiben, die bisher keinen Zugang zum traditionellen Sportsystem des organisierten Vereinssports hatten oder haben wollten.

Inszenierungen unterscheiden sich auch hinsichtlich der Bindung (stark/schwach), die Sporttreibende zur Sportart, zu den Mitsportlern und den Sporteinrichtungen gewinnen. Wer Volleyball in einer Mannschaft eines Vereins spielt, akzeptiert in der Regel die Erwartung, solidarisch zu seiner Mannschaft zu stehen und dies im Training und Wettkampf über eine längere Zeit hinweg zu dokumentieren. Ganz anders geartet ist dagegen die Bindung, die ein Mitglied eines Sportstudios eingeht. Hat man seinen Mitgliedsbeitrag einmal bezahlt, ist man in der Regel relativ frei, wann, wie oft und wie lange man das Sportstudio besucht.

Als Kunde kann man sich recht freizügig der verschiedenen Angebote bedienen. Dabei ist auch die Bindung an die anderen Mitglieder offen, man unterliegt nicht den Erwartungen, die die Solidargemeinschaft des Sportvereins erzeugt. Der Schulsport bindet die Schüler wiederum auf eigene, zwingende Weise. Wer als Sportler im System des Hochleistungssports mit seinen dichten, allgegenwärtigen Leistungserwartungen jahrelange Förderung erfahren hat, für den wird das Sportsystem zum dominanten Faktor der Lebensgestaltung. Dem erfolgreichen Leistungssportler fällt es schwer, sich diesem System zu entziehen, selbst wenn er es wollte. Nur Mißerfolg und Verletzungen sind «öffentlich» anerkannte Motive des Rückzugs aus dem Leistungssport.

Die Bindung, die zu Bereichen des Sports entstehen, bestimmen also in hohem Maße die soziale Integration innerhalb einer Kommunikationsgemeinschaft und damit die Übernahme gemeinsamer Wertvorstellungen.

Die Erfahrungen, die Sportinszenierungen ermöglichen, lassen sich auch erschließen, wenn man die dort möglichen und notwendigen Initiativen der Sporttreibenden und ihre Handlungsspielräume betrachtet. Sie können eingeschränkt, aber auch vielgestaltig sein. Vielgestaltig zeigten sie sich im Beispiel der spielenden Kinder. Sie müssen fast alles selbst entscheiden: was, wo und wie sie spielen wollen. Der Umfang solcher Handlungsspielräume schafft relativ labile und kurzlebige soziale Systeme. Diese Labilität kann nur durch einen auch im Alltag dichten Kontakt der Kinder untereinander kompensiert werden, so daß dadurch dauerhafte Spielgemeinschaften entstehen.

Eingeschränkt sind die Möglichkeiten zur Initiative bei den Squash-Spielern, die, wie wir sahen, in einem stark vorpräparierten Umfeld handeln.

Ob die Entscheidungs- und Handlungsspielräume groß oder klein sind und wie sich dies in einzelnen Inszenierungen darstellt, wird davon abhängen, von welcher der drei Ebenen (Interaktion, Organisation, gesellschaftlicher Kontext) die entscheidenden Inszenierungsleistungen ausgehen. Beim Familiensport auf freier Wiese liegen die Strukturierungsleistungen vornehmlich in den Händen der Interagierenden selbst; auf der Bowlingbahn liegen sie in den Vorleistungen der Betreiber mit dem Angebot eines «organisierten Raumes»; der Schulsport beruht auf Entscheidungen im gesellschaftlichen Kontext. Der Staat ist Initiator, ordnet das organisatorische Umfeld und bedient sich eines staatlich bediensteten Lehrers, den Unterricht nach seinen Maßgaben zu lenken.

Für die Frage nach der pädagogischen Bedeutung von Inszenierungen im Sport kann und darf es nicht unwichtig sein, in welcher Art der junge Mensch Zugang zum Sport findet, welche Bindungen er an seinen Sport und an andere Sporttreibende gewinnt und wieviel Spielräume für Initiativen, Handlungen und Entscheidungen er vorfindet bzw. sich schaffen kann. Denn in der jeweiligen Sportwirklichkeit entscheidet sich, welche Chance z. B. Heranwachsende haben, ihre denkbaren und prinzipiell möglichen Handlungsperspektiven im Rahmen gegebener soziokultureller Bedingungen wahrzunehmen.

Der Begriff der Inszenierung und dessen lebensweltorientierte und systemtheoretische Auslegung ist, wie wir sahen, von besonderer pädagogischer Relevanz, weil damit die Aktivitäten der an der Inszenierung mittelbar und unmittelbar Beteiligten ebenso Beachtung finden wie die sozialen Kontexte mit ihren mehr oder weniger festgefügten Bedingungen.

Typologie von Sportinszenierungen

Die Kennzeichnung des Sports als Inszenierungsform wurde hier eingeführt, um einen angemessenen Zugang zu seiner pädagogischen Analyse zu finden. Betrachtet und unterscheidet man Formen von Spiel, Sport und Bewegung nach der Art ihrer Inszenierung, so geht das (scheinbar) einheitliche Verständnis von Sport verloren. An seine Stelle tritt eine große Zahl unterschiedlichster Ausformungen in einer geradezu verwirrenden Vielfalt. Bisherige Klassifikationen von Sport, etwa nach Sportarten, treten zurück, ja sie erweisen sich mitunter als unzureichend und als Täuschung, denn ein und dieselbe Sportart kann in sehr unterschiedlichen Formen inszeniert werden. Sport ist – folgt man solch differenzierenden Betrachtungen – insgesamt unübersichtlicher geworden. Hinzu kommt der rasche Wandel des Sports; er macht es immer schwerer, von Sport als einem einheitlichen Phänomen zu sprechen. Daraus folgt die Notwendigkeit einer Neuordnung. Gerade für die Frage nach der Art der Repräsentation des Sports in der Schule ist dies wichtig. Denn wie soll der Schulsport seine Aufgabe bewältigen, dem Schüler Orientierungen für die Teilnahme am Sport zu vermitteln, wenn sich Sport selbst als ein ungeordnetes und zugleich wandelndes soziales Feld erweist? So ist denn auch die didaktische Frage neu aufzuwerfen, wie und welcher Sport in der Schule repräsentiert sein soll und was an ihm gelernt werden kann unter der Berücksichtigung der Tatsache, daß er sich ändert.

KURZ kennzeichnet diesen Zusammenhang angesichts der gegebenen Verhältnisse sicherlich treffend: «Sport in der Schule wird... mit dem Blick auf den Sport außerhalb von ihr konzipiert; er gewinnt seine Elemente aus ihm und bereitet auf ihn vor» (1977, 58). Aber, so könnte man fragen: Welcher Sport ist gemeint, der hier von KURZ als zentrales Bezugsfeld des Schulsports bezeichnet wird?

Wenn man dazu der didaktischen Perspektive «lebenslanges Sporttreiben» folgt, dann heißt das doch wohl, Sport auf der Basis der persönlichen Lage in unterschiedlichen und möglicherweise sich im Laufe des Lebens verändernden Situationen immer wieder neu hervorzubringen. Eben in diesem Prozeß, Sport hervorzubringen, entwickelt und erweitert der Sporttreibende seine Kompetenz und schafft die Situationen, in denen er handelnd seine Umwelt erfährt und sie zugleich gestaltet.

Eine Unterscheidung des Sports nach der Art seiner Inszenierung legt es nahe, fünf verschiedene Arten zu unterscheiden und zu fragen, welche Perspektiven sich dort für ein lebenslanges Sporttreiben ergeben und welche Chancen der Schulsport hat, darauf vorzubereiten. Gehen wir zunächst vom Vereinssport aus. Die meisten Menschen unserer Gesellschaft treiben ihren Sport noch immer in den Vereinen. Im historisch gewachsenen organisatorischen Rahmen des Vereins bringen sie ihren Sport kontinuierlich hervor. Der Vereinssport ist allerdings inzwischen uneinheitlich geworden und hat sich in verschiedene Richtungen weiterentwickelt. Deshalb sollen hier zunächst einzelne Bereiche des Vereinssports unterschieden werden, weil das, was dort als Handlungsfähigkeit vorausgesetzt und als Erwartung an Sporttreibende herangetragen wird, doch sehr unterschiedlich ist. Aber es wäre falsch, Sport mit dem Vereinssport gleichzusetzen. Denn in den letzten Jahren haben sich Bereiche des Sports zunehmend aus den Vereinen ausgelagert bzw. haben sich neben dem organisierten Sport entwickelt. Sie werden bei der nun folgenden Darstellung verschiedener Sportszenarien mit berücksichtigt.

Breitensportorientierter Wettkampfsport

Ein Bereich des Vereinssports, den man als traditionell bezeichnen kann, der aber dennoch in weiten Bereichen dominiert, ist der selbstorganisierte Sport in der Solidargemeinschaft der Vereinssparten. Dort haben sich Personen zusammengeschlossen, um gemeinsam ihren Sport zu treiben. Dies tun sie nicht nur unter sich, sondern auch gegen andere. Hierher gehören die vielen Mannschaften, die in Runden gegeneinander spielen, deren kontinuierliches Sporttreiben organisatorisch durch Verbandsbildung abgesichert ist.

Wichtig für diese Gruppen ist, daß sie ihren Sportbetrieb aufrechterhalten können. Das gemeinsame Training ist nicht nur Vorbereitung auf den nächsten Wettkampf, sondern auch notwendige Vergewisserung der Zugehörigkeit zu dieser Sportgemeinschaft. Gerade in den Mannschaften, denen es auf das Mitspielen in einer Runde ankommt und weniger darauf, in die nächsthöhere Klasse aufzusteigen, ist das Training ein Stück des Sporttreibens selbst und zugleich ein Solidaritätsritual.

Der Zugang zu diesen Sportgruppen ist nur dem möglich, der sich in das Leistungsniveau der jeweiligen Mannschaft einzuordnen vermag, also in hohem Maße selektiv. Wer «nur mal so» zum Spaß spielen möchte (etwa Fußball oder Volleyball), hat hier keinen Platz. Neue

Mitglieder werden nur dann in die Mannschaft aufgenommen, wenn sie hineinpassen, wobei neben der sportlichen Tüchtigkeit auch das Kriterium der Beliebtheit und die Fähigkeit, sich einzuordnen, von Bedeutung sind. Man kann davon ausgehen, daß dieser wettkampforientierte Breitensport den größten Teil der heute aktiven Sportler umfaßt.

Lebenslang betreiben sie diese Art des Sport in der Regel nicht. Die zeitlichen Belastungen des Berufslebens, neue soziale Bindungen etwa im Zuge der Familiengründung und die Abnahme körperlicher Leistungsfähigkeit sind nur einige Gründe, die aktive Laufbahn zu beenden. Der Ausstieg aus der Mannschaft bedeutet nicht selten den Abbruch jeglichen Sporttreibens, wenn man nicht (zumeist einige Jahre später) hin und wieder in einer Alt-Herren-Mannschaft spielt. Dem Verein bleibt man in der Regel als passives Mitglied verbunden, nicht selten werden ehrenamtliche Aufgaben im Verein übernommen. Dies ist wohl die normale Karriere der meisten Vereinssportler.

Die deutliche Orientierung der Schulcurricula an den Sportarten, wie sie auch in den Vereinen und Verbänden des Sports betrieben werden, läßt darauf schließen, daß damit der Zugang zum Vereinssport eröffnet werden soll. Ja, neuerdings wird es für viele Vereine zu einer Überlebensfrage, genügend junge Menschen zu gewinnen, damit ein hinreichender Bestand an Sportmannschaften überhaupt gehalten werden kann. Die Erwartung der Vereine an die Aufgabe Schule ist dementsprechend, die Schüler soweit in den Grundlagen der Sportarten zu unterweisen, daß sie dort mitmachen können. Die explizit pädagogisch gemeinte Kinder- und Jugendarbeit der Sportvereine schafft die Basis für eine vielfach erklärte Zusammenarbeit von Schule und Verein. Der Verein stellt das Anwendungsfeld des in der Schule Gelernten bereit. Er setzt die pädagogische Arbeit der Schule konsequent fort. Dies ist offensichtlich die Vorstellung derer, die diesen Bereich des Vereinssports in Lehrplänen und didaktischen Konzepten verankern.

Aber kann es die Funktion der Schule sein, solche meist kurzen Sportlaufbahnen zu ermöglichen? Lebenslang schon gar nicht, wie die Vereinsflucht im Alter ab etwa 16 Jahren deutlich belegt. Dies gilt vor allem für die am besten im Lehrplan der Schulen verankerten Sportarten wie Leichtathletik oder Turnen. Anders ist es für die Sportarten, die auch außerhalb des organisierten Wettkampfbetriebes in anderen Szenarien betrieben werden wie Bewegungsspiele, Tanz und Wassersport.

Staatlich geförderter Leistungssport

Der Leistungssport auf nationaler und internationaler Ebene ist nur noch zum Teil im Verein verankert. Die Vereinsbindung der Leistungssportler lockert sich. Vereine können den hohen finanziellen Aufwand nicht mehr tragen. Hier ist die traditionelle Solidargemeinschaft der Vereine in vieler Beziehung überfordert. Die zunehmende Bedeutung des Leistungssports hat auch die staatliche Förderung verstärkt. Ohne sie wäre das notwendige Training, die technische, wissenschaftliche und soziale Betreuung der Sportler gar nicht mehr möglich. Die Trägerschaft verlagert sich unwiederbringlich auf Instanzen außerhalb des Vereins. Die Inszenierung und Weiterentwicklung des Leistungssports wirft eine Reihe von Problemen nicht nur für seine Organisatoren, sondern auch für die Sportler selbst auf. Die Bedeutung ihrer Leistung wird so hoch bewertet, daß man ihnen die Herstellung dieser Leistung nicht mehr alleine überlassen kann. Um den Sportler herum bilden sich soziale Systeme aus, die ihn unterstützen und entlasten sollen, um ihn um so mehr auf die Herstellung seiner Leistung zu konzentrieren. Er wird zum Experten in einem differenzierten System anderer Experten, die gemeinsam die Leistung hervorbringen, mit der das gesellschaftliche System sich international präsentiert. In einem solch arbeitsteilig organisierten System handlungsfähig zu sein, bedeutet mehr und etwas anderes, als eine Sportart zu beherrschen und sie leistungsorientiert zu betreiben. Schule ist nicht in der Lage, gerade diese darüber hinausgehenden Anforderungen zu vermitteln.

Dennoch wirkt der Leistungssport auf die Schule zurück. Ein wettkampforientierter Schulsport soll Talente aufspüren, die dann systematisch in eigenen Einrichtungen gefördert werden können. Obwohl der Schulsport immer weniger direkte Funktionen für den Leistungssport übernehmen kann, sind die Strukturen des leistungsorientierten Wettkampfsports präsent, in Schulsportwettkämpfen bis hin zur Veranstaltung «Jugend trainiert für Olympia». Dies verweist darauf, daß dem Schulsport nach wie vor die gesellschaftliche Funktion zugewiesen wird, dem Leistungssport zuzuarbeiten. Ob allerdings zu legitimieren ist, daß alle Schüler solchen Orientierungen unterworfen werden für die wenigen, die man auf diese Weise für den Leistungssport gewinnt, ist fraglich. Auch für die Betroffenen selbst, die möglicherweise in der Schule dazu angeregt worden sind, sich über einen systematischen Wettkampfsport dem Leistungssport zuzuwenden, läßt sich dieser Aufwand nicht begründen. Ein pädagogisches Problem entsteht aber dadurch, daß in vielen Sportarten (wie Turnen, Gymnastik, Eiskunstlauf und Schwimmen) bereits in früher Jugend mit einem speziellen Training begonnen wird. Hier entsteht ein pädagogisches Problem für Kinder im Hochleistungssport, ein Thema, das bereits an anderer Stelle aufgegriffen wurde. Eine lebenslange Perspektive gibt es für Leistungssportler ohnehin nicht. Die Zeiten, in denen man das mit Erfolg sein kann, sind sehr kurz, und sie werden immer kürzer. Im Leistungssport handlungsfähig zu werden kann so gesehen kein Ziel des Schulsports sein.

Dienstleistungsorientierter Freizeitsport im Verein
Es würde der Lage der Sportvereine nicht gerecht, wollte man das oben beschriebene Modell des Sports, der als Wettkampfbetrieb in Vereinen und Verbänden selbst organisiert wird, mit dem Vereinssport schlechthin gleichsetzen. Längst gibt es andere Formen des Breitensports, die sich nicht nach außen hin orientieren, die nicht den Vergleich mit anderen Gruppen suchen und die nur selten, wenn überhaupt, sich öffentlich darstellen. Typisches Beispiel sind hier Gymnastikgruppen der Frauen mit einem eher gesundheitsorientierten Sport, den man nur für sich selbst betreibt. Diese Art des Sporttreibens ist nicht an andere gebunden, genauer: Andere Mitsportler sind nicht notwendig, um diesen Sport hervorzubringen. Man übt nebeneinander, die Größe der Gruppe ist nicht entscheidend, es können ebenso hundert wie zehn Personen sein, die da mitmachen. Als Sportler muß man nicht immer anwesend sein, um den Sportbetrieb zu garantieren. Notwendig ist in der Regel aber eine Person, die zu dieser Art des Sporttreibens anleitet, die bestimmt, was geübt wird, die vorzeigt, wie man es richtig macht, die den Aufbau der Übungen und den Belastungsgrad bestimmen kann, die die zeitliche und räumliche Strukturierung vorgibt und die Einzelpersonen je nach Aufgabe gruppiert.

Diese Art des Sports nimmt den Charakter einer Dienstleistung an, die vom Verein, vermittelt durch eine Person (etwa eine Übungsleiterin) angeboten wird. Das Besondere dieser Sportgruppen ist unter anderem, daß sie im Gegensatz zu den Wettkampfmannschaften kein Identifikationspotenzial erzeugen, mit dem sie sich anderen Gruppen im Verein darstellen können. Es mag dagegen durchaus eine Gruppenidentität entstehen und damit eine Bindung an andere Gruppenmitglieder. In der Regel entsteht eine starke Bindung an die Übungsleiterin. Bleibt eine anerkannte Übungsleiterin dem Sportbetrieb einmal fern, so ist die Veranstaltung in höchstem Maße gefährdet. Die Bindung an den Verein bleibt aber eher gering. Andere Bereiche des Vereinslebens werden nicht als bedeutsam wahrgenommen, wenn nicht der Verein durch spartenübergreifende Sonderveranstaltungen solche Bindungen herzustellen vermag.

Dieser als Dienstleistung arrangierte Sport hat Angebotscharakter, und zwar auch für andere Personen, die bisher außerhalb des Vereinslebens standen. In Konkurrenz zu kommerziellen Sportanbietern beginnen Vereine gerade hier, um Mitglieder zu werben. Neuzugänge haben die Vereine besonders in diesem Bereich. Die Zugangsschwellen sind, was das sportliche Können betrifft, meist gering. Jeder kann mitmachen, die Aktivität selbst ist wichtig, nicht das Können. Eine Leistungsorientierung gibt es allein bezogen auf persönliche Kriterien, das des Wohlbefindens etwa. Gelernt wird eigentlich nichts. Das Üben selbst und seine individuell erfahrbaren Wirkungen sind bedeutsam.

Die Qualität dieses Sportangebots erfährt ihre Bewertung durch permanentes Mitmachen oder auch fernbleibende Teilnehmer. Angebot und Nachfrage werden durch die Qualität der Dienstleistung erzeugt und ausbalanciert. Als personenbezogene Dienstleistung ist die Qualität in höchstem Maße abhängig von der Qualifikation der Übungsleiter. Je größer die Gruppen sind, desto geringer ist die Bindung der Teilnehmer an die Gruppe. Es muß mit einer relativ großen Fluktuation gerechnet werden. Dies mag ein Grund dafür sein, daß die Bindung an den Verein eher zu einem Vertragsverhältnis wird, das über Beiträge reguliert wird. Dieser Bereich des Vereinssports wird immer mehr zu einer bezahlten Dienstleistung, und er wird zunehmend als Chance genutzt, finanzielle Gewinne zu erzielen, die auch anderen Vereinsaufgaben wie der Jugendarbeit zugute kommen können. Es kommt hier zu ersten Formen vereinsinterner Kommerzialisierung, die allerdings noch im Rahmen der Gemeinnützigkeit gehandhabt werden können.

Ein lebenslanges Sporttreiben ist in diesem Bereich des Vereinssports durchaus denkbar. Die Zunahme von Sportgruppen für ältere Menschen und die bislang dem Sport wenig zugetanen Frauen mag das belegen. Die Vereine fangen erst vereinzelt an, ihren Sport als Angebot für Noch-nicht-Mitglieder zu präsentieren. Die aufkommende Konkurrenz der kommerziellen Sportanbieter führt aber zunehmend zu Bestrebungen, neue Programmelemente zu entwickeln, um so neue Mitglieder zu gewinnen und damit Geld für diese Dienstleistungen einzunehmen. Wollte die Schule auf diese Möglichkeit lebenslangen Sporttreibens vorbereiten, so brauchte sie das nicht bezogen auf die dort geforderte sportliche Leistungsfähigkeit. Diese Formen des Sports kommen eher zustande auf der Grundlage eines zunehmenden Bewegungsbedürfnisses; angenommen werden diese Angebote gerade von den Menschen, die bislang keine besondere sportliche Leistungsfähigkeit aufweisen, die vielleicht gerade «Opfer» eines einseitigen Schulsports geworden sind.

Ein Hauptgrund für die rasche Zunahme eines dienstleistungsorientierten Vereinssports ist aber sicherlich das Bedürfnis nach gesundheitsfördernder körperlicher Bewegung. Es ist aufgrund weiterer Bewegungsentlastung im Alltag so gestiegen, daß es zunehmend auch durch kommerzielle Angebote befriedigt wird, die in dem dienstleistungsorientierten Sport mit den Vereinen konkurrieren.

Kommerzielle Sportangebote

Auf dem kommerziellen Sportmarkt werden sportbezogene Dienstleistungen von einem Anbieter gegen Geld angeboten mit dem Ziel, auf diese Weise seine wirtschaftliche Existenz zu sichern. Der kommerzielle Sportmarkt ist keinesfalls einheitlich. Für unsere weiteren Betrachtungen ist es ausreichend, drei Bereiche zu unterscheiden: den Fitness-Sport, wie er in Fitness- und Sportstudios angeboten wird, den Schausport und den Sport im Rahmen des Tourismus.

Die Fitness- und Sportstudios binden ihre Mitglieder per Vertrag an ihre Einrichtung. Eine darüber hinausgehende Beteiligung an der Organisation dieser Einrichtung, etwa durch eine im Verein mögliche Mitbestimmung, gibt es hier nicht. Die Sporteinrichtung wird als Wirtschaftsbetrieb geführt. Das Mitglied ist Kunde. Das Leistungsangebot, das gemacht wird, ist genau definiert. Es umfaßt in der Regel mehr als eine Sportart. Zumeist kann das Gesamtangebot der Einrichtung wahrgenommen werden, und das nicht nur zu bestimmten Zeiten. Der Zugang zur Einrichtung wird durch Schnupperangebote erleichtert, man kann sich bedienen wie in einem Warenhaus. Zusatzangebote wie Sauna, Sonnenbank, Massage, Ernährungsberatung oder eine Cafeteria erhöhen die Attraktivität des Angebots. Die Gestaltung der Räume, sowohl der Zugangsräume wie der Sportstätten, schafft eine angenehme, gemütliche Atmosphäre ähnlich der eines Clubs.

Die Angebote bestehen zu einem Großteil aus solchen, die, wie oben geschildert, relativ wenig sportliche Leistungen voraussetzen. Aber daneben gibt es auch anspruchsvollere Angebote. In Kursen kann man neue Sportarten erlernen. Zielgruppenorientierte Sonderkurse werden angeboten. Etwas Neues zu erlernen ist ein nicht zu unterschätzendes Motiv der Benutzer kommerzieller Sportangebote. Lizenzen in Sportarten wie Surfen oder Segeln eröffnen den Zugang zu den entsprechenden Sportrevieren.

Dieser Sportmarkt expandiert. Er möchte, wie der DSB und letztlich die Schule auch, möglichst vielen Menschen Sportmöglichkeiten schaffen. Die Expansionsbestrebungen des Marktes, das Programm der Sportorganisationen, «Sport für alle» zu ermöglichen, wie auch die Zielsetzung des allgemeinen Schulwesens, im Schulfach «Sport» alle Schüler zu erreichen, zielen, bei unterstellten unterschiedlichen Motiven, in die gleiche Richtung, ja sie verstärken sich möglicherweise gegenseitig. Sport für alle heißt immer zugleich auch lebenslang. Und es läßt sich durchaus die Prognose wagen, daß bei der Erfüllung dieser Aufgabe die kommerziellen Sportanbieter in Zukunft eine große Rolle spielen werden, auch deshalb, weil sie ihr Sportangebot ständig differenzieren, flexibel neue, oft modische Strömungen in ihr Angebot aufnehmen und, verglichen mit den Vereinen, ein hohes Innovationspotential bereitstellen.

Ähnliches gilt für den Sport im Rahmen des Tourismus. Ebenso wie das Angebot der Sportstudios ist er Teil eines expandierenden Dienstleistungsmarktes. Zunächst waren Sportangebote beliebte Zusätze zu Ferienunterkünften in stark frequentierten Urlaubsgegenden. Gelegenheiten zum Sporttreiben sind aber inzwischen zunehmend in den Mittelpunkt vieler Ferienangebote gerückt. Es gibt inzwischen Urlaubsangebote, die im Kern als Sportangebot präsentiert werden. Dabei werden zwei Zielgruppen auf je spezifische Weise angesprochen. Einmal die Gruppe jener, die Experten und Spezialisten in einer Sportart sind (etwa im Tennis, Golf, Reiten, Segeln oder Surfen). Ihnen wird ein Angebot mit professioneller Ausstattung und Betreuung gemacht. Geboten wird der neueste Stand der Geräte und Übungsstätten, aber auch ein hohes Niveau an Anleitung und personenbezogener Dienstleistung. Zur anderen Gruppe gehören vornehmlich jene, die keine spezifische Sportlaufbahn aufweisen, aber ein allgemeines Interesse am sportlichen Tun haben. Für sie werden, etwa im Rahmen sogenannter Clubaufenthalte, Formen des Freizeitsports inszeniert, die jenseits streng sportlicher Intentionen und Regelungen eher auf Spaß und Spiel ausgelegt sind.

Im kommerziellen Schausport ist das gehandelte Gut grundsätzlich anders. Der Kunde muß bezahlen. Dieser Schausport wird allerdings nicht durch die so erzielten Einnahmen, sondern über die Werbung finanziert, die im Rahmen solcher Sportveranstaltungen wirkungsvoll in Szene gesetzt werden kann. Es handelt sich hier also um einen grundsätzlich anderen Angebotsinhalt. Der Zuschauer erzeugt den Sport nicht unter bezahlter Anleitung selbst, sondern er ist Zeuge einer Sportinszenierung, die andere für ihn besorgen. Immer seltener nehmen die Zuschauer direkt an dem Ereignis teil; weit häufiger wird das Ereignis über die Massenmedien konsumiert.

Nicht alle Sportarten lassen sich als Schausport kommerziell nutzen; es sind nur die, die für die Masse attraktiv sind oder die aufgrund besonderer Bedingungen attraktiv gemacht werden konnten. Allein der massenhafte Konsum läßt die wirtschaftliche Nutzung zu. Einnahmen erzielen nicht nur die Organisationen (das sind längst nicht mehr die Vereine und Verbände), sondern auch jene Firmen, die als Sponsoren der jeweiligen Veranstaltung für ihre Produkte werben. Solange der Sportkonsument das mitmacht, ist auch ein lebenslanger Sportkonsum über die Massenmedien gesichert.

Wollte man die Funktion des Schulsports gegenüber dem kommerziellen Sportbereich formulieren, so kann man von einer Notwendigkeit der Erziehung zum (kritischen) Konsum sprechen. Angesichts der großen Vielfalt und Veränderlichkeit dieses Marktes muß man allerdings fragen, welche Kriterien es sind, die Schule für einen kritischen Sportkonsum vermitteln müßte.

Kritischer Konsum setzt sicherlich voraus, daß man die Inszenierungen des kommerziellen Sports als solche durchschaut, sie als Produktionen eines Marktes verstehen lernt, der die Attraktivität des Sport nutzt und ihn zunehmend wirtschaftlich abhängig macht. Daß davon auf Dauer auch das eigene Sporttreiben berührt wird, läßt sich unschwer in Erfahrung bringen. Solche Erfahrungen vermittelt die Schule inzwischen selbst, freilich unreflektiert, wie es scheint. Wenn etwa eine Hotelkette eine eigene Fußballrunde der Schulen einer Großstadt «sponsert» und der siegreichen Mannschaft einen Amerikaaufenthalt ermöglicht, dann wird bereits von Schülern erlebbar, was Kommerzialisierung des Sports bedeutet. Die Notwendigkeit der kritischen Aufarbeitung dieser Erfahrung geht wohl eher im Jubel unter, und sie müßte sicherlich auch erst einmal von den Verantwortlichen der Schulbehörde geleistet werden.

Privater Sport

Mit Sicherheit sind mit den bisher kurz geschilderten Sportszenarien nicht alle Möglichkeiten zum Sporttreiben heute erfaßt. Es sind vor allem die Sportwelten beschrieben worden, die durch ihre institutionelle Absicherung einen hohen Organisationsgrad aufweisen. Das heißt, es handelt sich hier um dauerhafte Einrichtungen, in denen verschiedene Personengruppen spezifische Rollen übernehmen, die die jeweiligen Sportinszenierungen immer wieder ermöglichen. Beobachtenswert ist aber auch der Sport, den Menschen ganz persönlich für sich oder ohne äußere Organisationshilfe alleine, im Freundeskreis, in der Familie betreiben. Unter dem Begriff privater Sport sind alle Aktivitäten von Personen einzuordnen, die diese ohne Organisationshilfe von außen betreiben. Die Verabredung mit Freunden zum Waldlauf, die sportlich orientierte Fahrradtour, die Wasserwanderung gehören ebenso dazu wie die morgens durchgeführte Gymnastik, die Nutzung des Hometrainers, das Tischtennisspiel in der Garage, der Familiensport auf der Wiese, das Angeln im Teich oder der gemeinsame Skilanglauf im Winter. Auch das Surfen gehört zum Teil noch dazu, wenn hier auch die Übergänge zum gewerblichen Angebot fließend werden. Denn gerade das Surfen ist in hohem Maße abhängig von dem käuflich erworbenen oder geliehenen Gerät, und die Surfreviere werden zunehmend von Verbänden oder gewerblichen Betrieben organisiert. Eine wesentliche Ausweitung von Sportmöglichkeiten kommt schließlich in den Blick, wenn man den Begriff des Sports weit auslegt und die neuen Formen der Bewegungskultur hinzunimmt, wie sie sich zum Beispiel in Großstädten ganz unabhängig vom sonstigen Sportbetrieb entwickeln. Die Fähigkeit, in seinem privaten Lebensbereich Sport selbst zu organisieren, bezeichnet wohl die Situation, in dem das, was als Handlungsfähigkeit im Sport bezeichnet wird, am deutlichsten zum Ausdruck kommt. Denn hier müssen alle Inszenierungsleistungen von den Betroffenen selbst erbracht werden. Sie müssen ihren Sport initiieren, gemeinsame Zeiten verabreden, angemessene Raum- und Gerätearrangements treffen, alle Beteiligten integrieren, dazu das Sporttreiben gegebenenfalls entsprechend abwandeln, den Verlauf des Sporttreibens regeln und sichern. Es könnte gerade hier die Aufgabe des Schulsports sein, Menschen zu lenken, in Inszenierungen des Sports mitzumachen, Zugang zu verschiedenen Wirklichkeiten des Sports zu finden, die dazu notwendigen Kenntnisse und Fertigkeiten anzueignen, eine Bindung mit anderen unter einer sachbezogenen Aufgabe einzugehen und diese Wirklichkeit für sich auszugestalten. Aber ebenso wichtig ist es, solche

Inszenierungen in jenen Aspekten zu begreifen, die über das aktuelle Tun und über die individuellen Belange der hier und jetzt handelnden Personen hinausgehen. Gegebene Wirklichkeiten des Sports zu begreifen heißt, die organisatorischen und gesellschaftlichen Voraussetzungen und Bedingungen zu verstehen, die «meinen» Sport ermöglichen, ihn bestimmen und lenken.

Gerade dies soll den Menschen befähigen, unter den persönlichen Bedingungen und denen der sozialen Umwelt, «seinen» Sport selbst zu organisieren. Dies wird sicherlich nur dann dauerhaft möglich sein, wenn man über das aktuelle Tun hinaus Bewegung, Spiel und Sport in der eigenen Lebenswelt zu gestalten vermag, d. h. ihm Form und Gestalt über den Moment hinaus zu geben. Wer auf diese Weise im Sport handlungsfähig ist, wird auch die oben erwähnte Fähigkeit zum kritischen Konsum der anderen erwähnten Sportangebote, insbesondere der gewerblich genutzten Dienstleistung, besitzen.

Nimmt man den Begriff Handlungsfähigkeit als Zielkategorie des Schulsports ernst, so müßte, bezogen auf die verschiedenen Sportszenarien, gefragt werden, wie der Zugang zu diesen Sportmöglichkeiten derzeit gestaltet ist, ob der Erfahrungsraum, den man sich erschließt, einen schulischen Aufwand rechtfertigt, ob die Bindungen, die Sporttreibende mit dem Initiator einerseits und mit den anderen Sporttreibenden eingehen, Chancen der Selbst- und der Welterfahrung eröffnen usf.

Es soll hier gar nicht grundsätzlich bestritten werden, daß möglicherweise Argumente gefunden werden, die dem Schulsport neue Orientierungen für sein Programm erschließen. Worauf es vielmehr ankommt, ist, daß solche Analysen der Sportszenarien endlich begonnen werden, die freilich wesentlich differenzierter sein müßten als die hier aufgeführten Skizzen.

Welcher Sport – so war unsere Ausgangsfrage – ist eigentlich gemeint, wenn man von Handlungsfähigkeit im Sport spricht? Schon eine erste vorsichtige Unterscheidung in Sportszenarien macht deutlich, daß der Begriff der Handlungsfähigkeit aufgrund recht unterschiedlicher Anforderungsstrukturen sehr verschieden ausgelegt werden kann und daß dementsprechend auch die Aufgaben der Schule jeweils ausdifferenziert werden müßten, wenn man überhaupt rechtfertigen kann, der Schule Aufgaben für spezielle Bereiche zuzuordnen.

Von Handlungsfähigkeit bezogen auf *den* Sport im allgemeinen zu sprechen führt letztlich dazu, daß sich die Interessen ungeprüft durchsetzen, die die Strukturen der Schule und ihres Umfeldes bestimmen. Die Sachzwänge bestimmen das Programm. Die Schulsporthallen, die nun einmal so gebaut wurden, die Schulsportveranstaltungen, die doch gar nicht so übel sind, das platte Sportverständnis, das die Medien unseren Schülern in den Kopf setzen, definieren das, was Schulsport heute ist. Handlungsfähigkeit kann doch angesichts dieser Vielfalt von Sportszenarien nur heißen, Orientierungen für persönliche Entscheidungen zu gewinnen, Zusammenhänge zu verstehen und Erfahrungen zu reflektieren – insbesondere die, die man im Sport am eigenen Leibe macht.

Sport als Erziehungswirklichkeit

Ob wir Sport nun im engeren oder weiteren Sinne begreifen, er kann nicht selbst bereits als Erziehungswirklichkeit bezeichnet werden. Auch der Hinweis auf seine Sozialisationsfunktion bestimmt ihn nicht schon selbst als Erziehungswirklichkeit, sondern verweist lediglich auf seine Bedeutung als Bezugs- und Erfahrungsfeld für erzieherisches Handeln.

Zur Ausgrenzung einer Erziehungswirklichkeit, die der Sportpädagogik als Untersuchungs- und Wirkungsfeld zugeordnet werden kann, bedarf es eines allgemeinen Begriffs von Erziehung. Bei der Bestimmung eines solchen Begriffs folgen wir BERNFELD (1970), der auf zwei Tatsachen verweist, die die Voraussetzung für Erziehung sind. Die erste ist die biologische Tatsache, daß Kinder nicht «als körperlich, geistig und sozial reife Individuen zur Welt» kommen (BERNFELD 1970, 49), sondern sich entwickeln müssen. Aber um in einer menschlichen Welt zu leben, reicht es nicht aus, die Entwicklung den Mechanismen der Vererbung zu überlassen. Dies verweist auf die zweite, die soziale Tatsache, daß diese Entwicklung als Kindheit in einer Erwachsenengesellschaft verläuft. Jede Gesellschaft reagiert auf die Entwicklungstatsache und bringt so eigene Formen von Kindheit hervor. BERNFELD schlägt nun vor, «diese Reaktionen in ihrer Gänze Erziehung zu nennen. Die Erziehung ist danach die Summe der Reaktionen einer Gesellschaft auf die Entwicklungstatsache» (BERNFELD 1970, 51). Damit wird Erziehung als «eine gesellschaftliche Maßnahme gegenüber Kindern» (52) klassifiziert und damit weiter gefaßt, als es in jenen Erziehungskonzeptionen geschieht, die sich vornehmlich auf das Verhältnis von Erzieher und Zögling, d. h. den pädagogischen Bezug beschränken. Erziehung wird hier also als ein gesellschaftlicher Prozeß verstanden, der je eigene kulturelle und historische Ausprägungen aufweist und sowohl in formalisierten öffentlichen Einrichtungen als auch in informellen, eher privaten Umfeldern lebendig ist.

Um die für die Sportpädagogik relevanten Regionen der Erziehungswirklichkeit zu bestimmen, wäre zu fragen, welche Inszenierungen von Spiel, Sport und Bewegung als Reaktionen auf die Entwicklungstatsache verantwortet werden müssen; diese wären als pädagogische Inszenierungen zu bezeichnen.

Pädagogische Inszenierungen

Pädagogische Inszenierungen von Sport sind jene Ereignisse, in denen Sport (in dem oben ausgeführten Sinne) in pädagogischer Absicht inszeniert wird.

So ist die Schule eine von der Gesellschaft eingerichtete pädagogische Inszenierung auf einer sehr hohen Stufe der Institutionalisierung. Alles, was in der Schule passiert, ist explizit als Erziehungsmaßnahme gemeint, d. h., es kann und darf auch unter diesem Anspruch bewertet werden. Dies gilt auch für den Schulsport; er ist der bedeutendste Bereich und, wie die Geschichte zeigt, das klassische Feld der Sportpädagogik (siehe dazu Kapitel 2).

Genauso zwingend wie der Schule fallen der Familie Erziehungsaufgaben zu. Hier werden wichtige Grundlagen dafür gelegt, welches Verhältnis Kinder zu ihrem Körper bekommen, welche Chance ihnen durch Bereitstellung von Spiel- und Bewegungsraum zur Bewegungsentwicklung eröffnet und welche Zugänge zur Welt des Sports ermöglicht oder auch verhindert werden. Familie und Schule sind Erziehungsinstitutionen unserer Gesellschaft, die für die Entwicklung der Kinder zentrale Bedeutung haben.

Im Umfeld von Familie und Schule gibt es aber noch andere Einrichtungen und Maßnahmen, die ihre Ziele und Aktivitäten als erzieherische bezeichnen. So geben sich unsere Sportverbände und -vereine in ihren Satzungen ausdrücklich einen pädagogischen Auftrag. Die Tatsache, daß der Sport im Verein sich zahlenmäßig als die größte Veranstaltung einer organisierten Freizeitbeschäftigung von Kindern und Jugendlichen in unserer Gesellschaft darstellt, mag die große pädagogische Bedeutung der Vereinspraxis unterstreichen. Der Dachverband aller Vereine und Sportverbände, der DEUTSCHE SPORTBUND (DSB), betont in seiner Charta des Deutschen Sports (DSB 1966) die Funktionen von Sport und Leibeserziehung in den Bereichen Gesundheitserziehung, Persönlichkeitserziehung, der sozialen Erziehung und der Freizeiterziehung.

Schließlich gibt es eine ganze Anzahl von Einrichtungen, die als eine gesellschaftliche Reaktion auf die Existenz von Kindern bezeichnet werden können. Dazu gehören öffentliche Bibliotheken, Jugendzentren, aber auch Kinderspielplätze, Heime, Spielparks u. a. m.

Alle diese Felder der Sportpädagogik bringen bestimmte Formen pädagogischer Inszenierungen hervor. Bevor jedoch ihre je spezifischen Ausformungen gekennzeichnet werden, ist es sinnvoll zu bestimmen, was allen pädagogischen Inszenierungen gemeinsam ist.

Pädagogische Inszenierungen von Sport lassen sich als soziale Systeme darstellen und wie die beschriebenen Inszenierungen auf drei Ebenen erfassen. Neu gegenüber allgemeinen Inszenierungen des Sports ist, daß entweder eine erziehende Person die Inszenierung mitbestimmt oder daß eine pädagogische Verantwortung in die Situation impliziert ist, wie etwa beim Kinderspielplatz, wo die für die Gestaltung und Ausstattung Verantwortlichen nicht selbst anwesend sind. Gehen wir hier zur Verdeutlichung pädagogischer Inszenierungen vom Normalfall der Anwesenheit eines Erziehers aus.

1) Das pädagogische Ereignis selbst vollzieht sich in der Regel als Interaktion zwischen Erziehendem und Zögling. Dieser Ausschnitt der Erziehungswirklichkeit ist in der Pädagogik als «personaler Bezug» bzw. als das «pädagogische Verhältnis» bezeichnet worden. Wir folgen in der Begriffsbestimmung der neueren Erziehungswissenschaft und benutzen den Begriff der pädagogischen Interaktion. «‹Pädagogisch› bzw. ‹erzieherisch› ist eine Interaktion dann, wenn in ihr ein oder einige Partner mit einem Mindestmaß von Bewußtsein mit ihren Handlungen die Intention verbinden, dem ‹Educandus› bzw. den ‹Educandi› den Aufbau oder die Veränderung von relativ überdauernden Einstellungen bzw. Haltungen, Fähigkeiten, Erkenntnissen und Kenntnissen zu ermöglichen, und zwar unter Zielvorstellungen, die im Hinblick auf die Adressaten solcher Bemühungen für gültig bzw. für begründbar gehalten werden» (Klafki 1977, 12).

2) Pädagogische Interaktionen vollziehen sich in einem organisatorischen Umfeld. Dieses selbst kann nach pädagogischen Gesichtspunkten gestaltet sein, um pädagogische Interaktionen zu ermöglichen bzw. in eine bestimmte Richtung zu lenken (wie im Falle des Schulunterrichts); mitunter ist das organisatorische Umfeld auch als ein räumliches Arrangement mit bestimmten Objekten ausgestaltet, um Handlungen zu evozieren, die für pädagogisch bedeutsam gehalten werden (wie im Falle der Einrichtung eines Kinderspielplatzes als Gelegenheit für Bewegungsspiele). Die zentrale Frage hierbei ist: «Sind die jeweiligen Organisationsmomente geeignet, die als pädagogisch erstrebenswert betrachteten Interaktionen zu ermöglichen? Wie muß ‹Organisation› gestaltet werden, damit die als pädagogisch notwendig erachteten ‹Interaktionen› möglich werden?» (Klafki 1977, 13).

3) Pädagogische Interaktionen und das sie ermöglichende organisatorische Umfeld sind nicht unabhängig vom gesellschaftlichen Kontext. Öffentliche Schulen z. B. sind gesellschaftliche Einrichtungen, und die Art ihrer Organisation beruht in der Regel auf politischen Entscheidungen. Dies gilt auch für den öffentlichen Spielplatz und andere Bildungseinrichtungen. Neben formalen Entscheidungen über das, was in pädagogischen Feldern sein soll (wie etwa den Schulcurricula), gibt es Konventionen, Regeln und eingelebte Ordnungen. «In ihrer Funktion sind solche Ordnungen ambivalent. Sie sind nicht nur Gebot und Sollvorschrift, sondern liefern zugleich einen Orientierungsrahmen für zweckmäßiges Verhalten und damit auch ein Gefühl der Sicherheit. Einerseits schaffen Ordnungen ‹Entlastung› (Gehlen 1961) – nämlich von Unsicherheit –, andererseits verlangen sie gleichsam als Gegengabe von den Beteiligten einen Vorschuß an ‹Vertrauen› (Luhmann 1973) bzw. ‹Gehorsam› sozusagen als Preis für die gebotene Sicherheit» (Landau 1979, 5).

Hervorzuheben ist, daß erzieherische Wirkungen von allen drei Ebenen ausgehen. Pädagogische Inszenierungen wirken sozusagen als «Ganzes». Wichtig ist nicht allein, was der Zögling auf Veranlassung des Erziehers tut, sondern in welchem organisatorischen und gesellschaftlichen Kontext dies geschieht und welche Bedeutung und welchen besonderen Sinn es dort bekommt. Damit sind die aus der Tradition und gesellschaftlichen Lage sich ergebenden Bedingungen der Sozialisation ebenso angesprochen wie die absichtvoll angezielten Qualifikationen in Schule und Unterricht, wie die Reproduktion einer Kultur und die damit verbundene Formung der Person (siehe auch MOLLENHAUER 1972, 22). Erziehung vollzieht sich in Situationen kommunikativen Handelns, in die gesellschaftliche (Reproduktions-)Erwartungen ebenso eingehen wie Entwicklungsbedürfnisse und Lernprobleme der Heranwachsenden.

Gegenstand der Sportpädagogik ist also nicht die sportliche Handlung als solche, sondern sind Inszenierungsformen des Sports, die sich als pädagogisch relevant auf verschiedenen Ebenen ausweisen lassen. Dabei müssen pädagogische Inszenierungsformen nicht so deutlich objektiviert sein, wie es die bisherigen Beispiele zum Ausdruck brachten. Sportpädagogik findet auch dort ihren Gegenstand vor, wo in verschiedenen Lebensbereichen Körper und Bewegung im Zusammenhang erzieherischer Absichten oder unerkannter erzieherischer Wirkungen thematisiert werden. Hierher gehören zum Beispiel hygienische Fragen der Kindererziehung in der Familie oder die Bereitstellung von Spiel- und Bewegungsräumen in der Wohnung.

Historische Formen pädagogischer Inszenierungen

Jede Zeit hat ihre eigenen pädagogischen Inszenierungen hervorgebracht. Eine Geschichte der Leibeserziehung bzw. der Sportpädagogik ließe sich angemessen als Geschichte pädagogischer Inszenierungen im Bereich von Bewegung, Spiel und Sport beschreiben. Dies kann an dieser Stelle nicht geschehen. Einige wenige kurz skizzierte Beispiele sollen lediglich verdeutlichen, wie an historischen Beispielen «sport»pädagogischer Praxis auch das Erziehungsverständnis der Zeit deutlich wird. Eine Erziehungsgeschichte der Sportpädagogik müßte freilich mehr tun. Nach unserer Auffassung könnte sie historische pädagogische Sachverhalte nur angemessen erfassen, wenn sie historische Daten auf den drei oben genannten Ebenen erhebt und aufeinander bezogen auslegt.

«Der Kuchenlauf» (ROUSSEAU 1862)
In ROUSSEAUS Erziehungsroman «Emile» findet sich das bekannte Beispiel des Kuchenlaufs, das der Verfasser zur Kennzeichnung seiner Auffassung von leiblicher Erziehung darlegt. ROUSSEAU beschreibt das Erziehungsproblem, stellt Überlegungen an, wie es auf der Grundlage seiner Erziehungsauffassung zu lösen ist, und beschreibt schließlich, wie er Erziehungssituationen danach inszeniert:

> 245. Es handelte sich darum, ein schläfriges, träges Kind, das aus sich selbst weder zu dieser noch einer anderen Leibesübung zu bringen war, obwohl man es für den Militärstand bestimmte, im Laufen zu üben. Es hatte sich – ich weiß nicht auf welche Weise – die Überzeugung gebildet, ein Mann von seinem gesellschaftlichen Stande dürfte nichts thun und nichts wissen, sein Adel müßte ihm statt der Arme und Beine und statt jeglichen Verdienstes dienen. Aus einem solchen Edelmanne einen schnellfüßigen Achilles zu machen, dazu hätte kaum die Geschicklichkeit Chirons hingereicht. Die Schwierigkeit war um so größer, als ich ihm durchaus nichts vorschreiben wollte. Aufmunterungen, Versprechungen, Drohungen, Wetteifer und das Verlangen zu glänzen hatte ich aus meinen Befugnissen gestrichen: wie konnte ich ihm das Verlangen zu laufen einflößen, ohne etwas zu sagen? Selbst laufen wäre ein wenig sicheres Mittel gewesen und hätte zu Unzukömmlichkeiten geführt. Überdies handelte es sich auch noch darum, aus dieser Übung irgendeine Veranlassung zur Belehrung für ihn zu ziehen, um die Verrichtungen der Maschine und die des urteilenden Verstandes an einen jederzeit einträchtigen Gang zu gewöhnen. Ich fing es auf folgende Weise an: ich d.h. derjenige, welcher in diesem Beispiel redet.
>
> 246. Bei unseren nachmittäglichen Spaziergängen steckte ich manchmal zwei Kuchen in die Tasche von der Art, wie er sie gerne hatte; jeder von uns aß einen davon auf dem Spaziergang, und wir kamen sehr vergnügt nach Hause zurück. Eines Tages bemerkte er, daß ich drei Kuchen bei mir hatte; er hätte sechs essen können ohne Beschwer: Er beeilt sich tüchtig mit dem seinigen, um den dritten zu verlangen. «Nein,» versetzte ich ihm: «ich könnte ihn recht wohl selbst essen oder wir könnten uns darein teilen: doch sollen sich lieber die beiden kleinen Jungen dort im Wettlauf darum streiten.» Ich rief sie herbei, zeigte ihnen den Kuchen und setzte ihnen die Bedingung auseinander. Die waren seelenver-

gnügt. Man legte den Kuchen auf einen großen Stein, der als Zielpunkt diente. Die Rennbahn wurde bezeichnet; wir setzten uns; auf das Zeichen rannten die Jungen los: der Sieger bemächtigte sich des Kuchens und aß ihn erbarmungslos vor den Augen der Zuschauer und des Besiegten.

247. Dieser Scherz war mehr wert als der Kuchen; aber zunächst verfing er nicht und blieb ohne Wirkung. Ich ließ mich jedoch nicht zurückschrecken und übereilte mich auch nicht; der Unterricht bei Kindern ist ein Geschäft, bei dem man Zeit verlieren muß, um Zeit zu gewinnen. Wir setzten unsere Spaziergänge fort; oft nahm man drei Kuchen mit, manchmal vier, und von Zeit zu Zeit gab es für die Läufer einen oder selbst zwei. War der Preis nicht groß, so waren dafür die Bewerber nicht ehrsüchtig; wer ihn davontrug, wurde belobt und gefeiert, alles mit gewisser Förmlichkeit. Um den Glückswechsel zu ermöglichen und das Interesse zu erhöhen, steckte ich eine längere Laufbahn ab und ließ mehrere Bewerber zu. Kaum waren sie in die Schranken getreten, so blieben alle Vorübergehenden stehen, um zuzusehen; das Zurufen, das Geschrei und Händeklatschen befeuerte sie; manchmal sah ich mein junges Herrchen zittern, auffahren und aufschreien, wenn der eine im Begriff war, den andern zu erreichen oder zu überholen: das waren für ihn die olympischen Spiele.

248. Indessen gebrauchten die Bewerber manchmal Kriegsliste; sie hielten sich gegenseitig zurück oder brachten sich zu Falle oder warfen sich Feldsteine in den Weg. Das gab mir Veranlassung, sie zu trennen und von verschiedenen Punkten aus laufen zu lassen, die indessen gleich weit vom Ziel entfernt waren; der Grund dieser Vorkehrung wird bald einleuchten, denn ich muß diese wichtige Sache in großer Ausführlichkeit behandeln.

249. Mein Herr Junker war es endlich müde, die so sehr verlockenden Kuchen vor seinen Augen verzehren zu sehen, und kam auf den Gedanken, daß gut laufen doch zu etwas gut sein könnte, und da er sah, daß er auch zwei Beine habe, begann er sich im Geheimen zu versuchen. Ich hütete mich, etwas davon zu sehen; aber ich begriff, daß meine List gelungen war. Als er sich stark genug fühlte (und ich las vor ihm in seinen Gedanken), that er, als wollte er durch andringliches Bitten den übrig gebliebenen Kuchen von mir erhalten. Ich schlage es ab; er bleibt dabei, und mit verdrossener Miene sagt er endlich: «Nun gut! legen Sie ihn auf den Stein, bezeichnen Sie die Bahn und wir wollen sehen.» «Gut,»

erwiderte ich lächelnd, «kann denn ein Junker auch laufen? Du wirst mehr Appetit bekommen und nichts, um ihn zu befriedigen.» Gereizt durch meinen Spott, nimmt er sich zusammen und gewinnt den Preis um so leichter, da ich die Bahn sehr kurz gemacht und den besten Läufer vorsorglich fern gehalten hatte. Man begreift, wie es mir, nachdem dieser erste Schritt geschehen, leicht war, ihn in Atem zu halten. Bald gewann er eine solche Vorliebe für diese Leibesübung, daß er auch ohne Begünstigung fast sicher war, meine Gassenjungen im Laufen zu überwinden, wie lang auch die Laufbahn war.

250. Dieser eine Vorteil brachte bald einen andern mit sich, an den ich nicht gedacht hatte. Als er den Preis selten davontrug, aß er ihn fast immer allein, wie seine Mitbewerber es thaten; als er sich aber an den Sieg gewöhnte, wurde er edelmütig und teilte oft mit den Besiegten. Dies war mir selbst Veranlassung zu einer sittlichen Beobachtung, und ich lernte daraus, welches der wahre Grund der Großmut sei.

251. Indem ich fernerhin mit ihm die Punkte, von denen aus jeder zu gleicher Zeit auslaufen sollte, an verschiedenen Stellen bezeichnete, machte ich, ohne daß er es bemerkte, die Abstände ungleich, so daß einer, der einen längeren Weg als der andere zu machen hatte, um zum nämlichen Ziele zu kommen, einen sichtbaren Nachteil hatte; aber, obwohl ich meinem Zögling die Wahl ließ, wußte er doch seinen Vorteil daraus zu ziehen. Ohne durch den Abstand sich in Verlegenheit setzen zu lassen, wählte er immer den besten Weg, sodaß es, da ich seine Wahl leicht voraussah, beinahe in meiner Hand lag, ihn den Kuchen nach Belieben gewinnen oder verlieren zu lassen, und dieser Kunstgriff diente ebenfalls zu mehr als einem Zwecke. Da es indessen in meiner Absicht lag, daß er den Unterschied wahrnehme, suchte ich, ihm denselben bemerklich zu machen; aber, wenn auch teilnahmslos in ruhigen Augenblicken, war er in seinen Spielen so lebhaft und mißtraute mir so wenig, daß ich alle erdenkliche Mühe hatte, ihm begreiflich zu machen, daß ich ihn überlistete. Endlich gelangte ich so weit trotz seinem blinden Eifer, und er machte mir Vorwürfe darüber. Ich sagte zu ihm: «Worüber beklagst du dich? Wenn ich jemand ein Geschenk zuwenden will, kann ich da nicht meine Bedingungen selbst stellen? Wer zwingt dich denn mitzulaufen? Habe ich dir etwa versprochen, die Bahnen gleich zu machen? Hast du nicht die Wahl? Nimm die kür-

zere; man hindert dich ja nicht daran. Warum siehst du nicht, daß ich dich begünstige und daß die Ungleichheit, über welche du dich beklagst, ganz zu deinem Vorteil ist, wenn du ihn auszubeuten verstehst?» Das war einleuchtend; er begriff es auch und mußte nun, um wählen zu können, näher zusehen. Zuerst wollte man die Schritte zählen, aber das Schrittmaß ist bei Kindern langsam und fehlbar; überdies kam mir der Gedanke, das Wettlaufen mehrmal an einem Tage zu veranstalten, und nun, da das Spiel eine Art von Leidenschaft geworden war, wollte man die zum Durchlaufen der Bahnen bestimmte Zeit nicht gerne mit dem Abmessen derselben verlieren. In solche Verzögerungen schickt sich die Lebhaftigkeit der Jugend ungern: man übte sich also genauer zu sehen, einen Abstand besser mit dem Auge zu schätzen. Nun machte es mir wenig Mühe, diese Neigung zu steigern und zu nähren. Monatelanges Probieren und Korrigieren der begangenen Fehler bildete sein Augenmaß in solchem Grade aus, daß, wenn ich ihm in Gedanken einen Kuchen auf irgendeinen entfernten Gegenstand legte, er mit dem Auge fast so sicher war wie ein Feldmesser mit seiner Meßkette.

Turnplatz
(GUTS MUTHS)

Die Interaktion zwischen Erzieher und Zögling ist sichtbar geprägt vom Prinzip der negativen Erziehung. Der Erzieher muß deshalb ein Umfeld organisieren, das die Reizkonstellation schafft, die den Zögling dazu herausfordert, das zu tun, was der Erzieher für wichtig hält. Für ROUSSEAU ist diese Erziehungssituation eingeordnet in einen gesellschaftlichen Zusammenhang, der Junker wie diesen «hervorbringt» und damit eine Erziehung dieser Art in den Augen des Erziehers notwendig macht.

Der Turnplatz der Philanthropen (GUTS MUTHS 1804)
Wie sich pädagogische Inszenierungen von Sport gewandelt haben, mögen folgende Abbildungen veranschaulichen.

Der Turnplatz der Philanthropen besteht aus einer Reihe kunstvoll aufgebauter und technisch ausgeklügelter Geräte, wie wir sie noch in

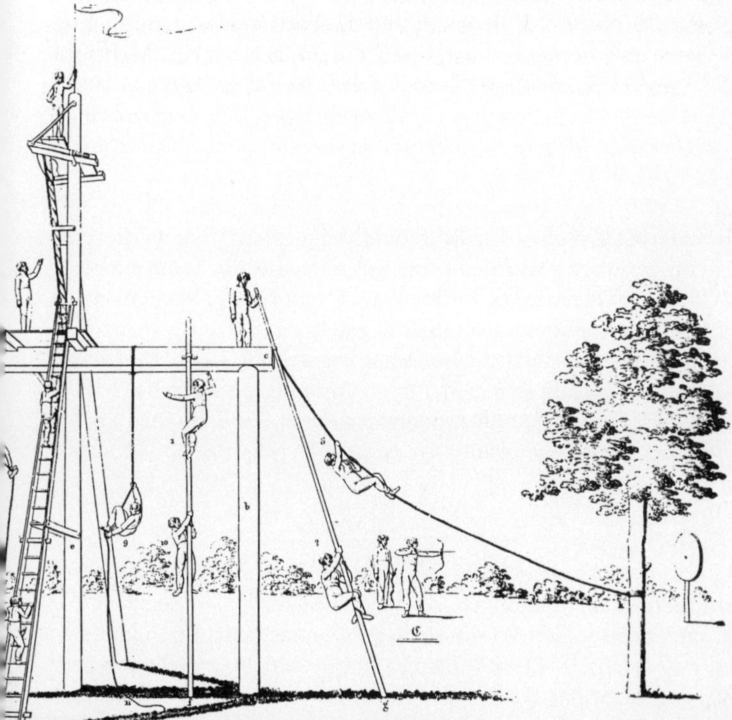

alten Turnhallen, aber auch noch auf unseren heutigen Kinderspielplätzen antreffen. Die Art der Geräte definiert die Bewegungshandlungen: Schaukeln, Klettergeräte, Sprunganlagen sind zu einem anregenden Gerätepark arrangiert. Durch diese Geräte werden Bewegungsfertigkeiten definiert und Möglichkeiten der Steigerung der Bewegungsleistungen und der Leistungsmessung geschaffen (siehe dazu Kap. 2, S. 23/24).

Die Ordnungsübungen (Spiess 1846)
In seinem Vorwort wird von Spiess (1874) die gesellschaftliche Funktion der Ordnungsübungen selbst klar verdeutlicht. Den einzelnen in einen geordneten «Gemeinkörper» einzufügen ist eine Hauptaufgabe des Turnunterrichts. Die soziale Gliederung in festgefügte, benennbare Formen und ihre steuerbare Variation wird nicht als eine Voraussetzung des Turnens betrachtet, sondern sie ist selbst das pädagogische Ziel. Sie wird, wie Spiess es ausdrückt, zu einer «Lehre von der Ordnung selber». Zucht und Ordnung sind das erklärte Ziel dieser Lehre. «Das Geschäft unserer Ordnung besteht darin, daß wir eine Mehrzahl einzelner in Absicht auf deren Ganzes freie leibliche Verhalten in räumlicher und zeitlicher Beziehung in Einklang bringen, d. h. dem einzelnen eine Mehrzahl, oder der Mehrzahl jeden einzelnen zuzuordnen» (Spiess 1874, 22).

Die Interaktion zwischen Turnlehrer und Schüler wird diesem Ziel entsprechend gestaltet. Hergestellt und gelenkt wird der Gemeinkörper durch klare Befehle, wie wir sie heute noch vom Militär her kennen.

Man kann vor allem in totalitären gesellschaftlichen Systemen ein deutliches Bedürfnis nach symbolischer Darstellung sozialer Ordnungen erkennen. Das läßt sich nicht nur an Ordnungsübungen der schulischen Leibeserziehung des Nationalsozialismus, sondern auch an der dort verbreiteten Massengymnastik bei großen öffentlichen Veranstaltungen sichtbar machen.

Ein Stundenbeginn
Das auf Seite 126 gezeigte Bild eines Stundenbeginns, wie er heute im Sportunterricht nicht unüblich ist, stellt eine ganz andere soziale Ordnung dar. Schon in der Art des sozialen Arrangements ist ein anderer Bezug zwischen Lehrer und Schüler hergestellt. Hier steht das Gespräch und nicht der Befehl, die Frage und nicht die Anweisung im Vordergrund. Schon dieser kleine szenische Ausschnitt verweist auf

II. Offene Reihe bei einem Gliederabstande von einem Schritte:

III. Offene Reihe bei einem Gliederabstande von zwei Schritten:

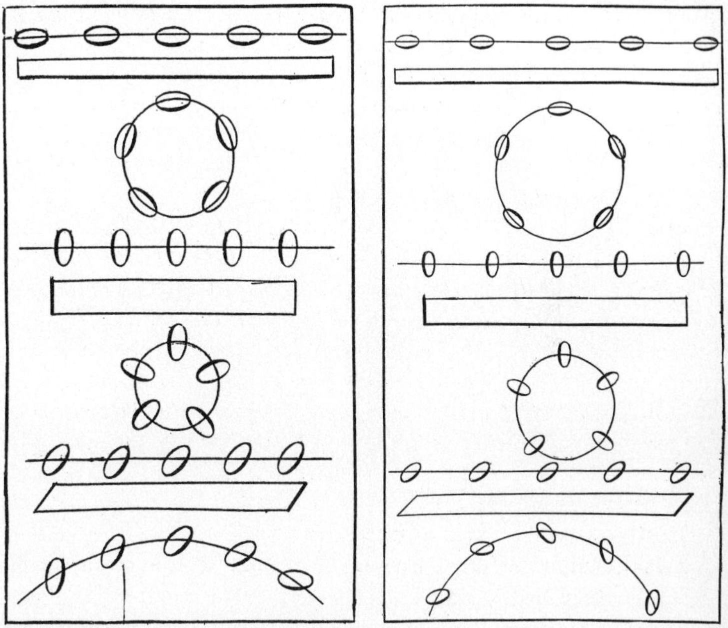

Die Ordnungsübungen (SPIESS 1846)

eine andere Inszenierung. Dabei ist nicht nur erzieherisch wirksam, was der Lehrer sagt und was Schüler daraufhin antworten oder tun, sondern die Art, wie dies arrangiert wird, ist ein ebenso wirksamer Kontext möglicher Erfahrung.

Schulsportwettkämpfe (1984)

Schulsportwettkämpfe sind pädagogische Inszenierungen, die in der Regel von der ganzen Schule getragen und verantwortet werden. Das soll an einem letzten Beispiel aus dem außerunterrichtlichen Schulsport verdeutlicht werden.

Wenn die Hamburger Schulen ihre von einer Gaststättenkette gestiftete und gesponserte Pokalrunde im Fußball austragen, dann lernen die daran Beteiligten auch, daß ihr Sport – wie viele andere Bereiche des

Ein Stundenbeginn (*Quelle:* SPORTPÄDAGOGIK)

Sports – im funktionalen Zusammenhang mit Werbung ermöglicht und unterstützt wird. Der am Ende überreichte Pokal und die Amerikatour der Siegermannschaft bringen diese Verbindung sichtbar zum Ausdruck. Ihr Fußballspiel erhält über ihre ganz privaten Erlebnisse beim Spiel hinaus Bedeutung im institutionellen Kontext der Schule («unsere Schule hat den Pokal gewonnen»); zugleich wird für sie anschaulich, daß sich über die Schule hinaus ein Wirtschaftsbetrieb mit ihrer Leistung nicht nur solidarisiert, sondern sie durch deren Unterstützung mit ermöglicht. Dieses Beispiel verdeutlicht, wie heute Schulsport an allgemeine Leistungserwartungen und Leistungsdarstellungen unserer Gesellschaft gebunden wird. Wenn eingangs gesagt wurde, Inszenierungen des Sports wirkten als Ganzes, so ist damit gemeint, daß nicht nur die Interaktionen der Schüler untereinander, d. h. ihre Spielhandlungen allein die pädagogischen Wirkungen bestimmen. Ihre besondere pädagogische Relevanz erhalten sie erst im sozialen Kontext, aus dem heraus dieser Wettkampf hervorgebracht wird (Kooperation eines Wirtschaftsbetriebes mit der Schulbehörde, Beteiligung der Schulen an der Konstitution der Wettkampfrunde usw.). Erst wenn diese Veranstaltung in diesem Kontext betrachtet und bewertet wird, kommt man zu einer angemessenen Bestimmung und Bewertung der möglichen Erfahrungen der Schüler, und zwar sowohl derer, die für die Mannschaften ausgewählt wurden, wie auch jener, die aufgrund ihrer Leistungsfähigkeit und der Exklusivität dieser Veranstaltungen nicht mitmachen konnten.

Die historischen Beispiele konnten lediglich schmale Ausschnitte pädagogischer Inszenierungen vergegenwärtigen. Sie reichen jedoch aus, um zeitbedingte historische Erziehungsauffassungen ins Blickfeld zu bringen. Für deren pädagogische Bewertung ist es jedoch unerläßlich, die Inszenierungsakte bezogen auf alle Ebenen (Gesellschaft, Organisation, Interaktion) zu erfassen und zu analysieren. Eine solche gründliche historische Aufarbeitung ist an dieser Stelle nicht möglich. Mit dem Konstrukt Inszenierungsform soll lediglich auf diesen Gesamtzusammenhang verwiesen werden, in dem pädagogische Prozesse allemal betrachtet werden müssen.

Es ist nun naheliegend, sich von dieser Position aus dem Schulsport als dem traditionell bedeutendsten Bereich der Sportpädagogik zuzuwenden. Das würde bedeuten, Schulsport in all seinen Formen als pädagogische Inszenierung zu rekonstruieren und dabei insbesondere die theoretisch begründeten Konzepte zu betrachten, die die Schulsportpraxis mit hervorbringen und legitimieren. Dieser Versuch soll hier nur ansatzweise geschehen, um deutlich zu machen, wo pädagogische Reformen des Schulsports anzusetzen hätten.

Inszenierungen von Sport in Schule und Unterricht

Schulsport ist der Sammelbegriff für alle Maßnahmen, Sport im Rahmen der Schule und in deren pädagogischer Verantwortung zu organisieren. Schulsport ist von anderen Bereichen des Sports wie Betriebssport, Vereinssport, Hochschulsport, kommerzieller Sport zu unterscheiden. Daraus wird deutlich: Schulsport kann nicht – selbst wenn er es wollte – mit Vereinssport identisch sein. Versuche, Vereinssport in der Schule zu reproduzieren, müssen scheitern. Es gibt nicht *den* Sport, der überall arrangiert werden kann und dabei bleibt, was er zu sein vorgibt.

Schule bringt – aufgrund ihrer besonderen Organisationsstruktur, ihrer gesellschaftlichen Funktion und der dort geltenden Handlungsregeln einen eigenen Sport hervor. Einige Besonderheiten sollen noch einmal skizziert werden. Stärker als in anderen Bereichen des Sports wird in der Schule die Teilnahme verpflichtend; die Sportgruppen, d. h. in der Regel die Klassen und Kurse, sind nach formalen Kriterien zusammengestellt und relativ altershomogen; Zeitpunkt und Dauer des Sportbetriebs sind in der Regel für ein Halbjahr festgelegt. Sportliche Inhalte werden nach Plan (Lehrplan, Curriculum) angeboten. Sport und Spiel sind professionell angeleitet durch einen Sportlehrer, der auch die allgemeinen Funktionen verfolgt, die für beide, Schule und Sport, charakteristisch sind, nämlich: Selektion (in Bewertung, Beurteilung und Zensur), Qualifikation für bestimmte Sportarten und Integration in den Sport allgemein.

Die Organisation des Sports im Rahmen der Schule und die ihren Funktionen dienende bürokratische Organisation verändern den Sport selbst. Dies gilt vor allem für die unterrichtliche Organisation von Spiel, Sport und Bewegung im Fach Sportunterricht. Neben dem unterrichtlich organisierten Sport (Sportunterricht) gibt es noch außerunterrichtliche Bereiche des Schulsports. Es sind: der wettkampfmäßig organisierte Sport (Bundesjugendspiele, Schulsportfeste, ‹Jugend trainiert für Olympia›) und der freizeitorientiert organisierte Sport (wie Pausensport, Sport auf Klassenreisen im Schullandheim, Segel- und Skikurse).

Während der Sportunterricht den allgemeinen Regeln der Schule unterworfen ist, folgt der wettkampforientierte Schulsport den Regeln des Sports, insbesondere in bezug auf Leistungsvergleiche und Überbietung. Um dies zu ermöglichen, muß die Schule ihre formale zeitliche, räumliche und soziale Organisation lockern und ihre Selektions-, Qualifikations- und Integrationsfunktion scheinbar außer Kraft setzen. Sie tut dies aber nur scheinbar, denn in Wirklichkeit kommen auch in diesem Sportbetrieb die gleichen Prinzipien zur Darstellung, denen die Schule selbst folgt: Leistungsvergleich und Überbietung und die damit verbundene soziale Differenzierung. Schulsportfeste bringen (WELLENDORF 1973) dabei nicht nur die prinzipielle Leistungsorientierung symbolisch zum Ausdruck, sondern auch die institutionelle Solidarität der Schüler mit dieser Schule; daneben stellen Sportfeste zugleich die «Natürlichkeit» der schulischen Leistungsanforderungen dar.

Freizeitorientierte Sport-, Spiel- und Bewegungsmöglichkeiten werden in den Freiräumen des Schullebens inszeniert. Sie sind oft eher eine Reaktion auf das starre System einer bürokratisch orientierten Lernschule. Freizeitorientierte Sport-, Spiel- und Bewegungsmöglichkeiten werden deshalb auch eher von der Initiative von Lehrern, progressiven Schulleitern, der Mithilfe von Eltern und der zugestandenen Selbstorganisation der Schüler getragen. Als aktive Pause, Spiel- und Bewegungspause sind sie deshalb eher Aktionen einer Humanisierung der Schule als fester und konstitutiver Bestandteil der Schule selbst.

Die Art, wie sich Schulsport ausformt, welche Konzepte ihm jeweils zugrunde liegen, wie er im Alltag von Schule und Unterricht täglich hervorgebracht und gestaltet wird, hängt von Maßnahmen, Regelungen, rechtlichen Bestimmungen und praktischen Entscheidungen auf unterschiedlicher Ebene ab. Im Sinne unseres Ansatzes, Schulsport als Inszenierung zu begreifen, lassen sich, wie gesagt, drei Ebenen unterscheiden: die gesellschaftliche Ebene, die Ebene der Schulorganisation und die Ebene der Interaktion in der Praxis.

Für die ständige Reproduktion der Praxis des Schulsports haben sich im Laufe der Geschichte auf allen diesen Ebenen theoretisch begründete Konzepte herausgebildet. Die Curriculumtheorie macht den Versuch, die gesellschaftspolitischen Entscheidungen wissenschaftlich anzuleiten; Schultheorie und Didaktik geben Orientierungen für die Auswahl und die Anordnung der Inhalte, die zeitliche und räumliche Lernorganisation sowie die Verwertung der Unterrichtsergebnisse; die Methodik richtet sich unmittelbar auf die Lehr/Lernprozesse und deren systematischen Aufbau. Es ist das Anliegen dieses Kapitels, die eingeführten Begriffe der Curriculumtheorie, Schultheorie, Didaktik und Methodik auf dem Hintergrund des Gesamtzusammenhangs der Inszenierung des Schulsports kritisch zu rekonstruieren.

Curriculumtheorie

Entscheidungen über Lehrpläne und Curricula werden in einem gesellschaftspolitischen Prozeß getroffen. Hier wird entschieden, wie denn Schule als Erziehungsinstitution auf die leibliche Entwicklung Heranwachsender angesichts einer in unserer Gesellschaft vorfindbaren Bewegungskultur (wie Sport) einwirken soll. Ergebnisse dieses Entscheidungsprozesses sind Lehrpläne und Curricula.

Mit Curricula und Lehrplänen sind – im engeren Sinne verstanden – jene Dokumente gemeint, die Ausbildungsträger, vornehmlich staatliche Stellen, festlegen oder erlassen und damit für mehrere gleichartige Erziehungseinrichtungen, wie öffentliche Schulen, relativ einheitlich festlegen, was, für wen, in welchem Umfang, in welcher inhaltlichen und zeitlichen Gliederung gelehrt werden soll.

Je nach Strenge staatlicher Lehrpläne gibt es zu verschiedenen Zeiten und in verschiedenen Gesellschaftsformen unterschiedliche Verbindlichkeiten für die Gestaltung der Praxis. Die synonym gebrauchten Begriffe wie Richtlinien, Leitfäden, Stoffpläne oder auch Bildungspläne kennzeichnen diesen Tatbestand.

Die Begriffe Lehrplan und Curriculum werden in der Regel synonym gebraucht, wenn damit jene oben angegebenen Dokumente gemeint sind. In der didaktischen Diskussion in der Bundesrepublik hatte die Einführung des Begriffes «Curriculum» durch ROBINSOHN (1967) allerdings eine Signalwirkung für eine grundlegende Diskussion um die Revision der Lehrpläne.

Lehrpläne und Curricula werden in einem zumeist konfliktreichen Zusammenspiel von Politik, Wissenschaft und Erziehungspraxis geschaffen. Um diesen Prozeß transparent zu machen, sind einige curriculumtheoretische Forderungen formuliert worden, die an die Kooperation von Wissenschaft, Politik und Praxis zu stellen sind:

1. die Objektivierung der Verfahren der Lehrplanentscheidung,
2. die Rationalisierung der Entscheidungskriterien,
3. die Demokratisierung der Entscheidungsregeln,
4. die Überprüfbarkeit der Entscheidungsergebnisse,
5. die ständige Revidierbarkeit der Entscheidungen (DIETRICH 1972).

In der Praxis der Curriculumentwicklung sind diese Forderungen nicht einmal annähernd erfüllt worden. Im Konflikt zwischen Wissenschaft, Politik und Praxis ging es um die Auswahl der Experten und um die Frage, nach welchen Verfahren über welche Elemente des Lehrplans entschieden werden soll. Der Streit entfachte sich auch daran, von welcher gesellschaftstheoretischen Position aus der in der Curriculumtheorie geforderte gesellschaftliche Bezug aller Entscheidungen denn ausgehen sollte. Die im Rahmen der Kritischen Theorie der Frankfurter Schule formulierte kritisch emanzipatorische Erziehung geriet in Widerspruch zu jenen Kräften, die der schulischen Erziehung eine stabilisierende Funktion im Rahmen gegebener gesellschaftlicher Verhältnisse zuweisen wollten. An dem Leitziel der Emanzipation entfachte sich eine Diskussion, die bis in die Schulen hineinreichte und schließlich vom unmittelbaren Parteienstreit geprägt war.

Die Curriculumentwicklung im Bereich des Sports hat nur zum

Teil einen Zuwachs an Rationalität der Curriculumentscheidungen erbracht. Den am Leistungssport interessierten Gruppen und Institutionen Staat, Parteien, Spitzenverbände des Sports, Wirtschaft und Industrie ist es aufgrund komplementärer Interessen und durch Machteinfluß gelungen, eine funktionale Bindung zwischen schulischer Leibeserziehung und dem organisierten Sport herzustellen und zu institutionalisieren (siehe dazu Kap. 2). Mit der Wende von der Leibeserziehung zum Sportunterricht entstand zugleich ein neues Verständnis des Schulfaches. Sportunterricht wurde als Sporttreiben in der Schule definiert.

Es ist durchaus erklärungsbedürftig, wie sich eine solche Entwicklung im Rahmen einer Curriculumdiskussion vollziehen konnte, die ja gerade das Maß an Rationalität der Entscheidung erhöhen sollte. Im Grunde wurde der Begriff Rationalität einseitig ausgelegt. Er wurde auf die möglichst effektive Verwendung der Mittel, nicht aber auf die Prüfung der Vernünftigkeit der Ziele angewendet. Die in der Curriculumtheorie erhobene Forderung nach Operationalisierung der Lernziele gelang vor allem im Rahmen der Sportarten. Hier konnte die Forderung nach Operationalisierung, d. h. Lernziele nach Kriterien beobachtbaren Verhaltens zu formulieren, am leichtesten erfüllt werden. Im normierten Verhalten des Sports waren die Kriterien und Verfahren der Lernzielüberprüfung gleichsam mitgeliefert. Damit war eine verstärkte Hinwendung zu den Sportarten vollzogen, die im Rahmen eines didaktischen Denkens fraglos als die Inhalte unseres Faches unterstellt wurden. Die Tatsache, daß sich die geforderte Lernzielorientierung recht gut vollziehen ließ, wurde oft bereits als Legitimation solcher Lernziele mißverstanden. Die fachspezifische Curriculumdiskussion war in dem Moment «am Ende», als sich wie selbstverständlich Sportarten als Inhalte des Schulfaches etablierten und der erzieherische Auftrag des Schulsports darin gesehen wurde, Schüler zum Sporttreiben anzuleiten.

Die bisher beschriebenen Entwicklungen zeigen deutlich Tendenzen zu einem geschlossenen Curriculum, in dem die Sportarten als Inhalte festgelegt sind. Zu Zielen werden konsequent die Einzelfertigkeiten, die in jeder anspruchsvoll betriebenen Sportart vorkommen. Zu Zielgrößen werden auch die Eigenschaften wie Ausdauer, Schnelligkeit, Kraft, Beweglichkeit. Sie werden als Lern- und Leistungsvoraussetzungen geradezu zum Fundamentum erklärt.

Die dem Sport selbst innewohnende Tendenz zur Leistungssteigerung und Leistungsmessung wurde insgeheim zur pädagogischen

Zielorientierung. Auch für Methoden und Organisationsformen des Unterrichts liefert der leistungsorientiert betriebene Sport klare Maßgaben.

Die Lehrpläne repräsentieren inzwischen dieses Bild des Schulsports. Ausgehend von Sportarten (z. B. Basketball) und ihren im Wettkampf sichtbaren Handlungsstrukturen werden Lerneinheiten und Einzelfertigkeiten in spezifischen Situationen (z. B. Werfen auf den Korb) aufgeführt, die dann zu taktischen Handlungen zusammengestellt werden. Hinweise zur Organisation und angemessene Erfolgskontrollen ergänzen die sportartspezifischen Lehrpläne (siehe z. B. Richtlinien Sport, Nordrhein-Westfalen).

Gegen diese Tendenz zu einem an technisch/rationalen Kriterien ausgerichteten Sportunterricht wurde die Forderung nach offenen Curricula in die fachdidaktische Diskussion eingebracht. Der sehr stark sachbezogenen Orientierung geschlossener Curricula wurde das Konzept eines subjektnahen erfahrungsoffenen Sportunterrichts gegenübergestellt. Siehe FRANKFURTER ARBEITSGRUPPE 1982 und auch die Zeitschrift SPORTPÄDAGOGIK (ab 1977) sowie die von BRODTMANN/DIETRICH herausgegebene Reihe zur Schulsportpraxis.

Lehrpläne und Curricula sind nur eine Bestimmungsgröße des Schulsports und speziell des Sportunterrichts. Unterrichts- und Erziehungsprozesse lassen sich in Lehrplandokumenten nur unzureichend objektivieren. Es gibt eine geradezu unaufhebbare Differenz zwischen Intentionen des Lehrplans und den Resultaten, die die Schulwirklichkeit erzielt. Versteht man den Begriff «Curriculum» im ursprünglichen Wortsinne als den Bildungsgang, den ein Schüler während seiner Schulzeit durchläuft, dann wird diese Differenz zwischen dem, was der Lehrplan regeln und erreichen möchte, und dem, was Schüler wirklich in der Schule prägt, eklatant sichtbar.

Gerade in die Organisationsformen des Schulsports und in die dort inszenierten Aktionen von Lehrern und Schülern sind inoffizielle Formen des Lernens eingelagert, die weder ausdrücklich geplant noch immer bewußt sind, die aber dennoch zweckhaft eingerichtet und verfolgt werden (MARAUN 1977). Die szenischen Arrangements und Ordnungsformen des Unterrichts, die Rituale des schulischen Alltags und die Interaktionsmuster des dort hervorgebrachten Schulsports stellen ein wirksames Stück schulischer Sozialisation dar. Neben dem offiziellen Lehrplan, seinen Zielen, Inhalten und schul- und unterrichtsorganisatorischen Regelungen gibt es sozusagen einen «Heimlichen Lehrplan».

Das Konzept des «Heimlichen Lehrplans» macht es sich zur Aufgabe, «Sozialisationsmechanismen» (LANDAU 1974) aufzudecken, die im sozialen Kontext der offiziellen Veranstaltungen von Schule und Unterricht wirksam sind. Ein solches Konzept zu entwickeln ist angesichts der o. a. Differenz zwischen Lehrplanintention und erzielbarer schulischer Wirkung geradezu notwendig. Aus unserer Sicht betrachtet: Lehrpläne können offenbar nur einen Teil der Gesamtinszenierung Schule (bzw. ihrer Einzelbereiche, zu denen der Schulsport gehört) regulieren. Es gibt einen unaufgeklärten und deshalb auch schwer beeinflußbaren Bereich, der offenbar eine Folge der Tendenz zur Rationalisierung und Objektivierung schulischer und unterrichtlicher Handlungsentscheidungen ist. Solche Überlegungen als Rahmenbedingung der Lehrplanentwicklung zu beachten ist nicht leicht. Dafür sind die Entscheidungsebenen (gesellschaftspolitischer Prozeß der Lehrplanentscheidung, Entscheidungen über schulische Organisation und Entscheidungen in der Interaktion mit Schülern) zu sehr voneinander abgegrenzt und relativ autonomen Entscheidungsinstanzen (Schulbehörde, Schulleitung, Lehrer) überlassen. Wenn es aber richtig ist, daß die tägliche Praxis eben von diesen drei Instanzen unmittelbar oder mittelbar hervorgebracht wird, dann ist es notwendig, die von ihnen ausgehenden Maßnahmen und Wirkungen im Zusammenhang zu betrachten und zu durchdenken.

Wenden wir uns also nach der Darstellung der curricularen bzw. der damit verbundenen bildungs- und sportpolitischen Diskussion den anderen Ebenen, d. h. der schulischen Organisation und Interaktion (Lehrer-Schüler-Schüler) zu, von denen unmittelbar Auswirkungen auf Erziehung und Unterricht ausgehen und die wirksame Teilelemente der Gesamtinszenierung Schulsport darstellen.

Schulpädagogik, Didaktik, Methodik

Man könnte geneigt sein, zwischen den gesellschaftspolitischen Entscheidungen, jenen Organisationsentscheidungen für Schule und Unterricht und den Handlungen und Entscheidungen des Lehrers im Klassenraum eine systematische Linie der Ableitung oder doch der logischen Verknüpfung zu sehen. Danach würde aus dem Lehrplandokument die Jahres- bzw. Halbjahresplanung für die Schulklasse, daraus wiederum einer Einzelstunde gewonnen, die alle Maßnahmen des Lehrers für seinen Unterrichtsverlauf enthält. Curriculumtheorie, Didaktik und Methodik ständen damit in einem konsistenten Ableitungszusammenhang, der die Praxis rational anleitet und sie kontrollierbar macht. In der Tat haben Didaktik und Methodik heute die Funktion, die zentrale Veranstaltung der Schule, den Unterricht, theoretisch begründet hervorzubringen. Schule erscheint aus dieser Sicht als eine Summe von Unterrichtsstunden, die in einzelnen, voneinander getrennten Fächern periodisch im Schulalltag wiederkehren. Sie werden jeweils von fachorientierten Didaktiken und Methodiken geleitet, die heute weniger denn je im allgemein-didaktischen oder schulpädagogischen Zusammenhang erörtert werden.

Ausgeblendet bleibt bei solchem Denken, daß die Schule mehr als eine bloße organisatorische Rahmenbedingung für Unterricht ist. BERNFELD hat dieses Problem bereits in der ersten Auflage seines Buches 1925 angesprochen: «Die Institution Schule ist nicht aus dem Zweck des Unterrichts gedacht und nicht als Verwirklichung solcher Gedanken entstanden, sondern ist da, vor der Didaktik und gegen sie. Sie entsteht aus dem wirtschaftlich-ökonomischen, finanziellen Zustand, aus den politischen Tendenzen der Gesellschaft; aus den ideologischen und kulturellen Forderungen und Wertungen, die dem ökonomischen Zustand und seinen politischen Tendenzen entsprangen; aus den (zweck-)irrationalen Anschauungen und Wertungen, die die psychische Beziehung alt-jung, die Bürgerschaft in einer bestimmten Gesellschaft, in einer bestimmten ihrer Klassen, unbewußt und unkorrigiert erzeugt» (BERNFELD 1970, 27).

Für BERNFELD ist die «Tätigkeit des einzelnen Lehrers, sein Unterrichten... bloß ein Faktor in dem Ganzen dieser Wirkungen» (1970, 26). «Das Schulwesen hat offenbar Wirkungen, die über den eigentlichen Unterricht weit hinausreichen. Die Schule – als Institution – erzieht (BERNFELD 1970, 28).»

In der allgemeinen Schulpädagogik sind die Erziehungswirkungen, die Schule insgesamt hat, untersucht und beschrieben worden. Die Arbeiten von WELLENDORF (1973) zur schulischen Sozialisation und Identität, jene von FEND (1976) zur Sozialisierung und Erziehung sind hierfür Beispiele. Praxisnahe Beschreibungen und Analysen geben auch REINERT/ZINNECKER (Hg., 1978) unter dem Titel «Schüler im Schulbetrieb»; wir finden dort Berichte und Bilder vom Lernalltag, vom Lernen sowohl in den offiziellen Szenen des Unterrichts wie auch auf den Hinterbühnen des Schullebens – der Pause und den geheimen Ecken des Schulgeländes.

Auf dem Hintergrund dieser Tatsache, daß Schule eine gesamtgesellschaftliche Inszenierung mit vielfältigen Wirkungen ist, sind auch die Bezugstheorien, die für schulische und unterrichtliche Entscheidungen geschaffen wurden, neu zu überdenken. Didaktik und Methodik als Berufslehre sind offensichtlich allein auf das Unterrichten in einzelnen Fächern ausgerichtet. Dabei wird kaum noch reflektiert, daß in einem so angeleiteten Unterricht «interne und externe Funktionen» (FEND 1976, 198f.) der Schule insgesamt verwirklicht werden.

Es muß also darum gehen, didaktisch und methodisch angeleiteten Unterricht vor diesem Gesamthintergrund zu betrachten. Eben dies geschieht in der Regel nicht. Dies führt dazu, die pädagogisch bedeutsamen Fragen weitgehend auszuklammern und das Geschäft des Lehrers auf das Lehr-Lern-Problem zu verkürzen. Die Interaktionen von Lehrern und Schülern bekommen ihre pädagogische Bedeutung erst durch die sinnstiftenden Akte, die im sozialen Kontext schulischer Organisation und der funktionalen Verknüpfung mit allgemeinen gesellschaftlichen Kräften liegen. Das Konstrukt Inszenierungsform soll dazu dienen, auf diesen Zusammenhang zu verweisen.

Wenn Didaktik unter anderem die Aufgabe hat, die Unterrichtsinhalte auszuwählen und für ihre Anordnung im Unterricht selbst zu sorgen, dann müßte bezogen auf diese Funktion der Schule konsequent gefragt werden, welche soziale Wirklichkeit außerhalb der Schule damit reproduziert wird. Die derzeitige Hinorientierung der Schule auf den außerschulischen Sport (siehe Kapitel 2) läßt uns genauer fragen: welche beim Schüler erzielten Qualifikationen machen ihn fähig, welche kultur- und gesellschaftsspezifischen Erwartungen zu erfüllen? Welche Ausschnitte unserer Kultur und Gesellschaft sichern sie durch ihre Qualifikation in ihrem Bestand und legitimieren sie damit zugleich?

Den Gegenstand der Sportpädagogik haben wir in unseren Betrachtungen als pädagogische Inszenierungen von Sport (im erweiterten Sinne) gekennzeichnet. Diesen erzieherisch relevanten Bereichen gegenüber hat die Sportpädagogik zwei Aufgaben:

1. Die kritische Analyse vorgegebener pädagogischer Inszenierungen von Sport;
2. Die Anleitung für vertretbare pädagogische Inszenierungen.

Zu einer Grundlegung einer Sportpädagogik bedarf es jedoch weiterer Schritte. Zu fragen ist, woher die geforderte kritische Analyse ihre normativen Positionen und die Anleitung zu pädagogischen Inszenierungen ihre begründeten Zielperspektiven gewinnt. Vertretbare pädagogische Inszenierungen können als solche ja nur vor dem Hintergrund pädagogischer Normen identifiziert werden.

Nun haben unsere vorangegangenen Überlegungen gezeigt, daß sich das, was gültig sein soll, weder allein aus anthropologischen Überlegungen (als ein gewolltes Bild vom Menschen) noch aus gesellschaftlichen Gegebenheiten (als das, was die Gesellschaft von ihren Mitgliedern fordert) bestimmt werden kann. Wir würden abermals Gefahr laufen, zu naturalistischen oder aktualistischen Bestimmungen von Erziehungszielen zu gelangen. Pädagogische Zielperspektiven lassen sich nur im Wechselbezug anthropologischer, gesellschaftlicher und lebensweltlicher Betrachtungen gewinnen. Aber diese Betrachtungen können nicht schon als solche zu Zielen führen. Es ist vielmehr notwendig, die Betrachtungen auf Bewegung und Erziehung zu beziehen und diese als die Bezugsgrundlagen der Sportpädagogik weiter auszuarbeiten. Auf sie hin muß sich Sportpädagogik immer neu bestimmen. In den folgenden Kapiteln wird in diesem Sinne der Versuch unternommen, die bewegungstheoretischen und die erziehungstheoretischen Grundlagen der Sportpädagogik aufzuarbeiten.

5 Bewegungstheoretische Grundlagen

Die hier geforderten Analysen von Inszenierungen im Sport sind an theoretische Grundlagen zu binden. Wenn Bewegung und Erziehung Bezugspunkte sportpädagogischen Denkens sind (siehe Kap. 4), dann müßte es erstens darum gehen zu untersuchen, wie Menschen in solchen Inszenierungen sich selbst in der Bewegung verwirklichen, wie sie Welt in Erfahrung bringen, welchen vorgegebenen oder selbsterzeugten Sinnorientierungen sie dabei folgen und wie solche vorgegebenen Sinnstiftungen entstanden sind, aufrechterhalten werden oder tendenziell sich wandeln.

Zweitens wäre zu untersuchen, welche Erfahrungen Menschen über die leibliche Auseinandersetzung mit und in solchen Inszenierungen gewinnen, wie diese auf ihre Entwicklung Einfluß nehmen, welche Identität die dort Handelnden zu gewinnen vermögen.

Die hier vorgeschlagenen Gegenstandsbestimmungen der Sportpädagogik (siehe vorhergehenden Abschnitt) machten eine Neuorientierung auch in ihrer theoretischen Grundlegung nötig. Anders gesagt, es ist notwendig, sich der Grundlagen der Sportpädagogik aufs neue zu vergewissern, vorhandene Ansätze als relevant zu würdigen, einseitige und zu kurz geratene Wahrnehmungen des Gegenstandes abzuweisen und angesichts offener Fragen neue Untersuchungen vorzubereiten.

Wenn im folgenden bewegungstheoretische und erziehungstheoretische Grundlagen aufgearbeitet werden, so geschieht dies in der Gewißheit, daß bei aller Vielfalt von Inszenierungen im Sport allgemeine, gemeinsame Momente benennbar sind, die für das Verständnis einzelner Ereignisse der Sportwirklichkeit ausgearbeitet werden können.

Die hier vorgenommene Trennung zwischen bewegungstheoretischer und erziehungstheoretischer Betrachtung ist analytisch; sie wird in der Analyse pädagogischer Inszenierungen und ihrer Konstruktion notwendigerweise aufgehoben werden müssen. Denn gefragt ist, wie sich in pädagogischen Inszenierungen im Medium der Bewegung Erziehung ereignet bzw. wie Erziehung gestaltet werden kann.

Wer nach den vorfindbaren pädagogischen Inszenierungen von Bewegung, Spiel und Sport fragt, kommt nicht umhin, sich zu vergewissern, auf welche Weise das Bewegungsproblem des Menschen in solche Inszenierungen verortet ist und welche bewegungstheoretische Behandlung es erfährt.

Mit dem Begriff «Bewegungsproblem» verwenden wir hier eine von MEINEL (1960) in die Fachdiskussion eingebrachte Kategorie. MEINEL charakterisiert damit zum einen das in der Lebenspraxis des

Menschen bestehende Problem, mit Hilfe von Bewegungen zweckmäßig zu handeln, zu arbeiten, für die jeweilige Handlungssituation also fungible Bewegungslösungen zu finden, zum anderen faßt er damit aber auch «Bewegung» als Problem wissenschaftlicher Betrachtung (MEINEL 1966, 15).

Sportpädagogische Positionen, die auf den modernen Sport als Lösung des Bewegungsproblems verweisen, begründen dies mit dem Tatbestand, daß eine solche Ausformung von Bewegungskulturen «immer zusammen mit Industrialisierung und Verstädterung auftritt und vorwiegend von den typischen Repräsentanten einer Industrie- und Stadtkultur getragen wird» (vgl. KURZ 1979).

Eine solche Gegenstandsbestimmung, die den modernen Sport als tragfähige bildungswirksame Bewegungskultur für alle Mitglieder einer hochtechnisierten Gesellschaft zugrunde legt, kann folgerichtig die Forschungsproblematik von Sportpädagogik auf das Phänomen «Sport» im engeren Sinne einengen (und gerade auf die Frage nach dessen typischen Herstellungsbedingungen verzichten). Sie kann sich auf Grundfragen der Legitimation und Bedeutung des Sports für die Menschen beschränken und beispielsweise danach fragen, welche Bildungsmotive sich im Sport verwirklichen lassen (vgl. GRUPE 1969), welche Bedeutung der sportlichen Betätigung für die körperliche Entwicklung in den einzelnen Lebensaltersstufen zukommt usf. Darüber hinaus hätte Sportpädagogik noch Probleme der Vermittlung zu bearbeiten, z.B. wie der Zugang zu lebenslangem Sporttreiben zu sichern sei (vgl. KURZ 1979, 26).

Die Pauschalakzeptierung des populären Gegenstandes führt zu «einfachen» Modellen sportpädagogischer Theoriebildung. So formuliert beispielsweise KURZ pädagogische Begründungen des Sports: «Sport als eine Summe des Lebens im Kleinen», als Ausgleich von «Defiziten des Alltags», als «Ersatz für den Mangel an körperlicher Beanspruchung», für den «Mangel an unmittelbaren Erlebnissen und Erfahrungen», für den «Mangel an Leistungen, die wir uns persönlich zurechnen können, für den Mangel an Spannung, Abenteuer und gesundem Streß in einer langweilig versicherten Welt, für den Mangel an persönlichem wie körperlichem Kontakt» (KURZ 1979, 26).

Der Sport erhält den Rang eines wertvollen kulturellen Ausgleichsbereichs in einer technisierten Welt und wird damit zum selbstverständlichen pädagogischen Programm.

Aufgrund der anscheinend nicht weiter zu problematisierenden Grundannahme, das Phänomen «Sport» quasi als Reflex auf die Entwicklung moderner Industriegesellschaften zu begreifen, richtet sich die sportpädagogische Analyse nur auf «innere» Problemstellungen des Gegenstandsfeldes, während das über den Sport vermittelte Bewegungskonzept zwangsläufig außer Betracht bleibt. Gerade aber jenes Faktum, daß der «Sport» augenscheinlich eine so trefflich passende Inszenierungsweise von Bewegungskultur darstellt, gilt es anzufragen, um die im Sport gegebene Lösung des Bewegungsproblems begreifen und pädagogisch beurteilen zu können.

Anthropologische Aspekte

«Der Mensch braucht Bewegung»
Mit diesem Slogan wird in der hochindustrialisierten und zunehmend bewegungsarmen Welt immer wieder die existentielle Bedeutung der Bewegung für den Menschen herausgestellt. «Training für alle!» lautet die Forderung von HILDENBRANDT (1982), und er unterstreicht die Notwendigkeit, etwas gegen die Bewegungsarmut zu unternehmen, mit einem drastischen Beispiel: «Bei ihren längerdauernden Raumflügen baut die NASA in die Raumfahrzeuge Fahrradergometer ein und verlangt von den Astronauten ein regelmäßiges Bewegungstraining. Das hat selbstverständlich nichts mit Abwechslung und Freizeitbeschäftigung zu tun, sondern das Ergometer ist ein sehr wichtiger Teil des Überlebenssystems in einer extrem lebensfeindlichen Umwelt. Und lebensbedrohend ist dieses Milieu vor allem auch wegen der absoluten Bewegungsarmut und der fehlenden Belastungsreize durch den Wegfall der auf der Erde permanent wirkenden (und deshalb nicht mehr empfundenen) Schwerkraft und der Begrenztheit des Lebensraumes. Diese Entlastung erweist sich als gefährliche Belastung, der der Körper auf Dauer nicht gewachsen ist. Der Unterschied zu dieser Situation ist nur graduell, und deshalb ist dieses Bild der im Nichts und ins Nichts zwischen hochkomplizierten Apparaten radelnden Astronauten auch ein Symbol unserer Lage: ‹Der moderne Mensch muß in einer Welt der selbstgeschaffenen Apparate die Antiquiertheit seines Körpers anerkennen.› So hat es ANDERS (1980) ausgedrückt. Und wie man dem Taucher die fehlende Atemluft durch einen Schlauch nachliefert, so muß uns schließlich Bewegung künstlich zugeführt werden» (HILDENBRANDT 1982, 184–185).

Die mit der industriell-technischen Entwicklung einhergehende körperliche Entlastung des Menschen durch seine Produkte (Maschinen, Transportmittel, Apparate usw.) führt zu dem Widerspruch, daß mit jener «Entlastung» gleichzeitig eine «Belastung» des Menschen verbunden ist. Die biologische Basis ist aufgrund körperlicher Nichtinanspruchnahme bedroht.

Läßt sich aber nun dieses außer Balance geratene Verhältnis zwischen menschlicher Natur und technisierter Umwelt so einfach auflösen, wie es das von HILDENBRANDT gegebene Beispiel unterstellt?

Um dieser Kernfrage fundierter nachgehen zu können, erscheint es zunächst hilfreich, danach zu schauen, welche Argumente die anthropologische Diskussion liefern kann.

Die Vertreter vor allem der philosophischen Anthropologie haben die Stellung des Menschen in der Welt dadurch zu bestimmen versucht, daß sie in Tier-Mensch-Vergleichen das Besondere des Menschen herausarbeiten.

Diese Untersuchungen sind vor allem dort für uns interessant, wo sie sich auf die Auseinandersetzung der Lebewesen (Tier oder Mensch) mit ihrer Umwelt beziehen, um gerade daran die Unterschiede zwischen Mensch und Tier zu verdeutlichen. Die hier verwendete Methode ist die vergleichende Verhaltensforschung; in der Gegenüberstellung von menschlichem und tierischem Verhalten werden spezifische Formen des Menschlichen herausgearbeitet.

UEXKÜLL (1956) hat solche Vergleiche angestellt. Alle Lebewesen, Menschen und Tiere, haben eine je eigene Umwelt. Die Umwelt des Hundes ist eine andere als die der Fliege, selbst wenn sich beide im gleichen Raum aufhalten. Das liegt daran, daß der Hund andere Merkorgane hat, etwas anderes als bedeutsam riecht, sieht oder ertastet. Aus solchen spezifischen Reizen, die Objekte der Umwelt für sie haben, erwachsen konsequenterweise auch andere Formen des Umgangs mit diesen Objekten. Insofern, so führt UEXKÜLL aus, haben die Objekte neben bestimmten Merkmalen auch Wirkmale, d. h. ...

Durch die unterschiedliche Ausstattung der Lebewesen mit Merkorganen und Wirkorganen bilden sie auch je eigene Umwelten aus. Ein Fundamentalsatz der Umweltlehre lautet: «Alle Tiersubjekte, die einfachsten wie die vielgestaltigsten, sind mit der gleichen Vollkommenheit in ihre Umwelten eingepaßt. Dem einfachen Tier entspricht eine einfache Umwelt, dem vielgestaltigen eine ebenso reichgegliederte Umwelt» (UEXKÜLL 1956, 27 und 28 ff.).

Wie steht der Mensch zur Umwelt? Im Gegensatz zur Tierwelt hat er keine artspezifische Umwelt. «Verglichen mit dem Instinktapparat der anderen höheren Säugetiere kann der des Menschen geradezu als unterentwickelt bezeichnet werden. Auch der Mensch hat selbstverständlich Triebe. Aber seine Triebe sind höchst unspezialisiert und ungerichtet» (BERGER/LUCKMANN 1980, 50). Dies zwingt den Menschen, sich seine eigene Umwelt zu schaffen, die aufgrund seiner ungerichteten Triebausstattung sehr variabel ist. Die Beziehung zu seiner Umwelt ist durch «Weltoffenheit» charakterisiert.

Man sollte annehmen, daß diese Weltoffenheit zum Chaos führen müsse, weil der Mensch aufgrund der ungenügenden biologischen Ausstattung keine stabilen Mensch-Umwelt-Bezüge hat. Unsere Lebenswirklichkeit zeigt, daß dies nicht der Fall ist, daß der Mensch im Gegenteil in der Lage ist, sich seine Welt zu schaffen. «Man kann geradezu sagen, daß die ursprüngliche biologische Weltoffenheit der menschlichen Existenz durch die Gesellschaftsordnung immer in eine relative Weltgeschlossenheit umtransponiert wird, ja, werden muß» (BERGER/LUCKMANN 1980, 55).

«Die geborene Instabilität seines Organismus zwingt den Menschen dazu, sich eine stabile Umwelt zu schaffen, um leben zu können.» (BERGER/LUCKMANN 1980, 56).

Das Tier ist für eine bestimmte Umwelt mit eigens dafür spezifizierten Organen ausgestattet. Die meisten Verhaltens- und Bewegungsformen, die es zur Bewältigung seiner spezifischen Umwelt benötigt, sind ihm angeboren; es ist trieb- und instinktsicher. Die Fähigkeiten, die es zum Leben in seiner Umwelt braucht, sind ihm sozusagen in die Wiege gelegt. STORCH (1949) spricht in diesem Zusammenhang von der «Erbmotorik» des Tieres.

Der Mensch dagegen ist zoologisch betrachtet ein «Mängelwesen» (PORTMANN 1962), dem das umweltsichere Instinktverhalten weitgehend fehlt. Er ist nicht an eine spezifische Umwelt gebunden. Seine Organausstattung ist deshalb auch weniger spezifiziert. Dafür sind aber seine Funktionen in hohem Maße ausbildbar und steigerungsfähig. Man denke nur an die Hand, die zum Universalwerkzeug ausgebildet ist (ROTH 1966, 264).

Im Gegensatz zum Tier muß der Mensch seine Verhaltens- und Leistungsformen lernen. Das macht ihn anpassungsfähig an verschiedene Umwelten. In diesem Zusammenhang spricht STORCH (1949) dann von der «Erwerbsmotorik» des Menschen. Der Mensch ist also im Vergleich zum Tier unspezialisiert, weltoffen. Er kann sich prinzipiell auf unterschiedliche Umweltbedingungen einlassen, und dies geschieht ganz ursprünglich über seinen Körper und seine Bewegung. Seine Denk- und Lernfähigkeit erlaubt ihm, die Umwelt als gegenständliche Welt in ihren Sachzusammenhängen zu erkennen und auf diese umformend einzuwirken. Über Erinnerung und Symbolgebrauch (Zeichen,

Sprache, Schrift) ist er in der Lage, die eigene und die Erfahrung anderer zu summieren, zu bewahren und zu tradieren. Der Mensch ist von Anfang an «weltoffen», nicht umweltgebunden, nicht nur auf Anpassung, sondern auf Veränderung, auf «aktive Gestaltung der Umwelt» eingestellt und ausgerichtet. Er ist das Wesen, das auf Veränderungen der Umwelt am stärksten zu reagieren vermag und am stärksten mit dieser Umwelt aktiv «experimentiert» (ROTH 1966, 125).

So erklärt sich auch die lange Entwicklungszeit des Menschen. Im Gegensatz etwa zu den Nestflüchtern im Tierreich, die sich schon unmittelbar nach der Geburt sicher in ihrer Umwelt bewegen, braucht der Mensch eine lange Wachstums- und Reifezeit. In bezug auf die Bewältigung der komplexen Umweltanforderungen ist der Mensch das lernbedürftigste Wesen; bezüglich seiner Leistungsfähigkeit ist er das lernfähigste Wesen. In seiner Lernbedürftigkeit ist der Mensch zugleich auch das erziehungsbedürftigste Wesen. Als «Frühgeburt» physiologisch viel zu zeitig auf die Welt gekommen, ist er auf andere, erwachsene Menschen angewiesen, die ihn pflegen, erziehen und belehren. Seine lange Entwicklungszeit braucht der Mensch, um all «die Fertigkeiten, Leistungsformen, Verhaltensweisen, Könnensformen in und an der Umwelt aufzubauen, in die man hineingeboren wird» (ROTH 1966, 117).

Diese am Mensch-Tier-Vergleich gewonnenen Erkenntnisse sind heute dann unbestritten und auch für unser Fachgebiet von großer Bedeutung, wenn man den Menschen vor allem als kulturschaffendes und -tragendes Wesen betrachtet. Aber ist damit der Mensch in seiner Stellung zur Welt angemessen gekennzeichnet? Was können solche anthropologischen Aussagen zur Klärung der eingangs gestellten Frage beitragen? Läßt sich damit der in der hochindustrialisierten Welt aufgekommene Widerspruch zwischen der biologischen Basis des Menschen und der von ihm selbst produzierten technisierten Umwelt erhellen und bearbeiten? Die polarisierende Betrachtung der philosophischen Anthropologie kann gerade diesen Widerspruch offenbar nicht mehr wahrnehmen. Denn die biologische Basis des Menschen (seine Natur) wurde allein als kontrastierende Gegenwelt (der Tiere) gedacht, von der sich der Mensch als geistbegabtes, kulturschaffendes Wesen abheben ließ. Es wurde bei dieser Betrachtung die Tatsache ausgeblendet, daß der Mensch selbst ein Stück Natur ist, und er ist dies gerade in seiner Körperlichkeit und in seinem Bewegungsverhalten.

Auf der Grundlage der philosophischen Anthropologie wurde die vom Menschen in seiner Geschichte hervorgebrachte Bewegungskultur als seine geistige Leistung erfaßbar. Turnen, Spiel, Tanz und Sport konnten im Zuge dieses Denkens als kulturelle Objektivationen, als geistige Gebilde erfaßt und zur Begründung der «Leibeserziehung» als ein auch geistig bedeutsames Fachgebiet gewürdigt werden. Die Frage aber, ob denn die menschliche Existenz in ihrer organischen Substanz angesichts der durch technischen Fortschritt veränderten Umweltbedingungen bedroht sei, blieb aus der Sicht dieser anthropologischen Richtung unbegriffen. Die äußere Natur wurde nur als «die vom Menschen handelnd veränderte Natur» beachtenswert, dort also, wo sie zur «Kultur» geworden war (GEHLEN 1961, 21).

Die Trennung von Natur und Geist sowie Natur und Kultur und die Hervorhebung von Geist und Kultur als das (im Vergleich zum Tier) typisch Menschliche haben dazu geführt, daß die menschliche Natur nur dort noch (bzw. wieder) in den Blick gerät, wo sie zum Problem wird: als kranker Organismus in der Medizin, als nicht leistungsfähiger und belastbarer Körper in der Arbeit oder als plumpes Hindernis in künstlichen Umwelten (wie in einem Raumschiff), in denen der menschliche Körper stillgestellt oder in seinen Bedürfnissen zufriedengestellt werden muß.

Es ist wieder eine heftig diskutierte Frage, ob der Weltoffenheit des Menschen, d. h. seiner Möglichkeit, nach eigenem Plan gestaltend in die Umwelt einzugreifen und diese zu verändern, nicht «natürliche» Grenzen gesetzt sind. Ist der Mensch so anpassungsfähig, daß er in der Lage ist, sich an jegliche von ihm selbst künstlich geschaffene Umwelt anzupassen?

Wie sich im historischen Prozeß zeigt, hat es der Mensch als der «homo faber» mehr und mehr verstanden, der Natur ihre Gesetze abzulauschen und für sich nutzbar zu machen. Technisches Wissen als «Herrschafts- und Leistungswissen» (SCHELER 1926) wurde über Generationen hinweg gesammelt und im gesellschaftlichen Prozeß weitergegeben. Dieses Wissen hat die Welt, in der wir leben, geprägt. Die menschliche Umwelt ist in den Industriegesellschaften eine technisierte Umwelt geworden, in der wir uns nur noch mit Hilfe der Technik angemessen bewegen können.

Aus der Sicht der oben skizzierten Anthropologie muß es nun ganz und gar unverständlich erscheinen, daß diese den Naturgesetzen folgende Weltgestaltung dem Menschen zum Problem werden kann. Haben die Menschen nicht alles getan, was sie im Sinne dieser Anthropologie als Menschen auszeichnet? Müßten sie danach nicht gerade «zu sich selbst» gekommen sein?

Angesichts der ökologischen Probleme unserer Zeit wird man daran eher zweifeln müssen. Deshalb ist es eine entscheidende Frage, ob sich der in der modernen technisierten Umwelt immer stärker aufbrechende Widerspruch zwischen Natur und deren technischer Beherrschung bezüglich der körperlichen Existenz des Menschen so einfach (über Zuführung von Bewegung) kompensieren läßt, wie dies HILDENBRANDT (1982) vorschlägt. Kann der Mensch auf diese Weise jenen sozialanthropologisch festgestellten Tatbestand, einerseits selbst ein Stück Natur und andererseits ständiger Manipulator seiner eigenen und der äußeren Natur zu sein, bewältigen? Gerade die Tatsache, daß der Mensch diesen Widerspruch erzeugt hat und ihn ständig weitertreibt, läßt eher Zweifel aufkommen. Zweifel muß man in diesem Zusammenhang auch an jenen sportpädagogischen Vorschlägen haben, die nur an den Symptomen kurieren. Um Orientierungshilfen für die sportpädagogisch zentrale Frage nach einer sinnvollen Bewegungskultur zu erhalten, erscheint es vielmehr notwendig, sich gerade der historischen Entstehung jenes Widerspruchs zu vergewissern.

Sozialhistorische Aspekte

Die menschliche Natur im Zivilisationsprozeß

«Indem der Mensch seine eigenen Organe formte und lenkte, angefangen von der Beherrschung des Darmes und der Blase, und jede organische Funktion je nach Bedarf bewußt hemmte oder förderte, einschränkte oder erweiterte, ja selbst die überaus schwierige Kunst erlernte, die einst zufällige Geistestätigkeit wirksam zu kanalisieren, vollbrachte der Mensch etwas Wichtigeres, als nur die ‹Natur zu besiegen›. Denn mit der Zeit reorganisierte er jeden Teil der Natur, seinen eigenen Körper ebenso wie den Lebensraum, für Zwecke, die über die tierische Existenz hinausgingen» (MUMFORD, 1977, 812).

ELIAS (1969) hat in seinen Untersuchungen über den Prozeß der Zivilisation für den abendländischen Kulturkreis sehr aufschlußreich beschrieben, wie der Mensch im Laufe der Geschichte sozialgenetisch in seinen Körperfunktionen, in seinem Umgang mit dem Körper zunehmend «zivilisiert» wurde. Er kann verdeutlichen, daß der Zivilisationsprozeß ein Prozeß des Zurückdrängens körperlicher Regungen, der Unterdrückung der Affekte ist. Der Körper darf zunehmend nicht sein, was er will, und ist in Zucht zu nehmen: Man lernt den Körper zu kontrollieren hinsichtlich seiner Auswürfe und Ausdünstungen (Spukken, Rülpsen, Urin, Kot, Schweiß usf.), hinsichtlich der Art der Nahrungsaufnahme (so z. B. die zunehmende Verfeinerung der Eß- und Trinksitten). Man lernt, sich in seinen Bewegungen und seinen Körperdarstellungen zu beherrschen (so lernt man z. B., ordentlich zu sitzen, zu gehen, anständig in den Körperposen zu sein usf.).

Der Zivilisationsprozeß setzt, wie RITTNER es ausdrückt, die «Regel der Distanzierung vom physiologisch Ursprünglichen» in Kraft (RITTNER, in KAMPER 1974, 203). Die Geschichte der abendländischen Zivilisation führt uns deutlich vor Augen, wie die Menschen zunehmend ihre biologische Natur zurückdrängen und in Zucht nehmen.

Die von MUMFORD beschriebene Reorganisation des eigenen Körpers stellt sich im historischen Prozeß als die Einübung des Körpers in die Gesellschaft dar, die den Heranwachsenden von Generation zu Generation immer von neuem abverlangt wird. Kurz, die «Natur» des Menschen muß als historisch bestimmt begriffen werden, ein «Zurück zur Natur» im eigentlichen Sinne kann es nicht geben.

Über allgemein beschreibbare Effekte zivilisatorischer Entwicklung hinaus sind die Lebensbedingungen unserer Zeit durch Wissenschaft und Technik geprägt. Um die Reorganisation von Natur und damit Körperlichkeit in der technischen Welt zu begreifen, ist es notwendig, eben jene lebensprägende Rolle von Wissenschaft und Technik wahrzunehmen.

Der Einfluß von Wissenschaft und Technik

An dieser Stelle kann eine kurze wissenschaftshistorische Betrachtung (MITTELSTRASS 1982) von Nutzen sein. Daran läßt sich nämlich nachweisen, daß sich die Qualität des Umgangs mit der Natur bei den Natur- und Ingenieurwissenschaften verändert hat. Die Entwicklung technischer Rationalität läßt sich (nach MITTELSTRASS 1982), historisch betrachtet, in drei Stufen beschreiben:

Die erste Stufe ist durch geschickte Anwendung und Bau von Werkzeugen gekennzeichnet, ausgehend von alltäglichen Sinneserfahrungen wurden die mechanischen Erfindungen gemacht. Das Wort mechanisch geht auf das griechische Wort «mechane» zurück und bedeutet ursprünglich soviel wie Kunstgriff oder Trick. Mechanik war die Kunst, über Werkzeuggebrauch und Kombination von Werkzeugfunktionen die Natur zu überlisten (so z. B. Heben schwerer Lasten, Bewässerungsmaschinen, Schiffbau, Transportwagenbau, auch die Baukunst u. a. m.).

Ein entscheidender qualitativer Schritt vollzieht sich auf der zweiten Stufe des technischen Wandels, im Übergang von der Aristotelischen zur neuzeitlichen Wissenschaft (GALILEI). Technik entsteht in Verbindung mit wissenschaftlicher Rationalität, einer Rationalität, die im Experiment Klarheit über die Naturgesetzlichkeiten gewinnt und deren geschickte Anwendung in der technischen Konstruktion ihren Ausdruck findet.

Auf der dritten Stufe setzt sich diese Verbindung von wissenschaftlicher Rationalität und Technik in noch innigerer Weise fort. Im Laborexperiment erhobene Befunde, deren Nutzen sich zunächst im Modell abzeichnen und bewähren muß, werden in technische Großproduktionen übersetzt. Die einmal prinzipiell (d. h. naturgesetzlich nachkonstruiert) erhobenen Befunde unterliegen dann wiederum wissenschaftlich technischer Kontrolle, werden dadurch verfeinert, optimiert und in ihrer Produktion noch besser organisiert (vgl. Technikgeschichte des Verkehrswesens, der Energiegewinnung, der chemischen Produktion) (TOULMIN/GOODFIELD o. J.). Mit der Verwissenschaftlichung der Technik ändert sich das Verhältnis zur Natur.

Natur wird zum Objekt technischen Verfügungswissens. Indem die Laborwissenschaften immer mehr Detailwissen über die materielle Natur erheben, dieses dann als Verfügungswissen auch zur Herstellung von Produkten über die Naturstoffe hinaus benutzen und damit neue technische Umwelten schaffen können, tritt an die Stelle des kosmologischen Paradigmas (des noch In-eins-Bleibens von Wissen und Natur auf der beschriebenen ersten Stufe technischer Entwicklung) nun das technische Paradigma (MITTELSTRASS, 1982, 50). Die Reorganisation der Natur ist in den technisch-industriellen Gesellschaften so weit fortgeschritten, daß die Lebensumwelten inzwischen selbst technischer Natur geworden sind. Die besondere Qualität dieser Reorganisation aller Lebensbereiche wird erst verständlich, wenn man sich das spezifische Organisationsmuster bewußt macht. Der hohe Grad der Durchtechnisierung der Lebenswelten wurde über Systembildung und die in den Systemen arbeitenden Experten erreicht.

LUHMANN (1971) hat gerade jenen rationalen Zugriff der Weltbewältigung in seiner funktional-strukturellen Systemtheorie zu fassen versucht. Systeme legen Wirklichkeiten in einer bestimmten Weise fest. Sie leisten, wie LUHMANN es ausdrückt, die Reduktion von Komplexität bestehender Weltoffenheit des Menschen. Indem das einzelne System nun Lebensprobleme des Menschen nach einem bestimmten strategischen Konzept löst, erweitert es zugleich auch die Komplexität jener spezifischen Weltbewältigung im Rahmen dieses Konzeptes. So konnte beispielsweise mit der Erfindung der Eisenbahn das Eisenbahnwesen in seinen ganzen Verzweigungen aufgebaut werden; damit wiederum ist dann auch strukturell die Möglichkeit gegeben, ein erdüberspannendes System einzurichten, das den Transport von Menschen und Gütern weltweit zu organisieren vermag. Das einzelne System stellt also eine spezifische Form der Weltbewältigung dar. Die Strategie, der das System folgt, nennt LUHMANN «Sinn». Den strukturellen Fortbestand des Systems garantieren Experten, eine Gruppe wissenschaftlich-technologisch hochgebildeter Fachleute, die eben jenen Sinn des Systems produktiv in seiner Funktion verstehen, ihn bewahren bzw. fortentwickeln.

Alle modernen Industriegesellschaften folgen dem oben beschriebenen Organisationsmuster. Wir können uns veranschaulichen, wie weit der technische Umformungsprozeß von Natur in vielen Bereichen unserer Lebenspraxis fortgeschritten ist. Beispielhaft sei dies am Bereich der Nahrungsproduktion und -versorgung aufgezeigt. Das Prinzip der Selbsterzeugung und -versorgung mit Nahrungsmitteln ist weitgehend ersetzt durch eine Nahrungsmittelfabrikation; Grundnahrungsmittel wie tierische und pflanzliche Produkte werden zumeist in Massenproduktionsverfahren erzeugt. Besondere Verfahren wie Tiefkühl- und Konservierungstechniken und ein ausgeklügelt durchorganisiertes Verteilungssystem liefern dem Verbraucher ein Marktangebot an Nahrungsmitteln. Dem Käufer so fabrizierter Produkte bleibt der Erzeugungsprozeß weitgehend verborgen.

«Natur verschwindet allmählich nicht nur als handelnde, sondern auch als anschauliche Natur aus den Weltbildern; sie wird in Weltbildern durch Technik ersetzt» (MITTELSTRASS, 1982, 49). Das technische Weltbild hat handlungsorientierende Funktion in der Industriegesellschaft:

– für die Experten, die als Spezialisten den Sinn ihres Einzelsystems verfolgen und systementsprechende technische Lösungen in die Welt setzen (so beispielsweise im Verkehrswesen das Autokonzept des Individualverkehrs mit autogerechtem Straßenausbau in Stadt und Land oder in der chemischen Industrie, die insbesondere mit der Kunststofferzeugung auf breiter Front expandieren konnte).

– für die Laien, die über den «Mechanismus des Vertrauens» (LUHMANN 1973) zu Fachleuten der Technisierung ihrer Lebenswelt bereitwillig Folge leisten (als Energieverbraucher, Bewohner vollklimatisierter Haushalte, Autocamper, Flugzeugpassagiere, Fleischkonsumenten und Benutzer von Fißness-Zentren).

Inzwischen hat die wissenschaftlich-technische Aneignung von Natur ihre Folgen gezeigt. Der rücksichtslose Raubbau an Rohstoffen, die zunehmende Wegwerfproduktion, chemisch unterstützte, mechanisierte Bodenbearbeitung, Produktion von lebensvernichtenden Rückständen der Industrie, Schadstoffeinlagerung in Erdreich, Wasser und Luft lassen Umweltzerstörungen in größerem Umfang erkennen. Studien zu Lebensbedingungen in der wissenschaftlich-technischen Welt und deren Auswirkungen für die Weiterentwicklung der Ökologie der Erde warnen dringlichst vor einer planlosen technischen Aneignung der Natur.

Planlosigkeit aber ist auch entstanden durch den unkontrollierten Ausbau der Einzelsysteme. Jeweils für sich gesehen, schienen wissenschaftliche Teilkenntnisse bzw. deren technische Umsetzung ihren Zweck bedenkenlos zu erfüllen. (Die Entwicklung des Einzelsystems, z.B. der Kunststoffproduktion, schien logisch und wichtig, ohne die Nebenwirkung an Schadstoffen, Abfallbeseitigung mit zu berücksichtigen.) Detailwissen setzte sich durch, ohne den «Gesamtplan der Natur» (VESTER 1983) zu kennen. Bezogen auf den Gesamtzusammenhang der organischen Natur (auch des Menschen), erfolgten Eingriffe willkürlich.

Die «Antiquiertheit» des Menschen

Die Lebensbedingungen der wissenschaftlich-technischen Welt sind für den Menschen kritisch geworden (MITTELSTRASS 1982). Gefahren drohen aus der vom Menschen gemachten und in Unordnung geratenen äußeren Natur; die ehemals in sich stimmigen Kreisprozesse der Natur sind gestört, ökologische Katastrophen sind wahrscheinlich und prinzipiell gefährlicher als die vortechnischen Naturkatastrophen (GOLDSCHMIDT 1982, 119–133).

Aber inzwischen ist auch der Mensch selbst in seiner Körperlichkeit der Perfektion seiner Produkte nicht mehr gewachsen. ANDERS (1980) hat dies in seinem zeitkritischen Buch: «Die Antiquiertheit des Menschen» herausgearbeitet. In der hochtechnisierten Welt der Apparate erscheint der Mensch als «faulty construction», eine Fehlkonstruktion, wie es am Beispiel eines amerikanischen Luftwaffeninstrukteurs, der seine Kadetten belehrt, illustriert wird. Der Mensch ist das schwächste Glied im technischen System – so zeigt es auch das Astronautenbeispiel HILDENBRANDTS (1982). Der Mensch ist eben nicht «nach Maß geschneidert», wie ANDERS feststellt: «Unser Leib von heute ist der von gestern, noch heute der Leib unserer Eltern, noch heute der Leib unserer Ahnen; ... Er ist morphologisch konstant, moralisch gesprochen: unfrei, widerspenstig und stur; aus der Perspektive der Geräte gesehen: konservativ, unprogressiv, antiquiert, unrevidierbar, ein Totgewicht im Aufstieg der Geräte. Kurz: die Subjekte von Freiheit und Unfreiheit sind ausgetauscht. Frei sind die Dinge; unfrei ist der Mensch» (ANDERS 1980, 33).

Die Kopplung des Menschen mit der technischen Perfektion der Geräte veranlaßt den Menschen, sich in das jeweilige technische System möglichst selbst perfekt einzupassen. Die menschliche Physis wird zum «Bedienungsleib» (38), d. h., die Leiblichkeit des Menschen wird allein danach bewertet, ob sie eine zweckdienliche Funktion innerhalb einer technischen Umwelt erfüllt. Der technische Fortschritt veranlaßt den Menschen, Ingenieurarbeit auch an sich selbst zu betreiben, falls er die Geräte in ihren Möglichkeiten ausschöpfen will. Im Sinne dieses Fortschritts ist es nun allzu verständlich, daß sich der Mensch «physischen Grenzsituationen» aussetzt und Reaktionen seines Körpers auf Schwachstellen hin untersucht, um diese dann gezielt bearbeiten zu können. Er befragt seine Physis gerade nicht, «um zu erfahren, wie diese sich von Natur aus als Leib begrenzt habe» (ANDERS 1980), sondern er forscht allein, bis zu welchem Punkt der Körper gerade noch der Zerreißprobe standhält. Er ist nicht daran interessiert zu erfahren, was seine Physis ist, fragt also nicht nach einer «Theorie des Leibes», sondern nach einer «Physiotechnik», mit der es gelingen kann, die Leistungsschwellen noch ein Stück weit zu verschieben (vgl. ANDERS, 38 und 34), also nach einer Theorie der Körperbeherrschung. Das hier von ANDERS entworfene philosophische Bild der Bemühung um die Herstellbarkeit eines technisch möglichst perfekten Leibes hat nicht nur für den Bereich des technischen Fortschritts in der Gerätewelt Beweiskraft, sondern findet auch seine Entsprechung im Körperverständnis des Sports, insbesondere dem des Leistungssports und der sich damit befassenden Sportwissenschaft.

Die technische Zivilisation hat den Menschen von schwerer körperlicher Arbeit entlastet, hat alles darangesetzt, körperliche Beanspruchung bis in kleinmotorische Bereiche hinein durch technische Apparaturen weitgehend abzubauen. «Die Dinge sind frei, unfrei ist der

Mensch.» Der «antiquierte» Leib meldet sich in der technisierten Umwelt. Stillgelegt durch die Geräte, ist der Mensch gezwungen, sich zu bewegen, will er nicht körperlich verkümmern.

Technomotorik in der technischen Welt

Wir könnten uns mit der gesellschaftlichen Umsetzung der Forderung von HILDENBRANDT «Training für alle» als angemessene Lösung der anstehenden Bewegungsproblematik in Industrieländern zufriedengeben, hätten wir nicht – angestoßen durch MUMFORD – die Frage nach der besonderen Qualität der Reorganisation von Natur durch die Technik aufgeworfen. Jene Frage verlangt es, sich zunächst einmal zu vergewissern, in welcher Weise menschliche Natur gerade im Sport (als dominanter Bewegungskultur) und in der Sportwissenschaft unserer Zeit «reorganisiert» ist. Wichtig ist also, Einsicht in Deutungsmuster des Leiblichen zu gewinnen und das dem Sportsystem sowie einzelnen sportwissenschaftlichen Disziplinen zugrunde gelegte Körper- und Bewegungsverständnis herauszuarbeiten.

Zwei Sportwissenschaftler, UNGERER und WOHL, sind explizit auf den Zusammenhang von technisierter Welt und Sportmotorik eingegangen. UNGERER versuchte, einen unmittelbaren Zusammenhang zwischen der durch Technik bestimmten Zivilisation als Kulturstufe und den komplizierten Bewegungsformen der Sporttechnik aufzuweisen: «...mit der modernen Karosserie und den Deltaformen der Düsenflugzeuge trat auch die stromlinienförmige, dynamische Bewegung auf den Plan. Ein solcher Werdegang ist kein Zufall, sondern ein Produkt unserer technischen Position im kulturellen Spannungsgefüge. Man könnte hier von einer Aufstufung motorischer Dimensionen sprechen, das heißt, jede Kulturstufe hat ihr eigenes sensomotorisches Niveau» (UNGERER 1960, 227).

Nach UNGERERS Theorie der Sensomotorik formt sich menschliche Motorik im Auseinandersetzungsprozeß mit den jeweils gegebenen Umweltbedingungen heraus. Mit dem zunehmend ansteigenden Vermögen technischer Umweltbewältigung wächst auch der Ausprägungsgrad technomotorischen Könnens. So hat sich nach UNGERERS Auffassung in der hochtechnisierten Welt auch ein entsprechend hohes technomotorisches Niveau herausgebildet, das seine Entsprechung in den komplizierten sportlichen Bewegungstechniken findet. In UNGERERS kulturgeschichtlichen Entwicklungsvorstellungen ist deshalb die Beherrschung der äußeren Natur mit der technischen Beherrschung des Leibes unmittelbar verbunden. Dem Sportunterricht kommt in diesem Denkzusammenhang die Aufgabe zu, dem Menschen ein möglichst vielseitiges Potential von technomotorischen Fertigkeiten des Sports zu vermitteln. Den Widerspruch, in den der Mensch durch die Technisierung seiner Lebenswelt gerät, eben durch Einsatz technischer Apparaturen in seiner Eigenmotorik mehr und mehr stillgelegt zu werden, hat UNGERER nicht thematisiert. Seine Theorie der Sensomotorik, unter anderem auch aus der Auseinandersetzung mit dem Natürlichkeitsanspruch der Leibeserziehung (1958–1967 in mehreren Aufsätzen) entwickelt, richtet sich gerade gegen ein «Zurück zur Natur», zu einer Natur, die sich in einfachen elementaren Bewegungsweisen erfahren läßt. «Demzufolge ist der in seiner Daseinsthematik von der Technik modifizierte Mensch unserer Kulturhöhe auch in seiner Motorik von jenem Zustand entfernt, den man in der Leibeserziehung schlechthin als ‹natürlich› bezeichnet. Die ‹technomotorische Leistung› ist der zivilisierten Rasse arteigen geworden» (UNGERER 1960, 228). Der Glaube an den technischen Fortschritt ist in UNGERERS Bewegungsphilosophie unverkennbar. Er versucht, gerade jene von ANDERS angesprochene «Physiotechnik» zu entwerfen, mit deren Hilfe der Mensch seine Bewegungsleistung in die moderne technische Welt integrieren bzw. sich in dieser Welt angemessen bewegen kann. Ganz im Sinne dieser ingenieur-wissenschaftlichen Bewegungsauffassung hat UNGERER dann entsprechende zweckrationale Vermittlungsmodelle zum Erwerb sportlicher Techniken zu entwickeln versucht.

WOHL (1972, 351–365) argumentiert in die gleiche Richtung wie UNGERER. Er versucht jedoch, den Zusammenhang zwischen Umweltanforderungen (insbesondere in der Arbeitswelt) und dem menschlichen Bewegungsrepertoire ein Stück weiter aufzuhellen. WOHL unterscheidet zwischen «utilitären» und «kulturgebundenen» Bewegungshandlungen. Die «utilitären» zielen auf die Befriedigung der Hauptbedürfnisse der Menschen und passen sich «dem Wesen der Dinge, auf die sie sich richten» (355), in ihrer Form zweckrational an. Im Laufe kulturgeschichtlicher Entwicklungen haben sich entsprechend der ökonomischen Veränderung die Produktivkräfte ständig ausgeweitet und rationalisiert. Immer neue Bewegungsformen (jedoch stets zweckgerichtet) sind entstanden. «Die Arbeitsprozesse sind also die Hauptquelle, die den Mechanismus der Ausbildung neuer Bewegungsformen und neuer Bewegungsgestalten speist, sie sind die Quelle der ständigen Vervollkommnung der menschlichen Bewegungsfertigkeiten» (355). Im Gegensatz zu den utilitären Bewegungshandlungen zielen die «kulturgebundenen» nicht auf einen unmittelbaren Nutzen; am Beispiel: Der Weitsprung erwächst nicht aus der Notwendigkeit, einen unvermittelt vor einem Flüchtenden aufgetauchten Wasserlauf zu überwinden. Bei den kulturgebundenen Bewegungshandlungen ist es vielmehr der symbolische Inhalt, dessen Bedeutungsfunktion an die erste Stelle tritt, die Bewegung selbst kann aufgrund des fehlenden Situationsdrucks im Rahmen geltender Symbolbedeutung an sich betrachtet und zum Gegenstand von Überlegungen werden, wie z. B.: Mit welcher Technik läßt sich die maximale Sprungweite erzielen?

Die Befreiung vom Gebrauchszweck eröffnet somit den Weg zu völlig neuen Bewegungsformen. Die Möglichkeit, über die Arbeitsmotorik hinaus eine zweckfreie Körperkultur aufzubauen, wird allerdings durch gesellschaftliche Werte und Normen eingegrenzt. Deshalb ist nach WOHL «Körperkultur immer eine Körperkultur bestimmter sozialer Gruppen und Schichten einer bestimmten Epoche» (361). Die kulturgebundenen Bewegungshandlungen durchlaufen einen gesellschaftlichen Klärungsprozeß, in dem sich dann eine bestimmte Körperkultur herausformt. Die mit der sich entwickelnden Industrie- und Großstadtkultur aufkommende Sportbewegung hat in der gesellschaftlichen Bewertung eine zentrale Position erhalten als eine der technischen Welt adäquate Körperbildung. «Gleichzeitig wächst auch das Verständnis dafür, daß der Sport angesichts der immer dringlicheren Anpassungsforderungen, die die fortschreitende Entwicklung der Technik an den menschlichen Organismus stellt, als Optimierungsinstrument der menschlichen Bewegungsfertigkeiten, als Werkzeug ihrer Vorbereitung für die menschliche Welt, die wir schaffen, immer mehr an Bedeutung gewinnt» (364). Der Leistungssport erfüllt nach WOHL die Funktion eines «Bewegungslabors». «Indem der Leistungssport den Sportlern die Maximierung und Präzisierung der Bewegungen zum Ziel setzt, ermöglicht er es, neue bessere Bewegungsformen in die Praxis des Alltagslebens einzuführen. Der Leistungssport hat also in Bezug auf das Arbeitsleben einen antizipierenden Charakter und bildet gewissermaßen ein Übungsfeld, auf dem neue Bewegungsformen für das gesellschaftliche Leben insgesamt ausgearbeitet werden» (WOHL 1981, 138).

Angesichts des ungebrochenen Glaubens UNGERERS und WOHLS an den technischen Fortschritt und an die dazu passende Physiotechnik in Gestalt sportlichen Fertigkeitserwerbs muß an dieser Stelle erneut die Frage nach dem naturwissenschaftlich-technischen Umgang des Menschen mit der äußeren Natur und sich selbst gestellt werden. Die Zuordnung des Phänomens Sport als ideale körperkulturelle Entsprechung zur hochtechnisierten industriellen Lebensorganisation, wie sie UNGERER und WOHL vornehmen, verhindert von vornherein, das über und durch den Sport transportierte Bewegungskonzept zum Gegenstand diskursiver wissenschaftlicher Betrachtung machen zu können. Sie befördert vielmehr eine verdinglichte Technikauffassung im Bereich der Bewegungskultur. Deshalb ist nicht die nachweisbare Tatsache der Übereinstimmung von Körperkultur und technischer Welt von Bedeutung, sondern die damit verbundene Reorganisation von Körper und Bewegung durch wissenschaftlich-technischen Zugriff.

Die sportliche Bewegung als Gegenstand von Trainings- und Bewegungswissenschaft

Wir wollen nun näher auf die bereits im Anschluß an die Vorstellungen von UNGERER und WOHL angerissene Frage eingehen, inwieweit und in welcher Weise wissenschaftlich technisches Denken auch in die Lebensbereiche des Sports hineingewirkt hat.

MEINEL (1966) hat in seinem Buch «Bewegungslehre» sehr anschaulich dargelegt, wie mit der Verbreitung des Wettkampfsports ein immer stärkeres Interesse an den Bewegungsproblemen der Sportpraxis entstand. Waren es zunächst Leute der Praxis (Trainer, erfolgreiche Aktive), die sich den optimalen Bewegungslösungen der Spitzenkönner zuwandten, ihre Beobachtungen und ihre Erfahrungen austauschten, so wurden jene Lösungen mit zunehmender Bedeutung des Sports im nationalen und internationalen Leben Gegenstand wissenschaftlichen Interesses. An den Hochschulen der Industriestaaten etablierten sich in verstärktem Maße sportwissenschaftliche Lehr- und Forschungseinrichtungen, die sich ausdrücklich mit der Erforschung sportlicher Bewegung befaßten. Ganz im Sinne der bereits angeführten Feststellung von WOHL schälte sich der Hochleistungssport als «Bewegungslabor» für die einzelnen Sportwissenschaften wie Sportmedizin, Trainingswissenschaft, Biomechanik, Kinesiologie, aber auch der Sportpsychologie heraus.

Ohne nun genauer auf die historische Entwicklung der einzelwissenschaftlichen Forschungsbemühungen eingehen zu wollen, läßt sich zeigen, daß der Forschungsgegenstand «sportliche Bewegung» je nach bezugstheoretischem Standort in spezifischer Weise in Erscheinung trat. So gilt das Interesse der medizinischen und sportmedizinischen Bemühungen neben den funktionell-anatomischen vor allem den physiologischen Bedingungen sportlicher Leistungsfähigkeit. Das Wissen um die physiologischen Wirkungszusammenhänge bzw. Funktionsmechanismen im Körper läßt sich umsetzen in Erkenntnisse und Anweisungen für das sportliche Training: Die Trainingslehre befaßt sich, gestützt auf die von der Medizin zusammengetragenen Befunde, mit der Entwicklung und Bereitstellung gesicherter Verfahren, die die sportliche Leistungsfähigkeit steigern oder auch stabilisieren sollen; die Biomechanik widmet sich dem mechanischen Ablauf sportlicher Bewegungen, d. h. der Ortsveränderung der menschlichen Körpermasse in Raum und Zeit, um über eine solcherart geführte Beobachtung der Bewegung auf entsprechende Abweichungen von der Bestlösung bzw. auf noch zu verbessernde Stellen im Bewegungsablauf aufmerksam machen zu können; die Sensomotorik sucht auf der Grundlage kybernetisch-informationstheoretischer Überlegungen nach den für das Erlernen sportlicher Technik relevanten Basisinformationen.

Bei aller Unterschiedlichkeit der angeführten sportwissenschaftlichen Untersuchungsansätze sind die Bemühungen offenkundig auf zwei Fragenkomplexe gerichtet – auf die Frage nach dem zweckmäßigsten Bewegungsablauf zur Lösung genau definierbarer Bewegungsprobleme in den einzelnen Sportarten und auf die Frage nach den Herstellungsbedingungen eines möglichst leistungsfähigen Körpers.

Die Aufspaltung des Bewegungsproblems in diese zwei Fragerichtungen mit dem besonderen Interesse an der sportlichen Höchstleistung ist für das Körper- und Bewegungsverständnis der angeführten sportwissenschaftlichen Disziplinen, aber auch für die Sportpraxis konzeptionell bedeutsam.

Auf welche Weise nun menschliche Bewegung als Gegenstand sportwissenschaftlicher Forschung definiert wurde und welche Konsequenzen sich dadurch für die Entwicklung des «Bewegungsproblems im 20. Jh.» (MEINEL 1966) ergeben haben, läßt sich anhand des kategorischen Zugriffs verdeutlichen, mit dem jene sportwissenschaftlichen Untersuchungsrichtungen das Bewegungsproblem ausgrenzen: die sportmotorischen «Fertigkeiten» und «Fähigkeiten».

Fertigkeiten

Es ist unverkennbar, wie mit zunehmender Bedeutsamkeit des Sports im öffentlichen Leben eine rasante Leistungsentwicklung einhergeht. Im Streben nach sportlicher Höchstleistung haben Aktive, Trainer usf. vorhandene Bewegungstechniken weiter verbessert oder auch neue Lösungen ins Spiel gebracht, die bei entsprechendem Erfolg rasch weltweite Verbreitung fanden. Mit den sogenannten «Fertigkeiten» sind nun die in der Praxis der einzelnen Sportarten bewährten Bewegungsformen gekennzeichnet. Am Wortsinn selbst wird deutlich, daß mit dem Begriff «Fertigkeit» jenes Bewegungsnormbild gemeint ist, das augenscheinlich eine optimale Lösung der jeweiligen sportlichen Aufgabe dokumentiert. Sowohl der Urheber eines solchen optimalen Bewegungsablaufs als auch derjenige, der sich im Nachvollzug die Bewegung vollendet angeeignet hat, zeigen, daß sie die Bewegung gekonnt herstellen («fertigen») können. Innerhalb der Sportarten, sei es nun in den «resultatsorientierten» (GÖHNER 1979) wie Leichtathletik, Sportschwimmen u. ä. oder auch in den «verlaufsorientierten» (GÖHNER 1979) wie Kunstturnen, Eiskunstlauf, Wettkampfgymnastik u. ä., hat sich ein jeweils fester Bestand an Fertigkeiten angesammelt: so die Techniken in der Leichtathletik, im Sportschwimmen, in den Sportspielen, die Kunststücke im Kunstturnen, die Schwungformen im alpinen Skilaufen und andere mehr.

Angesichts der standardisierten Bewegungsaufgaben des Sports stellt die Suche nach immer besseren Bewegungslösungen eine an sich logische Entwicklung dar. «Standardisiert» meint hier die immer nach gleichem Muster gegebenen Raum- und Inventarbedingungen der Sportanlagen und -geräte.

Wenn auch Raum- und Inventarbedingungen im Sinne einer besseren Funktionalität verändert wurden, wie die Entwicklung in den verschiedenen Sportarten zeigt, bleiben die in der Sportpraxis als bewährt geltenden Bewegungslösungen doch relativ konstant. So erscheint es zunächst auch plausibel, wenn sich die wissenschaftlichen Bemühungen um sportliche Leistungssteigerung auf die analytische Betrachtung der Bewegungsformen richtet. Daraus hofft man entsprechende Informationen für das Techniktraining gewinnen und bereitstellen zu können.

Welches Gegenstandsverständnis wird aber nun durch solche Betrachtung des Bewegungsproblems befördert? Zunächst ist festzuhalten: Das Interesse an der Weiterentwicklung und auch der Vermittlung sportlicher Bewegung ist auf den äußeren, sichtbaren Verlauf konzentriert. Nicht die Problemstellung, sondern die fertige Lösung steht im Mittelpunkt der Analyse bzw. der Vermittlung. Die über Abbildung (Film, Bildreihe) oder auch durch Vorbild «objektivierte» Technikstruktur ist Untersuchungsgegenstand biomechanischer Analyse oder die in der Praxis zu lehrende Bewegungsform. Was also im Hinblick auf das Bewegungsproblem interessiert, ist die perfekte Bewegungstechnik, die absolute Geltung beansprucht. Der Mensch, der diese Bewegungen hervorbringt und seine spezifisch subjektive und biographisch geprägte Situation tritt in den Hintergrund.

Die Bewegungs-Lehre des Sports erweist sich als die Lehre von den Formen, Fertigkeiten bzw. Techniken des Sports. Sie basiert auf zwei Grundannahmen:

1. Nicht das Bewegungsproblem ist dem Lernenden gestellt, sondern die «fertige» Lösung gilt es zu erwerben. So ist z. B. dem Lernenden nicht die Frage aufgegeben, wie kann ich beim Sportwettbewerb möglichst schnell loslaufen, sondern die Fertigkeit «Tiefstart» zu produzieren (vgl. hierzu LANDAU / BRODTMANN 1982, 17).
2. Die als «Fertigkeit» definierte Bewegungsnorm ist Zielnorm für x-beliebige Personen, und dies prinzipiell unabhängig von deren körperlichen Bedingungen und Vorerfahrungen (vgl. hierzu das Kugelstoßbeispiel im Beitrag LANDAU 1981, 10).

Diesen beiden Grundannahmen folgen weitgehend die Lehrgangskonstruktionen in den einzelnen Sportarten, die Ausbildungskonzepte im Fach Sport an den Hochschulen, die Lehrpläne der allgemeinbildenden Schulen, die Trainer- und Übungsleiterausbildung. Aber nicht nur die Anleitungen für die Lehre in der Sportpraxis, auch das theoretische Wissen von den Bewegungsabläufen ist durch die Konzentration auf die Technikstrukturen entscheidend geprägt. Wie der Überblick des Lehrangebots im Fach Bewegungslehre zeigt (vgl. HAAG (Red.) mehrere Jg.), bestimmt die fertigkeitsorientierte biomechanische Betrachtungsweise weitgehend das Bewegungslehrekonzept an den sportwissenschaftlichen Einrichtungen der Hochschulen.

In diesem Zusammenhang ist die Kritik PEYKERS (1977) nicht von der Hand zu weisen, daß durch die quantifizierende Forschung an der Technikstruktur eben jene Bewegungsstereotype des standardisierten Sports mehr Bedeutung in Hochschule und Schule erhalten als Bewegungsvollzüge, die sich einer solchen technischen Betrachtung von Bewegung entziehen, wie z. B. Ausdruckstanz oder Pantomime. Andere theoretische Ansätze zum Phänomen menschlicher Bewegung finden in die sportwissenschaftliche Diskussion nur schwer Eingang. Auf das damit verbundene Defizit an Bewegungsphilosophie wird später noch einzugehen sein.

Fähigkeiten

Im Zuge der Entwicklung sportlicher Leistung sind auch die Bemühungen um die Verbesserung der körperlichen Voraussetzungen, d. h. um die Produktionsbedingungen der «Bewegungsleistungen», verständlich. Schon vom gesunden Menschenverstand her sind Zusammenhänge offenkundig, wie etwa, daß die zur Verfügung stehende «Körperkraft» mit der Kugelstoßleistung, eine 1500-m-Strecke im Schwimmen mit «Ausdauer», ein Kurzstreckenlauf etwas mit «Schnelligkeit» zu tun haben müssen. In Kenntnis solcher Zusammenhänge versuchten Aktive, Trainer und auch Wissenschaftler, die solchen Fähigkeiten zugrundeliegenden körperlichen Prozesse zu beeinflussen. Wie wir aus der Entwicklung der Trainingslehre wissen, konnte eine Reihe von Mechanismen aufgedeckt werden, beispielsweise wie Muskelwachstum oder Blutversorgung funktionieren. In Kenntnis jener Wirkungszusammenhänge ließen sich entsprechende Anleitungen zum Training geben bzw. bereits in Erfahrung gebrachte wirkungsvolle Trainingsformen wissenschaftlich experimentell bestätigen.

Jene zur Produktion sportlicher Bewegung notwendigen Voraussetzungen im Körper sind kategoriell als sportmotorische Fähigkeiten gefaßt. Nach langjähriger begrifflicher Abgrenzungsdiskussion (vgl. Willimczik / Roth 1983, 53–78) unterscheidet man sogenannte konditionelle (wie Kraft, Ausdauer, Schnelligkeit usf.) und koordinative Fähigkeiten. Während für den Bereich der konditionellen Fähigkeiten ein für die Trainingspraxis bedeutsamer Bestand theoretisch abgesicherten Funktionswissens vorliegt, blieb die Erforschung der sogenannten koordinativen Fähigkeiten bisher ohne nennenswerte Ergebnisse. Die Frage nach einem möglichst ökonomischen, qualitativ «richtigen» Verlauf einer Bewegung konnte bisher in der empirisch-analytischen Betrachtungsweise der Motorik nicht befriedigend beantwortet werden (vgl. Willimczik / Roth 1983, 69 u. 288). Da sich die Frage, wie koordinative Leistungen zustande kommen, nicht nur auf im Körper liegende (noch zu entdeckende) Steuerungsmechanismen verkürzen läßt, sondern eine solche Leistung sich erst im Mensch-Umwelt-Bezug ergibt, scheint das empirisch-analytische Vorgehen hier an eine prinzipielle, immanent forschungslogische Grenze zu geraten.

Es ist deshalb auch nicht weiter verwunderlich, daß formale Trainingskonzepte, wie sie für die konditionellen Fähigkeiten entwickelt sind, für die Koordinationsproblematik fehlen. Durch die getrennte Bearbeitung des sportlichen Bewegungsproblems konnte sich das Trainingskonzept als gezielte Beeinflussung auf den Körper verselbständigen. Das ursprüngliche Motiv, zu trainieren, um möglichst gute körperliche Voraussetzungen für sportliche Leistungen zu schaffen, wurde nun umgedeutet – die Präparierung des Körpers selbst genügt als Zielsetzung des Körpertrainings. Andere Motive wie Training für Gesundheit oder körperliche Schönheit (gegen Übergewicht, Kreislaufschäden, -schwächen bzw. Herausarbeitung eines muskelprofilierten Körpers) und damit entsprechende Modellierungen der Praxis kamen hinzu: Bewegungen wie Jogging, Trimming 130, Aerobic-Gymnastik u. ä., oder Einrichtungen, Gerätschaften, Formen der Trainingsorganisation, wie Fitness-Studios, Heimtrainingsgeräte, Circuittraining, Bodybuilding u. ä.

«Die Wiederkehr des Körpers» (Kamper / Wulf 1982) hat gerade im Zuge der instrumentellen Trainingslehre zu physiotechnischen Modellen (Anders 1980, 38) des Körpertrainings geführt. Industrie und Wirtschaft haben den Körper-Markt entdeckt und sind dabei, ihn in allen Nuancen weiter auszubauen. Die Investition in den Körper scheint sich zu lohnen – für Käufer und Verkäufer. Neben dem unmittelbaren Fitness-Verkaufsangebot gibt es das dazugehörige Outfit, das inzwischen vom entsprechenden Angebot an Bekleidung, über Angebote an Nahrungs- und Kosmetika-Präparaten bis hin zu populärwissenschaftlich aufgemachter Trainingsliteratur reicht. Die Körperformung von «innen und außen» scheint garantiert.

Charakteristisch für eine solche instrumentelle Einstellung zum Körper ist die «prompte und direkte Zielverfolgung» (wie Rittner 1985 feststellt). «Die Gesundheit will man direkt, koste es was es wolle, gleichsam pur» (Rittner 1985, 138). Ein so verstandenes Körper-Training ist die wohldosierte Zuführung von Bewegungsquantitäten. Entscheidend ist allein das Maß an Reizsetzung, die Stimulation des Körpersystems, das wiederum entsprechend den innewohnenden Mechanismen die gewünschten Körperreaktionen zeigt. Um konditionelle Fähigkeiten aufzubauen, genügen deshalb einfachste Bewegungsvollzüge, wie Beugen, Strecken, Anspannen, Halten, Lockerlassen. Sie sind in erster Linie unmittelbar auf den Körper selbst bezogen, deshalb prinzipiell auch unabhängig vom Umweltbezug.

Meinel hat noch 1966 den Vorwurf «seelenloser Automatisierung» der Bewegungsvollzüge zu entkräften versucht, indem er für die sportliche Bewegung auf den hohen Gütegrad an geforderter Koordination hinwies; «denn je besser und koordinierter die Bewegungsabläufe mit zunehmender Leistungshöhe werden, desto organischer – nicht mechanischer! – werden sie» (MEINEL 1966, 45).

Zur Popularisierung des Trainingsbegriffes

Mit dem ausschließlich auf Körperfunktionalität ausgerichteten Trainingskonzept scheint die «Technisierung» der Leibesübungen nun endgültig vollzogen und der bereits schon bei BERNETT erhobene Vorwurf der «Rechenhaftigkeit», der «Rationalisierung von Bewegung» kaum noch widerlegbar zu sein (vgl. BERNETT 1960, 91 u. 92). Aber auch in der Sportpädagogik hat das Trainingskonzept, wie wir bereits wissen, (vgl. HILDENBRANDTs Forderung: «Training für alle!») seine Befürworter gefunden.

Um das zugrundeliegende sportpädagogische Denkmodell zu skizzieren, greifen wir auf die schwerpunktmäßig im Doppelheft 2 und 3 der Zeitschrift SPORTWISSENSCHAFT 1978 mit dem Thema «Training und Prävention im Schulsport» geführte sportpädagogische Diskussion zurück. Folgende Begründungslinie läßt sich darin erkennen:

1. Die trainingswissenschaftlichen und sportmedizinischen Erkenntnisse zeigen auf, daß sich körperliches Training auf niedrigem und mittlerem Niveau weitaus effektiver auswirkt (bei entsprechender Dosierung) als auf höherem oder höchstem Niveau und sich gerade deshalb für den «sportlichen Jedermann» besonders lohnt (vgl. KURZ 1978, 133).
2. Ähnlich wie HILDENBRANDT (1982) argumentiert, sind es die «faktischen und normativen Bewegungsbeschränkungen des Alltags», die «heutigen Lebensbedingungen» schlechthin (KURZ 1978, 139 u. 140), die ein zivilisatorisch bedingtes Bewegungsdefizit verursachen.
3. Körperliches Training ist die probate Form «biologischer Anpassung» (KURZ 1978), die aufgrund des zivilisatorisch erzeugten Bewegungsmangels in der industriellen Welt zur Gesunderhaltung unbedingt notwendig ist.
4. Deshalb ist «Training» als pädagogischer Begriff in Verantwortung

für eine gezielte biologische Anpassung bei den heutigen Lebensbedingungen zu verstehen. Dem Schulsport ist die Aufgabe zugewiesen, bereits bei den Heranwachsenden dafür zu sorgen, daß «Training» im Wissen um dessen Wirkungen zur selbstverständlichen, regelmäßigen Betätigung wird.

Zumindest aus zweierlei Gründen erheben sich Bedenken gegen eine solche unkritische Übernahme des Trainingsbegriffs als pädagogisch wertvoller Kategorie:

Der erste Einwand ergibt sich bereits aus dem ungesicherten und unzureichenden Wissen über tatsächliche Effekte des Trainings bei einzelnen Kindern und Jugendlichen. Wenn auch Untersuchungen der Sportmedizin (in Form von Einzeluntersuchungen) einen trainingspräventiven Zusammenhang nahelegen, so ist damit noch lange nicht eine gesicherte Anwendung von Trainingsprogrammen für alle Kinder und Jugendlichen gegeben. Selbst Anhänger des Trainingskonzepts argumentieren in dieser Hinsicht vorsichtig. So spielt Frey 1983, 377) auf den nicht ausreichenden Theoriebestand an, der daraus resultiert, daß Trainingskenntnisse größtenteils aus dem Leistungssport stammen; Fragen der Übertragbarkeit auf andere Bereiche wie auf Schul- und Breitensport sind offen. Weitergehend ist die Kritik Steinbachs. Für ihn scheint eine Herleitung der präventiven Funktion des Trainings nur mittels zweier «Tricks» zu gelingen: indem zum einen aus Ergebnissen aus der therapeutischen Anwendung von Training – er nennt hier die Infarktkranken – auf Gesunde zurückgeschlossen wird und zum anderen, daß Leistungsverbesserung stillschweigend mit Gesundheit gleichgesetzt wird (Steinbach 1982, 28 u. 29).

Wie wir die kritische Einlassung von Steinbach verstehen, bezweifelt er nicht mögliche Trainingswirkungen, sondern den bisher immer wieder unterstellten, aber nicht nachgewiesenen Zusammenhang zwischen Sport und Gesundheit (vgl. Steinbach 1982, 29).

Angesichts des bestehenden Theoriedefizits lassen sich wohl kaum Kriterien für die Richtigkeit und Güte eines unter dem Gesundheitsaspekt begründbaren sportpädagogischen Trainingskonzeptes benennen. Solange dieses nicht gelingt, fällt es auch schwer, jene Programme zu beurteilen, die wie Modeströmungen in der Gesellschaft als Trainingsangebote aufkommen und ihre Verbreitung finden, so z. B. Aerobic-Gymnastik, «body shaping» u. ä.

Der zweite Einwand ist jedoch prinzipieller Natur. Er richtet sich gegen die eindimensionale, ausschließlich körperlich-medizinische Sichtweise des Bewegungsproblems. Mit dem Denkmodell: «Körper-Training» gegen «Bewegungsmangelkrankheiten» ist das Problem des Menschen, einen Körper zu haben und damit in der Welt zurechtzukommen, aus dem Lebenszusammenhang herausgenommen. Mit der nun auch noch sportpädagogisch gestützten Bewertung des Trainings als eigenständiger körperlicher Ausgleichsbereich gewinnt die Abspaltung des Bewegungslebens Normalität. Diese Separierung des Bewegungslebens vom Arbeits- und Alltagsleben möchten wir an Beispielen zu illustrieren versuchen (vgl. LANDAU, o. J.).

(1) Da steigt die Büroangestellte Gerda F., 42 Jahre alt, wohnhaft im 4. Stock eines Mehrfamilienhauses, jeden Morgen auf ihr Fitness-Fahrrad, um noch vor ihrer Autofahrt zum 15 km entfernten Arbeitsplatz sich für 10–15 Minuten zu «trainieren». Ein richtiges Fahrrad besitzt sie nicht, ihre Wohnung im 4. Stock erreicht und verläßt sie mit dem Fahrstuhl. Das in der Tiefgarage untergestellte Auto benutzt sie auch für kurze Wegstrecken zum Einkaufen, Friseurbesuch usf.

(2) Da sind jene über 200 Leute, die an der Skigymnastik eines Sportinstituts teilnehmen. Um in den Genuß ihrer Trainingszeit zu gelangen, müssen sie meistens (laut Befragung) mehr als 30 Minuten Fahrzeit aufbringen. Ein Teilnehmer reiste sogar aus 25 km Entfernung mit dem Auto an, wobei sein im Taunus gelegener Wohnort während der gleichen Zeit Wochen hindurch Schnee hatte.

Es ist doch wohl eine kurios anmutende Entwicklung, wenn wir einerseits alles daransetzen, die Bewegungsanforderungen in unserem Alltag zu minimieren (die Arbeitsplätze ergonometrisch auf möglichst wenig Bewegung hin rationalisieren, unsere Körper erfindungsreich mit vielfältiger Maschinerie möglichst anstrengungslos transportieren lassen) und andererseits dann Einrichtungen wie Fitness-Studios, Trainingsprogramme erfinden, um der von uns selbst erzeugten «Droge körperlicher Bequemlichkeit» (HILDENBRANDT 1982, 186) wieder entgegenzuwirken.

Unser zweiter Einwand richtet sich deshalb gegen die eine, das Körperproblem immunisierende Sichtweise, die von einer Sportpädagogik gefördert wird, deren Konzept möglicherweise unbedacht auf das vorherrschende Forschungsparadigma der Bewegungs- und Trainingswissenschaften zurückzuführen ist. (Vgl. die in der Zeitschrift Sportwissenschaft (1978, 2–3) «Training im Schulsport» vertretenen Auffassungen von D. KURZ und E. HILDENBRANDT.)

Versportlichung

Wir wollen an dieser Stelle die bereits weiter oben gestellte Frage aufgreifen und das über und durch den Sport transportierte Bewegungskonzept sowie das darin eingelagerte Körperverständnis zu skizzieren versuchen. Während die sportwissenschaftliche Beschäftigung (insbesondere die bewegungs- und trainingswissenschaftliche) auf eine noch bessere Förderung der «Sache des Sports» gerichtet ist, muß die Frage nach dem Zuschnitt der Bewegungskultur im und durch Sport das soziale System «Sport» selbst zum Gegenstand einer distanziert angelegten Betrachtung erheben: Welches sind denn die konstituierenden Determinanten dieses Systems? Wie sieht das Grundmuster seiner Institutionalisierung aus, das für seine weltweite Verbreitung sorgt? Eine solche Suche nach der Grundmechanik des Sportsystems und dessen bewegungskulturellen Wirkkräften hat die FRANKFURTER ARBEITSGRUPPE unternommen (1980, 1981, 1982, ausführlich beschrieben bei MARAUN 1981). Auf der Grundlage der LUHMANNschen Systemtheorie wurde nach den systemgenerierenden Regeln gefragt. Zwei sogenannte Basisregeln scheinen das System in Kraft zu setzen:
1. die Regel der Überbietung
2. die Regel der objektiven Vergleichbarkeit

Die Regel der Überbietung besagt, daß die Wettkampfidee grundlegend für die Institutionalisierung ist. Der Vergleich körperlicher Kräfte, um einen Sieger zu ermitteln (um die Wette laufen, spielen, turnen usf.), ist als konstitutive Komponente für das Sportsystem nur im Zusammenhang mit der zweiten Basisregel verständlich. Erst das Streben nach objektiver Vergleichbarkeit bringt den eigentlichen Institutionalisierungsmodus hervor. Es ist gerade das organisatorische Kernstück des angestrebten Leistungsvergleichs im Sport, möglichst objektive Ausgangsbedingungen bereitzuhalten. Damit ist zugleich auch eine «objektive» Vergleichbarkeit der erbrachten Leistungen (erbracht an verschiedenen Orten, überall in der Welt) prinzipiell möglich; Rekordlisten können geführt werden, Vergleichstabellen bei Sportspielen lassen sich aufstellen u. ä. Die beiden Basisregeln stiften und garantieren die Einheitlichkeit der Bewegungsräume und der verwandten Geräte: durch normierte Abmessungen werden z. B. Badegelegenheiten zu Sportschwimmbädern, Bewegungslandschaften zum Sportplaz, zum Sportstadion, neu entdeckte Bewegungsmöglichkeiten über vereinheitlichte Raum- und Gerätebedingungen zu geregelten Sportarten (Federball zu Badminton, Brettsegeln zu Windsurfregatten usf.). Beide Regeln garantieren sozusagen die Triebkraft zur ständigen Verbesserung der Sportbedingungen (Raum und Gerätschaften) sowie der sportlichen Leistung selbst. Eingeschränkt auf das Sportsystem kann hier die Aussage Wohls modifiziert übernommen werden: der Leistungssport stellt das «Bewegungslabor» für den übrigen Sport dar. Insoweit hat der Leistungssport für die Ausformung und Verbreitung des Sportkonzepts Vorreiterfunktion. Diese Leitfunktion des auf Maximierung der Bewegungsleistung bedachten Sportbetriebs hat auch ihre spezifische Rückwirkung auf das System selbst und damit auch auf dessen Modellfunktion im gesellschaftlichen Gesamtzusammenhang. Als (logische) Folge der Bemühungen um sportliche Höchstleistungen scheint das System drei Tendenzen zu begünstigen:

1. Die Tendenz zur Selektion

Das System selektiert nach Leistungs- und Altersklassen und nach Geschlecht. Für einen sinnvollen Wettkampfbetrieb ist eine Selektion nach Leistung, Alter und Geschlecht notwendig, um im sportlichen Leistungsvergleich zumindest prinzipiell gleiche Ausgangschancen zu gewährleisten (so z. B. die Einteilung in unterschiedliche Spielklassen bei Sportspielen, Zulassungen zu Meisterschaften in den einzelnen Sportarten, getrennte Wettbewerbe Männer, Frauen, Altersklassen, Kinder, Jugendklassen).

Insgesamt wählt das System nach «Könnern» und «Nichtkönnern» aus. Beim Unterschreiten einer bestimmten Mindestleistung haben Nichtkönner keine Chance mehr, am Wettkampfbetrieb teilzunehmen. Dies betrifft vor allem jene Gruppen, die den Anforderungen noch nicht (kleine Kinder) oder nicht mehr (alte Menschen) genügen. Besonderen Vorzug dagegen erhält die Lebensaltersstufe, die für körperliche Höchstleistung besonders prädestiniert ist, eben weil die körperliche Leistungsfähigkeit zentraler Systembestandteil ist. Somit bringt das System den Sport als Jugendkultur hervor (FRANKFURTER ARBEITSGRUPPE 1981, 61) mit dem Habitus des jungen, vitalen Menschen. Gerade diesem Leitbild kommt in der gesellschaftlichen Bewertung hohe Bedeutung zu; der sportlich jugendliche Körper als Körperideal der modernen Industriegesellschaft.

2. Die Tendenz zur Spezialisierung

Das «citius, altius, fortius», das Bemühen um immer höhere Leistungen, verlangt eine spezifische Ausrichtung auf die leistungsbestimmenden Faktoren. Zum einen bedingt dieses eine Spezialisierung der Räume, Gerätschaften und der Ausrüstung, um bestmögliche Voraussetzungen zu schaffen (Tartanbahn, Glasfiberstab, Slalomski, Hochsprungschuh usf.); zum anderen hat dieses eine Spezialisierung des Sportkörpers auf den in der jeweiligen Sportart gegebenen Kontext hin zur Folge (biegsamer, leichtgewichtiger Körper im Frauenturnen, strömungsgünstiger, mit großen Antriebsflossen ausgestatteter Schwimmkörper usf.). Auch der Freizeitsportler kann sich der Funktionalisierung von Raum, Ausrüstung und spezieller Bewegungsform kaum entziehen. Sofern er sich in eine Sportart begibt, trifft er auf die vom Leistungssport eingebrachten Raum- und Gerätedefinitionen (z. B. Sportschwimmbad mit entsprechenden Benutzernormen), motorische Normen (z. B. Schlagtechniken beim Tennis) und auf das entsprechende ‹outfit› (industriell vermarktete Ausrüstung oder Sportgrößen als Trendsetter).

3. Die Tendenz zur Instrumentalisierung

Wie wir bereits gesehen haben, hat die zunehmend verstärkte trainings- und bewegungswissenschaftliche sowie sportmedizinische Forschung zu einem umfangreichen Bestand an Funktionswissen geführt, das systematisch geordnet wird und in der «Trainings- und Bewegungslehre» seine praktische Umsetzung erfährt. Die zugrundeliegende Körpervorstellung ist offensichtlich: Der Körper ist ein Bewegungsapparat, der nach ganz bestimmten biologischen und mechanischen Gesetzmäßigkeiten funktioniert und sich gezielt trainingsmäßig manipulieren läßt. Mittlerweile zeigt sich an den weitverbreiteten Körperinstituten und Trainingsapparaturen, wie jenes Funktionswissen in den Lebensalltag einwandert. Das für den Leistungssport charakteristische instrumentelle Körperverständnis scheint sich zunehmend im allgemeinen Bewußtsein niederzuschlagen.

Allen drei beschriebenen Tendenzen des institutionalisierten Sportsystems ist gemeinsam, daß sie eine Abspaltung des Bewegungsproblems aus dem alltäglichen Lebenszusammenhang der Menschen zur Folge haben: die Trennung einer auf Bewegungsminimierung hin angelegten Lebens- und Arbeitswelt von einem auf Bewegungsmaximierung hin entworfenen Bereich von Spezialwelten des Sports.

So betrachtet scheint der Sport die treffende Inszenierungsweise einer Bewegungskultur für die Industriegesellschaften darzustellen. Die Separierung des Bewegungsproblems aus den Lebenszusammenhängen erweist sich als (techno)logisch, wenn man dem technischen Weltbild handlungsorientierende Funktion zuerkennt. Im spezialisierten Zugriff läßt sich der Sport- bzw. Trainingskörper gezielt und kontrolliert herauspräparieren.

Grundfragen einer sportpädagogischen Bewegungslehre

Unsere bisherigen Erörterungen folgen einer bestimmten Auffassung von Bewegung, nämlich Bewegung als ein Medium der Auseinandersetzung des Menschen mit seiner Umwelt zu betrachten. Was kritisch aufgearbeitet werden sollte, war die in der Industriegesellschaft gleichsam selbstverständlich gewordene Fassung des Bewegungsproblems durch den Sport und korrespondierend damit die in den Bewegungs- und Trainingswissenschaften vorrangig verfolgte Problemsicht.

Bei einer ausschließlichen Deutung des Phänomens Bewegung im Sinne des etablierten Sports entzieht sich das Bewegungsproblem sportpädagogischer Betrachtung als ein grundständig im Lebenszusammenhang des einzelnen Menschen gegebenes. Mit «grundständig» wollen wir hier auf den kulturanthropologischen Tatbestand der «Erwerbsmotorik» (STORCH 1948, 1949), eben auf jene nicht hintergehbare Tatsache verweisen, daß der Mensch seine Motorik im Wechselspiel seiner biologischen Verfaßtheit und seiner soziokulturell geprägten Umwelt erwirbt.

(Mit dem Begriff «Erwerbsmotorik» macht STORCH auf den Sachverhalt aufmerksam, daß der Mensch im Unterschied zum Tier fast alle seine Bewegungsweisen erlernt. Andererseits faßt STORCH die angeborenen Bewegungsschemata der Tiere, die sie für ihre spezifische Umweltbewältigung besitzen, mit dem Begriff «Erbmotorik». Die anthropologische Einsicht, daß der Mensch seine Bewegungsformen in tätiger Auseinandersetzung mit der Umwelt, mit anderen Menschen und sich selbst erwirbt, verweist aber auch auf die prinzipielle Möglichkeit des Menschen, nahezu beliebig – im Rahmen seiner physiologischen Bedingungen – Körperbewegungen hervorbringen bzw. übernehmen zu können. Mit dieser Möglichkeit, willensmäßig Bewegungen beliebig zu erzeugen, kann der Mensch sich jedoch auch gegen seine Natur, gegen die organischen Gegebenheiten seines eigenen Körpers «bewegen».)

Eine sportpädagogische Bewegungslehre muß diesen für die Bewegungsentwicklung bedeutsamen Zusammenhang zu ihrem zentralen Untersuchungsthema machen. Insoweit ist eine an der Bewegungsentwicklung des Menschen interessierte Bewegungswissenschaft vordringlich «ökologisch» auszurichten.

Mit «Ökologie» ist der aus der Biologie stammende Begriff übernommen als «Wissenschaft von den Beziehungen des Organismus zur Außenwelt», eine Sichtweise, die vor allem in neueren sozialwissenschaftlichen Forschungsansätzen in der Soziologie, Psychologie und Erziehungswissenschaft aufgegriffen wurde (so z. B. BRONFENBRENNER 1976, ECKENSBERGER 1979, WALTER / OERTER 1979, BAACKE 1976 und 1984). «Der Vorteil dieses Ansatzes ist, daß er seinen Gegenstand in seinen Lebenszusammenhängen zu untersuchen auffordert und ihn auf diese Weise in seiner realen Konstitution zu betrachten erlaubt» (BAACKE 1985, 33).

Was BAACKE als Vorteil des ökologischen Ansatzes herausstellt, gilt insbesondere für das Bewegungsphänomen, da sich nämlich der Gegenstand der Bewegungslehre – die menschliche Bewegung – real für den einzelnen Menschen im jeweiligen Zuschnitt seiner Lebenswelt konstituiert.

Gerade zur Untersuchung der sozialen Konstitutionsproblematik von Bewegung ist der sozialökologische Ansatz hilfreich, da er die konkret gegebene dingliche Strukturierung von Umwelt (Gebrauchsgegenstände, Wohnungseinrichtung, Arbeitsplatzbeschaffenheit – vgl. KAMINSKI 1976, 80 ff.) neben den in dieser Umwelt verfügten sozialen Definitionen in ihrer zentralen Bedeutung für das Handeln und Verhalten herausstellt. Will man den in den jeweiligen Lebensweltstrukturen angelegten Lösungen des Bewegungsproblems auf die Spur kommen, gilt es zunächst, sich gerade jener Vorgaben zu vergewissern, die der dinglichen Struktur von Umwelt und den für die Nutzer gegebenen sozialen Regeln entspringen.

Das hier beschriebene Gegenstandsverständnis erweitert das Arbeitsgebiet der Bewegungswissenschaft beträchtlich. In seiner Bewegungslehre hat bereits MEINEL die Bedeutsamkeit der Umweltgegebenheiten für die Bewegungsentwicklung besonders herausgestellt: «Die menschliche Umwelt ist vielmehr vom ersten Tage der große Miterzieher auch in motorischer Hinsicht» (MEINEL 1966, 57). Mit der Ausgrenzung der «sportlichen Motorik» (MEINEL 1966, 93) gerät jedoch jener wichtige Zusammenhang als möglicher Gegenstandsbereich einer Bewegungslehre wieder aus dem Blickfeld. Jene auf die sportliche Bewegung eingeschränkte Gegenstandsdefinition der Bewegungslehre hat sich, wie wir aufzuzeigen versuchten, bisher in der Sportwissenschaft weitgehend erhalten und zu entsprechenden Folgen geführt.

Die ökologische Betrachtungsweise

Gerade im Zuge der zeitspezifischen Antwort, die die Bewegungsproblematik der Menschen infolge einer immer stärkeren industriell technischen Durchdringung der Lebenswelten erfährt, ist für uns die Frage von zentraler Bedeutung, wie und aus welchen Gründen sich die Menschen «bewegungsmäßig» einrichten.

Wir wollen in einem ersten Schritt versuchen, an zwei Beispielen aus unterschiedlichen Lebensbereichen die Notwendigkeit einer solchen Aufmerksamkeitsrichtung für eine pädagogische Bewegungslehre aufzuzeigen.

(1) Modernes Wohnen: Eine Frau berichtet nicht ohne Stolz von ihrem nach ergonometrischen Gesichtspunkten eingerichteten, vollautomatisierten Haushalt. Anfallende Hausarbeiten wie Kochen, Geschirrspülen, Wäsche usf. sind mittels «stiller» Helfer und räumlicher Organisation auf ein Minimum notwendiger Handgriffe reduziert, wodurch ihre zeitliche Belastung im Haushalt drastisch zurückgegangen sei. Fast im gleichen Atemzug erzählt sie begeistert von dem neu im Wohngebiet eingerichteten Fitness-Studio, das sie mindestens dreimal die Woche aufzusuchen gedenkt, um nun «wirklich» etwas für ihren Körper zu tun.

(2) Moderne Arbeitswelt: In der für unsere Thematik sehr aufschlußreichen Studie «Betriebliche Lebenswelt» (Volmerg, Senghaas-Knobloch, Leithäuser 1986) finden sich folgende Aussagen von Facharbeitern zu ihrer Arbeitssituation angesichts der Umstellung ihres Betriebes auf computergesteuerte Produktion.

Max: «Na ich find's traurig, daß alles über'n Lochband läuft im Computer, und dies, also früher hab ich Arbeiten gemacht als Werkzeugmacher, da ging man hin, hat sich was aufgemalt, und solche Arbeiten find ich für mich gewöhnlich viel besser, daß ich hierhin gehen kann, dahin gehen kann...» (S. 88)

Reinhard: «So haben wir das vorher gemacht... Ich krieg die Zeichnung, da kam der Betriebsleiter zu mir: hier, wir müssen die Werkzeuge machen, sehen Sie zu, wie Sie das schaffen. Und er wußte selbst noch nicht, nich, wie ich die Werkzeuge machen sollte... Mir hat das gefallen, ich war doch mein eigener Herr. Ich hatte also meine eigenen Termine, und der hat sich dann nich mehr drum gekümmert. Ja, und heute ist das nun weg. Da bin ich nun eben gar nichts mehr, nicht wahr...» (S. 89)

So weit die Beispiele thematisch auch auseinanderliegen mögen, so ist doch für beide charakteristisch, daß die Bedingungen für die im jeweiligen Arbeitskontext zu bewerkstelligende Bewegungsleistung einem Konstruktionsrahmen folgen, bei dem gerade menschliche Bewegung nicht in den Mittelpunkt einer zu organisierenden Umwelt gerückt ist. Vielmehr sind im ersten Beispiel alle Bemühungen daraufhin ausgerichtet, die erforderlichen Bewegungshandlungen auf ein größtmögliches Minimum zurückzuschrauben. Im zweiten Beispiel zielt alles darauf hin, einen möglichst zentralgesteuerten, störungsfreien Produktionsprozeß zu erzeugen, in dem den Bewegungshandlungen nur insoweit Bedeutung zukommt, als damit im Produktionsablauf vorhandene Lücken geschlossen werden müssen. Mit anderen Worten: menschliche Bewegung ist funktional dienend in den Produktionsverlauf eingebaut. Beide Beispiele repräsentieren eine Umweltorganisation, in der der Mensch in seiner Leiblichkeit nicht einkalkuliert ist. Sie stehen somit paradigmatisch für «Wissenschaftsgesellschaft» (KREIBICH 1986) adäquate Formen spezialisierter Weltbewältigung, die sich in der industrietechnischen Durchdringung der Lebensbereiche niederschlägt.

Gerade weil die technisch durchrationalisierten Systeme durch ihre zweckmäßigen, fungiblen Lösungen fraglos zu überzeugen scheinen, ist eine ökologische Betrachtungsweise dringlich geboten, um mögliche dysfunktionale Nebenwirkungen hinsichtlich der biologischen Verfaßtheit des Menschen aufdecken zu können. Noch mal in Bildern alltäglicher Lebenspraxis verdeutlicht: mögen z. B. dem Reisenden die Förderbänder eines Flughafens, die ihm den langen Weg zum Abflugraum abnehmen, auf den ersten Blick zweckdienlich erscheinen, angesichts der nachfolgenden längeren «Stillegung» des Körpers im Flugzeug ist der aufwendige Förderbandtransport nun wirklich mehr als überflüssig und sicher gerade nicht dem Körper zuträglich.

Oder: Ein Autofahrer z. B. mag die schöne, neue breite, schnelles

Durchkommen verheißende Straße in einem Wohngebiet begrüßen. Aber es wird ihn wohl kaum berühren, daß diese autogerechte Trasse vor allem für kleine Kinder und alte Leute zugleich eine erhebliche Trennstärke bewirkt.

Erst wenn sich die Aufmerksamkeit auf die unmittelbaren Gegebenheiten der Lebenswelten richtet, erst wenn danach gefragt wird, wie menschliche Bewegung darin eingebunden ist, lassen sich Chancen bzw. Restriktionen für das Bewegungsleben der Betroffenen aufdekken.

Kennzeichnend für den lebensweltanalytischen Ansatz ist der Versuch, die typische Ausformung der Lebenswelten einzelner Menschen in den Blick zu nehmen, zu verstehen, wie die Betroffenen sich in der ihnen gegebenen Umwelt einrichten und wie jene selbst ihre Lage definieren, deuten und interpretieren. Der lebensweltanalytische Zugriff richtet sich deshalb sowohl auf die objektiven Bedingungen der Lebenswelten (so z. B. das Wohnquartier, den Arbeitsplatz) als auch auf die subjektiven Wahrnehmungen der Lebenswelten, auf deren Sichtweise durch den einzelnen. Auf den Aspekt des Bewegungslebens hingewendet, ist zum einen der jeweilige objektiv gegebene Zuschnitt der Lebenswelten (Raumorganisation und -einrichtung) zu erfassen und zunächst zu ermitteln, welchen Einflüssen aufgrund der architektonischen Bedingungen das Bewegungsleben unterliegt, zum anderen ist das Alltagsleben der Betroffenen zu untersuchen, in welcher Weise sie sich in der Alltagswelt bewegungsmäßig einrichten und welche Einsichten und Vorstellungen sie zu ihrer Bewegungsproblematik entwickelt haben.

In methodischer Hinsicht entspricht der von Baacke entworfene sozialökologische Ansatz (Baacke 1976 und 1984) dem lebensweltanalytischen Vorgehen, ein für die sportpädagogische Fragestellung brauchbares Untersuchungskonzept, insbesondere deshalb, weil Baacke zur Strukturierung seines Ansatzes die räumliche Dimension im Rückbezug auf die Entwicklung der Kinder zum Ausgangspunkt nimmt. Ausgehend davon, wie für das Kind «die Welt wächst», unterscheidet Baacke vier «sozialökologische Zonen», die den zunehmenden Aufbau kindlicher Welterfahrung symbolisieren sollen.

Im folgenden versuchen wir, die vier sozialökologischen Zonen Baackes im Hinblick auf sportpädagogische Untersuchungsaufgaben zu charakterisieren.

1) Das «ökologische Zentrum» ist «das Zuhause», die Wohnung, das Haus, der Ort, an dem das Kind mit seinen Bezugspersonen lebt. In den ersten Lebensjahren eines Kindes bildet das ökologische Zentrum den zentralen Bezugsraum für dessen Entwicklung. Nicht zuletzt weil das Kind in seinem ersten Lebensabschnitt in die Beschaffenheit seiner unmittelbaren Umgebung unverrückbar eingebunden ist, stellt sich dringlich die Frage nach einer möglichst entwicklungsförderlichen Gestaltung des ökologischen Zentrums.

Betrachtet man den speziellen Bereich der Sozialisationsforschung und der Entwicklungspsychologie, so liegen nur sehr wenige Forschungsarbeiten zur Lebenswelt von Kleinkindern vor. Folgt man dem Resümee zum Forschungsstand frühkindlicher Sozialisation von SCHÜTZE (1982), so beschränken sich die Untersuchungen zumeist auf die Mutter-Kind-Beziehung. Erst in neueren Forschungen wird eine Erweiterung auf das gesamte System in der Familie an Bezugspersonen versucht (KREPPNER 1980). Außerhalb der Betrachtung bleibt jedoch weitgehend die Auseinandersetzung des Kindes mit der es umgebenden dinglichen Welt und somit auch der Großteil an bewegungsmäßiger Interaktion. Der ganzheitliche Zusammenhang kindlicher Entwicklung verlangt jedoch, den Bewegungsaspekt mit zu berücksichtigen. Gerade weil das Kind sich zum einen unmittelbar mit seiner Umwelt auseinandersetzt (begreift, hört, schaut, sich bewegt), zum anderen der Art des Umganges, dem Einfluß von Bezugspersonen in vielen Situationen unterliegt, wäre hier ein Untersuchungsdesign zu entwerfen, das diesen komplexen Zusammenhang angemessen erfassen kann. Wir wollen an dieser Stelle lediglich auf einige Betrachtungsweisen aufmerksam machen, die der ökologische Ansatz nahelegt. Für Umwelt als Bewegungsumwelt betrachtet, erscheinen insbesondere die Hauptverweilorte des Kindes im Entwicklungsprozeß interessant. Wie sind diese Orte eingerichtet, welche Bewegungsmöglichkeiten geben sie? Wie gehen die Bezugspersonen an diesen Orten mit dem Kind um? Unterstützen, beeinträchtigen sie das Kind in seinen erkundenden Bewegungen? Nach welchen Gesichtspunkten haben die Bezugspersonen diese Orte gerade so gestaltet?

In einer ersten Studie zu solchen Fragen konnte FRIEDRICHS (1984) für die Bewegungsentwicklungschancen von Kindern bedeutsame Unterschiede in den Lebenswelten der von ihrer Geburt bis zum Ende des ersten Lebensjahres beobachteten Kinder feststellen (so beispielsweise für den Verweilort; «Badegelegenheit, Wickeltisch»: in einem Fall schnelles Versorgen des Kindes, Reinigen, Wickeln in einem betont auf «kosmetische» Bedürfnisse von Erwachsenen hin ausgelegten Badezimmer – in einem anderen Fall ausgiebiges Planschen, spielen mit und im Wasser, teilweise mit der Bezugsperson in der großen Badewanne). Anhand solcher Erkundungen wird deutlich, wie recht unterschiedliche Entwicklungschancen für die einzelnen Kinder bestehen, und dies in einem für die Bewegungsentwicklung entscheidenden Entwicklungsabschnitt. Hier eröffnet sich u. E. für die Sportpädagogik ein wichtiges Untersuchungsfeld. Hinsichtlich der Gestaltungsfragen kleinkindgerechter Wohnwelt, der bewegungs- und entwicklungsförderlichen Betreuung seitens der Bezugspersonen erhält sie eine beratende Funktion.

2) Der «ökologische Nahraum» ist die «Nachbarschaft», die «Siedlung» (das «Dorf», der «Stadtteil», die «Wohngegend»). Hier knüpft das Kind seine ersten Außenkontakte, lernt neue Räume kennen, ist mit den Gegebenheiten des Wohnquartiers konfrontiert. Wie wir wissen, treten hier beträchtliche Unterschiede in den räumlichen Strukturen auf: Je nach Bauweise, Wohnsubstanz, Anlage des Wohnviertels, Verkehrsführung u. ä. finden Kinder recht unterschiedliche Bedingungen für ihre Spiel- und Bewegungsmöglichkeiten vor. Belegbeispiele für restringierte Bewegungsumweltverhältnisse gibt es zuhauf. «Gropiusstadt, das sind die Hochhäuser für 45 000 Menschen, dazwischen Rasen und Einkaufszentren... An jeder Ecke steht ein Schild in Gropiusstadt. Die sogenannten Parkanlagen zwischen den Hochhäusern, das sind Schilderparks. Die meisten Schilder verbieten natürlich Kindern irgend etwas... Das erste Schild stand schon an unserer Eingangstür. Im Treppenhaus durften Kinder nur auf Zehenspitzen rumschleichen. Spielen, Toben, Rollschuh- oder Fahrradfahren – verboten. Dann kam Rasen und an jeder Ecke das Schild ‹Den Rasen nicht betreten!› Die Schilder standen vor jedem bißchen Grün» (Christiane F. 1974, 23–24). Eine andere Stelle dieses Berichtes macht auf die kaum überwindbare Schwelle bei der Hochhausbauweise aufmerksam, als kleineres Kind (bis zum fünften Lebensjahr), allein die Wohnung zu verlassen bzw. gesichert wieder zurückzugelangen. Ein drastisches Beispiel für körperliche Fehlentwicklung, die nicht zuletzt mit solchen Wohnsituationen einhergehen kann, findet sich in Kap. 7.2 dieses Buches. Aber auch andere massive Eingriffe in den ökologischen Nahraum sind hinlänglich bekannt. Plätze und Straßen, ehemals Hauptorte kindlichen Bewegungsspiels, sind dem Autoverkehr vorbehalten.

Wir wissen sehr wenig über die Spiel- und Bewegungswelt im ökologischen Nahbereich der Kinder. Möglicherweise ist das, was wir entwicklungspsychologisch als «Phase des Bewegungsüberschusses» deklarieren, längst durch die Technisierung der Lebenswelten in Frage zu stellen. Um zu einer möglichst problemgerechten Einschätzung der Qualität des Bewegungslebens zu gelangen und damit insbesondere auch sportpädagogisch sinnvolle Beratung leisten zu können, sind Lebensweltanalysen vor Ort unverzichtbar.

3) Die ökologischen Ausschnitte. Hierunter faßt BAACKE die Orte, «in denen der Umgang durch funktionsspezifische Aufgaben geregelt ist» (1984, 85), Orte wie Kindergarten, Schule, Spielplatz, Sporthalle, -anlage, Schwimmbad, Betrieb, Lebensmittelmarkt usf. Kennzeichnend für diese Orte ist, daß sie zur Alltagswelt gehören, in ihrer zweckbestimmten, speziell ausgeprägten Raum- und Organisationsstruktur eben einen typischen Ausschnitt darstellen. Für Kinder bedeutet das Aufsuchen «ökologischer Ausschnitte» einen weiteren Schritt in die Welt hinein. Man zählt jetzt zu den «Größeren», ist im Kindergarten oder in der Schule.

Für ältere Kinder, Jugendliche und Erwachsene gehören ökologische Ausschnitte wie Schule oder Arbeitsstätte zum Lebensalltag. Von Interesse für die sportpädagogische Fragestellung sind sowohl jene «Ausschnitte», die eigens für Bewegung und Spiel eingerichtet sind, als auch jene auf andere Zwecke hin funktionalisierte. Bei den speziell auf Spiel und Sport zugeschnittenen Räumen interessiert die Typik: Welcherart Bewegungsanlässe stiften sie? (So beispielsweise die Typik der Sportschwimmbäder, LANDAU 1980.) Welche Rolle spielen sie in der Lebenswelt der Betroffenen (Zugangshäufigkeit, Bedeutsamkeit)? Welches Verständnis des Bewegungsproblems legen sie nahe?

Die im Alltagsleben gegebenen Routineorte sind, gerade weil sie die Menschen für längere Zeit binden, daraufhin zu untersuchen, wie sie aufgrund ihrer spezifischen Zweckrationalität menschliche Bewegung kanalisieren. Hier wären Untersuchungsthemen bedeutsam, wie «Schulumwelt als Bewegungsumwelt» (vgl. hierzu FRANKFURTER ARBEITSGRUPPE 1982, 164–170). «Wie kommen Schüler zur Schule (bewegungsintensiv/passiv)?» «Welche Bewegungsforderungen stellen sich am Arbeitsplatz?»

Gerade im Zusammenhang mit dem immer wieder zitierten «Bewegungsmangel» als Krankheit stiftendes Faktum in der modernen Industriegesellschaft ist u. E. weitaus mehr Ursachenforschung zu leisten.

4) Die Zone der ökologischen Peripherie: Darunter versteht BAACKE die außerhalb des Alltagslebens liegenden Orte, die von Zeit zu Zeit aufgesucht werden, so z. B. Urlaubsorte oder auch ferner liegende Freizeitangebote. Für das Bewegungsleben vieler Menschen kommt gerade dieser Zone hochrangige Bedeutung zu. Einerseits werden nicht alltägliche Orte nur zeitweilig aufgesucht, andererseits aber sind diese für die Besucher möglicherweise besonders eindrucksvoll, gerade weil es sich um die Ausnahme handelt. Hier ist die Frage von Interesse, wie solche peripheren Anlässe hinsichtlich des Spiel- und Bewegungsmotivs in die alltägliche Lebenswelt zurückwirken.

Wenn wir bisher die vier ökologischen Zonen im Sinn BAACKES schwerpunktmäßig auf das räumliche Verhalten von Kindern hin beschrieben haben, so geschah dies aus sportpädagogischer Sicht zum einen unter der Annahme, daß die Bewegungsentwicklung des einzelnen Kindes entscheidend durch seine jeweiligen Lebensumstände beeinflußt ist, zum anderen unter der Annahme, daß Kinder, falls sie in einer anregenden, reizvollen Umwelt aufwachsen können, sich zum großen Teil selbsttätig ein breites Bewegungsrepertoire aneignen.

Insoweit besteht für die Sportpädagogik sowohl eine analytische als auch konstruktive Aufgabe, wie wir angedeutet haben.

Aber nicht nur für die Problematik kindlicher Bewegungsentwicklung kommt dem ökologischen Ansatz ein hoher Stellenwert zu. Wichtig und hilfreich wäre auch eine sportpädagogische Betrachtung anderer Bevölkerungsgruppen in ihren jeweiligen lebensweltlichen Zonen, so z. B. die Bedeutung des ökologischen Zentrums für kranke, behinderte oder auch alte Menschen.

Mit der ökologischen Betrachtungsweise rücken bisher vernachlässigte Fragestellungen der Bewegungsforschung in den Blick. Einerseits wissen wir sehr wenig über das Bewegungsleben der Menschen, bezogen auf ihre konkreten Lebensverhältnisse: In welcher Weise ist die Bewegungsbiographie des einzelnen Menschen von der jeweiligen Typik der Wohnung, des Wohnquartiers, von den aufgesuchten ökologischen Ausschnitten bzw. der ökologischen Peripherie geprägt? Andererseits fehlen auch analytische Betrachtungen des über Raumordnungen offiziell verfügten Bewegungs- und Spielraumangebots: Inwieweit sind eigens zum Spielen und Bewegen angeordnete Räume (Spielplätze) für die kindliche Bewegungsentwicklung sinnvolle Einrichtungen? Stellen die Bewegungsräume des Sports (Sportplätze, -hallen, Schwimmbäder,

Trimmpfade u. ä.) tatsächlich ein angemessenes Angebot für ein erfülltes Bewegungsleben junger, aber auch älterer Menschen dar? Auch zur Bedeutung kommerzieller Bewegungsangebote wären solcherart Untersuchungen anzustellen.

Aber nicht nur der jeweils gegebene Zusammenhang von Umwelt und Bewegungsauslegung bedarf kritischer Untersuchungen, sondern auch die darin geforderte Qualität der Bewegungstätigkeiten. Man kann sich Qualitätsunterschiede von Bewegungserfahrungen anhand lebensweltlich eingebundener Tätigkeiten von Kindern in vergangenen und derzeitigen Tagen verdeutlichen: «Unsere Haupttummelplätze waren die nächste Umgebung des Domes, das alte Reichskammergerichtsgebäude, dessen große Räume jahrelang als Lagerplätze einem Gastwirt dienten, die große Burgruine Kalsmunt von der Stadt, die Felsenpartien an der Garbenheimer Chaussee..., auf deren Felsplatten wir unsere «Festungen» errichteten, die alte Stadtmauer und vor allem die auf einem Hochplateau gelegene Garbenheimer Warte, von der wir im Herbst unsere Raubzüge in die Kartoffelfelder unternahmen, um Kartoffeln zum Braten zu holen... Die Lahn, ein ganz respektabler Fluß gab im Sommer die gewünschte Badegelegenheit und im Winter die Möglichkeit zum Schlittschuhsport» (Bebel 1910: zit. nach Hardach-Pinke, Hardach (Hg.), 1981, 277).

Die vorstehenden Schilderungen beziehen sich auf die Kindheit Bebels, die dieser (geb. 1840) in Wetzlar an der Lahn verbrachte, betreffen also eine Lebenswelt aus der Mitte des 19. Jahrhunderts.

Dem Bericht kann man entnehmen: Die Stadt und die Umgebung stehen den Kindern offen für Abenteuer und risikoreiches Spiel. Es scheint so, daß die Kinder weniger abgeschirmt, abgesichert in ihrer kindlichen Spielwelt agieren können, andererseits in vielfältiger Weise Erfahrungen machen, ihre Umgebung auskundschaften. Bewegungskönnen erwirbt man in der unmittelbaren Auseinandersetzung mit Reizen, Risiken, Widerständen der Umwelt. Man klettert auf Felsen, Stadtmauern, Bäume, macht Feuer, läuft, springt, wirft bei den Streifzügen durch die Umgebung, badet, schwimmt im Fluß, erprobt das Eis beim Schlittschuhlaufen usf. Das kindliche Tun ist ganzheitlich eingebunden, auch in den Rhythmus der Jahreszeiten. Es mag sein, daß Kinder, die auf dem Lande leben, heute noch zum Teil ähnliche Geschichten erzählen können. Würde man jedoch Stadtkinder über ihren Alltag berichten lassen, träten wohl eher anstelle von Erlebnisschilderungen Auskünfte über ihr Tun zutage, die einem Wochenfahrplanbericht gleichen.

Mögen sich auch im einzelnen die Arten der Beschäftigung bei Kindern und Jugendlichen unterscheiden, so bestimmt doch die zeitliche und räumliche Auffächerung des Tageslaufs deren Alltag: Besuch von Schule, von Einrichtungen wie Sportverein, Jugendclub, Spielo- und Discothek, Spielplätze, Musik- und Ballettunterricht, Einkaufen, Hausaufgaben machen, Fernsehen, Musik hören bilden die zeitlichen Versatzstücke des Alltagslebens. Entsprechend dazu werden auch die jeweils spezifisch dafür bereitgehaltenen Räume aufgesucht. Was sich im Vergleich zu BEBELS Schilderung wohl am meisten verändert hat, ist jene zeitlich-räumliche Zerstückelung der Lebenswelt. Die weitgehende Offenheit eines großen, sehr vielfältigen Raumareals, in dem Kinder und Jugendliche ihre Spielaktivitäten selbsttätig inszenieren konnten, ist der organisierten Welt moderner Einrichtungen gewichen. Damit hat sich auch die Qualität an Erfahrungen verschoben. v. HENTIG beschreibt Kindheit heute als «eine Stadtkindheit, eine Einkaufs- und Verbraucherkindheit, eine Spielplatzkindheit, eine Verkehrsteilnehmerkindheit, eine Medienkindheit...» In ihr fehlen elementare Erfahrungen: «ein offenes Feuer machen, ein Loch in die Erde graben, auf einem Ast schaukeln, Wasser stauen, ein großes Tier beobachten, hüten, beherrschen..., das Verstehen und Vergehen der Natur, die Gewinnung und Verarbeitung von Material..., der Ernstfall, der nicht fiction oder Katastrophe ist, werden dem Kind wie den meisten Erwachsenen vorenthalten» (v. HENTIG 1985, 35). v. HENTIGS Kritik verweist auf einen viel weiter zu fassenden Zusammenhang von Lebenswelt- und Bewegungsstruktur. Ökologisch betrachtet, wirft seine Kritik das Problem auf, inwieweit sich solche Umweltbedingungen in einer spezialisierten, organisierten Industriegesellschaft überhaupt noch herstellen oder, konstruktiv gewendet, durch welche strukturellen Änderungen sich in den Lebensräumen solche erfahrungsträchtigen Situationen rückgewinnen lassen.

Wir wollen jedoch in unseren folgenden Überlegungen die kritischen Einwände v. HENTIGS auf den Bericht des Sports hin bedenken und danach fragen, in welchem Maße der Sport einen Bereich elementarer Erfahrungsmöglichkeiten darstellt bzw. darstellen kann.

Erfahrungslernen im Sport

Wie wir bereits zu zeigen versucht haben, ist der weitaus überwiegende Teil der Sportpraxis gekennzeichnet durch standardisierte Umgebungsbedingungen, Gerätschaften, durch einen Trainings-, Lehr- und Lernbetrieb, der sich an Fertigkeiten (den ‹Könnerlösungen› des jeweiligen Bewegungsproblems) orientiert. Da auch die Bewegungswissenschaftler mit wenigen Ausnahmen ihr Hauptaugenmerk auf die Analyse optimaler Techniklösungen richten, um relevante Daten für möglichst perfekte Bewegungstechniken zu liefern, hat sich eine Bewegungslehre des Sports etabliert, die sich als Techniklehre versteht. In den Lehr-, Lernprozessen steht bei einer solchen Bewegungslehre nicht die Auseinandersetzung mit dem jeweiligen Bewegungsproblem an, sondern die möglichst korrekte Übernahme einer Bewegungsform, der fertigen Lösung des Problems: der Bewegungsfertigkeit. Zweifellos läßt sich dabei auch etwas in Erfahrung bringen, z. B. daß ich die Bewegungsform nicht auf Anhieb erlernen kann, daß ich trotz der Ratschläge des Trainers, des Lehrers den Bewegungsvollzug immer wieder fehlerhaft reproduziere, daß mir die geforderte Bewegung zunächst gelingt, dann aber wieder nicht so recht u. a. m. Was jedoch gleichsam außerhalb von mir selbst bleibt – und das scheint uns mit «elementarer» Erfahrung gemeint –, ist der je eigen von der Person geführte Dialog mit der jeweils gegebenen dinglichen oder sozialen Umwelt. Bevor wir den Versuch unternehmen, den von uns gemeinten Erfahrungsbegriff zu entfalten, wollen wir zunächst jenen Prozeß originärer Auseinandersetzung an einem Beispiel veranschaulichen, das CHRISTIAN (1962) beschrieben hat.

Was geschieht eigentlich, wenn sich Menschen unvermittelt und unverstellt mit physischer Welt auseinandersetzen, wenn sie also in einen Dialog mit dinglichem Gegenüber treten?

> «Vor mir befindet sich das Zugseil einer Glocke. Es sei durch ein Loch an der Decke geführt und mithin die Voraussetzung erlaubt, daß ich nicht wüßte, wohin das Seil führt, noch wozu es dient. Ich kenne also weder den Gegenstand ‹schwingende Glocke›, dessen Teil und Handhabe das Seil ist, noch weiß ich die Bedienungsart, geschweige denn spezielle Formen der Betätigung.
> Damit die Glocke für mich existiert, muß ich sie in Gang setzen und das Zugseil in bestimmter Weise bewegen. Im Maße meiner

> Bewegung entfache ich Gegenkräfte, die ihrerseits vom schwingenden System der Glocke nach Größe, Richtung und Verlauf maßgeblich bestimmt werden. Aber gerade diese maßgebliche Bestimmtheit, welche die Objektivität der Schwingung ausmacht, kommt nur dann zum Vorschein, wenn sie durch die Weise meiner Bewegung (so und nicht anders) entfaltet wird. Ein ungeordnetes Zerren am Seil, ein regelloser Umgang führt zu nichts» (CHRISTIAN 1962).

Schon der erste Zug am Seil läßt das schwere Gegenüber spüren – ein wenig nachgebend – da hängt was dran – da scheint es kein irgendwo starr festgebundenes Ende zu geben –, und in dem Maße, wie ich seine Schwere zu mir ziehe, weiß ich auch schon, daß diese Schwere wieder zurückzieht, wenn ich nachgebe. CHRISTIAN spricht hier vom «Wertbewußtsein im Tun» und meint damit die Evidenz des «passenden» Umgehens mit dem objektiven Gegenüber. «Was im Tun werthaft entschieden ist und als höherer Wert intendiert und verwirklicht wird, ist im Resultat objektiv bestimmbar. Es scheint nun, daß eine symmetrische Geläufigkeit besteht zwischen der Ordnung des Tuns und der Ordnung der mechanisch objektivierbaren Exaktheit der Tat» (CHRISTIAN 1962, 24).

Jenes «Wertbewußtsein im Tun» vermögen wir in Erfahrung zu bringen – etwa dann, wenn wir (schon als kleines Kind) ein Schaukelpferd, eine Schaukel in Gang setzen oder einen Roller, ein Fahrrad ins Gleichgewicht bringen, wenn wir am Reck schwingen. Aber wir brauchen auch Zeit dazu, uns auf die Dinge einzulassen und die jeweils charakteristische Handhabung herauszuspüren, «so, daß durch die Form der Bewegung das mechanische System so entfaltet wird, wie es seiner mechanischen Eigenart entspricht» (CHRISTIAN a. a. O., 25):

Der Satz «ich habe etwas in Erfahrung gebracht», meint in diesem Zusammenhang also, daß ich im Tun die mechanisch geltenden Regeln aufgespürt und ihnen zu folgen gelernt habe. In der Auseinandersetzung mit der dinglichen Welt sind solche Erfahrungen «elementar» für die Person. So, wie man schon als kleines Kind beim Stehen und Gehenlernen die mechanische Regel «Schwerkraft» erspüren und sich einpendeln lernen muß.

THOLEY (1987) hat diesen Auseinandersetzungsprozeß des Menschen mit der dinglichen Welt, sowohl theoretisch im Rückbezug auf die Gestalttheorie als auch im Hinblick auf didaktische Folgerungen, aufschlußreich beschrieben. Gerade weil «Erfahrung», «in Erfahrung bringen» nur aus der Sicht des erkennenden und erlebenden Subjekts her begriffen werden kann, erscheint uns der gestalttheoretische Ansatz für die Bewegungslehre grundlegend und für eine didaktische Umorientierung der Lehr- und Lernprozesse im Sport von zentraler Bedeutung. Hier ist insbesondere auf die Arbeiten von THOLEY (1980, 1986, 1987) und von KOHL (1956, 1961) hinzuweisen. Eine erste Würdigung und instruktive Erläuterung dieses in der Bewegungslehre bisher kaum beachteten Ansatzes findet sich bei MECHLING (1984).

Wir wollen den Ausführungen THOLEYS nur insoweit nachgehen, als sie unser Problem, die «elementaren» Erfahrungen im Sport, betreffen. THOLEY spricht am Beispiel der Gerätesportarten von «grundlegenden Handlungs- oder Grundstrukturen» (1987, 99) und versteht darunter «Strukturen einer zweckgerichteten Behandlung des Geräts», die der Lernende im Dialog mit den Dingeigenschaften erwirbt. Er erläutert das am Beispiel des Skateboardfahrens. Als grundlegende Handlungsstruktur führt er hier das «Pumpen» an, bei dem das Board durch Fußschübe beschleunigt wird. (Daß so etwas mechanisch überhaupt funktioniert, ist in der Konstruktion des Skateboards – in den elastisch am Brett angebrachten Rollen begründet.) Die Dingeigenschaft kann entdeckt werden, wenn man das Board während der Fahrt (um die Längsachse) kippt. (Wenn man dosiert kippen kann, gelingen Kurven- und Schlangenfahrten vor allem bergab.) Um auf dem Skateboard weiterfahren zu können (auch bergauf), ist nun herauszufinden, wie ich mich über das Kurvenfahren hinaus selbst beschleunigend vorwärtsbringe. Eine solche Beschleunigung kann mit dem sogenannten Pumpen erzeugt werden. THOLEY sagt dazu einem Schüler: «Gib aber dem Board gleichzeitig mit dem Kippen noch einen Vorwärtsschub mit beiden Füßen in die Kurve.» Die für das Gleichgewicht nötige Bewegung und Streckung des Körpers (Hüft- und Kniegelenk) erscheint bildlich als «Pumpbewegung». Wie beim Glockenseilbeispiel gilt es, die mechanischen Regeln zu entdecken. Kann man diesen Regeln folgen, hat man die grundlegende Handlungsstruktur des Skateboardfahrens parat.

Eine solche Erkundung von Dingeigenschaften findet dann vor allem statt, wenn man sich ohne Belehrung mit dinglicher Umwelt auseinandersetzt. Dabei lassen sich Formen des Erfahrens unterscheiden (vgl. DEWEY, zit. n. KAISER 1972, 138):

- Regeln werden auf gut Glück aufgespürt, Erfahrung entsteht als Resultat geglückten Handelns, ohne die Regel im einzelnen genau zu kennen. (Auf der Piste kann ich meine Skier in die gewünschte Richtung drehen, im schweren Schnee nicht.)
- Erfahrung basiert gerade auf dem Erkennen der einzelnen Regeln und darauf, wie diese zusammenspielen (wie im Beispiel Skateboardfahren).

Gerade die zweite Form von Erfahrung – wenn ich das «Prinzip der Sachlichkeit» herausgefunden habe – eröffnet den Weg zum «Prinzip der Variabilität». Wenn ich die elementare Erfahrung gemacht habe, die Grundstruktur erkannt habe, kann ich auch das Muster abwandeln (so z. B. auf dem Einrad vor- und rückwärtsfahren; vgl. dazu THOLEY 1987, 103).

Im Bereich des Sports sind solche auf Erfahrung bezogene Lehr- und Lernvorgänge zumeist erst den Könnern vorbehalten. Dieses muß um so mehr verwundern, als gerade die Betrachtung des ungelenkten Kinderspiels an diesem Beispiel Skateboardfahren belegt, daß das auf Erfahrung rekurrierende Lernen sehr schnell ein hohes Niveau an Bewegungskönnen hervorbringt. Solcherart Lernprozesse sind jedoch dem herkömmlichen Sportunterricht im allgemeinen fremd. Mit einem Unterricht, der auf die Erfahrung der Lernenden setzt, ändert sich auch das Verständnis von Methode. Der Methodenfrage wurde schon von Anbeginn des organisierten Unterrichts an im Turnen, später dann in den Leibesübungen und im Sport große Bedeutung beigemessen. Das Methodenproblem stellte sich dabei durchgehend aus der Sicht des Lehrenden als Frage nach kurzen, sachgemäßen, sicheren und bewährten Wegen zu den einzelnen Lernzielen (FETZ 1977, 7. Aufl.). Zum Beispiel: Mit welcher Methode kann ich möglichst erfolgreich Schülern das Schwimmen beibringen, oder mit welcher Reihe von Übungen kann ich gezielt deren Körper kräftigen? Daneben galt es, im Unterricht den zunächst für die Schüler noch potentiell «offenen» Bewegungs- und Spielraum, nicht zuletzt aus Sicherheitsgründen, über entsprechende Ordnungsformen (Aufstellungen) zu präparieren, um so den eingeschlagenen Lehrweg sicher umsetzen zu können.

Nicht jeden ...

...hat die Natur mit gleichen Gaben ausgestattet. Beim Sport zeigt sich dies in augenfälliger Weise. Was dem einen mühelos gelingt, ist für den anderen nur durch ständiges Bemühen und durch eiserne Disziplin zu erreichen. Diese Eigenschaften zu fördern und zu stärken ist wichtige Aufgabe der Sportpädagogik. Jungen Menschen werden sie später auch in anderen Bereichen von Nutzen sein, im Umgang mit Geld zum Beispiel.

Das in der Fachtradition bis in die heutige Zeit allgemein vorherrschende Verständnis von Unterrichtsmethode – das Methodenproblem ausschließlich als Problem des Unterrichtenden zu begreifen – ist neben den Sicherheitserwägungen auch in fachlichen Zielsetzungen selbst begründet. Wir haben bereits an anderer Stelle zu skizzieren versucht, daß weithin verbreitet der Unterricht daraufhin angelegt ist, sportliche Bewegungstechniken (Fertigkeiten) und die Aneignung konstitutioneller Voraussetzungen (Fähigkeiten) zu vermitteln. In der Sportpraxis sind dazu immer wieder bewährte Fertigungs- und Trainingsverfahren (Methoden) bereitgestellt worden. Die Erstellung solcher sachgemäßer Wege mündete oft in objektivierte, überindividuelle Verfahren, so z. B. methodische Reihen und Lernprogramme.

Wenn auch von Zeit zu Zeit aufgrund einer Weiterentwicklung sportlicher Techniken eine erneute Anpassung der Methoden erfolgen mußte, so blieb doch das Verständnis von Methodik gleich. Jene war und ist die Sache des Lehrenden, er inszeniert die einzelnen Lernschritte über entsprechende Aufgaben, Anweisungen und sucht die dafür geeigneten Organisationsformen aus.

In der erziehungswissenschaftlichen Diskussion ist dieses Verständnis von Methodik zunehmend in Kritik geraten. Zum einen entzündete sie sich an der Geschlossenheit eines über ein solches methodisches Repertoire erzeugten Unterrichts, der die Schüler als Objekte des Belehrens ansah, die nicht zu wissen brauchten, warum der Lehrer gerade jenes zum Thema machte und warum dieses gerade so angepackt und durchgeführt wurde. Im Zuge dieser Kritik entstanden Konzepte sogenannten offenen Unterrichts, in denen dem Schüler mehr Eigenständigkeit im Lernprozeß zugestanden werden sollte. Zum anderen wurde der Methodenbegriff in der allgemeinen Didaktik selbst zum Untersuchungsgegenstand (so bei Kaiser 1972, Menck / Thoma 1972, Menck 1976 und Klafki 1976).

Vor allem Kaiser (1972) hat in seinem Beitrag «Erkenntnistheoretische Grundlagen pädagogischer Methodenbegriffe» einen zentralen Aspekt von Methode herausgearbeitet: die gegenstands- bzw. inhaltskonstitutive Funktion von Methode. Da sich die Aufmerksamkeit bisher nahezu ausschließlich auf Methode «als Durchsetzung von Inhaltlichkeit» gerichtet hat, ist das, was Methode im Schüler erzeugt, nicht in den Blick genommen worden.

Gleichwohl konstituiert sich gerade erst im Prozeß der Vermittlung über Methode der jeweilige Inhalt und erhält seine eben über das methodische Vorgehen erzeugte thematische Struktur: Schüler finden eine über das methodische Vorgehen präparierte Situation vor, in der sich für sie über die einzelnen methodischen Schritte das jeweilige Thema in spezifischer Weise erst entfaltet. Das Thema kommt so in den Horizont des Schülers, wie es über die einzelnen Schritte hinweg verhandelt wird. Das bedeutet aber auch, daß beispielsweise bei einem methodischen Vorgehen, verstanden als Durchsetzungsstrategie von Inhalten, die Schüler die Inhalte nur in der Weise in Erfahrung bringen können, wie der Lehrer sie thematisch aufbereitet hat. «Durchsetzung von Inhaltlichkeit» beinhaltet andererseits jedoch auch, und das ist für die Art der inhaltskonstitutiven Funktion bedeutsam, daß der jeweilige Inhalt vorab bereits vorkonstruiert und aufbereitet ist. Da die Schüler von diesem Vorgang nichts wissen, können sie in der Regel die Logik des methodischen Vorgehens im Rückbezug auf den thematischen Gesamtzusammenhang nicht verstehen. (Überzeugende Belege eines solchen nicht einsichtigen methodischen Aufbaus und dessen Wirkungen findet man bei der Frankfurter Arbeitsgruppe 1982, 39–48.)

Den Methodenbegriff aus der Perspektive des Schülers zu begreifen ist für Lernprozesse im Bewegungslernen wahrscheinlich noch weitaus elementarer als für einen rein kognitiven Unterricht, da die Lernenden in leiblicher Auseinandersetzung mit eigenem leiblichen Risiko die vorgegebene Situation bewältigen müssen. So kann ein Kind eben nur in der Weise das Wasser beim Schwimmenlernen in Erfahrung bringen, wie es der jeweilige, über Methode geschaffene Zuschnitt der Wirklichkeit zuläßt. Dabei kann ein Kind z. B. aufgrund biographisch gegebener Ängste in eine bedrängende Situation geraten, obwohl der von dem Lehrer gewählte methodische Weg «sachlogisch» stimmig scheint.

Das Wissen um die gegenstandskonstitutive Funktion von Methode wirft im Sportunterricht die Frage auf, inwieweit überhaupt blindes, d. h. nicht einsichtiges Vorgehen für die Lernenden sinnvoll scheint. (Eine ausführlichere Diskussion dieser Problematik haben wir im Kapitel 7.1 «Bewegung im Unterricht» mit dem Beispiel «Kippwende» versucht.)

Beim unmittelbaren leiblichen Beteiligtsein läßt es sich zwar gar nicht vermeiden, daß Erfahrungen gemacht werden, auch wenn man das Sachproblem nicht kennt. Die Erfahrungen bleiben jedoch bei einem solchen Vorgehen in gewisser Weise diffus. Sie können schwerlich als kontrollierte Erfahrungen in das eigene Lernen integriert werden. Auch Schmerz oder Angst hervorrufende Betroffenheit bleibt notgedrungen unbearbeitet. Erst wenn es gelingt, Methode auch als Strategie des Lernenden selbst zu entwerfen, kann dieser seine Erfahrungen methodisch überhaupt erst auf das Lernproblem hin einbringen und ausrichten. Insoweit kommt Methodenentscheidungen, wie BRODTMANN (1987) es ausdrückt, «revolutionäre Bedeutung zu». Die Einbeziehung der «gegenstandskonstitutiven» Funktion von Methode hat dann zur Folge, daß für das Lernen von Bewegung, Spiel und Sport die gängigen methodischen Verfahren neu überdacht werden müssen.

Eine auf Erfahrung gründende Bewegungslehre gilt es noch zu entwikkeln. Einen ersten theoretisch fundierten Ansatz hat SCHERLER (1975) für den Bereich der vorschulischen Erziehung vorgelegt. In Anlehnung an PIAGET arbeitet SCHERLER den Begriff materialer Erfahrung heraus. Ausgehend von PIAGETS Erfahrungstyp «experience physique», der auf die handelnde Auseinandersetzung mit Objekten der äußeren Realität bezogen ist, entwickelt SCHERLER den Begriff materialer Erfahrung. Jene Kategorie deckt sich insoweit mit der von uns entfalteten «dinglichen Erfahrung», wenn der Erfahrungsvorgang sich unmittelbar auf die Erkundung eines Objektes der äußeren Realität richtet. So erläutert SCHERLER den Vorgang materialer Erfahrung im experimentierenden Umgang mit einem Objekt am Beispiel einer Schaukel:

> «Das Kind, das im Schaukeln materiale Erfahrung sucht, begnügt sich ja nicht allein damit, zu schaukeln, denn dies wäre bereits mit dem ersten Pendeln gegeben. Es beginnt vielmehr bald mit den Orten und Zeitpunkten des Abstoßens am Boden zu experimentieren, es variiert den Zeitpunkt und die Stärke der Rücklage des Oberkörpers, es verändert die Griffhöhe der Hände am Seil, oder es verlangsamt sein Pendeln durch Gegenschwünge als Folge einer spannungslosen Körperhaltung. Materiale Erfahrung heißt das «Prinzip» des Schaukelns erkennen, was die Tätigkeit des Schaukelns zwar voraussetzt, was sich aber nicht zwangsläufig mit ihr einstellt» (1975, 141).

Im handelnden Umgang exploriert das Kind das Schaukelding, indem es die Dingeigenschaften (die mechanische Eigenart) durch seine den mechanischen Regeln nachspürende Eigenbewegung sich im wahrsten Sinne des Wortes einverleibt. SCHERLER diskutiert auch, inwieweit sich unter didaktischer Perspektive Prozesse materialer Erfahrung inszenieren lassen. Eingeschränkt auf den Bereich vorschulischer Erziehung, plädiert er für ein Konzept, das Situationen arrangiert, in denen reizvolle Materialien vorhanden sind, mit denen Kinder in eigener Regie umgehen und verschiedene Funktionen des Spielmaterials entdecken können (vgl. Scherler, 146). Scherler möchte den Umgang mit den Materialien «offen» halten, d. h., was und in welcher Reihenfolge von den Kindern am und mit dem Material thematisiert wird, bleibt ihnen selbst anheimgestellt. Wichtig ist das selbständige Handeln und das damit mögliche eigenständige Auskundschaften der Materialfunktionen. Scherlers Argumente für ein selbständiges Erkunden gerade in dieser Altersstufe überzeugen. Gleichwohl bleibt der erkundende Dialog des Kindes mit seiner materialen Umwelt in seiner «inhaltlichen» Orientierung im dunkeln. Damit meinen wir die Frage nach dem handlungsleitenden Sinn. An was orientiert sich die bewegungsmäßige Auseinandersetzung, was wird eigentlich in Erfahrung gebracht?

Leist / Loibl (1986) zeigen die Bedeutung der Sachorientierung für könnenssteigernde Erfahrungen an einem auf Tiwald (1983) zurückgehenden Beispiel auf: Beim alpinen Skifahren erfährt der Skifahrer die bergabwärtswirkende Kraft. Nun kann er, um eine schnelle Fahrt zu vermeiden, hangquerend seine Richtung einschlagen, um dann nach einer Umkehr der Bewegungsrichtung (mittels eines Bogens oder Schwunges) erneut hangquerend den abwärtsbeschleunigenden Schub zu drosseln. Er bewegt sich in der «Sinnperspektive» von einer sicheren Situation in die andere» bzw. unter der Vorstellung «um die Fallinie herumkommen» (1986, 39). Damit entgeht er der Erfahrungsmöglichkeit, sich der Fallinie zu überlassen, oder, von seiner Orientierung her ausgedrückt, er vermeidet die Erfahrung der Fallinie und besetzt diese, wie Leist / Loibl es charakterisieren, als «Zone der Angst» (1986, 39).

Bleibt ein Skiläufer bei dieser Art Orientierung, so kann er gerade nicht die könnenssteigernden Erfahrungen in der Auseinandersetzung mit der Fallinie machen: das rhythmische Spiel um die Fallinie, das, was Skifahrer «Schwingen» nennen, ähnlich wie auf einer Schaukel, von einem Schwung in den anderen über das Erspüren des zunehmenden Drucks bei querdrehenden Ski am «Schaukelende», (der der Fahrt dosierende Sicherheit gibt), der gleichsam das «Trittbrett» bildet für die neue Drehung. Leist / Loibl sprechen in diesem Zusammenhang von der «Erfahrung der Fallinie als tragendem Pfeiler der Handlung» (1986, 39).

Dieses Beispiel macht deutlich, wie der Bewegungsdialog von der subjektiven Deutung der Situation abhängig ist. Damit sind auch die Erfahrungschancen zum Herausfinden der Dingeigenschaften (im vorliegenden Falle der Dingeigenschaften der Skier in Korrespondenz zu den Raumeigenschaften) und somit auch ein potentieller Könnensfortschritt abgegrenzt. Insbesondere in Situationen, in denen Material, Räume erkundet werden, verbunden mit existentiellem leiblichem Risiko, spielt es hinsichtlich der Erfahrungsmöglichkeiten eine bedeutsame Rolle, in welcher Weise die existentielle Betroffenheit subjektiv verarbeitet wird.

Die vorstehenden Ausführungen zum Erfahrungslernen reißen mehr Fragen auf, als sie beantworten. Eine allgemeine theoretische Grundlegung des Erfahrungslernens im Bereich Bewegung, Spiel und Sport steht noch offen. Innerhalb der Sportpädagogik ist von verschiedenen didaktischen Problemstellungen aus versucht worden, für rein erfahrungsgeleitetes Lehren und Lernen zu plädieren und zum Teil auch praktische Vorschläge vorzulegen (u. a. die Arbeiten von BRODTMANN / LANDAU (1982), LANGE / LEIST / LOIBL (1986), LEIST / LOIBL (1986), MARAUN (o. J.), MARAUN / PASCHEL / SCHEEL (1983) und TREBELS (1983). In diesem Zusammenhang sind noch die beiden Sammelbände zum Thema «Körpererfahrung» zu nennen: BIELEFELD (Hg.) 1986 und FUNKE / SPERLE / TREUTLEIN (Hg.) 1986.

6 Erziehungstheoretische Grundlagen

«homo educandus»

Wenn auf die Tatsache verwiesen wird, der Mensch brauche Erziehung, dann schwingen darin meist zwei unterscheidbare Intentionen mit: einmal wird auf die Hilfsbedürftigkeit des jungen Menschen, d. h. auf sein Angewiesensein auf andere Menschen, hingedeutet; zum anderen wird in solcher Rede meist ein Anspruch formuliert, den andere, der Staat, eine Lebensgemeinschaft, eine Glaubensgemeinschaft oder bestimmte gesellschaftliche Gruppen, an den zu erziehenden Menschen und seine Erzieher vorbringen. Verdeutlichen wir uns dies an der Präambel des Leitfadens für den Turnunterricht in den Preußischen Volksschulen vom 1. April 1895. Dort steht über Zweck und Aufgabe des Turnens:

«Das Turnen in der Schule soll: durch zweckmäßig ausgewählte und wohlgeordnete Übungen

– die leibliche Entwicklung der Jugend fördern und die Gesundheit stärken,
– den Körper an eine naturgemäße schöne Haltung gewöhnen,
– die Kraft und Ausdauer und Gewandtheit des Körpers im Gebrauche der Gliedmaßen vermehren und dabei
– die Aneignung gewisser im Leben vielfach nutzbarer Fertigkeiten, besonders auch mit Rücksicht auf den künftigen Wehrdienst im vaterländischen Heere, sichern;

durch die ganze Art des Unterrichtsbetriebes, gleichzeitig mit der Steigerung der Gesundheit, Kraft und Geschicklichkeit des Leibes, wesentlich dazu mitwirken:

– Frische des Geistes, Vertrauen in die eigene Kraft und Entschlossenheit des Willens – Besonnenheit wie Mut – bei der Jugend zu wecken und zu fördern, sie aber auch
– an rasches Auffassen und genaues Ausführen eines Befehls zu gewöhnen und zu williger Unterordnung unter die Zwecke eines größeren Ganzen zu erziehen.»

Die Sorge gilt also der leiblichen und geistigen Entwicklung, verbunden mit einem gesellschaftlichen Zweck: der Vorbereitung auf den künftigen Wehrdienst und der Erziehung zu williger Unterordnung. Erziehung heißt, notwendige Bemühungen um die kindliche Entwicklung mit Ansprüchen der Erwachsenengesellschaft zu verbinden.

Zweck und Aufgabe des Turnens weisen hier also auf spezifische, historisch bedingte Ansprüche des Staates hin, seine Macht und seine Ordnung im Zuge der Erziehung der heranwachsenden Generation zu sichern. Diese doppelte Orientierung (individuelle Entwicklungsförderung und Sicherung gesellschaftlicher Verhältnisse) ist ein grundsätzliches Merkmal von Erziehung. Wie diese doppelte Absicht von Erziehung jeweils formuliert wird, hängt stark von spezifischen historischen und gesellschaftlichen Lagen ab. Auf welch unterschiedliche Weise sich Gesellschaft über Erziehung reproduziert, kann nur sozialhistorisch angemessen erfaßt werden. Gegenstand der dazu notwendigen Untersuchungen sind die «gesellschaftlichen Reaktionen auf die Entwicklungstatsache» in ihren je historischen Ausformungen.

Wie die Entwicklungstatsache in verschiedenen Gesellschaften ausgelegt wird, spiegelt also einerseits die Ansprüche dieser Gesellschaft an ihre Mitglieder; sie läßt aber andererseits auch Rückschlüsse darauf zu, welches Bild vom Menschen der Erziehung zugrunde liegt. Damit ist dann auch die anthropologische Frage aufgeworfen, was denn die menschliche Entwicklung allgemein kennzeichnet.

Anthropologische Aspekte: «Der Mensch braucht Erziehung!»

Schon aus der Sicht der biologischen Anthropologie erscheint der Mensch als ein Wesen, das auf Erziehung angewiesen ist. Es kommt als «Mängelwesen» (PORTMANN 1962) auf die Welt; mehr als jedes Tier braucht der Mensch Pflege über eine vergleichsweise lange Entwicklungszeit. Der Mensch ist ein erziehungsbedürftiges Wesen.

Seine ererbten Anlagen sind unspezialisiert, nicht auf eine spezifische Umwelt und deren Bewältigung angelegt. Der Mensch ist umweltentbunden und weltoffen. Die daraus erwachsende Unsicherheit muß er ausgleichen und alle Verhaltens- und Leistungsformen, die er zur Lebensbewältigung braucht, lernen. Seine unspezialisierten Organe (z. B. seine Hände) muß er als Universalwerkzeug einsetzen lernen.

Die Welt, in die er hineingeboren und -erzogen wird, ist ein wandelbares Gefüge mit sehr variablen und sich ändernden Formen des Soziallebens, der Kultur und des gesellschaftlichen Wertehorizontes. Angesichts dieser Ausgangslage ist der Mensch ein lernbedürftiges Wesen. Im Gegensatz zum Tier, das umweltgebunden und instinktgesichert ist, muß er sich grundlegende Verhaltensweisen aneignen. In die Vielfalt möglicher Lebensformen kann er nur hineinfinden, weil er ein lernfähiges Wesen darstellt. Da er «nicht über angeborene Verhaltensmuster verfügt, sondern auf Erfahrungen und die Verarbeitung dieser Erfahrungen angewiesen ist» (ROTH 1966, 147/148), ist er aus der Sicht der biologischen Anthropologie «nicht nur als das lernbedürftigste und lernfähigste, sondern auch als das erziehungsbedürftigste und erziehungsfähigste Wesen» (ROTH 1966, 147) zu sehen. «...was seine Mängel ausmacht, ist gleichzeitig sein Reichtum: die Kehrseite seiner Lern- und Erziehungsbedürftigkeit ist eine unendliche Lern- und Erziehungsfähigkeit» (ROTH 1966, 149).

Sosehr es umstritten ist, Wesen und Bestimmung des Menschen aus den Tier-Mensch-Vergleichen der Anthropologie abzuleiten, so können (nach ROTH) aus diesen Vergleichen spezifische Ausgangs- und Entwicklungsbedingungen des Menschen gewonnen werden, die für seine Erziehung grundlegend sind.

Aus der prinzipiell gegebenen Bildsamkeit des Menschen läßt sich jedoch nicht begründen, zu welcher Bestimmung er erzogen und gebildet werden soll. Die biologische Ausstattung des Menschen verweist gerade nicht auf eine bestimmte Form des Lebens, sondern sie gestattet eine große Breite von Entwicklungsmöglichkeiten. Trotz der prinzipiell offenen Lebensgestaltung bedarf es zu seiner Erziehung einer Auseinandersetzung mit spezifischen, zumeist klar geordneten Umwelten. Die Auseinandersetzung mit solchen Umwelten ist notwendig, um seine Anlagen zu entfalten. So findet der junge Mensch nach seiner Geburt eine von Generationen vor ihm geprägte soziale und kulturelle Umgebung vor. Seine Lernfähigkeit ermöglicht es, sich diese kulturelle Welt anzueignen. Nie ist diese Aneignung bloße Anpassung. Die schon genetisch einzigartige Ausstattung eines jeden Menschen führt zu individuellen Formen des Lernens und der Welterschließung. Der Mensch verfügt über Handlungs- und Entscheidungsspielräume für eine individuelle Lebensbewältigung und -gestaltung. Weltoffenheit verweist auf die Fähigkeit, sich eine gegebene Welt individuell zu erschließen und zugleich zu ihrer individuellen Ausgestaltung fähig zu sein.

Die sportpädagogische Frage lautet, welche Bedeutung der Leiblichkeit und Bewegung in der Erziehung des Menschen zukommt. Hierzu können jene Ansätze einer Theorie der Leiblichkeit herangezogen werden, wie sie Grupe (1984) im Anschluß an die anthropologischen Wissenschaften herausgearbeitet hat.

Grupe weist auf die fundamentale Bedeutung hin, die Leiblichkeit für die Beziehung des Menschen zur Welt und zu sich selbst hat. «Mit unserem Leib sind wir bei den Dingen und der Welt und sind die Dinge und die Welt gleichsam bei uns. Mit unserem Leib sind wir ‹eingelassen in ein konkretes Milieu› (Merleau-Ponty 1966, 134). Deshalb und in diesem Sinne ist unser Verhältnis zur Welt, zu den Dingen und zu anderen Menschen ein ursprünglich leibliches Verhältnis, d. h. ein Verhältnis, das «über» unseren Leib gleichsam hinweggeht und ihn in Anspruch nimmt» (Grupe 1984, 27).

Der Leib ist die Bedingung unserer Wahrnehmung, des Erlebens und des Erkennens unserer selbst und der Welt. Die Weltoffenheit des Menschen prägt auch das Verhältnis des Menschen zu seinem Leib; «sein Leibverhältnis ist seiner Natur nach offen und unbestimmt» und «zugleich bestimmbar» (Grupe 1984, 22).

«Unser Leib hat eine Mittlerrolle zu unserer Welt; er erschließt sie uns in jeweils spezifischen Hinsichten; durch ihn sind wir auf sie hin orientiert» (GRUPE 1984, 62). Leibverhältnis und Weltverhältnis werden insbesondere durch die Bewegung des Menschen konstituiert. Selbsterfahrung und Welterfahrung sind an Bewegung gebunden.

Das Leibverhältnis des Menschen ist doppeldeutig. Es ist gekennzeichnet durch das, was PLESSNER (1981) die «exzentrische Positionalität» bezeichnet. Auf eine kurze Formel gebracht, meint dies, daß der Mensch einerseits, wie das Tier auch, in seiner Leiblichkeit existiert, sein In-der-Welt-Sein eben darauf zentriert ist; er bleibt unwiderruflich an diese Leiblichkeit gebunden. Was den Menschen vom Tier aber unterscheidet, ist, daß der Mensch diese Bindung durchbrechen, sich von sich selbst distanzieren, das heißt sich «exzentrisch» verhalten kann. «Zufolge seiner Exzentrizität vermag er seine Mitte zu verlassen, sich in eine Distanz zu sich selbst zu bringen. Der Mensch kann sich zu sich selbst verhalten» (MEINBERG 1986, 137). Dies ist zugleich Voraussetzung und Bedingung, «Ich» zu sich sagen zu können. «‹Verfügbarkeit› und ‹Erlebbarkeit› des Leibes setzen dieses ‹Ich› voraus, und das ‹Ich› stellt eben diese Verfügbarkeit und Erlebbarkeit her» (GRUPE 1984, 31). Der Mensch ist sein Leib (Leibsein), er kann seinen Leib aber auch distanziert betrachten, ihn als Mittel und Instrument einsetzen und entwickeln (Leib haben). Dieses Verhältnis stets neu zu bestimmen, charakterisiert das menschliche Dasein. Die Identitätsentwicklung des Menschen ist auf diese anthropologische Tatsache verwiesen (vgl. MEINBERG 1986, 138).

Die Anthropologie vermag, wie wir sehen, grundsätzliche Rückschlüsse über die Erziehungsbedürftigkeit und -fähigkeit des Menschen zuzulassen, und sie ist auch durchaus in der Lage, die Funktion von Leiblichkeit und Bewegung als Grundlage der Erziehung zu erhellen. Wie und unter welchen Bedingungen sich Erziehung wirklich ereignet, bzw. welche Aufgabe man ihr zuweist, hängt jedoch vom historischen und gesellschaftlichen Umfeld ab. Anthropologie kann auf den fundamentalen Tatbestand hinweisen, daß der Mensch sich über seine Leiblichkeit und in und mit seiner Bewegung Welt aneignet und sie als seine Welt gestaltet: Welche Welt er sich allerdings erschließt und welche Person er dabei zu werden vermag, kann unter anthropologischem Aspekt allein nicht bestimmt werden. Erst im Blick auf die Umstände seines Lebens, auf die soziale und kulturelle Umwelt werden die spezifischen Möglichkeiten der Lebensgestaltung und damit auch der Persönlichkeitsentwicklung erkennbar. Die anthropologische Betrachtung bedarf der Ergänzung durch eine sozialhistorische.

Sozialhistorische Aspekte: «Kinder brauchen Schulen!»

Der anthropologische Tatbestand, daß der Mensch erziehungsbedürftig und auf Erwachsene angewiesen ist, bedeutet nicht, daß damit zu allen Zeiten auch eine bewußte Vorstellung von Erziehung entwickelt wurde. Erziehung gab es (im Sinne BERNSTEINS) zwar insofern, als es Reaktionen auf die «Entwicklungstatsache» gab. Klare Maßgaben und Zielsetzungen für eine Erziehung entstanden aber erst im Zusammenhang mit einer Vorstellung von Kindheit. Auch die Entwicklung einer öffentlichen Erziehung durch Schulen hat sich erst im Zuge der historischen Entwicklung von Kindheit vollzogen.

Was Kindheit jeweils heißt, läßt sich nur sozialhistorisch fassen. «‹Kindheit› wird gesellschaftlich produziert. Da Gesellschaften historischen Wandlungen unterliegen, ist auch ‹Kindheit› sowohl historisch geworden wie unterschieden» (BAACKE 1984, 49).

ARIES hat in seinen sozialhistorischen Untersuchungen eindrucksvoll belegt, daß die traditionale Gesellschaft des Mittelalters «vom Kind und mehr noch vom Heranwachsenden nur schwach entwickelte Vorstellungen hatte. Die Dauer der Kindheit war auf das zarteste Kindesalter beschränkt, d. h. auf die Periode, wo das kleine Wesen nicht ohne fremde Hilfe auskommen kann. Das Kind wurde also, kaum daß es sich physisch zurechtfinden konnte, übergangslos zu den Erwachsenen gezählt, es teilte ihre Arbeit und ihre Spiele» (ARIES 1984, 46 f.).

Eine emotionale Dauerbindung an die Familie gab es nicht. Das Kind «lernte die Dinge, die man wissen mußte, indem es den Erwachsenen bei ihrer Verrichtung half. Für gefühlsmäßige Bindungen und soziale Kontakte war außerhalb der Familie gesorgt; sie entwickelten sich in einem sehr dichten und warmen ‹Milieu›, das sich aus Nachbarn, Freunden, Herren und Dienern, Kindern und Greisen, Männern und Frauen zusammensetzte und wo man seine Neigung einigermaßen ungezwungen sprechen lassen konnte» (ARIES 1984, 47). Erziehung selbst fand im Rahmen dieses Zusammenlebens statt und bildete eine Art natürliches «Lehrverhältnis». Erziehung hatte sich noch nicht als eigenständige Institution herausgebildet. Das schien auch nicht nötig, denn die zumeist geringen Veränderungstendenzen gesellschaftlichen Lebens verlangten noch nicht nach einer Einrichtung, die Lebensverhältnisse gegen allzu schnelle Veränderungen hätte bewahren oder zwischen verschiedenen konkurrierenden Lebensorientierungen hätte vermitteln müssen. Die kindliche Erziehung konnte man weitgehend dem prägenden Einfluß einer Lebenswelt überlassen, den Vorgängen also, die heute eher unter dem Begriff «Sozialisation» gefaßt werden.

Wie sich die Entwicklungsbedingungen von Kindern geändert haben, wird deutlich, wenn man einen großen Schritt in unser Jahrhundert macht. Mit der beginnenden Industrialisierung ist die Schule «als Mittel der Erziehung an die Stelle des Lehrverhältnisses getreten. Das bedeutet, daß das Kind sich nicht länger einfach nur unter die Erwachsenen mischt und das Leben direkt durch den Kontakt mit ihnen kennenlernt. Mancherlei Verzögerungen und Verspätungen zum Trotz ist das Kind nun von den Erwachsenen getrennt und wird in einer Art Quarantäne gehalten, ehe es in die Welt entlassen wird. Diese Quarantäne ist die Schule, das Kolleg. Damit beginnt ein langer Prozeß der Einsperrung der Kinder (wie der Irren, der Armen und der Prostituierten), der bis in unsere Tage nicht zum Stillstand kommen sollte und den man als ‹Verschulung› (scolarisation) bezeichnen könnte.» ARIES hebt hervor, daß diese Entwicklung nicht denkbar gewesen wäre ohne einen zunehmenden gefühlsmäßigen Zusammenhalt in der Familie. «Die Familie beginnt also, sich um das Kind herum zu organisieren, ihm soviel Bedeutung beizumessen, daß es aus seiner einstigen Anonymität heraustritt» (ARIES 1984, 48).

DE MAUSE hat in seiner psychogenetischen Geschichte der Kindheit vor allem die Veränderungen von Eltern-Kind-Beziehungen herausgearbeitet. Während ARIES die Veränderungen von Kindheit eher als Verlust beschreibt, bezeichnet DE MAUSE «die Geschichte der Kindheit als einen Alptraum, aus dem wir gerade erst erwachen. Je weiter wir in der Geschichte zurückgehen, desto unzureichender wird die Pflege der Kinder, die Fürsorge für sie und desto größer die Wahrscheinlichkeit, daß Kinder getötet, ausgesetzt, geschlagen, gequält und sexuell mißbraucht werden» (zit. nach BAACKE 1984, 58). Das Kind als schutzbedürftiges Wesen zu sehen, aber es auch seinen eigenen Erziehungsvorstellungen zu unterwerfen, ist nach DE MAUSE erst im 18. Jahrhundert zu beobachten. Das Kind im gegebenen gesellschaftlichen Rahmen lebensfähig zu machen, wie DE MAUSE es im 19. Jahrhundert bis Mitte des 20. Jahrhunderts als Form familialer Sozialisation kennzeichnet, wird danach abgelöst von einer eher unterstützenden Haltung der Eltern. Es geht nun darum, «dem Kind dabei zu helfen, seine täglichen Ziele zu erreichen, ständig auf es einzugehen, mit ihm zu spielen» (nach BAACKE 1984, 60).

Die bewußte Ausgrenzung von Kindheit als eigenwertigen und beachtenswerten Abschnitts menschlichen Lebens hat die Notwendigkeit öffentlicher Erziehung fast zwangsläufig erzeugt.

Wie sehr die Vorstellung von Kindheit kulturgebunden ist, läßt sich auch unter Hinweis auf humanethologische Untersuchungen verdeutlichen. Die Ko-buschleute leben, wie SBREZESNY (1976) in ihrer Untersuchung der Spiele der Buschleutekultur zeigt, in einer muße-intensiven Gemeinschaft. Nicht alle Zeit des Tages ist der Versorgung gewidmet. «Die übrige Zeit verbringen sie in geselligem Beisammensein. Sie spielen dabei viel, Kinder wie Erwachsene. Im Spiel erwerben die Kinder Fertigkeiten, sie üben Sozialrollen ein und lernen Beherrschung und Rücksichtnahme im Umgang mit anderen. Ältere Kinder unterweisen die Kleineren, und die Sozialisierung des Kindes findet in den Spielgruppen fast ohne Erwachsenenhilfe statt» (SBRZESNY 1976, 9).

Kindliche Entwicklung ist also zunächst eine anthropologische Tatsache, die unter den jeweiligen gesellschaftlichen und kulturellen Bedingungen interpretiert und bewertet wird und die sich in einer je spezifischen Auffassung von Kindheit ausprägt. Die Art, wie eine Gesellschaft Kindheit definiert, bestimmt in der Regel auch das geltende Erziehungsverständnis. Dieses ist institutionalisiert im «Erziehungsauftrag» der Familie, im Jugendschutz und im öffentlichen Schulwesen. Schule ist so gesehen eine bedeutsame Reaktion auf die Erscheinung Kindheit. Wie eine Gesellschaft in ihrem Schulwesen auf die Entwicklungstatsache reagiert, ist historisch und kulturell relativ. Im öffentlichen Schulwesen formuliert eine Gesellschaft ihre Qualifikationsansprüche an ihre Mitglieder. Aber Schule hat zugleich «für eine bedarfsgerechte und herrschaftskonforme Verteilung des Wissens zu sorgen» (HERRLITZ 1974, 506), und im Spannungsfeld von Qualifikation und Selektion wird über Schule die Integration von Menschen in eine Gesellschaft betrieben.

In der w. o. zitierten Präambel des Leitfadens für den Turnunterricht für Volksschulen lassen sich die Qualifikations- und Integrationsfunktion des preußischen Schulwesens (hier bezogen auf den Turnunterricht) unschwer verdeutlichen. Die Selektionsfunktion der preußischen Schulen ließe sich erst besser erkennen, wenn man die Lehrpläne für

Volksschulen denen der höheren Erziehungsanstalten gegenüberstellen würde.

Es geht hier weder darum, die Geschichte der Kindheit darzustellen, noch darum, eine Sozialgeschichte der Schule zu skizzieren. Es sollte vielmehr deutlich werden, daß ein Begriff von Erziehung nur gewonnen werden kann, wenn anthropologische und sozialhistorische Tatbestände aufeinander bezogen werden.

Sportpädagogisch bedeutsam ist die Frage, welches Verständnis von Leiblichkeit in den Auffassungen von Kindheit und Schule ausgeprägt ist. Sozialanthropologische Untersuchungen verweisen darauf, daß sich das Verhältnis des Menschen zu seinem Körper historisch wandelt (ELIAS 1969; RITTNER / KAMPER 1976), daß die Körperlichkeit des Menschen historisch und kulturell «relativ» ist (EICHBERG 1978). Damit liegt auf der Hand, daß auch im historischen Verständnis von Kindheit und Schule ein kulturell und historisch definiertes Verständnis von Leiblichkeit enthalten ist. Jede Zeit hat ihre eigene Art der «Körperthematisierungen» (RITTNER 1985). Jede Gesellschaft entwickelt ein eigenes Verständnis von Körperlichkeit; so gesehen ist der «Körper ein soziales Gebilde». Beschreibung und Analyse dieses Tatbestandes können in eine «Soziologie des Körpers» (HEINEMANN 1982, 71) münden. Dies gelingt aber nur, wenn man sich der anthropologischen Voraussetzungen vergewissert. Hier kann es nur darum gehen, die Relevanz sozialhistorischer Untersuchungen für die Grundlegung einer Sportpädagogik zu verdeutlichen. Die systematische Aufarbeitung kann an dieser Stelle nicht geleistet werden.

Kindliche Entwicklung und schulische Anforderungen markieren anthropologische und gesellschaftliche Tatsachen. Sie stiften das Bezugsfeld, in dem Erziehung stattfindet. Traditionell folgen dabei die auf Kinder und Jugendliche bezogenen Gedanken eher anthropologischen Aspekten; die auf Schule und Gesellschaft bezogenen Überlegungen lassen sich treffender sozialhistorisch fassen. Auch die Entwicklungstatsache selbst findet im Lichte anthropologischer und sozialhistorischer Betrachtung eine je eigene Auslegung. Geht man von der Person des Kindes aus, wird Entwicklung eher als Prozeß der Individuation beschrieben; im Blickfeld liegt die Entwicklung der einzelnen Person und ihre biographische Ausprägung; aus der Sicht von Schule und Gesellschaft wird kindliche Entwicklung eher als Prozeß der Sozialisation betrachtet, als eine Integration in eine Gesellschaft, die nur über eine Identifikation mit deren Anforderungen und Werten möglich ist.

Auf der Ebene sportpädagogischer Untersuchungen werden sich anthropologische Betrachtungen eher auf die Problembereiche Leiblichkeit und Bewegung im allgemeinen beziehen; das Phänomen Sport ist dagegen nur als historisches und gesellschaftliches Phänomen angemessen erfaßbar. Im folgenden Schema sind diese unterschiedlichen Grundorientierungen vereinfachend angedeutet:

anthropologische Aspekte		**sozialhistorische Aspekte**
	Entwicklungstatsache	
Kindliche Entwicklung	⟷	Schulische Laufbahn
Person	⟷	Gesellschaft
Individuation	⟷	Sozialisation
Bewegung	⟷	Sport
	Erziehung	

Anthropologische Erörterungen über den Menschen und über seine Leiblichkeit haben in der Regel einen hohen Allgemeinheitsgrad. Sie arbeiten grundlegende Lebensorientierungen heraus, die den Menschen wesentlich bestimmen. Auch sozialhistorische Erörterungen über Zivilisation und Kultur wie über Sport unterliegen – wie in Kapitel 4 verdeutlicht wurde – der Tendenz, eher allgemeine Aussagen über Sport zu machen.

Durch sportwissenschaftliche Untersuchungen wird – das ist die Wirkung jeder wissenschaftlichen Betrachtung – dieses Streben nach Erkenntnissen von großer Allgemeingültigkeit noch verstärkt (siehe Kapitel 5).

Deshalb sei auch an dieser Stelle betont, daß Erziehung immer darauf angewiesen ist, den zu Erziehenden als «Menschen in seinen Lebensverhältnissen» wahrzunehmen. Dies leistet nur eine lebensweltliche Betrachtung, die ihre Ergebnisse in Beziehung setzt zu anthropologischen und sozialhistorischen Erkenntnissen; die in Kapitel 7 aufgeführten Beispiele versuchen einen solchen Zusammenhang der Betrachtungsweise fruchtbar werden zu lassen.

Zuvor ist jedoch wichtig herauszuarbeiten, wie die «Entwicklungstatsache» in der Sportwissenschaft beachtet wird und wo Ansätze zu finden sind, die einer entwicklungstheoretischen Grundlegung der Sportpädagogik dienen können.

Im Leben eines heranwachsenden Menschen sind Individuation (verstanden als Entwicklung der Person) und Sozialisation (verstanden als Integration in eine Gesellschaft) ein nicht aufspaltbarer Vorgang. Dennoch werden in unterschiedlichen theoretischen Zugriffen Entwicklung und Sozialisation je getrennt voneinander betrachtet. Das gilt auch für die Behandlung dieser Thematik in der Sportwissenschaft. Die hier angeschnittenen Fragen der Entwicklung und Sozialisation werden dort bezogen auf motorische Entwicklung und Sozialisation im Sport behandelt.

Im folgenden Abschnitt gilt es, diese fachbezogenen Auffassungen darzustellen und ihre sportpädagogische Relevanz zu erörtern.

Entwicklung und Sozialisation in der Sportwissenschaft

Entwicklung der Bewegung als motorische Entwicklung

Auf der Suche nach sportpädagogisch relevanten Entwicklungstheorien sollen die Bemühungen der Sportwissenschaft untersucht werden. Fachwissenschaftliche Probleme der Entwicklung sind vor allem in der Bewegungslehre aufgegriffen worden. So versuchen WILLIMCZIK/ROTH (1983), die sportmotorische Entwicklung als die Entwicklung eines ausgrenzbaren sportmotorischen Persönlichkeitsbereichs zu beschreiben. Sollte ein solcher Versuch begründbar sein, würde die daraus möglicherweise ableitbare sportmotorische Entwicklungstheorie eine normative Kraft entfalten, der sich die Sportpädagogik nicht entziehen könnte. Denn einem solchen Versuch liegen einige sportpädagogisch relevante Vorentscheidungen zugrunde: In einem speziellen Bereich unserer Kultur (dem Sport) würde für den Menschen unserer Zeit eine eigene Persönlichkeitsdimension nachweisbar. Da diese für die Entwicklung der Persönlichkeit (auch im Hinblick auf die allgemeine Bedeutung des Sports) bedeutsam wäre, müßte es Aufgabe der Erziehung sein, angesichts der spezifischen «Entwicklungstatsache» entsprechende sportbezogene Erziehungsmaßnahmen zu ergreifen. Diese Aufgabe fiele wohl der Sportpädagogik zu. Sportpädagogik würde – damit wäre diese Argumentation schlüssig – eine relativ eigenständige Begründung erfahren, um die sie schon lange ringt. Weil diese Frage für die Grundlegung der Sportpädagogik von so zentraler Bedeutung ist, soll sie hier anhand einer neueren sportwissenschaftlichen Publikation exemplarisch erörtert werden.

Der Versuch einer grundlegenden Aufarbeitung des Zusammenhangs von Entwicklung und Bewegung ist in der von WILLIMCZIK und ROTH (1983) veröffentlichten Bewegungslehre unternommen worden.

Ausgangspunkt von WILLIMCZIKS Darstellung ist der Begriff der motorischen Entwicklung, wie er in der Entwicklungspsychologie als ein Entwicklungsbereich neben anderen (wie kognitive, soziale Entwicklung) beschrieben wird. Über die in der Entwicklungspsychologie übliche Differenzierung geht WILLIMCZIK hinaus, wenn er dafür einen eigenen, den motorischen Persönlichkeitsbereich, annimmt, dessen Veränderungen im indivuduellen Lebenslauf dann als motorische Entwicklung bezeichnet werden. WILLIMCZIK geht noch einen Schritt weiter. Den Begriff «motorisch» konkretisiert er weiter und grenzt die sportmotorische Entwicklung als spezielles Gegenstandsgebiet der motorischen Entwicklung aus, für das er auf seiten der Person einen sportmotorischen Persönlichkeitsbereich reklamiert. Der sportmotorische Persönlichkeitsbereich wird dann im Sinne der sportwissenschaftlichen Bewegungslehre weiter differenziert. Es folgt die Beschreibung und Erklärung der Entwicklung konditioneller und koordinativer Fähigkeiten (wie Kraft, Ausdauer, Schnelligkeit, Beweglichkeit), elementarer motorischer Fertigkeiten (Gehen, Laufen, Springen, Werfen) und sportmotorischer Fertigkeiten (wie Diskuswurf, Korbleger, Kraulschwimmen) (247). Diese weitreichende Annahme eines eigenständigen motorischen bzw. sportmotorischen Persönlichkeitsbereichs, für den eigene, von anderen Persönlichkeitsbereichen unabhängige Entwicklungsgesetze gelten, soll im folgenden geprüft werden.

Dies soll geschehen, indem die Behauptung einer unabhängigen sportmotorischen Entwicklungsdimension wie eine Hypothese gehandhabt und an den Ausführungen des Autors auf ihre Haltbarkeit geprüft wird. An den von ihm beigebrachten empirischen Belegen ist dies möglich. Aber hier trifft man schon bald auf Zweifel des Autors selbst. So wird zur Entwicklung der sportmotorischen Fertigkeiten ausgeführt: «Die Darstellung der Entwicklung sportmotorischer Fertigkeiten ist aus mehreren Gründen problematisch. Sportmotorische Fertigkeiten sind als Kulturtechniken notwendigerweise lernbedingt. Das aber bedeutet, daß das Auftreten einer bestimmten Fertigkeitsausprägung nur noch bedingt bestimmten Orten eines zeitlichen Kontinuums zugeordnet werden kann, wie dies in der o. a. Definition der motorischen Entwicklung (247) festgelegt worden war» (293). Ähnliche Einschränkungen werden auch für die Entwicklung der konditionellen Fähigkeiten gemacht. Nachdem er empirische Belege für die Entwicklung der Ausdauerfähigkeit vorgestellt hat, heißt es zum Bereich der Kraft: «Auch für diese Kraftfähigkeit kann kein eigener Entwicklungsverlauf angegeben werden» (281). Was WILLIMCZIK in diesen Kapiteln im Grunde beschreibt, ist die Entwicklung der Trainierbarkeit; und diese ist weitgehend von biologischen Vorgängen wie Wachstum und Reifung (317) bzw. von biologisch bedingten Abbauprozessen (312) abhängig.

Der Begriff der Entwicklung wird so weitgehend inhaltsleer und durch Begriffe wie Wachstum und Reifung auf der einen und Lernen und Trainieren auf der anderen Seite ersetzbar. Es hätte einer entwicklungstheoretischen Modellvorstellung bedurft, vor deren Hintergrund die empirischen Daten interpretierbar geworden wären. Es gelingt also nicht, was WILLIMCZIK sich ausdrücklich vorgenommen hatte, nämlich: «Entwicklungsverläufe so zu beschreiben, wie sie sind» (313).

Die darauffolgenden entwicklungstheoretischen Erörterungen passen nicht so recht zu den quantitativ-deskriptiven Teilen. Hier werden z. B. Anlage und Umwelt als Determinanten der motorischen Entwicklung herausgestellt. Es wäre sehr hilfreich gewesen, empirisch-deskriptive Daten im Lichte zumindest dieser Determinanten zu interpretieren. Dann wären auch Lernfähigkeit sowie Trainierbarkeit nicht nur als Zustände auf einer gedachten Linie personaler Entwicklung erfaßbar gewesen, sondern Lernen und Trainieren hätten als spezifischer Anspruch der Umwelt an den Menschen identifiziert werden können. Die sportmotorische Entwicklung ist also bestenfalls erfaßbar als Entwicklung der sportlichen Leistungsfähigkeit im Leben eines einzelnen Menschen, die dieser angesichts gesellschaftlicher Erwartungen hervorbringt. Eine allgemeingültige, gesetzmäßige Entwicklung sportlicher Leistungsfähigkeit im Sinne des vom Autor gewählten Entwicklungsbegriffes gibt es nicht.

Was fehlt, ist ein entwicklungstheoretisch begründbarer Maßstab für «Entwickeltsein». Nur bezogen auf eine allgemeine Entwicklungstheorie könnte das jeweils erreichte Entwicklungsniveau beschrieben werden. Der Maßstab, der bei WILLIMCZIK unausgesprochen in die Darstellung eingeht, ist der leistungsfähige Sportler. Dies aber ist eine gesellschaftliche Norm. Sie hat sich unter gesellschaftlichen und historischen Bedingungen entwickelt und wirkt über Sozialisations-, Qualifikations- und Reproduktionserwartungen auf die Entwicklung des einzelnen Menschen ein.

Wenn, wie WILLIMCZIK zu Recht hervorhebt, Anlage und Umwelt Determinanten der Entwicklung sind, dann muß auch die Struktur der Umwelt in entwicklungstheoretische Erörterungen eingehen. Denn eben in der Auseinandersetzung mit dieser spezifisch strukturierten Umwelt entwickelt der Mensch seine Persönlichkeit.

Eine Theorie der sportmotorischen Entwicklung kann es nicht geben. Das Problem, wie sich die Sportmotorik eines einzelnen Menschen entwickeln läßt, wird wohl von seiten der Lern- und Trainingstheorie hinreichend erfaßt werden können. Unter sportpädagogischem Aspekt ist es allerdings sinnvoll, darüber hinaus nach der Funktion zu fragen, die die menschliche Bewegung (auch die im Sport) für die Gesamtentwicklung des Menschen hat.

Sozialisation im Sport

An der Entwicklungstheorie von WILLIMCZIK läßt sich verdeutlichen, wie Sportwissenschaft dazu neigt, anthropologische und gesellschaftliche Prämissen ungeprüft ihren Untersuchungen zugrunde zu legen. So wird der leistungsfähige Sportler zum Leitbild und der organisierte Wettkampfsport und die in ihm eingelagerte Bewegungskonzeption zum Entdeckungs- und Anwendungszusammenhang wissenschaftlicher Erkenntnisse. Die aus diesen wissenschaftlichen Betrachtungen gewonnenen Wissensbestände entfalten über den Wissenschaftsbetrieb und die Lehre an den Hochschulen und Schulen, über Lehrer- und Trainerausbildung normative Kraft. Sie wirken bewußtseinsbildend und beeinflussen die Handlungsorientierung derer, die Sportpraxis maßgeblich hervorbringen. Wissenschaft wird somit selbst zur «Sozialisationsagentur», indem sie unausgesprochene Normen über technisches Wissen in die Praxis einbringt. Sportwissenschaft verstärkt damit eine Auffassung von Sozialisation, die von den prägnanten Handlungssituationen des organisierten Wettkampfsports ausgeht und in ihnen das Medium und das Ziel des Sozialisationsprozesses sieht.

Bei der Erörterung der Sozialisationsfunktion des Sports geht man in der Sportwissenschaft zunächst von gängigen Definitionen des Begriffes Sozialisation aus: «Sozialisation kann als ein sozialer Prozeß begriffen werden, durch den die Mitglieder einer Gesellschaft oder einzelner gesellschaftlicher Daseinsbereiche in die Lage versetzt werden, in normativ und symbolisch strukturierten Handlungssituationen zu interagieren» (HEINEMANN 1983, 323).

Diese allgemeine Definition läßt sich nun in zweifacher Weise präzisieren:

- Einmal ist es möglich, den Sport selbst als normativ und symbolisch strukturierte Handlungssituation zu begreifen und jene sozialen Prozesse, die Menschen befähigen, sich dem Sport zuzuwenden und im Sport handlungsfähig zu werden, als sportbezogene Sozialisation zu verstehen. Hier wird auf Einflüsse der Familie, der Schichtzugehörigkeit, des Geschlechts, der Schule und der «peer group» verwiesen, die die Sozialisation zum Sport maßgeblich beeinflussen können. Dort erworbene Wertorientierungen stellen eine Vorsozialisation dar. Sie schaffen sozusagen die Basis zur Selektion bestimmter Handlungsbereiche wie der des Sports. Die in diesem Zusammenhang formulierte «Selektionshypothese» besagt, daß die im Sport üblichen «Strukturbedingungen wie Wettbewerb und Konkurrenz radikal diejenigen anziehen und auslesen, die stabil genug sind, unter solchen Voraussetzungen interagieren zu können» (BECKER / JUNG 1982, 82).

- Zum anderen spricht man von der Sozialisationsfunktion des Sports und meint damit, daß im Sport Handlungsorientierungen für normativ und symbolisch strukturierte Handlungssituationen außerhalb des Sports gewonnen werden können. Dies geschieht unter Hinweis auf gleichgeartete normative Strukturen von Sport und außersportlichen Lebenssituationen (z. B. Sport – Arbeit, RIGAUER 1969 und 1982, 200–212). Solche gemeinsamen normativen Strukturen werden in den Begriffen Leistung, Konkurrenz, Erfolgsorientierung gesehen. Die solchem Denken zugrundeliegende «Sozialisationshypothese» besagt, daß im Sport Wertorientierungen gewonnen oder zumindest verstärkt werden können, die dann auch in anderen Lebensbereichen im Handeln wirksam werden.

Für beide Auffassungen (Selektionshypothese und Sozialisationshypothese) lassen sich jeweils empirische Befunde nachweisen, die jedoch keinen Vorzug der einen oder anderen Auffassung nahelegen (BACHLEITNER 1985). Es scheint so, daß die Bedingungen erst noch ermittelt werden müssen, unter denen die eine oder die andere Hypothese Gültigkeit beanspruchen kann. BACHLEITNER beklagt die forschungsanalytische Trennung beider Untersuchungsperspektiven und schlägt vor, beide Ansätze zu integrieren (355).

Beide Untersuchungsperspektiven sind für die Sportpädagogik

von Interesse. Das Selektionstheorem mag bedeutsam für jene Sportpädagogen sein, die die Handlungsfähigkeit im Sport als Zielperspektive verfolgen. Sie finden in der Vorsozialisation von Familie, «peer group», Verein usw. die förderlichen und behindernden Bedingungen für das Erreichen einer solchen Zielsetzung. Wer dagegen eher die persönlichkeitsbildenden Wirkungen des Sports selbst verfolgt, wird auf der Grundlage des Sozialisationstheorems die Frage verfolgen, wie sich der Mensch über Bewegung, Spiel und Sport Welt erschließt und sich dabei selbst als Person formt. Diesen zweiten Ansatz wollen wir hier weiterverfolgen und fragen, wie er in der Sportwissenschaft aufgegriffen wird.

Die Sozialisationsfunktion des Sports läßt sich um so glaubhafter behaupten, je mehr allgemeine Charakteristika des Sports betont werden, die auch im außersportlichen Bereich Gültigkeit haben, so etwa «...die ausgeprägte sozial-normative Regelung dieses Handlungsfeldes mit den dazugehörenden Elementen formaler sozialer Kontrolle und Sanktion, die Wettbewerbsorientierung, Leistungsbestimmtheit, die Tatsache, daß sportliche Wettbewerbe in der Regel Null-Summen-Spiele sind, d. h. der Gewinn einer Partei der Verlust der anderen ist, Chancengleichheit, Meßbarkeit und Vergleichbarkeit der Leistungen» (HEINEMANN 1974, 61). «Sport erscheint als ein ideales Feld zur Einübung sozialen Handelns» (63).

Solche Vermutungen werden nicht selten zur Legitimation des Sports als Feld der Erziehung herangezogen. Dies verstärkt die üblichen Idealisierungen des Sports und befördert die Auffassung, daß Sport nicht nur allen Menschen ermöglicht werden, sondern in manchen Bereichen auch zugemutet werden sollte.

Am deutlichsten und prägnantesten sind die o. g. allgemeinen Charakteristika im Leistungssport ausgeprägt. Ihre sozialisierende Kraft können die dadurch gestifteten Handlungsmuster erst entfalten, wenn in Lern-, Übungs- und Trainingssituationen systematisch leistungs- und konkurrenzorientiert «gearbeitet» wird. Dies gilt z. B. für Kinder, die systematisch zu sportlichen Höchstleistungen geführt werden. Dazu werden im System des Sports Sozialisationsmechanismen aktiviert, die den Erfolg solcher Maßnahmen sichern sollen. Welche Sozialisationsmechanismen sind dies?

Die grundlegenden Voraussetzungen für die aktive Teilnahme am Leistungssport ist der leistungsfähige, funktionsfähige Körper. Nur wer diese Erwartung an körperliche Leistungsfähigkeit und Leistungsbereitschaft konsequent und kontinuierlich erfüllt, kann konfliktfrei in diesem System agieren. Wer dazu in der Lage ist, hat eine Phase der Körpersozialisation durchlaufen, die zugleich die Integration in das System des Leistungssports sichert.

Wer als Sportler im Hochleistungssport integriert ist, wird die dort geltenden Normen nicht nur gänzlich erfüllen, sondern er bringt sie auch symbolisch in der Öffentlichkeit zur Darstellung. Da der Leistungssport in unserer Gesellschaft und für die nationale Repräsentation eine hohe Wertschätzung genießt, werden die erfolgreichen Sportler mit hohen Reputationen ausgestattet. Bezogen auf ihre Leistung wird ihnen eine Identität als «Meister» verliehen. Ihre Persönlichkeit ist öffentlich definiert und beruht einzig auf ihren sportlichen Erfolgen.

Der Sportler selbst muß die Konformitätserwartungen des Systems in hohem Maße erfüllen und durch seine körperliche Aktivität (in Training und Wettkampf) sichtbar und überprüfbar bestätigen. Wenn Leistungsfähigkeit und Leistungsbereitschaft fehlen, ist damit der Ausschluß aus dem System vorprogrammiert. Insofern sind die Sozialisationsmechanismen in hohem Maße selektiv, aber für die Erfolgreichen mit Gratifikationen und positiven Sanktionen verbunden.

Eine besondere pädagogische Bedeutung bekommt dieser Bereich der Sportsozialisation, wenn Kinder und Jugendliche davon betroffen sind, weil die skizzierten Sozialisationsmechanismen, die die Integration in das System des Sports bewirken, die dem Sportler eine besondere Identität verleihen und ein normenkonformes Verhalten zur Voraussetzung und Folge haben, tief in die Entwicklung der Heranwachsenden eingreifen.

Zunächst ist nach den Gründen zu fragen, warum überhaupt Kinder angesprochen werden. Ein Grund scheint zu sein, daß Heranwachsende sich noch besonders gut prägen lassen, sie sind offen, wagen viel und lassen sich lenken. Der zweite für das Sportsystem wichtigere Grund ist, daß sie über einen fungiblen Körper verfügen, der in bestimmten Sportarten besonders erfolgversprechend trainiert und eingesetzt werden kann. Am deutlichsten wird dies im Eiskunstlauf und im Turnen, wo es darum geht, leichte «Wurfkörper» bzw. gewandte «Schwungkörper» auszubilden.

Legitimieren läßt sich diese Sozialisationspraxis nur dann, wenn man (mit PARSONS 1951) von einer prinzipiellen Übereinstimmung von Gesellschaftssystem und Persönlichkeitssystem ausgeht, wie sie in der klassischen Rollentheorie zum Ausdruck kommt.

Habermas (1968) hat auf drei ihr zugrundeliegende Annahmen hingewiesen, die einige fragwürdige Bedingungen von Sozialisation aus der Betrachtung von vornherein ausblenden. Im Kinderleistungssport sind diese Annahmen offenbar wirksam; sie führen zugleich zur Legitimation einer fragwürdigen Praxis.

- Es wird erstens angenommen, daß schon im frühen Jugendalter die körperliche Entwicklung auf spezifische Leistungssituationen des Sports hin ausgerichtet werden darf. Ist es zu verantworten, den Körper des Kindes so frühzeitig auf sportliche Funktionen hin festzulegen und funktionsgerecht zu modellieren? Inzwischen ist wohl erwiesen, daß man nicht sicher sein kann, daß dies ohne dauerhafte physische Schäden gelingt; der Hinweis darauf ist wohl derzeit das Argument, das noch am ehesten als berechtigte Kritik akzeptiert wird. Weniger nachweisbar, aber ebenso dauerhaft sind die sozialisatorischen Wirkungen, bezogen auf das Verhältnis, das Kinder zu ihrem Körper gewinnen; die ständig geförderte hohe Identifikation mit dem Körper und die mit ihm und ihm alleine verbundene Identität als Person können ein einseitiges instrumentelles und gestörtes Körperverhältnis befördern. Bei vielen der Kinder im Leistungssport werden solche Einschränkungen der Entwicklung nicht nur als Nebenwirkungen hingenommen. Die Retardierung der sichtbaren physischen Entwicklung wird in manchen Bereichen geradezu erzeugt, damit z. B. das Leistungsgewicht des Sportkörpers möglichst lange erhalten bleibt.
- Es wird zweitens angenommen, daß man schon vor Abschluß der Entwicklung zur Reife eines Erwachsenen Kindern auf der eben erläuterten Grundlage eine spezifische Identität als Sportler verleihen darf, ohne dem Kind die Chance einzuräumen, sich in einer Vielfalt identitätsstiftender Situationen zu bewähren. Die sportlich verliehene Identität als «Meister» (oder -anwärter) kann nur gelingen, wenn man die Rollen, die Kinder (als Trainierende, Wettkämpfer, Schüler, Mitglieder in der Gruppe Gleichaltriger) übernehmen, von außen definiert und eigene abweichende Bestimmungen der eigenen Rolle möglichst einschränkt.

  Dies gelingt im heutigen System des Leistungssports, wenn den Kindern von möglichst allen Seiten immer wieder signalisiert wird, daß man die Übernahme der Rolle (des Trainierenden und Leistenden) von ihnen erwartet. Nur wenn das gesamte soziale Umfeld, wenn Eltern, Trainer, Trainingsgruppe, Schule, Verein und Verband sowie die mit dem Kind in Kommunikation stehende Öffentlichkeit dies immer wieder betonen, ist eine Sozialisation zur Hochleistung möglich. Das Netz der sozialen, medizinischen, psychologischen und pädagogischen Betreuung wird dabei immer enger geknüpft. Das soziale Geflecht um das Kind herum, seine Isolierung und Internierung in eigens organisierten Lebensräumen nähern diesen Teil des Leistungssports einem totalitären System an, das abweichende Motive und Handlungsorientierungen ausschließen muß, um sich selbst nicht zu gefährden.

– Es wird drittens angenommen, daß die Erwartungen der Gesellschaft den Motiven der Kinder entsprechen, d. h., daß Kinder auch tun, was man von ihnen erwartet. Dies ist aber nur durch permanente Kontrolle zu erreichen und unter Verzicht auf die Entwicklung einer autonomen Persönlichkeit.
  Die geradezu zwanghafte Verpflichtung auf eine von außen vorgegebene Rolle können Kinder nur dann relativ konfliktfrei erfüllen, wenn sie die an sie herangetragenen Erwartungen als Norm verinnerlichen. Diese normative Konformität kann aber nur durch permanente Kontrolle erreicht werden; die ständigen medizinischen Kontrollen und lückenlose Leistungstests in Training und Wettkampf erfüllen nicht nur die Funktion, den Trainingsprozeß zu steuern, sondern sichern zugleich normatives konformes Verhalten. Sie lassen wenig Spielraum für selbstbestimmtes Handeln (es sei denn, es läßt sich als leistungsfördernd oder zumindest nicht leistungsgefährdend rechtfertigen). Auch das um das Kind gespannte soziale Umfeld mit seinen gleichgerichteten Leistungserwartungen übt eine indirekte Kontrolle aus, die in der Honorierung erbrachter Leistungen ihren positiven Ausdruck findet. Für die betroffenen Kinder gibt es nur geringe Chancen, dem System zu entgehen. Für die Betroffenen ist oft die körperliche Verletzung der legitime Ausweg, aus dem System auszuscheiden.

Mraszek / Rittner (1984, 603) machen deutlich, daß die «künstlichen Leistungs-Ghettos» des Kinderleistungssports geradezu notwendig sind, weil Kinder von sich aus kaum auf die Idee kommen, ihre Lebenssituation so ausschließlich auf den Leistungssport auszurichten. Angesichts des Aufwandes, der betrieben wird, eine stabile sportbezogene Leistungsbereitschaft bei Kindern zu erreichen und möglichst noch vor der Pubertät dauerhaft zu sichern, kommt man nicht umhin, eher von einem Zwang des Systems zu sprechen. Die Übernahme (Verinnerlichung) der an das Kind herangetragenen Erwartungen geschieht repressiv.

Habermas (1968) hat gegen eine solche Sozialisationspraxis allgemein vorgebracht, daß die dem Kind zugewiesene Rolle von ihm nur unter Verzicht auf seine individuelle Entwicklung übernommen werden könne.

Es ist ganz offensichtlich, daß der Sozialisationsvorgang, dem Kinder hier ausgesetzt sind, eher mechanistisch und einseitig als ein Prozeß der Vergesellschaftung des Kindes verläuft. Im Vordergrund stehen Erwartungen, die im ganzen prinzipiell in unserer Gesellschaft akzeptiert, aber von Kindern normalerweise nicht von alleine und aus eigenem Antrieb erfüllt werden. Zur Durchsetzung solcher Erwartungen sind deshalb jene von Mrazek / Rittner benannten künstlichen Leistungsghettos nowendig. In ihnen handeln Experten (Trainer, Betreuer, Sportorganisatoren, Mediziner, Psychologen, Pädagogen...), die alle für sich und in ihrer Profession einen öffentlich legitimierten Auftrag am Kind erfüllen. Dieser Auftrag ist durch ein aus Sportideologie und Alltagserfahrungen gespeistes «Sozialisationswissen» fundiert, das alle Maßnahmen der Talentförderung, auch die stützenden Erziehungsmaßnahmen der Familie, lenkt. Becker verweist in diesem Zusammenhang auf die «Karrieren, die Eltern für ihre Kinder entwerfen, ebenso wie ihre unterschiedlichen Bemühungen, diese Karrieren durch die Vermittlung leistungsrelevanter Orientierungssysteme abzustützen...» (Becker 1982, 12).

Das Thema «Kinder im Hochleistungssport» wurde hier als ein Stück sportpädagogischer Praxis erörtert. Es wurde ausgewählt, weil sich in der kritischen Rekonstruktion dieses Gegenstandsfeldes erziehungstheoretische Grundlagen der Sportpädagogik verdeutlichen lassen.

An diesem Beispiel läßt sich zeigen, daß zwei konzeptionelle Mängel in der bisherigen Betrachtung sportpädagogischer Praxis überwunden werden müssen: erstens die Art, wie die Entwicklungstatsache (1) verhandelt wird; zweitens welches Gegenstandsverständnis (2) von Sport zugrunde gelegt wird.

1) Die sportwissenschaftliche Betrachtung der Entwicklungstatsache wird in der Regel einerseits in den Bereich der motorischen Entwicklung aufgespalten, wo Entwicklung eher als Individuation unter-

sucht wird, und in den Bereich der Sportsozialisation, wo eher die Vergesellschaftung der Heranwachsenden zum Thema erhoben wird. Es ist klar, daß in der Lebenswelt des Heranwachsenden beide, Individuation und Sozialisation, nicht als getrennte Vorgänge verlaufen. In der Auseinandersetzung des Menschen mit seiner Umwelt vollziehen sich die Integration in das soziale Leben und die Entwicklung der Person als ein und derselbe Vorgang, und sie werden von den Betroffenen als ein einziger Prozeß in seiner Widersprüchlichkeit erlebt.

Für die Theoriebildung bedeutet dies, daß die Entwicklungstatsache ein nur analytisch aufspaltbares Gegenstandsfeld darstellt. Wer deshalb motorische Entwicklung erfassen möchte, muß zwangsläufig Annahmen über das soziale Umfeld machen, in das hinein sich der Mensch über seine Bewegung vermittelt. In dem w. o. diskutierten Konzept einer Bewegungslehre werden solche Annahmen bereits auf der Ebene der Kategorienbildung durch eine sportorientierte Klassifikation gemacht. Sie führen zu einem ‹sportiven› Bewegungskonzept, mit dem sich wichtige Faktoren der Entwicklung gar nicht mehr erfassen lassen.

Wer andererseits allein den Prozeß der Sportsozialisation als Untersuchungsfeld ausgrenzt und von bestimmten Charakteristika eines idealisierten Leistungssports als (gewolltem) Normenhorizont ausgeht, macht Annahmen über die individuelle Entwicklung, die unter anthropologischen Gesichtspunkten betrachtet höchst fragwürdig sind. Unbeachtet bleiben zumindest jene Rahmenbedingungen, die für eine normale Entwicklung der kindlichen Persönlichkeit unabdingbar sind, wie repressionsfreie Handlungssituationen, in denen Kinder autonom entscheiden, Rollen selbst definieren und erproben oder ihre Umwelt erkunden können.

Gefordert ist also eine integrative Entwicklungstheorie, in der die eher entwicklungspsychologischen einerseits und die sozialwissenschaftlichen Betrachtungen andererseits aufeinander bezogen werden können. Ein Schritt in diese Richtung ist der Vorschlag von Becker, den Sozialisationsvorgang auf verschiedenen Ebenen zu erfassen und «...eine Theorie zu entwerfen, die umfassend und differenziert genug ist, den Sozialisationsvorgang angemessen zu rekonstruieren. Die Erklärungsleistung dieses theoretischen Ansatzes müßte sich gleichermaßen auf gesellschafts-, organisations-, interaktions- und persönlichkeitsbezogene Aspekte des sportlichen Sozialisationsprozesses sowie auf deren Interdependenzen beziehen» (Becker 1982, 18). Dies kommt der Forderung, die «Entwicklungstatsache» als Ganzes zu betrachten, bereits einen Schritt näher. Im nächsten Abschnitt wird ein Entwurf für eine solche integrative Theoriebildung versucht.

2) Voraussetzung ist jedoch, das Medium der Sozialisation, den Sport selbst, angemessen zu erfassen. Hier sind die verallgemeinernden Aussagen über den Sport wenig hilfreich. Auch die Reduktion auf jene Bereiche des Sports mit klar definierten Werthorizonten wie im Leistungssport lassen zwar evidente Spekulationen über den möglichen Transfer sportlicher Wertorientierungen in andere Lebenszusammenhänge zu. Sie verfälschen und überschätzen aber die soziale Wirklichkeit des Sports.

Inzwischen wird von mehreren Autoren (BECKER 1982, MRAZEK / RITTNER 1984, BACHLEITNER 1985, HEINEMANN 1974) auf die Problematik hingewiesen, Sport bedingungslos als ideales Feld der Einübung sozialen Handelns zu begreifen.

HEINEMANN betont in diesem Sinne, «daß die Sozialisationswirkung des Sports nicht einheitlich bewertet werden kann, daß vielmehr positive und negative Wirkungen eng miteinander verflochten auftreten. Welche Wirkungen tatsächlich eintreten, hängt dabei im wesentlichen von der Gestaltung des Sports selbst ab, von der Gestaltung des Trainings, der Organisation, der Bedeutung des Publikums, Art und Umfang positiver und negativer Sanktionierung usw.» (HEINEMANN 1974, 71). Das heißt doch auch, daß nicht von *der* Sozialisationswirkung *des* Sports gesprochen werden kann. Wenn es die Gestaltung des Sports ist, welche nach HEINEMANN hier beachtet werden muß, dann wird es notwendig, sich diesen Formen der Gestaltung zuzuwenden.

Im Kap. 4 haben wir dementsprechend den Begriff Inszenierung des Sports eingeführt, um eben auf jene unterschiedlichen Gestaltungen von Sport hinzuweisen. Indem man Sport als komplexe Inszenierungen auf mehreren Ebenen (Interaktion, Organisation, Gesellschaft) begreift, gewinnt man einen differenzierteren Zugriff auf das Gegenstandsfeld Sport. Dieser Zugang kommt auch der Forderung von BECKER (1982), Sozialisationsprozesse auf mehreren Ebenen zu erfassen, entgegen; Inszenierungen wurden w. o. als Tätigkeiten auf eben diesen Ebenen betrachtet. Die sozialisierende Wirkung des Sports geht von diesen Inszenierungen in ihrer Ganzheit aus. Sie müssen zum Gegenstand der Sozialisationsforschung werden.

Erziehung als Individuation und Sozialisation im Medium von Bewegung, Spiel und Sport

Grundlagen eines integrativen Entwicklungskonzeptes

Zu Beginn dieses Kapitels wurde herausgestellt, daß der Erziehungsbegriff in der Regel zwei Intentionen miteinander verbindet: die ganz auf den zu Erziehenden ausgerichtete Entwicklung der Person (Individuation) und die Integration des jungen Menschen in eine Gesellschaft mit all ihren Erwartungen an ihn (Sozialisation).

Wie wir zu zeigen versuchten, werden in der Sportwissenschaft in der Regel beide Vorgänge voneinander getrennt betrachtet. Dadurch wird der Doppelcharakter jeder Erziehung verfehlt, nämlich gleichzeitig Individuation und Sozialisation zu sein. Notwendig scheint deshalb eine theoretische Konzeption, in der beide Vorgänge gemeinsam oder zumindest systematisch aufeinander bezogen betrachtet werden können. Ein solches Konzept muß die «Entwicklungstatsache» so fassen, daß sowohl bei der Beschreibung der Prozesse als auch beim Entwurf möglicher Ziele der Entwicklung beide Aspekte berücksichtigt werden.

Wenden wir uns zunächst dem Prozeß zu. Übereinstimmend wird in neueren entwicklungstheoretischen Untersuchungen hervorgehoben, daß Individuation und Sozialisation sich in der Auseinandersetzung (der Person) mit der Umwelt vollziehen. Unterschiede entstehen jedoch in der Gewichtung der einen oder anderen Seite. Zuweilen werden die Entwicklungsimpulse eher in die Person und ihre genetische Struktur verlegt; andere Untersuchungen betonen dagegen die prägenden Einflüsse der Umwelt als dominante Faktoren, die auf prinzipiell anpassungsfähige Personen wirken. Nach der Kritik an den je einseitigen Betrachtungen kommt es hier darauf an, Person *und* Umwelt als gleichermaßen beachtenswerte Pole in gegenseitiger Abhängigkeit zu betrachten (Hurrelmann 1986). Dies bedeutet, entwicklungspsychologische und sozialisationstheoretische Aspekte miteinander zu verbinden. Nach HURRELMANN (1986) zeichnet sich eine allgemeine Tendenz der integrativen Theoriebildung in diese Richtung hin ab mit dem Ziel, ein Konzept zu konstruieren, das es erlaubt, Einzelbefunde der einen und der anderen Richtung in einem Gesamtrahmen einzuordnen.

Bezogen auf das Ziel der Erziehung (als der Summe aller Reaktionen auf die Entwicklungstatsache) wäre zu fragen, ob es gelingt, Abschnitte der Entwicklung und ihr Ziel so zu beschreiben, daß beide Aspekte (die Personwerdung wie die Sozialwerdung) darin zum Ausdruck gebracht werden. In der Tradition der amerikanischen Interaktionisten (MEAD, GOFFMANN) sind – aus der Sicht der Kritischen Theorie der Frankfurter Schule – die klassischen Rollentheorien kritisch rekonstruiert worden. Dabei ist der Begriff der Ich-Identität als Leitkategorie eingeführt und expliziert worden (KRAPPMANN 1971, HABERMAS 1975). Ich-Identität besagt, daß Personen ihre Identität in zwei Richtungen entwickeln und gegeneinander ausbalancieren müssen: die «personale Identität» garantiert die «Kontinuität des Ich in der Folge der wechselnden Zustände der Lebensgeschichte»; die «soziale Identität» wahrt die «Einheit in der Mannigfaltigkeit verschiedener Rollensysteme, die zur gleichen Zeit ‹gekonnt› sein müssen» (HABERMAS 1968, 13). Die Fähigkeit der Balance zwischen personaler und sozialer Identität besteht darin, in wechselnden sozialen Situationen ein unverwechselbares Bild seiner selbst zu wahren (sich «treu» zu bleiben) bzw. trotz der Einzigartigkeit, die jede Person für sich beanspruchen kann, mit anderen in wechselseitige Beziehungen einzutreten (d. h. in begrenztem Maße zu sein wie alle anderen).

In die bisherigen Ausführungen zu Prozeß und Ziel der Entwicklung des gesellschaftsfähigen Menschen gehen bereits eine Reihe anthropologischer und soziologischer Prämissen ein. Zunächst wird hier das Bild eines Menschen unterstellt, der sich aktiv handelnd der Welt zuwendet, diese gestaltet und sich dabei als Person formt. Die hier intendierte Ausdeutung der Entwicklungstatsache orientiert sich «am Bild des reflexionsfähigen Subjekts, das sich im Prozeß der Aneignung von und der Auseinandersetzung mit einer sich permanent verändernden sozialen und materiellen Umwelt bildet und weiterentwickelt» (HURRELMANN 1986, 67). HURRELMANN kennzeichnet sein Konzept einer integrativen Sozialisationstheorie als ‹Modell der produktiven Realitätsverarbeitung›: «Was hier proklamiert wird, ist also ein Modell der wechselseitigen Beziehungen zwischen Subjekt und gesellschaftlich vermittelter Realität, eines interdependenten Zusammenhangs von individueller und sozialer Veränderung und Entwicklung. Dieses Modell stellt das menschliche Subjekt in einen sozialen und ökologischen Kontext, der subjektiv aufgenommen umd verarbeitet wird, der in diesem Sinne also auf das Individuum einwirkt, aber zugleich immer auch durch das Individuum beeinflußt, verändert und gestaltet wird» (HURRELMANN 1986, 64).

Mit diesem anthropologischen Entwurf eines Bildes vom Menschen sind zugleich Vorentscheidungen über ein Bild der Gesellschaft verbunden. Solche Grundannahmen zu explizieren und zu reflektieren, ist (wie wir im Kap. 3 dargestellt haben) für die pädagogische Betrachtung von grundlegender Bedeutung. Was Vergesellschaftung heißt, ist ohne ein Bild von Gesellschaft schlechterdings nicht zu bestimmen. Gesellschaft wird hier als ein soziales System begriffen, das von Menschen geschaffen und weiterentwickelt wird. Gerade das Modell der produktiven Realitätsverarbeitung verweist auf den Doppelcharakter sozialer Systeme: sie sind als solche vorgegeben, sie schaffen einen objektiven Bedingungsrahmen von überindividueller Gültigkeit, in den sich Heranwachsende integrieren; in der subjektiven Aneignung aber wird diese Welt aufs neue rekonstruiert. Indem soziale Realität produktiv verarbeitet wird, ist sie nicht mehr, was sie mal war; umgekehrt kann solche Realität nur bewahrt und tradiert werden, wenn die nachwachsende Generation sie auf diese produktive Weise zu ‹ihrer› Welt macht. Gebunden sind solche Vorstellungen an ein Bild von Gesellschaft, in der es prinzipiell möglich ist, soziale Zwänge zu überwinden, Herrschaftsbeziehungen aufzubrechen und freie Entscheidungen über zukünftige Lebensgestaltungen zu treffen.

Gerade weil nicht davon ausgegangen werden kann, daß Bedingungen zwangloser, herrschaftsfreier Kommunikation gegeben sind, gewinnen diese anthropologischen und soziologischen Grundannahmen kritische Funktion bei der Analyse und bei der Konstitution von Erziehungssituationen.

Für den Entwurf eines Konzeptes, in dem sich Individuation und Sozialisation aufeinander beziehen lassen, ist es notwendig, die o. a. anthropologischen und soziologischen Grundentscheidungen zu sichern. Die hier angestrebte kritische Sportpädagogik kann dabei auf entwicklungs- bzw. sozialisationstheoretische Erörterungen von HABERMAS (1975) zurückgreifen, der seinen Überlegungen die wechselseitige Auseinandersetzung zwischen Subjekt und Umwelt zugrunde legt und dem es darum geht, Entwicklung als «einen systematischen Zusammenhang interdependent sich entwickelnder Kompetenzen» (8) zu beschreiben. Er geht dabei von einer «synchronen Beziehung zwischen Subjekt und Umwelt» aus, die durch strukturelle Entsprechungen zwischen Persönlichkeitssystem und Umweltsystem gekennzeichnet ist. Hier wird systematisch die Idee entfaltet, die in der Entwicklungspädagogik etwa von ROTH bereits hervorgehoben wird, daß «zwischen dem inneren Aufbau und der äußeren Welt, dem Selbsterleben und dem Welterleben eine korrespondierende Entsprechung besteht» (ROTH 1966, 412f.). Dem Aufbau und der Struktur der inneren Welt entspricht eine ebenso durchgegliederte Außenwelt.

Nach HABERMAS (1975) vollzieht sich der Aufbau der inneren Welt in drei Entwicklungsdimensionen: der kognitiven, der sprachlichen und der interaktiven. Er geht dabei davon aus, «daß sich für jede dieser, und zwar nur dieser Dimensionen eine besondere, entwicklungslogisch geordnete, universale Reihe von Strukturen angeben läßt» (HABERMAS 1975, 10). Diese sich herausbildenden Strukturen sind die Erkenntnis-, die Sprach- und die Handlungsfähigkeit. Der einheitsstiftende Gesichtspunkt der Entwicklung dieser Kompetenzen ist der Begriff der Identitätsentwicklung oder der Ich-Entwicklung.

Der Prozeß der Ich-Entwicklung wird von HABERMAS als ein «System von Ich-Abgrenzungen» gekennzeichnet, die sich in der Auseinandersetzung zwischen Subjekt und Umwelt ereignen, wobei auch die Umwelt in sich differenziert ist. Das heißt, der Differenzierung der Entwicklungsdimensionen auf der Seite des Subjektes entspricht die Differenzierung der Umwelt in drei verschiedenen Regionen: in die äußere Natur, die Sprache und die Gesellschaft. In der Auseinandersetzung mit ihnen entwickelt die Person je spezifische Fähigkeiten: «Die kognitive Kompetenz bildet sich im manipulativen Umgang mit Objekten der äußeren Natur, die interaktive und sprachliche Kompetenz bilden sich im Umgang mit kommunikativen und vergesellschafteten Subjekten und deren Äußerungen.»

Es kennzeichnet die Auffassung von HABERMAS, daß sich die genannten Kompetenzen «in einer zugleich konstruktiven und adaptiven Auseinandersetzung des Subjektes mit seiner Umwelt ausbilden. Der strukturbildende Lernprozeß ist insoweit auch ein Selbsterzeugungsprozeß, als sich das Subjekt darin zum erkenntnis-, sprach- und handlungsfähigen Subjekt erst herausbildet» (HABERMAS 1975, 10).

Die Ich-Entwicklung ist aber nicht allein aus der Auseinandersetzung des Subjektes mit den Regionen der Umwelt zu beschreiben. Der Mensch ist in der Lage, sich zu sich selbst zu verhalten. Er gewinnt ein

Subjekt	**Umwelt**
kognitive Kompetenz (Erkennen)	äußere Natur (Objektivität)
interaktive Kompetenz (Handeln)	Gesellschaft (Normativität)
sprachliche Kompetenz (Sprechen)	Sprache (Intersubjektivität)

(Abb. nach HABERMAS 1975, 11 f.)

Bild von sich selbst, das im Zuge seiner Auseinandersetzung mit der Umwelt immer neu gesichert werden muß. Die Fähigkeit des Menschen zur Selbstreflexion schafft die Voraussetzungen dazu. Unter Beachtung gerade dieser Gegebenheit kann von Ich-Identität erst dann gesprochen werden, wenn eine Person auch zu sich selbst ein ausgewogenes Verhältnis gewinnt: «In der Subjektivität des Ichs reflektiert sich also die innere Natur, d. h., die zur Erkenntnis-, Sprach- und Handlungsfähigkeit gelangte, den Universalstrukturen einverleibte und im gleichen Maße innerlich gewordene Natur» (HABERMAS 1975, 11).

Erfahrungen, die der Mensch in der Auseinandersetzung mit der Umwelt macht, müssen also immer neu verarbeitet werden; außenbezogene Erlebnisse müssen mit inneren Erlebnissen in Einklang gebracht werden. Je nach Umweltregion (äußere Natur, Gesellschaft, Sprache) müssen je eigene Geltungsansprüche (Wahrheit, Angemessenheit, Verständlichkeit) erfüllt, erhoben oder durchgesetzt werden; aber erst die gelingende Vermittlung dieser Außenerfahrungen mit der Subjektivität der inneren Natur sichert die Wahrhaftigkeit der mit sich selbst identischen Person.

Sich selbst als Person in der Welt zu behaupten heißt also, in der Lage zu sein, seine subjektiven Meinungen, Stimmungen, Neigungen und Gefühle zu äußern und sich damit als unverwechselbare Person darzustellen; es heißt aber zugleich, fähig und bereit zu sein, die darin zum Ausdruck kommenden Ansprüche gegebenenfalls diskursiv einzulösen und sich den Geltungsansprüchen zu stellen, die von außen mit dem Anspruch auf Wahrheit, Angemessenheit und Verständlichkeit an die Person herangetragen werden.

«Wir können jetzt sagen, daß sich das Ich in einem System von Abgrenzungen konstituiert, worin sich die Subjektivität der inneren Natur gegenüber der Objektivität der wahrnehmbaren äußeren Natur, gegenüber der Normativität der Gesellschaft und gegenüber der Intersubjektivität der Sprache abgrenzt» (HABERMAS 1975, 17).

System der Ich-Abgrenzungen

Region der Erfahrung	Modus der Gegebenheit	Geltungsanspruch der korrespondierenden Äußerungen	Status der Erlebnisse
äußere Natur	Objektivität	Wahrheit	
Gesellschaft	Normativität	Richtigkeit/ Angemessenheit	außenbezogene Erlebnisse
Sprache	Intersubjektivität	Verständlichkeit	
innere Natur	Subjektivität	Wahrhaftigkeit	innenbezogene Erlebnisse

(Abb. nach HABERMAS 1975, 8 a)

Das hier in seinen wesentlichen Kompetenzen dargestellte Modell der Entwicklung von Ich-Identität erfüllt die weiter oben formulierten Anforderungen insofern, als es sowohl entwicklungspsychologische wie sozialisationstheoretische Sachverhalte umfaßt und die Entwicklung der Person mit dem Prozeß ihrer Sozialisation verbindet. Es ist nun zu prüfen, ob es als theoretischer Rahmen geeignet ist, auch jene Entwicklungsprobleme einzuordnen, wie sie der Sportpädagogik als Aufgabe und Bezugspunkt gestellt sind.

Die Bedeutung von Bewegung, Spiel und Sport

Die sportpädagogische Frage lautet: Kann Bewegung das Medium sein, über das sich das Subjekt die Regionen der Umwelt (äußere Natur, Gesellschaft, Sprache) erschließt und sich dabei zur erkenntnis-, handlungs- und sprachfähigen Person ausbildet? Kann der Heranwachsende in seiner Bewegung und über sie die Objektivität der äußeren Natur, die Normativität der Gesellschaft und die Intersubjektivität der Sprache erfahren und sich gegen sie als selbstgewisse Person abgrenzen?

Es ist in der Entwicklungspsychologie unbestritten, daß in den frühen Phasen der Entwicklung die leibliche Auseinandersetzung mit der Umwelt über Bewegung besonders bedeutsam ist. Über seine Bewegungen schafft sich das Kind Eindrücke von der Welt, die es unmittelbar umgibt. Dabei kann es zunächst gar nicht zwischen sich, seiner Bezugsperson und seiner Umgebung unterscheiden. Es lernt langsam, seinen Leib in Abgrenzung zwischen sich und der Welt zu erfahren. Über erkundende, tastende Bewegungen werden die Qualitäten der Dinge erfaßt, ‹handhabbar› gemacht und in Bewegungshandlungen integriert. Leibliche Ausdrucksbewegungen schaffen erste Zuwendungen zu Bezugspersonen und werden Basis der Verständigung mit anderen.

Die Wahrnehmung seiner Welt und die Wahrnehmung seiner selbst gewinnt das Kind über seine Sinne, wobei dem Tastsinn und dem Bewegungssinn eine besondere Bedeutung zukommen. Denn im Gebrauch dieser Sinne erfahren wir nicht nur selbst, sondern zugleich uns selbst. «Im Tasten fühle ich mich selber als das Gegenbild des gefühlten Gegenstandes. Wie ich berühre, so bin ich berührt». ... «In ähnlicher Weise wird ein Sichbewegen immer zugleich als Selbstbewegung erfahren, und auch im Gleichgewicht hält man sich selbst in eins als das Gehaltene» (Meyer-Abich 1984, 252f.). Hören und Sehen, als die phylogenetisch ‹jüngeren› Sinne, ermöglichen keine solchen unvermittelten Selbsterfahrungen. Erst das Tasten und Bewegen schaffen die Voraussetzung dafür, Gehörtes und Gesehenes zu verifizieren und dauerhaft in der Erfahrung zu verankern. Gerade in den ersten Lebensjahren sind die über den Körper vermittelten Tast- und Bewegungserfahrungen die Basis und das Korrektiv für die wirksame Integration der Vielfalt der Sinneseindrücke.

In diesem Zusammenhang wird vor allem das Spiel als ein für die Entwicklung des jungen Menschen wichtiger Bereich hervorgehoben. Das Spielen «besteht aus zahllosen Anpassungsreaktionen, welche die

Verarbeitung sinnlicher Reize ermöglichen» (AYRES 1984, 8). Das Spiel der Kinder wird deshalb sowohl als Ausdruck gelingender Integration sinnlicher Eindrücke als auch zugleich als ein ausgewogenes Verhältnis des Kindes zu seiner Umwelt eingeschätzt. Im Spielen vollzieht sich eine einerseits entlastete, andererseits aber ernsthafte und hingebungsvolle Auseinandersetzung mit der Umwelt. Im Spiel ist das Handeln des Kindes vom Erwartungsdruck des ‹ernsten› Lebens entlastet, es lebt in der Scheinwelt des ‹Tuns als ob›. Im entwickelten Spiel verbinden sich individuelle Handlungen mit sozialen Handlungen, ja Spiel ist das Medium, in dem individuelles Handeln in soziales Handeln transformiert wird. Insofern wird Spielen als ein besonders geeignetes Medium der Entwicklung herausgestellt.

Diese Hinweise mögen genügen, um den folgenden Versuch zu begründen, das oben im Anschluß an HABERMAS skizzierte Entwicklungsmodell fachspezifisch zu konkretisieren und damit eine Basis für eine sportpädagogische Entwicklungstheorie zu erarbeiten. Im weiteren Verlauf sollen anhand einiger Arbeiten Überlegungen vorgetragen werden, die als Elemente einer solchen Theorie geeignet erscheinen.

Bewegung und Entwicklung kognitiver Kompetenz

Der manipulative Umgang des Subjektes mit seiner Umwelt, der für die kognitive Entwicklung so bedeutsam ist, vollzieht sich vor allem über Bewegung. SCHERLER (1975) hat diesen Tatbestand im Anschluß an PIAGET (1969) für unser Fachgebiet herausgearbeitet. Wir folgen hier weitgehend den Ausführungen von SCHERLER und seiner sportpädagogischen Interpretation der Entwicklungstheorie von PIAGET. Ausgangspunkt der Untersuchungen von PIAGET ist «die adaptive Interaktion des Kindes mit seiner Umwelt. Diesen wechselseitigen Anpassungsprozeß beschreibt er als bewegliches Gleichgewicht zwischen den grundlegenden Funktionsprozessen der Assimilation und der Akkommodation» (SCHERLER 1975, 30).

SCHERLER hat diese beiden Formen der Anpassung, wie sie PIAGET entwickelt hat, in ihrer Bedeutung für die Sportpädagogik interpretiert:

«Adaptation heißt zum einen Assimilation oder Inbesitznahme der Umwelt durch das mit ihr interagierende Individuum. Den zur Assimilation komplementären Funktionsprozeß nennt PIAGET Akkommodation und meint damit die Modifikation des Assimilationsplanes gemäß den Bedingungen der Umwelt. Befinden sich diese beiden Prozesse im Gleichgewicht, liegt intelligentes oder ‹äquilibriertes› Verhalten vor. Dominiert die Assimilation über die Akkommodation, ist spielerisches, im umgekehrten Fall imitatives Verhalten gegeben. Wiederholte Assimilationen führen zu Assimilationsplänen und -strukturen» (SCHERLER 1975, 72). Die Auseinandersetzung des Kindes mit seiner Umwelt und den Dingen in ihr wird hier zum entscheidenden Medium für Erfahrungen. Die auf diese Weise erkannte Struktur der äußeren Welt bestimmt den Aufbau auch der inneren Welt. Man kann im wahrsten Sinne des Wortes sagen, der Heranwachsende hat sich die Dinge und ihre Eigenschaften ‹einverleibt›, d.h. auf eine dauerhafte Weise verfügbar gemacht. Die im Prozeß der Auseinandersetzung mit der dinglichen Umwelt gewonnenen Erfahrungen nennt SCHERLER im Anschluß an PIAGET ‹materiale› Erfahrungen (vgl. Kap. 5). Damit ist nicht nur gemeint, daß die physikalischen Eigenschaften und Gesetzmäßigkeiten der Objekte erkannt, sondern daß auch die Handlungspläne, die man im Umgang mit ihnen entworfen hat, nun allgemein verfügbar werden.

Die adaptiven Formen der Weltzuwendung können sich nach PIAGET differenziert weiterentwickeln: sie vollziehen sich entweder spielerisch oder imitativ, je nachdem ob das Kind seine Umwelt eher gestaltet oder sie so, wie sie ist, in sich aufnimmt. Bedeutsam für den Aufbau der inneren Welt ist die Entwicklung von Handlungsplänen, die zum Erfahrungsbestand werden und zugleich die Bedingung neuer Erfahrungen darstellen.

Die Bedeutsamkeit des motorischen Umgangs wird hervorgehoben durch den Begriff der ‹sensomotorischen Intelligenz›: «‹Sensomotorische Intelligenz› nennt PIAGET jenen Abschnitt kognitiver Entwicklung, in dem das Kleinkind ausschließlich durch sensomotorische Handlungen mit seiner Umwelt interagiert und diese Handlungen seine einzigen Erkenntnisinstrumente sind» (SCHERLER 1975, 42). Motorische Handlungen werden hier zur entscheidenden Grundlage des Erkenntnisgewinns und damit zur Grundlage der kognitiven Entwicklung insgesamt.

Es mag hier so erscheinen, als gehe es der Entwicklungsforschung

PIAGETS allein um die Auseinandersetzung des einzelnen Menschen mit seiner ihm allein verfügbaren äußeren Umwelt. In der Tat setzt PIAGET hier einen Schwerpunkt. Es geht ihm zunächst und in erster Linie um die Entwicklung der kognitiven Kompetenz.

Soziale Aspekte werden zwar als unerläßliche situative Bedingung des Handelns betrachtet, der Begriff der sozialen Erfahrung hat aber bei Piaget keinen systematischen Stellenwert. SCHERLER hat jedoch deutlich gemacht, wo die Verbindung der kindlichen Erfahrung zur sozialen Umwelt liegt: «Wenn es seine praktisch unmittelbare Welt in Raum und Zeit ausweitet, wenn es verschiedene Perspektiven gewinnt und die eigene Welt auch zu der von anderen macht, dann geht es über die (sensomotorische Entwicklung) hinaus zum repräsentativen Denken über» (SCHERLER 1975, 42).

Die sensomotorische Entwicklung bildet die Basis der kognitiven Entwicklung. Sie verläuft in Stadien. PIAGET (1969) konstruiert ein «hierarchisches und sequentielles Entwicklungsmodell, in dem alle einmal durchlaufenen Entwicklungsstadien eine Hierarchie von Verhaltensstrukturen bilden» (SCHERLER 1975, 44), d. h., daß diese Stadien «notwendig und nicht umkehrbar aufeinanderfolgen und spätere Strukturen (Stadien) sich aus früheren durch Differenzierung aufbauen» (841). Frühere Stadien der Entwicklung werden durch spätere aber nicht einfach ersetzt. Sie behalten ihre Bedeutung auch noch in späteren Phasen. So haben auch noch für Erwachsene Erkundungen der Umwelt im Medium von Bewegung große Bedeutung, z. B. wenn bereits erwachsene Menschen Skilaufen oder Surfen lernen. Hier nutzt der Mensch früher gewonnene Entwicklungspotentiale zur Erschließung neuer Bereiche seiner Umwelt. Solche einmal gewonnenen Fähigkeiten bis ins höhere Alter zu bewahren ist ein sportpädagogisch relevantes Entwicklungsproblem.

Die sportpädagogischen Folgerungen aus diesen Untersuchungen zur sensomotorischen und kognitiven Entwicklung zielen darauf, Bedingungen zu schaffen, die es dem Kind ermöglichen, sich selbstbestimmt und selbsttätig mit seiner Umwelt auseinanderzusetzen. Dabei muß Bewegungswelt selbst Anregungscharakter haben, d. h. in der Regel neue Entdeckungs- und Erkundungsmöglichkeiten bereitstellen, die ein autonomes Lernen ermöglichen. Dies hat sowohl Konsequenzen für die Gestaltung der kindlichen Umwelt (Kinderzimmer, Wohnung, Wohnumfeld...) wie auch für die Art der sozialen Kontrollen, die das Verhalten der Kinder direkt (wie durch Eingriffe der Erwachsenen) oder indirekt (wie durch Ausstattung der Spielräume, Verbotsschilder...) lenken.

Entwicklungsschritte als nicht umkehrbare Abfolge zu beschreiben heißt immer auch, ein Konzept «normaler Entwicklung» zu liefern. Es ist deshalb konsequent, Abweichungen von dieser Abfolge und ihrer altersmäßigen Plazierung als Entwicklungsstörung zu bezeichnen. Für die psychomotorische Entwicklungsförderung, wie sie im Rahmen der Motopädagogik (KIPHARD 1980) erarbeitet wurde, sowie für die Beschäftigungstherapie bei entwicklungsgestörten Kindern (AYRES 1984) haben Spiel und Bewegung zentrale Bedeutung. In Spiel und Bewegung werden nicht nur Entwicklungsstörungen diagnostisch erfaßbar; im gelenkten Spiel und durch gezielte Bewegungsaufgaben können solche Störungen unter bestimmten Umständen auch getilgt werden.

Bewegung und Entwicklung der Interaktionsfähigkeit/Handlungsfähigkeit

Die soziale Entwicklung des Kindes ist weiter oben als die sich ausdifferenzierende Fähigkeit gekennzeichnet worden, sich gegenüber der Normativität der Gesellschaft als selbstbewußte Person abgrenzen zu können. Es geht hier darum zu prüfen, welche Bedeutung Bewegung, Spiel und Sport in diesem Entwicklungsprozeß haben können.

Die Voraussetzungen beider (der kognitiven wie der sozialen Entwicklung) ist die sehr früh anzueignende Fähigkeit, zwischen dem leiblichen Selbst und der Welt außerhalb zu unterscheiden. Von einem Selbst kann eigentlich erst gesprochen werden, wenn die enge Verbindung des Kindes zu seiner Mutter und seiner unmittelbaren Umgebung sich auflöst. Das Kind muß dazu zwischen Sinneseindrücken, die von außen kommen, und eigenen leiblichen Befindlichkeiten unterscheiden können.

Für die Abgrenzung zwischen sich und der Welt spielt die oben beschriebene kognitive Entwicklung eine wichtige Rolle. Dies läßt sich deutlich machen, wenn man sich die doppelte Orientierung bewußt macht, die im Begriff der materialen Erfahrung gesetzt wird: Materiale Erfahrung meint sowohl die Fähigkeit, die Eigenschaften der Objekte in ihrer Beständigkeit zu erkennen, als auch über die allgemeine Struktur der Handlungen im Umgang mit ihnen zu verfügen. Beide aber (und dies hatte PIAGET nur als Randbedingungen beachtet) haben eine soziale Bedeutung. Die Umwelt ist sozial strukturiert. Objekte haben eine bestimmte sozial definierte Bedeutung (als Gebrauchsstück, als Besitz, als Wert). Für das Kind heißt dies in der Regel, daß es sich in der Umwelt und mit den Objekten in ihr nicht gänzlich frei bewegen kann. Diese sind vielmehr mit Bedeutungen «besetzt», weil Erwachsene ihnen eine Funktion gegeben haben, die auch für Kinder gilt. Auf der Grundlage dieser Bedeutungen handelt man. Nicht nur die Objekte selbst, sondern auch die Handlungen, die mit ihnen vollzogen werden, haben also eine soziale Funktion.

Dennoch sind die Spiele der Kinder mit Objekten keine – im engeren Sinne – sozialen Spiele. In ihren Funktions- und Übungsspielen spielen Kinder allein. Sie zeigen durch ständige Wiederholungen, daß sie über den Umgang mit Objekten verfügen, d. h., daß sie mit den Objekten spielen können, die Art des Umganges gestalten und variieren und sich eben dadurch der Regelhaftigkeit ihres Handelns bewußt werden.

Im Sinne der Unterscheidungen von Buytendijk (1959, 20) handelt es sich hier um ‹Spiele mit etwas›. Wenn ein Kind ein Spielauto immer wieder eine schiefe Ebene hinunterrollen läßt und dabei die Umgebungsbedingungen (wie Neigungsgrad, Ort, Untergrund und Richtung der schiefen Ebene) variiert, handelt es zwar mit sozial bedeutsamen Objekten (hier mit dem Spielgerät Auto) in sozial definierten Situationen (die Sandkiste in der Nähe der Erwachsenen), aber die Handlungen selbst stiften noch keine unmittelbaren sozialen Bezüge zu anderen Personen. Da «das Spiel individuell bleibt, kann man nur von motorischen Regeln und nicht von eigentlich kollektiven Regeln sprechen» (Piaget 1954, 22).

Dieses individuelle Spiel des Kindes ist – wie wir sahen – immer eingelagert in soziale Situationen, in denen Erwachsene die Definitionsgewalt über die Handlungssituation haben. Ebenso jedoch wie Erwachsene den Dingen ihres Alltags soziale Bedeutungen geben, können dies auch Kinder. In ihren Handlungen bekommen die Objekte symbolische Bedeutungen. Ein Stuhl hat für die Erwachsenen die Funktion, als Sitzgelegenheit zu dienen; Kinder nutzen ihn auf ihre Weise: als Klettergelegenheit, als Versteck oder in Reihe gestellt als Eisenbahn. Man sagt, eine symbolische Funktion haben Objekte und Handlungen dann, wenn sie etwas anderes repräsentieren, wenn sie ‹für etwas anderes stehen›.

Die Fähigkeit des Kindes, seinen Spielgegenständen symbolische Bedeutung zu geben, ist nun eine wichtige Voraussetzung für das soziale Handeln. In dem Moment, wo die Kennzeichnung eines Gegenstandes «als etwas anderes» (z. B. Holzstück als Auto) mitgeteilt oder gar von einem Spielpartner geteilt wird, ist eine wichtige Basis für den sozialen Austausch im Spiel geschaffen. Die Symbolspiele sind Ausdruck dieser Fähigkeit. Für BUYTENDIJK (1959) sind dies ‹Spiele als etwas›, weil die Spielobjekte ‹etwas anderes darstellen›. PIAGET (1959, 29) sieht «in den Symbolen den Ursprung der Spielregeln» und eine Bedingung für die Entwicklung kollektiver Regeln.

Ein weiterer Schritt in der sozialen Entwicklung eines Kindes ist vollzogen, wenn solche symbolischen Handlungen Grundlage eines sozialen Austausches werden, wenn also Handlungen wechselseitig aufeinander bezogen eine – wenn auch begrenzte – soziale Wirklichkeit konstituieren.

Eine Reihe von Bewegungsspielen zeichnen sich dadurch aus, daß dort Handlungen von Personen sinnvoll aufeinander bezogen sind. Die Handlungen können also als Interaktionen bezeichnet werden. Motorische Handlungen übernehmen in Bewegungsspielen eine kommunikative Funktion.

Die Fähigkeit nicht nur mit den Gegenständen, sondern auch mit Handlungen und der Person selbst etwas zum Ausdruck zu bringen, wird in den Darstellungsspielen sichtbar. Die Handlungen der Spielenden (und auch sie selbst) repräsentieren etwas. PIAGET beschreibt sehr anschaulich, wie die Nachahmung anderer (z. B. größerer Mitspieler oder Erwachsener) dem selbstbestimmten Spiel vorausgeht. Die Fähigkeit, in der Praxis mitzuspielen (die Spielhandlungen anderer zu imitieren), geht der Phase voraus, in der das Kind sich der Regel im Spiel bewußt und damit fähig wird, sein Spiel zu gestalten.

Darstellungsspiele entwickeln sich zum Rollenspiel weiter, wenn das Kind Handlungen verschiedener Personen aufeinander bezogen wahrnimmt und diese selbst übernehmen kann. «Es spielt zum Beispiel, daß es sich etwas anbietet, und kauft es; es gibt sich selbst einen Brief und trägt ihn fort; es spricht sich selbst an – als Elternteil, als Lehrer; es verhaftet sich selbst – als Polizist. Es hat in sich Reize, die in ihm selbst die gleiche Reaktion auslösen wie in anderen. Es nimmt diese Reaktionen und organisiert sie zu einem Ganzen. Das ist die einfachste Art und Weise, wie man sich selbst gegenüber ein anderer sein kann» (MEAD 1973, 193). Kinder schaffen in solchen Spielen einen «Doppelgänger», einen unsichtbaren, nur in ihrer Phantasie lebendigen Spielpartner. «Auf diese Weise organisieren sie Reaktionen, die sie bei anderen Personen, aber auch bei sich selbst hervorbringen» (MEAD 1973, 192).

Während in diesen Phantasiespielen Spielpartner erfunden und nachgeahmt werden, müssen sich in Spielen mit realem Partner die Beteiligten untereinander abstimmen. Hier wird nun gefordert, auf die Handlungen anderer zu reagieren und zu lernen, sie zu antizipieren und die eigenen Aktionen darauf abzustimmen. War der fiktive Spielpartner in der Phantasie sozusagen manipulierbar, so muß nun mit real existierenden Personen interagiert werden. Dies gelingt Kindern in der Regel zunächst nur in recht einfachen Spielen, wie z. B. bei Reigenspielen, bei denen die Handlungen durch gesungene Verse definiert sind und durch Körperkontakte (Handanfassen) gelenkt werden. Recht einfach sind auch noch die «Zentralpersonenspiele», wie etwa das Versteckspiel, wo recht eindeutige komplementäre Handlungen (Verstecken und Suchen) verschiedener Spieler aufeinander bezogen werden. Diese komplementären Handlungen sind in der Regel umkehrbar, d. h., das Kind erlebt beim Verstecken nicht nur die Handlung des Suchens mit, sondern es kann diese Handlung im Laufe des Spiels selbst übernehmen.

Von diesen einfachen Spielen (wie Nachlaufen oder Verstecken) hebt Mead das Wettspiel und den Wettkampf als bedeutsame Weiterentwicklung ab. Im Wettspiel (etwa beim Völkerball, Burgball oder Kettenfangen) müssen die Handlungen innerhalb einer Gruppe (durch Zurufe, Signale, Zuspiel, Einkreisen) koordiniert werden. D. h., im Wettspiel «muß das Kind, das eine Rolle übernimmt, die Rollen aller anderen übernehmen können». ... «Es muß wissen, was alle anderen Personen tun werden, um sein eigenes Spiel erfolgreich spielen zu können» (193).

Mead denkt dabei nicht nur an die eben erwähnten einfachen Wettspiele, sondern auch an Sportspiele. In diesen Wettkampfspielen sind jene sozialen Situationen abgebildet, in denen das Kind seine Identität als Person in einer Gemeinschaft zu übernehmen lernt: «Der Wettkampf ist also ein Beispiel für die Situation, aus der heraus sich eine organisierte Persönlichkeit entwickelt. Insoweit das Kind die Haltungen anderer einnimmt und diesen Haltungen erlaubt, seine Tätigkeit im Hinblick auf das gemeinsame Ziel zu bestimmen, wird es zu einem organischen Glied der Gesellschaft» (Mead 1973, 202).

In diesen Wettspielen erfährt der Heranwachsende das, was Mead den «generalisierten Anderen», oder auch unabhängig von Personen «das generalisierte Andere» nennt. «Die organisierte Gemeinschaft oder gesellschaftliche Gruppe, die dem Einzelnen seine einheitliche Identität gibt, kann ‹der (das) verallgemeinerte Andere› genannt werden. Die Haltung dieses verallgemeinerten Anderen ist die der ganzen Gemeinschaft» (Mead 1973, 196).

Folgen wir BUYTENDIJK (1959, 20 f.), dann handelt es sich bei den hier genannten Wettspielen um ‹Spiele um etwas›. Hier geht es darum, alle Kräfte nach den Prinzipien ‹Überbietung› und ‹Leistung› zu organisieren. Dies fordert, seine eigene Rolle als Spieler in einem System anderer Rollen zu begreifen und wahrzunehmen.

In den Sportspielen tritt das, was an anderer Stelle die Normativität der Gesellschaft genannt wurde, besonders deutlich zutage. Denn in Sportspielen genügt die Regel nicht nur der Funktion, das Spiel einer speziellen Spielergruppe zu erhalten und zu konstituieren, sondern dieses Spiel wird zugleich einer Außenkontrolle durch das soziale System Verein und Verband oder durch eine anwesende Öffentlichkeit (Zuschauer, Medien) unterworfen. Ein Sportspiel zu spielen heißt damit, sein Spiel in einem sozialen Kontext zu betreiben, in dem das Spiel vorbereitet, begleitet und vielfältig ausgewertet wird. In keinem anderen (der hier genannten Spieltypen) ist die Gesellschaft mit all ihren Normen so präsent, wie dies in den Sportspielen der Fall ist.

Die Tatsache, daß Entwicklungstheoretiker immer wieder versucht haben, die soziale Entwicklung des Kindes und Jugendlichen an ihren Spielen zu dokumentieren und zu analysieren, verweist auf deren grundsätzliche Bedeutung. Es ist sicherlich kein Zufall, daß gerade die Bewegungsspiele eine hervorragende Stellung einnehmen. Dies mag daran liegen, daß sich an ihnen die erreichte Stufe der Entwicklung unmittelbar beobachten läßt. Auf der Grundlage der kognitiven Kompetenzen, wie sie im Begriff der materialen Erfahrung gefaßt sind, und vor einer differenzierten sprachlichen Entwicklung haben Bewegungsspiele für die soziale Entwicklung eine entscheidende Funktion. PIAGET hat sie deshalb in der Einleitung zu seinen Untersuchungen zum «Moralischen Urteil beim Kinde» «bewundernswerte soziale Einrichtungen» genannt, die zum Verständnis der Entwicklung der kindlichen Moral besonders aufschlußreich seien.

Es ist deshalb nur allzu verständlich, daß Phasen der kindlichen Entwicklungen bestimmte Spielformen zugeordnet wurden. Das folgende Schema ist eine Zusammenstellung, die auf Kennzeichnungen verschiedener Autoren zurückgreift. Die Grundformen des Spieles ‹mit›, ‹als› und ‹um› etwas, hat in dieser Form erstmals BUYTENDIJK (1959) unterschieden; die Bezeichnungen von Spieltypen stammen von PIAGET (1954) und MEAD (1973); die Funktionen, die der Bewegung in diesen Spielen zukommen bzw. in ihnen angeeignet und weiterentwickelt werden, findet man in dieser Weise bei SCHERLER (1975).

Das Schema zeigt eine Anordnung von Spieltypen, die den Verlauf der sozialen Entwicklung widerspiegelt. Dabei ist eine Zuordnung zu Altersstufen nur ungenau möglich. Sie kann durchaus variieren. Bedeutsam ist hier die nicht umkehrbare Folge von Entwicklungsschritten. In ihnen werden einfache Regelstrukturen in neue transformiert, ohne dabei gänzlich aufgehoben zu werden.

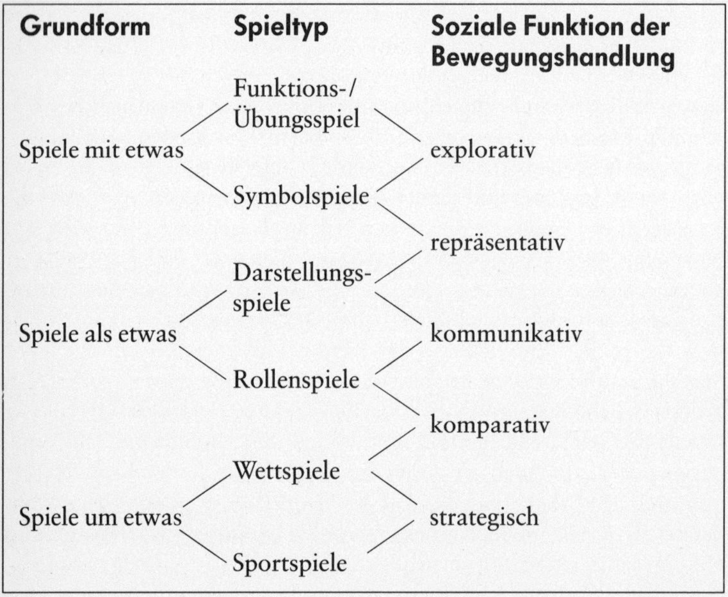

Die Sportspiele werden hier als soziale Gebilde gekennzeichnet, in denen die in Bewegungsspielen deutlichste Ausprägung von Normen unserer Gesellschaft zu finden ist. Entsprechend den hier nachgezeichneten Entwicklungsstadien werden von Sportspielern Kompetenzen verlangt, die auf langfristig erworbene Erfahrungen zurückgehen. Wer dort kompetent mitspielen möchte, ist auf eine Reihe von Fähigkeiten angewiesen, die hier grob skizziert werden sollen:

a) Im Mittelpunkt aller Handlungen eines kompetenten Sportspielers steht die Fähigkeit, mit dem Spielgerät Ball umgehen zu können. Im explorierenden Umgang, im Spielen ‹mit etwas›, müssen spezifische Materialerfahrungen erworben worden sein.

b) Der Ball hat aber im Sportspiel zugleich eine symbolische Bedeutung, die von Sportspielern verstanden und auch erzeugt werden muß. Der Ball wird immer ‹als etwas›, als Besitz betrachtet. In Ballbesitz zu kommen und möglichst zu bleiben, ist das Anliegen jedes Spielers bzw. jeder Mannschaft.

c) Innerhalb der Mannschaft hat der Ball eine kommunikative Funktion. Nicht nur um in seinem Besitz zu bleiben, sondern auch um das Spielziel zu erreichen, verbindet der Ball die Handlungen der Spieler einer Mannschaft. In der Kommunikation über den Ball verwirklicht sich die Kooperation der Spieler untereinander.

d) Der Kampf um den Besitz des Balles verweist auf einen spannungsreichen Konflikt zwischen den Mannschaften. Die entsprechenden Bewegungshandlungen, die um den Besitz des Balles ausgeführt werden, haben eine komparative Funktion, d. h., es handelt sich um ein ‹Spiel um etwas›.

e) In diesem Spiel geht es allerdings um etwas, was über den Ballbesitz hinausweist. Das Ziel des Spiels erfüllt sich erst, wenn man im Sinne strategischen Handelns den Ball zum Instrument der Zielerreichung macht, d. h. mit dem Ball trifft.

f) Diese zum Teil widersprüchlichen Handlungsorientierungen (wie Ball halten, Ball abgeben, kooperieren/konkurrieren) fügen sich nur dann zu einem sinnvollen Handlungszusammenhang eines Sportspiels, wenn alle Spieler einem gemeinsam geteilten Satz von Regeln folgen, die das Spiel konstituieren (Spielraum, Gerät, Zeit, Spielerzahl usw. festlegen), es regulieren (d. h. definieren, was erlaubt und was verboten ist) und die darüber hinaus die Spieler befähigen, angemessene Handlungsalternativen in wechselnden Situationen hervorzubringen.

g) Die affirmative Kraft der verschiedenen Regeln wird nicht nur durch externe Kontrollen (Schiedsrichter, Linienrichter) gesichert, sondern auch durch die bei allen Beteiligten (Spieler, Schiedsrichter, Trainer, Organisator, Zuschauer) gemeinsamen Erwartungen an die Spieler, besser zu sein als der Gegner, dies durch Punkt- und Torgewinn unter Beweis zu stellen und den Gegner schließlich zu bezwingen. Vom Spieler wird verlangt, diese Regeln zu befolgen. Diese Regeln in einem Sportspiel zu unterlaufen oder individuell auszulegen führt zur Bestrafung.

Das Sportspiel zeichnet sich also dadurch aus, daß all diese zum Teil widersprüchlichen Handlungsorientierungen in ihm enthalten und miteinander vereinbart werden müssen. Gerade in diesen Anforderungen und der Art ihrer Bewältigung liegt die sozialisatorische Funktion der Sportspiele, die sich in ihrer Reichweite entschlüsseln läßt, wenn man Sportspiele als Inszenierungen betrachtet und dabei die Rolle insbesondere der Spieler beschreibt, die sie in dieser Inszenierung und ihr gegenüber wahrnehmen. Sportspiele als Inszenierungen zu betrachten heißt (siehe Kap. 4), nicht nur die wechselseitigen Handlungen der Spieler, sondern auch die Funktionen des organisatorischen Umfeldes und jene Wirkungen zu erfassen, die vom gesellschaftlichen Kontext auf das Ereignis eines Sportspiels ausgehen.

Die stark prägende Kraft, die vom organisierten Wettkampfsport durch das unmittelbare Erlebnis oder über die Medien ausgeübt wird, führt (bzw. führte – früher mehr als heute) in der informellen, d. h. nicht unmittelbar von Erwachsenen gelenkten Spielwelt zu einer Vielfalt von Nachahmungsspielen, die sich bis zu Rollenspielen sportspielspezifisch weiter ausformen. Früher konnte man aufgrund besserer Spielbedingungen (Verfügbarkeit von Spielraum und Spielzeit) eine Vielzahl gelungener Versuche beobachten (DIETRICH/LANDAU 1974), Sportspiele selbst zu inszenieren. Dies gelingt Kindern und Jugendlichen je nach Entwicklungsstufe auf eigene Weise, d. h., sie können die zunächst recht einfachen Spielideen der Sportspiele begreifen, und es gelingt ihnen, sie mit ihren Mitteln zu gestalten und damit zugleich die Basis für die Weiterentwicklung ihrer Spielfähigkeit zu legen.

Die Integration der in der Entwicklung des Menschen angeeigneten Teilkompetenzen im Spiel gelingt Sportspielern aber erst dadurch, daß sie einem allen vertrauten Handlungsmuster (einer gemeinsamen Idee von Sportspielen) folgen, das es ohne jeweils neue Absprachen erlaubt, die Situationen des Spiels übereinstimmend wahrzunehmen und zu deuten, dementsprechend zielgerichtet und kooperativ zu handeln und die möglichen Aktionen der Gegner zu antizipieren. Dieses Muster des Sportspiels enthält Prinzipien, die in unserer Gesellschaft grundlegend und verbreitet sind: das Prinzip der Überbietung, die Kumulation von symbolischem ‹Reichtum› (Tore, Punkte) und ‹Machtausübung› (Bezwingen und ‹Vernichten› des Gegners). Sportspieler werden um so erfolgreicher sein, je eindeutiger sie dieses Handlungsmuster des Sports verinnerlicht haben.

Aus diesen entwicklungstheoretischen Erörterungen lassen sich sportpädagogische Konsequenzen ziehen. Auch hier wird es in der pädagogischen Praxis vor allem darauf ankommen, die Bedingungen zu sichern, die entwicklungsförderndes Spielen möglich machen. Auffallend ist, daß nahezu alle Entwicklungstheoretiker das Spiel der Kinder in gewisser Weise idealisieren, d. h., sie gehen davon aus, daß Kinder relativ ungestört spielen können, daß ihr Handeln einen hohen Grad von Autonomie hat und daß sie sich in einer relativ behüteten Welt bewegen. Davon kann man aber im Normalfall nicht ausgehen. SUTTON-SMITH hat auf diese Tendenzen zur Idealisierung des Spiels hingewiesen und hervorgehoben «... die Behauptung, daß es nicht ernst und zweckfrei sei, trifft weder auf die Spiele der Naturvölker noch auf die meisten Spiele zu, die auf Kinderspielplätzen gespielt werden, und ganz gewiß nicht auf den modernen Sport› (SUTTON-SMITH 1983, 74).

Man kann in diesem Zusammenhang von einer Pädagogisierung des Spiels sprechen. Seine Idealisierung ist allerdings nur deren eine Seite; von Pädagogisierung kann auch gesprochen werden, wenn Spiele in der Erziehungspraxis auf kontrollierbare Wirkungen hin zweckbestimmt werden und damit die entwicklungsfördernden Bedingungen nicht mehr gesichert werden können.

Ein Blick in die spieldidaktische Literatur und in die Spielpraxis im Sportunterricht der Schulen offenbart, wie die Entfaltung des Spiels gleichsam ‹systematisch› verhindert wird. Der Spielunterricht provoziert eher ‹Spielabbruch› (EICHLER 1977, 19f.) als den für die Erziehung notwendigen Spielfluß. Die dominanten Strukturen des sozialen Systems Unterricht verhindern eher die Entfaltung von Spielen. Im Unterricht werden zwar Momente des Spiels aufgegriffen (das, was man gerade im sportlichen Spiel lernen muß, um ‹richtig› spielen zu können), aber zum Spielen kommt es dabei bestenfalls am Schluß der Stunde oder dann, wenn man in Unterricht und Schule bewußt Freiräume schafft und die Verbindlichkeit schulischer Ordnung und unterrichtlicher Lenkung zurückgenommen werden (DIETRICH 1980, 13–20).

Die Möglichkeiten der Entwicklung des moralischen Bewußtseins im Zusammenhang mit dem Bewegungsspiel und seiner Regelung werden in der Schule keineswegs genutzt. Wenn man anhand der im Unterricht üblichen Praxis der Regelung von Bewegungsspielen die Entwicklung des Regelbewußtseins auf der Basis der Entwicklungstheorien von PIAGET und KOHLBERG untersucht (LANDAU 1977), kommt man zu dem Ergebnis, daß eine freie Auseinandersetzung mit den Spielregeln schon auf der Ebene der Lehrplanentscheidungen verhindert wird. Etwa zu dem Zeitpunkt der Entwicklung (bei den 10–12jährigen), in dem die Kinder lernen könnten, ihr Spiel selbst vernünftig zu regeln, beginnt die Einführung der Sportspiele. Die Schüler werden einer «Vertragsregel» (KOHLBERG 1974) unterworfen, ohne selbst Vertragspartner zu sein. D. h., das im Lehrplan formulierte Lernziel heißt, unumstößlichen Regeln zu folgen und nicht zu lernen, Regeln zu vereinbaren. Die Regeln werden vielmehr international festgelegt und von außen (durch einen Schiedsrichter oder stellvertretend durch den Sportlehrer) überwacht und durchgesetzt in dem Glauben, eben dadurch das Spiel zu sichern. Eine diskursive Auseinandersetzung mit diesen Handlungsnormen, ihre einsichtige Übernahme bzw. deren Anpassung an das eigene Spielbedürfnis allein könnten die Grundlage schaffen, den Sinn der Regeln zu verstehen: ihre Funktion als Vereinbarung zwischen Menschen, Vereinbarungen, die ebenso geändert und in Frage gestellt wie sie auch neu abgeschlossen werden können. Erst wenn die Regeln selbst Gegenstand der Auseinandersetzung werden, wenn Heranwachsende lernen, «mit den Regeln zu spielen» (JOST 1985, 27), ist eine Bedingung für die Entwicklung des Regelbewußtseins geschaffen, die es erlaubt, sich auch gegenüber sozialen Normen zu verhalten. In der Praxis des Schulsports gibt es inzwischen eine Reihe von Beispielen, die zeigen, daß sowohl die Schüler selbstbewußt ihr eigenes Spiel fordern, als auch daß es Lehrer gibt, die Schülern ermöglichen, ihr Spiel selbst zu inszenieren, d. h. die Regeln für ihr Spiel auszuhandeln.

Bewegung und Entwicklung sprachlicher Kompetenz

Von sprachlicher Kompetenz können wir sprechen, wenn Menschen fähig werden, sich intersubjektiv zu verständigen. Ein Zusammenhang von Bewegung und sprachlicher Entwicklung wird in der Entwicklungspsychologie allgemein als gegeben vorausgesetzt. So konstatiert OERTER: «Für die Sprachentwicklung scheint die Kontiguität autonomer Reaktionen, vor allem aber motorischer Reaktionen (Greifen, Manipulieren) und sprachlicher Ereignisse von ausschlaggebender Bedeutung zu sein (Begriffsgeneralisierung und -differenzierung)» (OERTER 1976, 573).

Auch für diesen Bereich der Entwicklung liefert PIAGET wichtige Grundlagen. Zunächst verweist er auf die zeitliche Abfolge der unterscheidbaren Entwicklungen, wenn er betont, «daß die Sprache bei Kindern erst dann erscheint, wenn die Stufe der senso-motorischen Intelligenz mehr oder weniger erreicht ist» (PIAGET 1981,57). Die sensomotorische Entwicklung geht der sprachlichen nicht nur voraus, sondern ist zugleich auch die intellektuelle Basis, auf der sich Sprache erst entwickeln kann. PIAGET tritt in seiner genetischen Erkenntnistheorie damit jenen Auffassungen entgegen, die diesen Zusammenhang umkehren und die Sprache als Basis der intellektuellen Entwicklung bezeichnen.

In der philosophischen Anthropologie GEHLENS wird auf die Bedeutung des Zusammenhangs von Handeln und Sprechen hingewiesen. Schon aus biologischer Sicht läßt sich Sprache «einfach als Bewegung und als Klasse besonderer, sagen wir lautmotorischer Vollzüge» (GEHLEN 1961, 51) ansehen. Beide Bereiche entwickeln sich jedoch eigengesetzlich weiter und können in gewissem Maße gegenseitig füreinander stehen. «Sprachlaute ersetzen beim kleinen Kind zunehmend die Antwortreaktionen sonstiger körperlicher Art, und der Mensch kann eine Masse von Reizen akustischer und optischer Herkunft, von denen er überschwemmt wird, rein lautmotorisch abreagieren.» GEHLEN verweist dabei auf jene Kreisprozesse, die für die Auseinandersetzung des Menschen mit seiner Umwelt typisch sind und die auch die Sprache als Grundform des Verhaltens hervorbringen: «Indem die Lautbewegung auf den Reiz antwortet, schafft sie sich selbst das Symbol, das leicht mit jenem Reiz verschmilzt, sie empfindet dabei zugleich sich selbst und in dem einen Eindruck auch den anderen, im Laut auch das gesehene Ding» (GEHLEN 1961, 51). Diese Fähigkeit, sich selbst Symbole zu schaffen und mit ihnen umzugehen, ist eine wichtige Phase sprachlicher Entwicklung, die auch der Auseinandersetzung mit der Umwelt eine neue Qualität verleiht: «...zwischen unser Verhalten und die Wirklichkeit schiebt sich eine ‹Zwischenwelt› aktiv gesetzter Symbolik» (GEHLEN 1961, 51).

GEHLEN betont in diesem Zusammenhang die Entlastungsfunktion der Sprache, die eine zunehmende Distanzierung zwischen Mensch und Welt ermöglicht: «...mit der Sprache, die ausschließlich in Symbolen lebt, gelingt grundsätzlich die Lösung von der Einzelsituation, denn die Worte sind von der Sprachphantasie her in schlechthin unbegrenzter Weise frei verfügbar» (a.a.O., 35). Sprache kann auf diese Weise Aktivitäten und Ereignisse aus ihren zeitlichen und räumlichen Bezügen lösen und als unabhängige Wirklichkeit repräsentieren.

«Erfahrung als Resultat der Auseinandersetzung mit der Wirklichkeit» ist nach GEHLEN an Sprechen gebunden: «Wir erfahren die Wirklichkeiten nur, indem wir uns praktisch mit ihnen auseinandersetzen oder dadurch, daß wir sie durch die Mehrheit unserer Sinne hindurchziehen: die gesehenen betasten, befühlen oder endlich indem wir sie ansprechen und so eine dritte Art menschlicher Aktivität (gemeint ist hier das Sprechen neben Handeln und Denken – d. V.) gegen sie setzen» (GEHLEN 1961, 33).

Die Ausführungen von GEHLEN verdeutlichen zunächst einmal, daß Bewegung als Medium der Erfahrung eine fundamentale Bedeutung für die sprachliche wie für die gesamte Entwicklung des Menschen hat. Insofern bestehen auch Verbindungen zur kognitiven und zur sozialen Entwicklung. Im Medium der Bewegung wird die materiale und soziale Umwelt erkundet. Im manipulativen Umgang mit den Dingen werden deren «Umgangswerte» (GEHLEN) als objektive Gegebenheiten erfahrbar und benennbar und symbolisch repräsentierbar.

Wie schon in den Überlegungen zur kognitiven und sozialen Entwicklung sichtbar wurde, ist die prinzipielle Möglichkeit, Bewegungen und Handlungen (nach innen) in der Vorstellung zu repräsentieren und (nach außen) etwas über Bewegungshandlungen zum Ausdruck zu bringen, die entscheidende Grundlage für die sprachliche Entwicklung. «Die Repräsentation von Handlungsabläufen in der Vorstellung gewinnt nur über das Medium der symbolischen Darstellung die Dauer, die nötig ist, damit das Kind an den vorgestellten Handlungsabläufen die zunächst naiv vollzogenen Koordinierungen ablesen und die Verknüpfungen seiner Handlungsschemata zu Vorbegriffen und Prärelationen verinnerlichen kann» (HABERMAS 1975, 92).

Bisher wurde vor allem darauf eingegangen, wie sich in handelnder Auseinandersetzung mit der Umwelt Sprache entwickelt. Bewegung, und das wurde bei den vorangegangenen Ausführungen bereits angedeutet, kann aber auch selbst als Medium der Kommunikation verstanden werden. TAMBOUR (1979, 17) begreift Sich-Bewegen als Dialog zwischen Mensch und Welt. In diesem Dialog werden «motorische Bedeutungen» konstituiert, die über Situationen, in denen sie gewonnen wurden, hinaus verfügbar sind. Diese motorischen Bedeutungen sind nicht einfach Eigenschaften der Dinge, oder das, was GEHLEN als deren Umgangswerte versteht; Bedeutungen konstituieren sich vielmehr im Dialog zwischen Subjekt und Welt, sind also weder auf der Seite des Subjektes noch auf der Seite des Objektes einzuordnen.

Bewegung kann, ganz im Sinne von Sprache, selbst Bedeutungen annehmen. Indem solche Bedeutungen im Handeln erzeugt und von anderen Handelnden verstanden werden, ist es möglich, im Medium von Bewegung zu kommunizieren. Als Beispiel dafür können nicht nur Ausdrucksbewegungen und alle Formen des expressiven Bewegungsverhaltens genannt werden. Bewegungen können in bestimmten sozialen Kontexten eine gleichsam sprachliche Funktion erfüllen; mit Bewegungkann man etwas aussagen, auf etwas hinweisen, zu etwas auffordern, auf etwas reagieren, etwas zum Ausdruck bringen oder sich wortlos verständigen. Indem Bewegung auf diese Weise quasisprachliche Funktionen erfüllt, vermag sie Sprache in bestimmten Kontexten (und mit gewissen Einschränkungen) zu ersetzen.

In Spielen und in den Formen des Sports kann man gleichsam sprachfrei kommunizieren, weil in diesen definierten sozialen Kontexten allein über Bewegungshandlungen bedeutungsvolle und verstehbare Sinnzusammenhänge konstituiert werden. Solche Formen nichtsprachlichen Handelns lassen sich im Sinne des Sprachspielmodells von WITTGENSTEIN (1963) als Lebensform begreifen. Sich eine solche Lebensform erschließen heißt dann letztlich, ihre Sprache zu verstehen und sie sprechen zu können.

Es ist vornehmlich in der Pragmalinguistik darauf hingewiesen worden, daß Handlung in Sprache und umgekehrt Sprache in Handlung überführbar sei (FREESE 1974). Wie sich Sprache und Handlung gegenseitig hervorbringen können, läßt sich am Kinderspiel zeigen, etwa wenn Kinder geplante Spielhandlungen sprachlich vorwegnehmen («ich fang dich»), sich gegenseitig Rollen zuweisen («du wärst jetzt ein Polizist»), Abweichungen von der Normalerwartung aufgreifen («das gilt nicht») oder das eigene Handeln bloß kommentieren («meine Puppe schläft jetzt»). Was sich dabei vollzieht, ist für die soziale und für die sprachliche Entwicklung gleichermaßen wichtig: Kinder lernen mittels ihrer Sprache, soziale Handlungszusammenhänge zu konstituieren, Rollen festzulegen und zu spielen, Regeln bewußt zu setzen und ihnen zu folgen.

Trotz der Analogien von Handeln und Sprechen handelt es sich doch um grundsätzlich unterschiedliche Formen der menschlichen Kommunikation. Sprachfreies Handeln, wie wir es in Spiel und Sport antreffen, bleibt hinter den Möglichkeiten der Sprache einerseits zurück, andererseits vermag das bloße Handeln mehr zum Ausdruck zu bringen, als Sprache es vermag. Unter entwicklungstheoretischem Gesichtspunkt betrachtet, ist diese Differenzierung höchst bedeutsam:

- Sprachfreies Handeln, wie wir es vor allem in ritualisierten Handlungen von Spiel und Sport finden, ist eine beschränkte Form der

Kommunikation, weil man sich nur im Kontext des jeweiligen Handlungssystems und mit den dort eingeführten Symbolen verständigen kann. Man kann sich nichts Neues sagen, es ist kaum möglich, Konflikte zu lösen oder Geltungsansprüche von Handlungsnormen zu prüfen. Hierzu bedürfte es der Sprache, mit der freilich die genannten Probleme nur verhandelt werden können, wenn man den Spielfluß unterbricht.

Kinder tun dies, wie oben angedeutet wurde, in ihrem selbstorganisierten Spiel. Sie wechseln nach Bedarf zwischen Handeln und Sprechen. In den von außen kontrollierten Sportspielen ist dies in der Regel nicht der Fall. Hier wird von Spielern ein Verhalten erwartet, das OEVERMANN als «mechanische Solidarität» bezeichnet. «Unter Bedingungen ‹mechanischer Solidarität› werden Normensysteme durch institutionalisierte Mechanismen der sozialen Kontrolle aufrechterhalten und nicht durch Ich-Leistungen und individuelle Qualifikationen des Rollenhandelns (OEVERMANN 1972, 18). Die geringe Möglichkeit, sich zu und gegenüber den im Sportspiel gültigen Normen zu verhalten, verweist auf eingeschränkte Bedingungen der Entwicklung sozialer Kompetenz (DIETRICH 1977, 140–158). Würde man in den Handlungssystemen des Sports Sprache reflexiv einsetzen, d. h. «diskursive Symbole» verwenden, würde der Handlungszusammenhang selbst unterbrochen oder gar zerstört. Die Spielhandlung könnte zwar auf diese Weise in ihrem zeitlichen Verlauf rekonstruiert und Ereignisse nacheinander besprochen und geklärt werden, aber das bis dahin gelingende Spiel würde außer Kraft gesetzt.

– Nun leisten manche eher rituellen Kommunikationsformen etwas, was Sprache nicht vermag. Indem nun bei sprachfreien Handlungen in Spiel, Sport und Tanz vor allem «präsentative Symbole» benutzt werden, wird hier etwas mitgeteilt, was in die eher sukzessive Ablaufform von Sprache nicht überführt werden kann. Formen von Spiel, Sport und Tanz können als Ganzes verstanden werden. Alle dort verwendeten Symbole gehören zu einer ganzheitlichen Struktur: «Daß sie überhaupt als Symbole fungieren, liegt daran, daß sie alle zu einer simultanen, integralen Präsentation gehören» (LANGER 1965, 103). Über den in Spiel, Sport und Tanz verwendeten Modus der symbolischen Präsentation wird es möglich, das ‹Unsagbare› zum Ausdruck zu bringen. Sprache erscheint demgegenüber als ein ‹armes› und eher beschränktes Kommunikationsmedium. «Ein Tanz kann etwas über das jeweilige Lebensgefühl, die Einstellung zur und die Deutung von der Welt ausdrücken – und in dieser Aussage auch verstanden werden wiederum nicht begrifflich, sondern im tatsächlichen oder inneren Nachvollzug, durch Tanzen oder Zuschauen, für Buytendijk: leiblich» (Fritsch 1988, 67). Viele ritualisierte Formen des Sports, des Tanzes, der Pantomime und des Bewegungstheaters sind geprägt von diesem «präsentativen Symbolismus». Sie erfüllen als solche eine eigenständige Funktion in unserer Kultur und verdienen Beachtung für die Entwicklung des Menschen. «Präsentative Symbolisierungen können uns, so gesehen, mit den eigenen vitalen Erlebnisprozessen unterhalb des konventionellen Ichs wieder verbinden, sie uns selbst gegenwärtig machen» (66).

Es ist deutlich geworden, daß man über die Bedeutung der Bewegung für die sprachliche Entwicklung nur Aussagen machen kann, wenn man das Verhältnis von Sprechen und Handeln mitbedenkt und deren analytische Trennung möglichst vermeidet. Das gilt auch, wenn man nach sportpädagogischen Konsequenzen fragt. Für sportpädagogische Untersuchungen kann es sehr aufschlußreich sein, Bewegung, Spiel und Sport gleichsam als Sprache zu interpretieren und ihren Sinn als sozialen Verständigungszusammenhang zu entschlüsseln. Auf entsprechende fachspezifische Versuche von Dietrich 1977, Fritsch 1988, Gebauer 1988 kann hier nur am Rande verwiesen werden.

Für eine entwicklungsorientierte sportpädagogische Praxis ist auf die Notwendigkeit hinzuweisen, Situationen zu schaffen, in denen sich die Entwicklung des Kindes im Wechselspiel von Denken, Sprechen und Handeln entwickeln kann.

Entwicklungsorientierte Sportpädagogik

Die Ausführungen des letzten Abschnittes sollten belegen, daß es grundsätzlich möglich ist, die Funktion von Bewegung, Spiel und Sport im Rahmen eines integrativen Entwicklungskonzeptes plausibel zu beschreiben. Damit ist allerdings nur der Rahmen eines fachspezifischen Entwicklungskonzeptes dargestellt. Zur Ausarbeitung einer sportpädagogischen Entwicklungstheorie müßten weitere Untersuchungen systematisch ausgewertet und neue angestellt werden. Dann ließe sich auch die Interdependenz zwischen kognitiver, interaktiver und sprachlicher Kompetenz im Medium von Bewegung, Spiel und Sport darstellen.

Was vor allem gebraucht wird, sind konkrete Untersuchungen von Entwicklungsverläufen. Sie sind einerseits notwendig, um eine integrative Theoriebildung voranzutreiben, auf Einzelfälle anwendbar zu machen und allgemeine Bedingungen ihrer Gültigkeit genauer zu bestimmen; konkrete Untersuchungen sind aber auch nötig, um den Schritt von einer relativ formalen Bestimmung vorhandener Person-Umwelt-Strukturen hin zur Praxis der Erziehung, d. h. zu Menschen in ihrer jeweiligen Entwicklungssituation zu vollziehen. Hier gilt es dann, zwischen allgemeingültigen Aussagen der Entwicklungstheorie und den handelnden Personen in einer konkreten Lebenssituation zu vermitteln.

Wenn beispielsweise Daniel mit seinen gerade 5 Jahren von seinen Eltern zum Fußballtraining eines Vereins geschickt wird, sich aber dort nicht wohl fühlt, dann kann es dafür viele Erklärungen geben. Unsere allgemeine Theorie mag uns helfen, plausible Hypothesen zu formulieren. Was aber mit Daniel los ist, warum er dieses Training nicht mag, die Herausforderung dieses Lebensbereiches nicht annimmt, dazu bedarf es eingehenderer Untersuchungen über seine soziale Umwelt und seine Vorerfahrungen in Spielgruppen.

Ebenso aber wie man die persönliche Entwicklungslage des Kindes analysiert, muß man fragen, ob denn das Fußballtraining im Verein ein für die Entwicklung dieses Jungen geeignetes Umfeld darstellt. Kann er in diesem Alter überhaupt verstehen, was von ihm erwartet wird, hat er die Chance, sein Verständnis von Fußball ins Spiel zu bringen; kann er angesichts der Erwartungen, die an ihn gestellt werden (um Fähnchen dribbeln, den Ball zupassen usw.), überhaupt zum Spieler werden?

Eine ganz andere Erscheinung entsteht, wenn Daniel mit Freunden sein Spiel selbst inszeniert. Dann legen sie die Idee des Spiels auf ihre Weise aus und verwirklichen ein Verständnis des Spiels, das ihrer Entwicklungslage entspricht. Diese beiden Inszenierungen von Fußball (als Trainung und als selbstorganisiertes Spiel) schaffen trotz gleichem Thema gänzlich unterschiedliche Entwicklungsbedingungen.

Es geht nicht nur um das in der Pädagogik bekannte Problem der Entwicklungsgemäßheit, sondern auch darum, ob die Art, wie ein solches Training aufgezogen wird, überhaupt angemessene Entwicklungsimpulse für diesen Jungen setzen kann. Anders gefragt: In welcher Weise lernt er, mit dem Ball umzugehen? Wie lernt er die verschiedenen

Bedeutungen des Balles (als Besitz und Streitobjekt, als Kommunikationsmedium und als Objekt strategischen Handelns) kennen? Wie lernt er, die Handlungen der anderen (Mitspieler wie der Gegner) zu antizipieren? Auf welche Weise lernen die Jungen, den Regeln des Spiels zu folgen, sie zu überwachen und sie für sich auszugestalten?

Es wird also von der Inszenierung des Fußballtrainings insgesamt abhängen, welche Erfahrungen Kinder dort machen und inwieweit diese Erfahrungen die Basis für selbständiges Handeln in diesem Praxisfeld sein können.

Bedingungen einer entwicklungsorientierten Sportpädagogik

Die Frage, ob die derzeit verbreitete sportpädagogische Praxis und die Konzepte, solche Praxis zu gestalten, optimale Bedingungen für die Entwicklung bereitstellen, muß derzeit eher mit Skepsis beantwortet werden. Die kritischen Anmerkungen, die an anderer Stelle dieses Buches bereits gemacht wurden, erhalten unter entwicklungstheoretischen Aspekten zusätzliche Brisanz. Einige Diskussionspunkte sollen unter diesem Blickwinkel noch einmal beispielhaft aufgegriffen werden.

a) Am Thema «Kinder im Leistungssport» wurde (in Kapitel 4) verdeutlicht, wie sehr der Leistungssport als gültige soziale Wirklichkeit idealisiert und mit dieser Begründung Kindern zugemutet wird. Gewiß kann hier die Normativität der Gesellschaft «erfahren» (bzw. «erlitten») werden. Die frühe Konfrontation mit dieser Welt gibt Kindern allerdings keine Chance, sich ihr gegenüber zu verhalten und sich von ihr abzugrenzen. Kinder bleiben dieser Welt in der Regel ausgeliefert, es sei denn, sie werden aus ihr verstoßen, weil sie den normativ gesetzten Erwartungen nicht mehr gerecht werden. Das repressive System von Training, Betreuung, ärztlicher und psychologischer Kontrolle läßt keinen Spielraum für autonomes Handeln. Kinder im Hochleistungssport zu halten kann nicht als eine angemessene Antwort auf die Entwicklungslage von Kindern legitimiert werden. Es geht hier eher um die Vergesellschaftung kindlicher Leistungen.

b) Die Legitimierung solcher Praxis geschieht u. a. durch eine Idealisierung des Sports als pädagogische Wirklichkeit schlechthin. Diese wird auch in sportpädagogischen Konzepten selbst vollzogen. In der Diskussion des sportpädagogischen Ansatzes von KURZ wurde sichtbar, wie die Institution des Sports mit ihrem relativ stabilen System von Handlungsvorschriften und Rollenerwartungen (KURZ 1977, S. 64) das Bezugsfeld des Schulsports darstellt, in dem die Heranwachsenden handlungsfähig werden sollen. Das Kind und seine Entwicklungsbedürftigkeit sind in diesen pädagogischen Entwürfen kein Thema, das Denken von der Sache des Sports her bringt die Kinder nur als zukünftige Sportler in den Blick.

c) Eine Reihe sportwissenschaftlicher Teildisziplinen lassen sich in solche Konzepte hilfreich einordnen. In Kapitel 5 wurde an Beispielen aus der Bewegungslehre gezeigt, wie die menschliche Bewegung auf Sportmotorik verkürzt wird. Nicht der so bedeutsame Prozeß der Auseinandersetzung mit der Umwelt im Medium der Bewegung ist der Gegenstand der Bewegungslehre, sondern die im Sport gefundenen Lösungen der dort gesetzten Bewegungsprobleme sind die Gegenstände bewegungswissenschaftlicher Untersuchungen. Sportmotorische Fertigkeiten zu lernen und sportbezogene Fähigkeiten anzueignen, wird zum entscheidenden Lern- und Trainingsproblem und zum Hauptinhalt pädagogischer Praxis in Schule und Verein.

d) Die aus der Sicht der Bewegungslehre gewonnenen Erkenntnisse zur motorischen Entwicklung sind dementsprechend reduziert auf die Bedingungen der Aneignung sportmotorischer Fertigkeiten und Fähigkeiten (siehe Kapitel 5).

e) Diese Orientierung an Fertigkeiten des Sports bestimmt auch die Methoden der Aneignung. Nicht die für die Entwicklung so wichtige selbsttätige Auseinandersetzung mit Bewegungsproblemen, sondern die systematische und schrittweise Aneignung von Elementen anerkannter Lösungen sportspezifischer Aufgaben dominiert in der methodischen Literatur.

f) Es ist deshalb konsequent, daß auch die Lehrpläne Sportarten als Inhalte angeben, die sportmotorischen Fertigkeiten zu Teilzielen werden, die es ermöglichen sollen, im Sportunterricht das System des Sports hervorzubringen, das zuvor als von sich aus pädagogisch bedeutsam begründet worden ist.

Die Bedingungen für eine entwicklungsorientierte Sportpädagogik und eine entsprechende Praxis sind also keineswegs gegeben, wie die hier kurz angedeuteten Tendenzen in der Sportwissenschaft und der Sportpädagogik zeigen. Das heißt nicht, daß es nicht Ansätze für eine eher entwicklungsgemäße Sportpraxis gibt.

Konturen einer entwicklungsorientierten Sportpädagogik
Eine Sportpädagogik, die konsequent von der durch Bewegung getragenen Beziehung Mensch–Umwelt ausgeht, schafft Erkenntnisse, die in erster Linie eine Bewegungserziehung begründen können. Sich bewegen eröffnet die Chance, nicht nur sich selbst, sondern zugleich die Umwelt zu erfahren. Wie an anderer Stelle bereits erörtert wurde, ist gerade über Bewegung die Selbsterfahrung in der Umwelterfahrung möglich und umgekehrt. Der Begriff der Erfahrung enthält immer zwei Momente: einerseits die Fähigkeit, sich in die Welt mit ihren Gesetzmäßigkeiten und Erfordernissen einzupassen, andererseits auf eben dieser Grundlage Umwelt angemessen zu gestalten. Die Bereitschaft zu erzeugen, sich dabei gegenüber seiner Umwelt verantwortlich zu verhalten, eröffnet die Chance, Bewegungserziehung zugleich als Umwelterziehung auszuarbeiten. Bewegung, Spiel und Sport finden nicht nur in künstlich geschaffenen, isolierten und speziell gestalteten Bewegungsräumen statt, sondern auch in der Natur. Dabei verdienen die expansiven Formen der Nutzung von natürlichen Bewegungsräumen (Mountain-Bike, Surfen, Joggen ...) ebenso eine kritische Betrachtung wie die Bewegungen an Fitnessmaschinen in Sportstudios. Hier wie dort vermittelt sich der Mensch über seine Bewegung einer spezifischen Umwelt, und er konstituiert sie zugleich durch seine Bewegung. Die Art der Bewegung sagt sowohl etwas aus über sein Verhältnis zu dieser Umwelt wie über ihn selbst. Seine Bewegungen sind ein Teil des «Wissensbestandes», mit denen er sich seine Welt schafft.

Der in Kapitel 5 explizierte Begriff der «elementaren» Erfahrung ist als das Ergebnis der gelingenden Auseinandersetzung von Mensch und Umwelt umschrieben worden. Mit der Summe solcher Erfahrungen ist zugleich der Entwicklungsstand einer Person beschrieben. Er ist abhängig von der «inhaltlichen Vielfalt» und der «strukturellen Komplexität» solcher Erfahrungen und wird sichtbar «in dem wachsenden Vermögen der Person, mit dieser Umwelt umzugehen und sie eigenen Bedürfnissen und Wünschen entsprechend zu ändern» (BRONFENBRENNER 1981, 71).

BAACKE spricht im Sinne dieses Ansatzes von «ökologischer Kompetenz» (BAACKE 1985, 53). Diese Denkweise wird von den ökologisch orientierten Entwicklungstheorien gestützt: «Wir definieren Entwicklung als die Entfaltung der Vorstellung der Person über ihre Umwelt und ihr Verhältnis zu dieser, als ihre wachsende Fähigkeit, die Eigenschaften ihrer Umwelt zu entdecken, zu erhalten oder zu ändern» (25).

Entwicklung meint also hier nicht die ‹Entwicklung der Person›, sondern die Entwicklung (Veränderung, Differenzierung) des Verhältnisses des Menschen zu seiner Umwelt. BRONFENBRENNER konzipiert eine «Ökologie der menschlichen Entwicklung». Sie «befaßt sich mit der fortschreitenden gegenseitigen Anpassung zwischen dem aktiven, sich entwickelnden Menschen und den wechselnden Eigenschaften seiner unmittelbaren Lebensbereiche. Dieser Prozeß wird fortlaufend von den Beziehungen dieser Lebensbereiche untereinander und von den größeren Kontexten beeinflußt, in die sie eingebettet sind» (BAACKE 1985, 37).

Ebenso aber, wie Bewegungserziehung Verantwortung gegenüber der jeweils erschlossenen und gestalteten Umwelt zu ihrer Aufgabe macht, ist die Selbsterfahrung durch Bewegung einer ihrer wichtigsten Bezugspunkte. MEYER-ABICH hat hervorgehoben, daß sich gerade über Bewegung «mit dem Erfahren des Erfahrenen eine Erfahrung unserer Selbst verbindet. Hier erfahren wir die Natur wie uns selber. Es bedarf zur eigentlichen Wahrnehmung der Natur also nur noch des Umschlages, daß dies auch die Erfahrung unserer Selbst als Natur ist. Dann erfahren wir die Natur als unsere eigene Natur» (MEYER-ABICH 1984, S. 254).

In der Auseinandersetzung mit der Umwelt ein ausgewogenes Verhältnis zu seiner eigenen Natur zu finden ist eine Aufgabe der Gesundheitserziehung. Gesund sein beschreibt einen Zustand und eine Fähigkeit, als eine sich selbst erlebende Person im Einklang mit der Umwelt zu sein, bzw. die Fähigkeit, diesen Einklang herzustellen. Es ist keineswegs verwunderlich, daß heute im Bereich der Gesundheitsvorsorge und der Rehabilitation Bewegungsprogramme eingesetzt werden. Die enorme Vielfalt der «Körperthematisierungen» (RITTNER) erwächst aus dem Verlust an Körperlichkeit.

MEYER-ABICH sieht in der Abschirmung des Menschen von der natürlichen Umwelt durch die Energiesysteme einen Grund für die Verkümmerung leiblicher Erfahrung: «Die Verkümmerung der Tast- und

Bewegungssinne ergibt sich weitgehend daraus, daß dem industriewirtschaftlich lebenden Teil der Menschheit heute pro Kopf fast das einhundertfache der physischen Energie des menschlichen Körpers zur Verfügung steht (in USA etwas mehr, im Osten etwas weniger) und so genutzt wird, daß jene Sinne dabei verkommen» (MEYER-ABICH 1984, 255).

Dies hat auch zu weitreichenden Veränderungen der Arbeitswelt geführt: «Die industriegesellschaftliche Arbeit ist kaum noch ein sinnlicher Vollzug, also sozusagen gar kein Handeln mehr. Wenn die Bewegungsarmut sportlich kompensiert wird, ersetzt dies außer der physischen Leistung nicht unbedingt auch die Erlebnisse. Noch nie war die Wirtschaftstätigkeit einer Gesellschaft so unsinnlich wie die der unseren» (MEYER-ABICH 1984, 256).

Bewegungserziehung ist unter der hier gewählten ökologischen Betrachtungsweise zugleich Umwelterziehung und auch Gesundheitserziehung. Für beide sind erste konzeptionelle Konturen ausgearbeitet. So erfüllen Konzepte der Körpererfahrung gesundheitsorientierte Aufgaben, indem sie Bewegungserfahrungen als sinnliche Erfahrung interpretieren (FUNKE). Bewegungswelt als Lebenswelt der Kinder zu untersuchen (SCHERLER...), Bewegungsumwelt zu gestalten (SCHERLER 1979) bzw. sie neu herzustellen (wie im Konzept der Bewegungsbaustelle, LANDAU/MIEDZINSKI 1983, 1984), sind Schritte in die Richtung einer Umwelterziehung.

Bewegungserziehung als Gesundheitserziehung und als Umwelterziehung zu verstehen eröffnet aber neben Prinzipien ihrer Gestaltung auch Kriterien zur Analyse bestehender Bewegungsumwelten. So könnte man fragen, welche Umwelterfahrungen jemand gewinnt, der an einem Fitness-Gerät eines Sportstudios «arbeitet», welche «Bedeutungen» die Bewegungen im Dialog mit der Maschine haben und welches Verhältnis zum eigenen Körper hier konstituiert wird. Diese Fragen sind besonders bedeutsam für Programme, die sich (wie im Falle des Fitness-Sports) bewußt als Gesundheitsprogramme verstehen.

Wenn hier die tätige Auseinandersetzung des Menschen mit seiner Umwelt in den Mittelpunkt gestellt wird, so mag der Eindruck entstehen, es gehe hier vor allem um individuelle Erfahrungen einer Person. Daß dies nicht der Fall ist, läßt sich schon daran deutlich machen, daß die heute verfügbaren, bereitgestellten oder geschaffenen Bewegungsräume aufgrund gesellschaftlicher Entwicklungen entstehen. Ebenso ist es mit jenen Räumen, die als Bewegungsräume tabuisiert, d. h. für Bewegungen verboten sind. Relevante Tatbestände lassen sich aufdekken, wenn man Material zu einer Geschichte der Lebensräume (und damit der Bewegungsräume) im Lichte der industriellen und technischen Entwicklung zusammentragen würde. Es ließe sich dann sicherlich verdeutlichen, daß es hier insofern um «soziale Tatsachen» geht, als die Art der Nutzung der Bewegungsräume auf sozialen Vereinbarungen beruht und in einem möglicherweise langen Prozeß gesellschaftlich festgelegt wurde. Erfahrungen im Umgang mit ihnen vermitteln deshalb immer auch soziale Erfahrungen.

Nun gibt es Bereiche von Spiel, Sport und Bewegung, die besonders geeignet sind, unmittelbar über Bewegungshandlungen soziale Erfahrungen zu machen. Im Rahmen der entwicklungstheoretischen Erörterungen waren die Bewegungsspiele (einschließlich der stark normierten Sportspiele) in ihrer Bedeutung als soziale Einrichtungen gekennzeichnet worden. In diesem Zusammenhang ist deren Bedeutung für das soziale Lernen (DIETRICH/LANDAU 1979) betont worden. Dieser Gedanke soll an dieser Stelle deshalb nicht weiter ausgeführt werden. In systematischem Interesse erscheint es allein wichtig, Spiel und Sozialerziehung als Bereiche der praktischen Sportpädagogik auszuweisen.

Folgt man unseren entwicklungstheoretischen Erörterungen, so ist damit das Spektrum sportpädagogischer Praxisfelder nicht erschöpft. Die Bedeutung der Bewegung als «präsentative» und «diskursive» Symbole und als Ausdrucksmittel rückt die Gebiete des Bewegungstheaters, des Tanzes, der Pantomime und sonstiger Formen des Körperausdrucks in den Blickpunkt des Interesses. Ästhetische Erziehung ist somit ein unverzichtbarer Bereich praktischer Sportpädagogik (BECKERS 1985, FRITSCH 1988), weil hier eine bedeutsame Funktion der menschlichen Bewegung, die der symbolischen Repräsentation, angesprochen und entwickelt werden kann.

Praktische Sportpädagogik – als Reaktion auf die Entwicklungstatsache – hat die Aufgabe, die in Bewegung, Spiel und Sport liegenden Felder materialer, sozialer und symbolischer Erfahrungen zu untersuchen, die dort möglichen Entwicklungsbedingungen herauszufinden. Dies kann gelingen, wenn sie auf entwicklungstheoretischer Grundlage Konzepte einer Bewegungserziehung (Gesundheits- und Umwelterziehung), Sozialerziehung und einer ästhetischen Erziehung entwickelt.

Die in diesem Kapitel herausgearbeiteten Entwicklungsbedingungen lassen sich berücksichtigen, wenn man in der sportpädagogischen

Praxis den Doppelcharakter von materialer, sozialer und symbolischer Erfahrung beachtet: Erfahrungen sind einerseits adaptiv insofern, als sich der Mensch in seiner Auseinandersetzung mit der Umwelt an diese anpassen muß, um sie handelnd zu bewältigen, um den von anderen formulierten Ansprüchen zu folgen und um Äußerungen anderer Personen zu verstehen. Als Erfahrung bezeichnen wir aber andererseits zugleich die grundlegende, immer neu zu berücksichtigende Fähigkeit, die Welt kreativ zu gestalten, sich die Dinge in ihr verfügbar zu machen, soziale Beziehungen von Fall zu Fall neu zu regeln und Probleme, soziale Konflikte und sonstige klärungsbedürftige Fragen zur Sprache zu bringen und zu klären.

Für den Bereich der materialen Erfahrung heißt dies, die Erkundung der Umwelt als Akkommodation und Assimilation zu ermöglichen; im Bereich der sozialen Erfahrung heißt es, nicht nur zu lernen, Regeln zu befolgen, sondern auch sie zu verstehen und neu zu vereinbaren; im Bereich symbolischer Erfahrung heißt dies, zu lernen, gleichermaßen präsentative wie diskursive Symbole der Bewegung zu nutzen.

Der hier vorgestellte Entwurf einer Sportpädagogik ist in seinen Konturen durch einige grundlegende Positionen gekennzeichnet, die kurz zusammengefaßt werden sollen.

- Ausgangspunkt und Bezugspunkt sportpädagogischer Untersuchungen und sportpädagogischer Praxis ist die menschliche Bewegung als Medium, sich der Welt zu vermitteln und sich Welt zu erschließen. In dieser Funktion ist Bewegung in allen ihren sozialen und kulturellen Ausformungen Gegenstand der Betrachtung und Ausgangspunkt einer sportpädagogischen Praxis, die im weitesten Sinne als Bewegungserziehung zu begreifen ist.
- Sportpädagogik kann sich ihrer erziehungstheoretischen Grundlagen nur vergewissern, wenn sie sich als entwicklungsorientierte Sportpädagogik versteht, d. h., sie muß ausgehen von dem Beitrag, den die Bewegung zur Entwicklung des Menschen als Person (Individuation) leistet und wie er sich dabei zugleich die Welt erschließt und lernt, sie zu gestalten (Sozialisation).
- Dem Menschen ist die Welt von den frühesten Stufen der Entwicklung bis ins hohe Alter immer als Ganzes gegeben (als äußere Natur, als Kultur und Sprache und als gesellschaftliche Realität). In seiner jeweiligen Lebenswelt «schafft» sich der Mensch für sich selbst überschaubare Umwelten, deren Aufforderungen er aufzunehmen und deren Anforderungen er als autonom handelnde Person zu be-

wältigen vermag. Er stellt gleichsam ständig eine Balance her zwischen der eigenen Handlungswirklichkeit und der an ihn gestellten Anforderungen. Die so gestaltete und gestaltbare soziale Umwelt enthält eine Vielzahl entwicklungsrelevanter Bedingungen, die Beachtung verdienen. Insofern hat Sportpädagogik eine sozial-ökologische Orientierung, sie muß sich als ökologische Sportpädagogik verstehen.

– Aufgabe der Sportpädagogik ist es, im Bereich von Bewegung, Spiel und Sport optimale Bedingungen für die Entwicklung mit dem Ziel der Erreichung der Ich-Identität von Personen zu schaffen. Dies kann hinreichend nur gelingen, wenn in selbsttätigem Umgang Erfahrungen ermöglicht werden, die Chancen der Selbst- und der Welterfahrungen zu eröffnen. Insofern ist die praktische Sportpädagogik als erfahrungsorientierte Sportpädagogik zu entwerfen.

7 Ansatzpunkte sportpädagogischer Untersuchungen

Ausgehend von dem in Kap. 4 eingeführten Inszenierungsbegriff soll im folgenden untersucht werden, wo Ansatzpunkte für sportpädagogische Untersuchungen liegen und in welcher Richtung solche Untersuchungen vorangetrieben werden können. Anhand der vorgelegten Beispiele sollen die analytischen Möglichkeiten aufgezeigt werden, die sich für sportpädagogische Betrachtungen eröffnen, die Inszenierungen des Sports zu ihrem Gegenstand machen.

Von Inszenierungen auszugehen erscheint in zweifacher Hinsicht aufschlußreich (vgl. Kap. 4):

1) Wer Inszenierungen beschreibt, wird sowohl das zur Inszenierung notwendige Rollenspiel als auch die Regeln erfassen, denen die Teilnehmer folgen bzw. folgen müssen. Die Art der Inszenierung verweist auch auf die Qualität der Beteiligung der Betroffenen am Geschehen selbst, und es läßt sich ermitteln, inwieweit ihnen die Inszenierung einsichtig bzw. auf welchem Niveau ihnen der Handlungssinn präsent ist. Gerade in institutionalisierten Inszenierungen (Schule, Unterricht, Vereinssport) läßt sich an der Art und Weise, wie Sport in Szene gesetzt wird, entschlüsseln, nach welchen Regeln dies geschieht. Diese Regeln kennzeichnen, was an anderer Stelle als die «themenkonstituierende Funktion von Methode» (siehe Kap. 5) beschrieben wurde.

2) Inszenierungen zu beschreiben heißt aber auch, festgefügtes szenisches Arrangement, dauerhafte Einrichtungen zu erfassen (wie Sportstätten, Spielplätze) oder auch Wohn- und Verkehrskonzepte (wie Hochhaus und Autobahn). Was dabei in den Blick kommt, sind Lösungen, die als allgemein bewährt angesehen werden bzw. angesehen wurden. Viele dieser fungiblen Lösungen sind uns so vertraut und selbstverständlich geworden, daß wir aufgehört haben, uns ihren Sinn noch bewußt zu machen. Ebendies ist aber notwendig, wenn man erfassen möchte, welche Konsequenzen sich für diejenigen ergeben, die in solchen Einrichtungen ihre Zeit verbringen. Indem man den Prozeß der ständigen Reproduktion solcher Inszenierungen (etwa in Sportstätten, auf Spielstätten) beschreibt, kann es gelingen, diese Selbstverständlichkeiten aufzudecken und ihren Sinn zu erschließen. Es geht dabei darum, die Inszenierungen in kritischer Absicht als Ereignisse zu interpretieren, die als hilfreiche, menschenwürdige und für die nachwachsende Generation förderliche Maßnahmen gedacht sind.

Die im nachfolgenden Abschnitt beschriebenen Beispiele setzen diesen Analyseansätzen entsprechende Schwerpunkte. Zum einen wird der Blick gerichtet auf die Institution ‹Unterricht›, wie wir ihn sowohl in der Schule als auch im Verein antreffen («Bewegung in Unterricht und Training»). Sportpädagogisch relevante Erziehungsfelder sind aber auch das Jugendtraining im Verein und das Hochleistungstraining von Kindern und Jugendlichen.

Unter der Überschrift «Bewegung im Alltag» analysieren wir besondere Gegebenheiten der Lebenswelt im Hinblick auf die Bedingungen, die Menschen eröffnet werden, sich im Medium von Bewegung zu entwickeln.

Wie heute Bewegung im Alltag vorkommt bzw. Bewegung im Unterricht thematisiert wird, hängt von allgemeinen Tendenzen gesellschaftlicher Entwicklung, vor allem von der Weiterentwicklung der technischen Welt ab. Kritische Betrachtungen der Lösungen, die in der technischen Welt speziell zum Bewegungsproblem des Menschen heute eingerichtet worden sind, werden im Abschnitt «Bewegung in der technischen Welt» dargestellt.

In methodischer Hinsicht meinen wir, mit der bei Literatur, Film und Theater verwandten Begutachtung von Inszenierungen in Form der «Rezension» einen Weg zur Beurteilung vorschlagen zu können. Ein solches mögliches Vorgehen haben wir detailliert zur Rezension von unterrichtlichen Inszenierungen zu entwickeln versucht. Der Begriff «Rezension» kann methodisch verschiedene Auslegungen finden, wie auch die weiteren Beispiele in diesem Buch zeigen. In wissenschaftlich methodischem Sinne stellen «Rezensionen» ein interpretatives Verfahren dar, das sich grundsätzlich den Gütemaßstäben hermeneutischen Vorgehens stellen muß.

(Den Beispielen von MUSCHG, RUMPF, THIEMANN unterstellen wir den Charakter von «Rezensionen», ohne daß wir dics mit den Verfassern abgeklärt haben).

Bewegung in Unterricht und Training

Mit den drei folgenden Untersuchungsbeispielen soll in methodischer Hinsicht eine mögliche Betrachtungsweise vorgestellt werden, die sich insbesondere für unterrichtliche und trainingsorientierte Inszenierungen von Sport bewährt.

Entsprechend der aus der Theatersprache entlehnten Kategorie greifen wir zur Beurteilung von Inszenierungen auf die bei Theater, Film und Literatur übliche Form der «Rezension» zurück. Bekanntlich steht «Rezension» für deren kritische Besprechung. Die Rezension «untersucht in erster Linie die Bedeutung der Neuerscheinungen für die Mitwelt», versucht «die Beziehung des Buches zum Zeitgeist» festzustellen sowie «die Eigenart des Autors» zu kennzeichnen und hat «im Vorstellen und Vermitteln stets ihr Publikum vor Augen» (CARLSON 1969, 13). (Die Theaterrezension dürfe analog zur Buchrezension zu kennzeichnen sein, mit dem einen Unterschied, daß nicht nur die Neuerscheinungen, sondern auch die jeweils «neue» Inszenierung von bereits bekannten Stücken rezensierenswert ist). Der Rezensent geht gewissermaßen in drei Richtungen eine Verpflichtung ein: dem «Publikum», dem «Autor» und der «Literatur» bzw. der «Theatertradition» sowie möglicher Weiterentwicklung gegenüber wird erwartet, daß er dies parteilich tut: «Der Kritiker soll sichten und ordnen, klären und werten, polemisieren (seine Meinung in scharfer Fehde vertreten) und postulieren (Forderungen und Grundsätze aufstellen). Ein unentwegtes Gespräch muß er führen. Er diskutiert mit dem Autor und unterhält sich mit dem Publikum» (REICH-RANICKI 1963, 11).

Die Aufgabe des Rezensenten ist es also, in Verantwortung gegenüber dem Publikum, den Text oder die Inszenierung vor dem Hintergrund der Literatur und Theatertradition zu sichten, zu bewerten und dem Autor damit seine Ansicht entgegenzustellen. Eine solche Rezensionsaufgabe kann wohl nur jemand leisten, der einerseits einen entsprechenden Fundus an Wissen und Erfahrung auf dem jeweiligen Gebiet erworben hat und andererseits aufzeigen kann, wie er auf der

Grundlage dieses Wissens den gegebenen Text bzw. die anstehenden Inszenierungen interpretiert. (Unsere Ausführungen beziehen sich auf den Ansatz «Rezension als handlungsleitende Evaluation» der FRANKFURTER ARBEITSGRUPPE 1981.) Ein solcher fachmännischer Anspruch muß wohl auch gestellt werden, wenn man die Rezensionsmetapher auf andere Inszenierungen wie Sportunterricht anwendet.

Im folgenden Analyseversuch gehen wir der Frage nach, in welcher Weise Kindern und Jugendlichen «Sport» über schulische Inszenierungen nahegebracht wird und welcherart Erfahrungen Schüler aufgrund dieser Vermittlung machen können.

Für unsere Analysearbeit wählen wir die von BERG (1976) entwikkelte Betrachtungsweise «Unterrichtsrezension», die dieser zur Beurteilung der Vermittlungsleistung von Schule zwischen institutionalisiertem Lernen und zukünftiger Lebenspraxis entworfen hat.

Seine Beurteilung steht zunächst unter der einfachen Frage: Was erwarten und gewinnen Lehrer und Schüler – aber auch der Rezensent bei der Entfaltung des Themas? Wenn BERG auch die Kategorie der Rezension nicht eigens methodologisch diskutiert, so belegt er doch ihren «Brauchwert» für Unterrichtsbeurteilung überzeugend an sieben Unterrichtsrezensionen, u. a. auch einer Sportstunde (163, 324–327, vgl. auch BERG o. J., 62–66).

Bevor das erste Rezensionsbeispiel vorgestellt wird, soll das Besondere des Rezensionsverfahrens gekennzeichnet werden, das bei der Anwendung der Rezensionskategorie auf ‹Unterricht› beachtet werden muß. Im Anschluß daran werden methodische Regeln für Unterrichtsrezensionen entworfen.

Auf einige wesentliche Unterschiede zur Literatur- und Theaterrezensionsarbeit muß zunächst aufmerksam gemacht werden: Im Vergleich zur Theaterrezension hat es der Rezensent von «Unterricht» mit einem «Theaterstück» zu tun, bei dem

- der Autor und Regisseur zugleich mitten in der Handlung steht und den Gang der Handlung in der Hauptsache konstituiert (der Lehrer bestimmt Stundenanfang und -ende, steckt das Thema ab und legt in der Regel fest, was ein Thema bedeuten soll (vgl. MENCK 1980, 122).
- die «Schauspieler» sind gleichzeitig Akteure, Mitspieler und Publikum, mit einem inhaltlichen Rollenspiel, das sich erst in der Unterrichtshandlung selbst ergibt.

In diesen Doppelrollen «Autor/Lehrer» und «Publikum/Schüler» und deren gegenseitigem Bezug hat die Rezension von Unterricht – bleibt man im Theatermodell – ihren Gegenstand.

Auf zwei Dinge soll besonders geachtet werden: 1. auf die themenkonstitutive Arbeit des Lehrers (in welcher Weise produziert er Handlungssinn, bringt er das Thema in den Horizont der Schüler?) und 2. auf die Betroffenheit der Schüler von dem Thema. In welcher Form können sie sich zum Thema äußern? Wie wird das Thema zum Bewegungsthema des einzelnen Schülers oder der Gruppe?

Bearbeitungsschritte
Ein erster Schritt, sich mit den oben gestellten Fragen auseinanderzusetzen, ist der Versuch, den jeweiligen Unterricht als Zusammenhang wichtiger Ereignisse zu beschreiben und fachdidaktisch lesbar zu machen (BERG wählt dafür den Begriff «Porträt»). Die Beschreibung verbleibt hier auf der Ebene des Geschehens und hält zunächst jene Ereignisse fest, die dem engagiert, parteilich teilnehmenden Beobachter bedeutsam erscheinen. Die Beschreibungsweise ist also bewußt «subjektiv» gehalten und in ihrer Parteinahme sowohl auf den Lehrer als auch auf die Schüler bezogen. Ihre «Intersubjektivität» erhält sie erst in der Einigung der Beteiligten (Lehrer, Beobachter, eventuell auch Schüler) über das vorgelegte «Porträt». Anhand des diskutierten und gegebenenfalls ergänzten oder revidierten «Porträts» erfolgt die Rezension.

Die Rezension überschreitet das «Porträt» in der Weise, wie sie die bedeutsamen Ereignisse der Ebene des Geschehens auf die Ebene des Konzepts erhebt. Eine solche Betrachtung bezieht sowohl die unterrichts- als auch die bewegungskonzeptuelle Fragestellung ein. Sie muß vor allem so angelegt sein, daß sie konstruktive Vorschläge für didaktisches Weiterhandeln beinhaltet.

Damit ist zugleich der Rezensent in seiner «Fachkundigkeit» ernsthaft aufgefordert, die aufgekommenen Widersprüche möglichst konstruktiv zu beheben. Insoweit stellt die zu leistende Rezensionsarbeit für den unterrichtsbegleitenden Fachdidaktiker ebenfalls eine Bewährungsprobe dar, wenn auch auf anderer Ebene als auf der des unmittelbar unterrichtlich Handelnden. Auch die «Rezension» verlangt eine diskursive Verständigungsarbeit (wie das «Porträt»), wenn daraus plausible Schlüsse für den weiteren Unterricht gezogen werden sollen.

Eine eindeutige Vorgehensweise kann wohl schwerlich für die Rezensionsarbeit entworfen werden. Dies wäre auch problematisch, weil die den Unterricht tragenden Momente subjektiver Betroffenheit einer Formalisierung zum Opfer fallen würden. Ein roter Faden für die Betrachtung bzw. Interpretation ergibt sich allerdings, wenn man Unterricht als eine in erster Linie für die Betroffenen eingerichtete Veranstaltung begreift. Dann nämlich ist das Interesse zuallererst auf jene Prozesse gerichtet, wie sich das verhandelte Thema für die Schüler konstituiert. (Wie erfahren sie den thematischen Zusammenhang? Erfassen sie den Sinn des Unterrichts, können sie sich «einen Vers» darauf machen?) Diesen ersten Rezensionsschritt können wir mit der Kategorie «Themenkonstitution» fassen.

Nun wird der fachkundige Rezensent weit mehr erkennen können als das, was augenscheinlich bei den Schülern thematisch durchschlägt. Er kann sowohl die Bemühungen des Lehrers registrieren, auch solche, die nicht bei den Schülern zum Tragen kommen, als auch von Schülern eingebrachte Auslegungen des Themas bemerken, die beim Lehrer wiederum keine Resonanz zeigen. Er kann also die im Unterricht unterstellten Sinndeutungen herausfinden und mögliche Sinndivergenzen aufzeigen. Dieser zweite Rezensionsschritt läßt sich mit der Kategorie «Sinndeutungen» kennzeichnen.

Die Auseinandersetzung mit den im Unterricht eingebrachten, nahegelegten Sinndeutungen und deren Interpretationen verweist auf einen dritten Rezensionsschritt, bei dem nun der Rezensent seine eigenen Erwartungen und Reflexionen zum Thema einbringt.

Weitere Sinndeutungen können sich dem Rezensenten erschließen, wenn er das verhandelte Spiel- und Bewegungsproblem in seine historischen Thematisierungsweisen verfolgt und sich dabei immer wieder fragt, wie jeweils das gestellte Problem und die Bedeutung, die die Menschen ihm gegeben haben, vermittelt sind.

Der Blick in die fachdidaktische Historie des Themas fordert dem Rezensenten eine begründete Stellungnahme ab, nämlich sich die «klassisch»-didaktische Frage zu stellen, was dieses Thema mit der Gegenwartserfüllung der Schüler auch in ihrer derzeitigen Lebenswelt zu tun hat und welche Bedeutung ihm wohl im zukünftigen Leben zukommt.

Es ist einerseits Voraussetzung für die Rezensionsarbeit und kann andererseits auch gerade deren Nutzen sein, unterschiedliche Lebenswelten sensibel wahrzunehmen. Erst dann wird es vermutlich gelingen, daß Sportunterricht auch die Möglichkeit zur Kritik und Veränderung alltäglicher Bewegungspraxis entwirft (Kategorie «Perspektiven»).

Erlernen der Kippwende (Schwimmen)

(Videodokument, Bayrisches Telekolleg «Sport in der Hauptschule», fachliche Betreuung GEBHARD, U. und BAUMANN, H. München 1982). Vorbemerkung: Der Unterricht, mit dem wir uns befassen, ist in doppelter Weise «künstlich». Zum einen dokumentiert die Fernsehpräsentation nicht lückenlos die einzelnen Unterrichtsszenen und die Szenenfolge. Zum anderen stellt für Schüler und Lehrer die Unterrichtssituation keine Normalität dar. Es gibt vielfach Anzeichen dafür, daß die Beteiligten wissen, daß sie Unterricht für andere (im vorliegenden Fall zur Sportlehrerausbildung) demonstrieren. Wenn wir dennoch ein solches Dokument auswählen, dann aus dem Grund, daß ein solches veröffentlichtes Stück von Unterricht die Möglichkeit bietet, das vorgestellte Rezensionsverfahren am Stück selbst überprüfen zu können.

Unterrichtsporträt

In einem Hallenbad (brusttiefes Wasser) sind die Schüler am Beckenrand versammelt. Der Lehrer ist im Wasser und eröffnet das Thema «Kippwende» mit dem Auftrag, die von ihm vorgemachte Bewegung genau auf ihre Einzelteile hin zu beobachten. Nachdem er die Bewegung in ausgeprägter Form demonstriert hat, fragt er nach, was beobachtet wurde. Im Frage-Antwort-Spiel ordnet der Lehrer die Antworten der Schüler auf Tätigkeitsbeschreibungen hin, welche die Wende phänografisch abbilden sollen: Angleiten – anschlagen – auf der Seite liegen – anhocken – abstoßen.

Die zweite Szene zeigt die Schüler in zwei Stirnreihen (eine Reihe Jungen, eine Mädchen) nahe der Längsmittellinie des Beckens im Wasser aufgestellt. Der Lehrer selbst steht an der Stirnseite des Beckens im Trainingsanzug am Beckenrand und gibt den Schülern folgende Anweisung: «Schaut her! Wir gehen in die Schrittstellung, Gesicht zur Wand, Schultern unter Wasser! Ihr stoßt euch mit beiden Beinen zur Wand hin ab! Buben! Ihr macht mit der rechten Hand dann einen Kraularmzug und dreht euch dabei nach links in Seitenlage, bis ihr mit der linken Hand die Wand berührt! Dann die Beine anhocken und stehen und zu mir hersehen! Die rechte Hand bleibt dabei mit der Handinnenseite nach oben liegen. – Mädchen! Ihr macht das Ganze gegengleich...!» Während seiner Ausführungen macht der Lehrer die Einzelbewegungen an Land gleichsam als Trockenübung vor.

Auf Kommando des Lehrers führen die Schüler ihren Bewegungsauftrag aus – der Lehrer begleitet sprachlich die Ausführung: «Angleiten – drehen – stehen!» Nach einem weiteren Durchgang fordert der Lehrer die Stirnreihen auf, ihren Platz zu tauschen. Die Schüler üben nach Ansage des Lehrers jeweils nach der anderen Seite.

In der nächsten Szene beordert der Lehrer die Stirnreihen an die Beckenrand-Längsseite. Er selbst steht mit dem Rücken zu den Schülern an Land und macht die «Kipp-Bewegung» des «Anschlagarms» über den Kopf zum anderen, in die Gegenrichtung ausgestreckten Arm vor. Dabei «kippt» er mit seinem Körper, jedesmal, wenn der Anschlagarm über den Kopf schwingt, seitlich in der Hüfte ab. Die Schüler machen dreimal (am Beckenrand im Wasser stehend) die Kippbewegung jeweils nach Aufforderung des Lehrers: «Nun wollen wir gleich den nächsten Lernschritt probieren und die Einzelteile verbinden.» Die Schüler stellen sich wieder zur Beckenmitte hin in Stirnreihen auf. Der Lehrer kommandiert die Bewegung durch «Angleiten – kippen – abstoßen – stehen!» Für einen weiteren Durchgang fordert der Lehrer nun einen schnelleren Ablauf der Bewegung.

Dann folgt die Aufforderung zu «freien» Versuchen jedes einzelnen Schülers («frei» meint dabei, daß jeder individuell Anfang und Ende seines einzelnen Versuchs bestimmen kann). Der Lehrer geht dabei umher und kommentiert die Einzelversuche. In der Fernsehaufzeichnung werden hierzu Unterwasseraufnahmen von den Einzelversuchen gezeigt, die die Kommentatorin (Gebhard, die das Lehrerkolleg jeweils einleitet und begleitet) kritisch bespricht: «Nicht gestreckt genug!» – «Arme zu weit auseinander!» – «Schwacher Abstoß!» u. ä. Den Abschluß bildet das Vormachen der Wende eines Schülers aus dem Anschwimmen, dessen Bewegungsablauf dem Lehrer vorbildlich scheint.

Rezension

Fragen wir zuerst, wie sich das Unterrichtsthema für die Schüler konstituiert. Gleich in der Anfangsszene, als der Lehrer die «Kippwende» vormacht, sind die Schüler eigentlich im Bilde, um was es geht; es gilt, die vorgemachte Bewegung möglichst exakt zu kopieren. Der Beobachtungsauftrag und auch der Versuch des Lehrers, die Bewegung in einzelne Teile aufzuschlüsseln, dürfte den Schülern genauso plausibel sein, wie die sich anschließende schrittweise Annäherung an die geforderte Gesamtbewegung. Die Schüler können insoweit den Gang des Unterrichts verstehen, als ihnen sowohl das vom Lehrer gesteckte Ziel (Bewegungsform «Kippwende») als auch die darauf zugeordneten Einzelanweisungen in einem sinnvollen Zusammenhang zu stehen scheinen. Einen solchen «Bewegungsaufbau» dürften die Schüler auch schon bei anderen, komplizierteren Bewegungsformen erlebt haben (dies legt der vom Lehrer verwendete Fachbegriff «Lernschritt» nahe).

Was lernen die Schüler nun aber im Rahmen des Themas «Schwimmsport» wirklich? Was begreifen sie vom Sinn der Wende, einer Bewegung, die man ausführt, um möglichst schnell an der Bekkenwand in die Gegenrichtung umzukehren und somit die neue Schwimmbahn angehen zu können. (Die Funktion eines solchen Umkehrens wäre sinnlos, wenn wir unsere Wettkampfstrecken jeweils entsprechend der erforderlichen Gesamtbahnlänge an einem Stück im Wasser ausgrenzen würden).

Andererseits stellt die Form «Kippwende» eine in eine bestimmte Bewegungsfigur gegossene Lösung des Problems möglichst schnellen Umkehrens dar. Da das Problem den Schülern unter der Methode des Lehrers entschwindet, können sie folglich auch nicht ihre Anstrengungen darauf richten, wie man sich zum Wasser möglichst geschickt verhält: geringsten Wasserwiderstand erzeugen, kräftig abstoßen, ins Wasser «hineinschlüpfen», der Frage nachgehen, wie bilde ich einen strömungsgünstigen Tauchkörper? Ein Experimentieren ist schon vom fehlenden Problembewußtsein her ausgeschlossen. Ob bei einem solchen Unterricht ein Schüler begreifen lernen kann, wie das Maß an Wasservertrautheit (sich ruhig dem Wasser hingeben, sich lange gleiten lassen zu können beim Abstoßen) mit dem Wendeproblem zusammenhängt oder auch was dies mit dem geschickten Eintauchen ins Wasser (beim Startsprung, Wasserspringen) zu tun hat?

Ihre eigenen Sinndeutungen werden wohl mehr darauf gerichtet sein, mit dem geforderten Bewegungsablauf zurechtzukommen – es irgendwie hinzubringen – ungeachtet der eigenen Vorerfahrungen im und zum Wasser. Offenkundig wird die Diskrepanz zwischen Schülertun und Zielvorstellung («optimale Kippwende») des Lehrers beim kritischen Kommentar der Sprecherin bei den Unterwasseraufnahmen (abschließende Wendeversuche einzelner Schüler): «Nicht gestreckt genug!» «Arme zu weit auseinander!» Der Kommentar bezieht sich auf eine optimale Form, gemessen an einer strömungsgünstigen Bewegungsgestalt – ein Bezug, der in der Methode des Lehrenden nicht auftaucht. Bei den Unterwasseraufnahmen kann man feststellen, daß einzelne Schüler, die die Bewegung noch nicht richtig ausführen können, ursächlich mit anderen Problemen zu tun haben und wohl deshalb die

Form nicht optimal schaffen, so könnte z. B. das frühe Kopfhochnehmen bei einem Mädchen darauf hindeuten, daß es mit der Atmung noch nicht zurechtkommt und aus diesem Grund sehr schnell zur Wasseroberfläche hinstrebt.

Überhaupt können Schüler in einem solchen Unterricht die in ihnen selbst steckenden Widerstände gegen ein gelingendes Bewegen im Element Wasser (schlechte Wasserlage aufgrund hohen spezifischen Gewichts, kleine Füße, das bedeutet kleine Antriebsflossen, Atmungsängste) wohl kaum bearbeiten lernen. Die gewählte Form schulischer Inszenierung verdrängt geradezu die Problemauseinandersetzung. Klar überschaubare Ordnungsaufstellungen, eindeutige Bewegungsanweisungen im Zeittakt des Lehrers, wohl als exemplarische Antwort auf die Fragestellung eines nicht zuletzt aus Sicherheitsgründen gut zu kontrollierenden Unterrichtsgeschehens.

Zusammenfassend läßt sich festhalten, daß dieser Unterricht den Schülern den Blick für die in ihrer Lebenswelt bedeutsamen Sinnrichtungen des Schwimmens (Volck 1977) eher verstellt als öffnet. Gemessen am wettkampforientierten Schwimmen fehlt die für ein zielgerichtetes Training notwendige Einsicht in das anstehende Bewegungsproblem, um daraus sachgerechte Kriterien für ein erfolgversprechendes Handeln gewinnen zu können. Erst wenn der Lernende weiß, auf was er achten muß und warum gerade darauf, weiß er auch, wie er sich verbessern kann und was es zu trainieren gilt.

Wäre es für die Schüler nicht hilfreicher gewesen, wenn sie anstelle der «fertigen» Lösung des Lehrers sich vielmehr gegenseitig bei ihren Experimenten, möglichst schnell an der Wand umzukehren, beobachtet hätten, um herauszufinden, warum der eine schneller wendet als der andere?

Kleine Gruppen (z. B. vier Schülerinnen und Schüler) organisieren den Wasserraum selbständig, suchen ihre Experimentierstellen, ohne andere zu stören (in diesem Alter bestimmt zu bewältigen). Damit löst sich auch das Ordnungsproblem qualitativ auf andere Weise. Ein wichtiges Ziel schulischen Schwimmunterrichts «Jeder Schwimmer ein Retter» ist mitverfolgt, wenn Schüler verantwortlich für sich und andere tätig sind. Nach einer längeren Experimentierzeit können anhand von Erfahrungen sowohl sachliche Probleme des schnellen Umkehrens als auch individuelle Schwierigkeiten besprochen und beraten werden.

Dabei kommen möglicherweise auch Querverbindungen ins Bewußtsein, die das Wendeproblem mit anderen Bewegungsproblemen des Schwimmsports aufweist: so das möglichst optimale Hineingleiten ins Wasser (Startsprung), Wasserlage/Bedeutung der Kopfsteuerung u. ä. Aber nicht nur das fehlende unmittelbare Problembewußtsein ist dieser Inszenierungsweise anzukreiden, sondern auch der «heimliche» Lehrplan, der sich mit dem gleichsam «blinden» Aneignen sportlicher Technik verbindet.

Die Schüler können nicht den Sinn des Sportschwimmens verstehen lernen, geschweige denn in Erfahrung bringen, was diese unterrichtliche Auslegung mit dem Schwimmen in ihren Lebenswelten zu tun hat (im Freibad, am Meer, am See, im Fluß). Andere Sinnrichtungen bleiben ausgeblendet. «Wasser» in übergreifenden Zusammenhängen von Bewegung und Erholung zu sehen scheint in diesem schulischen Lehrplan kein Thema (LANDAU 1985).

Unterrichtsrezensionen setzen sich mit dem alten didaktischen Problem auseinander «Was soll gelernt werden und warum?» und suchen es im Rückbezug auf die lebensweltliche Bedeutung für die Schüler (die Menschen) zu beantworten. Mit der Problematisierung der Inszenierung ist aber auch die Frage nach der Rolle von «Methode» in neuer Weise gestellt. Während der übliche Methodenbegriff nahelegt, die gewählte Vermittlung darauf hin zu fragen, inwieweit und in welchem Maße die Methode erfolgreich das Ziel verfolgt, richtet sich das Rezensieren auf die Nach-Konstruktion des In-Szene-Setzens, also gerade darauf, wie der Gegenstand (der Sachverhalt, das Thema) sich im Unterricht für die Schüler konstituiert.

Taktik lehren – Jugendfußballtraining im Verein

Ein nicht unbeträchtlicher Teil unserer Kinder und Jugendlichen nimmt an der Sportpraxis der Vereine teil. Wer «richtig Sport treiben» will, geht dorthin.

Fußball ist noch immer eine der beliebtesten Sportarten. Nach Angaben des DFB gehört heute jeder 4. Junge bis zum Alter von 18 Jahren einem Fußballverein an. In über 18000 Vereinen soll es etwa 24000 Jugend- und 44000 Schülermannschaften geben.

Das wöchentlich 2-bis 3mal durchgeführte Training ist ein bedeutsamer Teil der Vereinssportpraxis. Es dient der Vorbereitung auf die wöchentlich stattfindenden Wettspiele. Wir wollen einen Blick in die Praxis dieses Trainings werfen. Aus einer Vielzahl von Dokumenten zum Training von C- und B-Jugend-Mannschaften wählen wir einen kleinen Ausschnitt aus dem B-Jugend-Bereich aus. Das Dokument gibt die verschriftete Sprache des Trainers wieder. Über das Verhalten der Jugendlichen erfahren wir nur das, was sich in der Sprache des Trainers spiegelt. Dies mag ein Nachteil sein. Dennoch vermittelt uns dieses Dokument einen lebendigen Eindruck darüber, wie der Trainer diese Praxis gestaltet und wahrnimmt, wie er das Verhalten der Jugendlichen deutet und sich daraufhin verhält.

Training mit einer B-Jugend-Mannschaft

«Ihr könnt im Spiel auch nicht sagen, das ist kein Ball, das ist 'ne Krankheit! Da spielt man auch mit! Ihr wer't noch andere Bälle erleben. – So, Jury, Tassin und Reimann, dahinten hin zum Tor. – Los komm bewegt euch 'nen bißchen! Andreas und Stephan Gruhl kommen mit, ein Ball dazu, die restlichen 6 machen hier erstmal ein Spielchen quer über den Platz, nachher kommt ihr dran. Komm her, ein Ball her, Leute komm, komm! – Zum Spielen könnt ihr auch den nehmen. So macht euch zwei Tore auf und zwei Mannschaften, aber flott ein bißchen! – Dirk, Thomas muß das sein? Ja, ja merk das schon wieder bei euch! Ihr flippt schon wieder reichlich aus. So, zwei Tore auf, wählt zwei Mannschaften. So her mit dem Ball, komm her – Andreas also echt, ach hör doch auf, Mensch Dennis, Mensch immer nur Kinderkram im Kopf. Los, hier, baut 'ne Mauer auf, und zwar Mike gibt euch Bescheid und die beiden Freistoß zusammen, und zwar eine Ausführung eines indirekten, keines direkten – Die Ausführung eines indirekten und laßt euch nicht so'n Spielkram einfallen – So, und du gibst deinen drei Leuten immer wo sie stehen sollen – So, los, zack! Loslegen! So Leute, nun macht vernünftig, und zack! Ja, aber nicht den Kopf einziehen Leute, versuchen den Ball auch mit dem Kopf abzuwehren, dafür steht ihr in der Mauer. Nicht nur wie Zinnsoldaten da stehen, sondern den Ball da abwehren! – Los, weiter, weiter! – So, Tassi geh noch mal mit rüber! Ja, los weiter! – So habt ihr die Mannschaften nun mal endlich? – So, los vernünftig! – Und ihr beide versucht den Ball trotzdem abzuwehren, auch wenn ihr nur zu zweit seid! – Ja, los zack! – Ja, ja ihr steht ja nur auf dem Fleck, bei der Mauer steht man ja nur auf dem Fleck, man geht nicht mal hin und her oder was. Nein tut man nicht Herr Reimann, das weiß ich! Ich weiß, ich weiß, Frank, am besten ist, den ganzen Tag heute Däumchen drehen. – Das ist vielleicht ein Verein, du. – Ja, und denn hochhüppen bei der Mauer, das ist richtig, vollkommen richtig. Das muß ein bißchen flotter gehen, laßt euch mal was Vernünftiges einfallen, und nicht nur so ein Firlefanz! – Norbert, achtest du hier mal so'n bißchen drauf? Daß das Zusammenspiel und nicht so viel fummeln! – So, Andreas du gehst da mal rein in die Mauer, damit da wenigstens drei Mann stehen wir beide machen das mal 'nen bißchen! Komm her! – So, paß auf! – Und zack! Ja das hab' ich mir richtig gedacht, bei Reimann geht das nämlich grundsätzlich durch! Hier, näch! Sag' mal Frank, kann man sich nicht da mal 'nen bißchen hinstellen? Oder tut ein Ball weh vielleicht? Ja, das glaube ich. Und weiter! – Ja, das war richtig! Das war richtig – Nein, war am Hüftknochen! – So, und nun die Mauer mal zur anderen Seite wechseln, weil wir rübergehen ganz schnell Leute, komm, komm, schneller muß das gehen. Mike, du mußt die Anweisungen geben, dahinten stehen die doch bestimmt nicht! Los schieß schon Stephan, schieß ruhig, wenn das nicht steht. Das kommt dabei 'raus, weil ihr zu langsam seid mit eurer Mauer. Das muß schneller gehen als Torwart! – Wir müssen beides 'nen bißchen üben. Los, zack schieß, schieß ruhig, die steht noch nicht die Mauer. – Ja, nimm man die Hände in die Tasche und mach weiter da, Jury! – Wenn ihr schon rüberlauft, dann müßt ihr euch auch hinstellen und nicht die Köppe einziehen, wie ihr es macht! – Ach, Scheiße. – Und ab, zieh' ab! Ja, ja so kann man auch die Mauer machen, indem man zur Seite springt. So Mike, nun bau' dir die Mauer mal vernünftig auf, welche Ecke du sie haben willst, mach das mal langsam jetzt! So wird das ja nie was! Jury, hoffentlich nimmst du bald mal die Hände aus der Tasche dabei! So und die andere Hälfte is' deins jetzt! Und versuch auch ruhig mal auf die Mauer zu schießen. Mal sehen, ob die Leute auch mal richtig versuchen den Ball abzuwehren? Wie kommt das denn? Man legt sich über den Ball und nicht, wie du das gemacht hast so. Ja, wieso? Du kannst doch auch raufknallen. Auch in die Mauer ruhig reinhauen, Stephan, ruhig reinhauen! Die sollen ja abwehren! Da können sie auch nicht den Kopp einziehen! – Kann ich nicht, gibt es nicht, Stephan! – Oh, Mann, das muß man lernen Stephan! So paß auf, Stephan, paß auf! Und gleich abziehen! – Oh, oh, oh Stephan, das ist aber traurig da! Und gleich wieder, hopp! So und nun geht mal Frank raus, Stephan geht mal mit rein! – Stell deine Mauer wieder! Mike schneller! – Wenn der Ball da ist, muß die Mauer dastehen!»

Porträt

Das Dokument gibt einen Einblick in die Art, wie ein Jugendtrainer Fußballtraining inszeniert. Thema ist der indirekte Freistoß in Tornähe; die Verteidiger haben unter Anleitung des Tormanns eine Mauer zu bilden; den Angreifern fällt die Aufgabe zu, diese Mauer durch einen indirekten Freistoß zu überwinden. Thema ist also eine im Wettkampf öfter vorkommende Situation, die deshalb recht spannungsreich ist, weil aufgrund guter Torchancen der Angreifer verstärkte taktische Anstrengungen der Verteidiger notwendig sind, um einen erfolgreichen Torschuß zu verhindern.

Um eine überschaubare Übungssituation herzustellen, teilt de
Trainer die Spielgruppe in zwei Teile: die einen sollen quer über
Platz auf zwei Tore spielen; mit den anderen wird der indirekte
geübt. Auf letztere zielen die Bemühungen des Trainers.
scheint sich durchaus im klaren zu sein, daß die Spi
ernsthaften Wettspiel) selbst entscheiden müssen, wi
sprochene taktische Problem lösen. Vor allem
weist er die Aufgabe zu, die Mauer zügig an der
stellen und so einzurichten, daß sie große Teile des
ist noch eine recht statische Aufgabe mit relativ wen
lichkeiten. Die Angreifer dagegen müssen da findiger se
scheidung dieser Spieler wird allerdings mehrfach eingesc
euch nicht son Spielkram einfallen!»; «...laßt euch mal was
ges einfallen und nicht nur so ein Firlefanz». Chancen, ma
«Vernünftiges» herauszufinden, werden aber kaum gegeben. Der
ner begleitet das Handeln der Spieler fast lückenlos: «...nicht den K
einziehen»; «...ja und denn hochhüppen bei der Mauer, das ist rich
tig». Die Regulierung des Verhaltens ist nicht nur auf das Sachthema (Mauerbildung) bezogen. Der Trainer gibt ebenso Ordnungsanweisungen und spricht persönliche Sanktionen aus: «Andreas also echt, ach hör doch auf, Mensch denn is, Mensch immer nur Kinderkram im Kopf». Der Trainer reagiert mit persönlicher Betroffenheit auf das abweichende Verhalten der Spieler.

In ständiger Rede führt er seine Schützlinge wie Marionetten. Über seine Sprache versucht er, die «Fäden» in der Hand zu halten. Dabei muß er ständig zwei zuwiderlaufende Verhaltenstendenzen regeln. Mit dem Hinweis: «kein Spielkram!» versucht er, subjektive Auslegungen der Situation durch die Beteiligten zu verhindern. «Was gespielt wird», bestimmt er selbst. Mit dem Hinweis: «Nicht nur wie Zinnsoldaten...» versucht er andererseits, die Spieler zum Mitdenken anzuregen, sie nicht nur abhängig von Verhaltensvorschriften von außen agieren zu lassen.

Rezension

Der «Trainer» macht sich zum «Grenzwächter», der entscheidet, welches Verhalten angemessen, welches unangemessen ist. Jedes Verhalten, das von seinen Vorstellungen eines geordneten Trainingsbetriebes abweicht, wird sofort angemerkt und gegebenenfalls getadelt. Abweichungen von seinen Vorstellungen markiert er mit persönlicher Betroffenheit. Mit seiner ganzen Person repräsentiert er, «was Sache ist».

Die Sprache des Trainers liegt wie ein Netz über dem Trainings- und Spielbetrieb. Sie ist hier das Hauptmittel, den Übungsbetrieb hervorzubringen, in den richtigen Bahnen zu halten (reglementierend, befehlend, antreibend, lobend, abwertend, fluchend). Was würde eigentlich geschehen, wenn der Trainer die Spieler sich selbst überließe?

Der Übungsleiter inszeniert hier Fußball auf seine Weise. Er definiert Umfang und Nutzung der Bewegungsräume, legt die Übungen fest, verteilt die Rollen, ist zuständig für die zeitliche Gliederung, stellt die Mannschaften oder Parteien nach eigenen Maßgaben fest.

Die Sprache ist zwingend, Widersprüche und Einwände sind nicht vorgesehen. Was sein soll, wird konstatiert oder befohlen: «So, macht euch zwei Tore auf, wählt zwei Mannschaften!» Es dominieren Befehlssätze. Selbst Aussagesätze wie «Zum Spielen könnt ihr auch den Ball nehmen» haben die Funktion einer Anweisung. Die vorkommenden Fragen sind nicht auf Antworten oder gar Gegenrede ausgelegt, diejenigen, die vorkommen, wirken tadelnd: «Dirk, muß das sein?»

Man kann nicht ganz sicher sein, ob die Jugendlichen nach diesem Training in der Lage sind, selbständig einen indirekten Freistoß auszuführen bzw. im Verteidigungsfalle eine gut ausgerichtete, abblokkende Mauer zu stellen. Das Training vermittelt den Jugendlichen massiv noch ganz andere Erfahrungen: sie lernen, daß das, was sie machen müssen und wie es geschehen soll, ihnen der Trainer sagt. Der Trainer schiebt sich gewissermaßen als eigene Instanz zwischen die Spieler und das Spiel. Er repräsentiert die Entscheidung und den Willen des Vereins, diese Jugendmannschaft zu trainieren, auf die Spiele vorzubereiten und durch eine Spielrunde hindurch zu führen. Das heißt, die hier dokumentierte Trainingspraxis ist in diesem Sinne nur als Vereinspraxis zu verstehen. Ohne die dahinter stehende Organisation eines vom Verein mitgetragenen Wettspielbetriebes des Verbandes mit bestimmten Verpflichtungen und eigenen Erwartungen an die sportliche Leistung der eingesetzten Mannschaften wäre diese Trainingspraxis nicht denkbar. Hier spielen nicht Jugendliche unter Anleitung eines Älteren einfach mal Fußball, was hier geschieht, wird hervorgebracht von einer Organisation mit eigenen Einbindungen in die gesellschaftliche Praxis.

Die daraus entstehende Trainingspraxis trägt Merkmale eines Rituals (mit der ihm eigenen Beharrungstendenz). Trainieren ist das «Muß» des Vereinssportlers, der Wettkämpfe bestreiten will.

Es dient offenbar nicht nur der Verbesserung sportlicher Fähigkeiten, sondern Training hat auch die Funktion eines Solidaritätsrituals: Wir sind eine Mannschaft und gehören zusammen; nur wer trainiert gehört dazu, wird in der Mannschaft aufgestellt; unser Trainer gehört zu uns, er sagt uns, was wir zu tun haben, um zu gewinnen. Es scheint so, daß das auf diese Weise entstehende Gefühl der Zusammengehörigkeit die Fähigkeit erzeugt, «wir» zu sagen, und daß dieses «Wir» heute mehr denn je durch Veranstaltungen des Trainings und des Wettkampfes künstlich hergestellt werden muß. Anders gesagt: Gemeinsames Sporttreiben erwächst nicht mehr aus Bindungen an eine Wohngemeinschaft, an «unser» Dorf, «unseren» Stadtteil oder an die wie immer zusammengefügte Sportgemeinde des Vereins.

Wenn Jugendliche zum Fußballtraining gehen, lernen sie, Vereinsspieler zu werden, und Vereinsspieler ist man, wenn man fähig ist, eine ganze Spielrunde hindurch «Leistung» zu erbringen. Als ihr Ergebnis bringt diese Trainingspraxis leistungshomogene Mannschaften hervor, an die der Trainer, der Verein und die teilnehmende Öffentlichkeit klar abgesteckte Leistungserwartungen haben dürfen. Das Training hat die Funktion des Solidaritätsrituals nur verdeckt; ausdrücklich wird dagegen die Aufgabe des Trainings verfolgt, geeignete Spieler für die Mannschaft zu relegieren und auszubilden. Neue Spieler sind nur dann interessant, wenn sie in das Leistungsspektrum passen, in dem diese Mannschaft rangiert. Bessere Spieler verliert der Trainer in der Regel an ranghöhere Mannschaften des eigenen oder eines anderen Vereins. Schlechte Spieler werden «ausgestoßen», wenn es ihnen nicht zumindest gelingt, das zum Durchhalten immer nötige Reservoir von Ersatzspielern aufzufüllen.

Vom Trainer wird erwartet, daß er durch eine ganze Spielrunde hindurch seine Mannschaft bei der Stange hält, die Leistungsfähigkeit über die Zeit sichert und am Ende eine gute Leistungsbilanz vorzeigen kann, die in Rangplatz und Tabelle zum Ausdruck gebracht ist. Es ist deshalb verständlich, daß er das Heft in der Hand haben muß, daß er sich selbst im Training in seiner Funktion als Regisseur betätigt. Hierin wird er vom Verein «honoriert».

Der Trainer ist Repräsentant des Vereins. In dieser Rolle ist er vom Verein eingesetzt, er kann dafür ausgebildet sein und wird mitunter dafür bezahlt. Von ihm wird erwartet, daß er seine Mannschaft zum Erfolg führt. Er seinerseits identifiziert sich mit der Leistung seiner Mannschaft.

Fußballtraining ist eine Form der Sportinszenierung, in der gelernt wird, ernsthaft Sport zu betreiben. Es geht nicht um gegenwartserfülltes Spielen. Verspieltheit wird, wie auch unser Protokoll zeigt, den Jugendlichen ausgetrieben. Die an und für sich reizvolle taktische Situation: indirekter Freistoß – Mauerbildung könnte, würde man den Jugendlichen das taktische Problem zur Aufgabe machen, in ein taktisches Spiel münden, in dem die Spieler immer neue Varianten finden, den Gegner zu überwinden bzw. am Erfolg zu hindern. Aber der geschilderte Trainingsbetrieb läßt dies zur formalen Übungsaufgabe werden, in der der Sinn und der Reiz des taktischen Spiels nicht begriffen werden kann. Wo aber sollen Kinder und Jugendliche solche Erfahrungen machen?

Der Zugang unserer Kinder zum Fußball vollzieht sich nicht mehr in informellen Szenen einer sich relativ frei entfaltenden Kinderspielkultur. Die von Kindern und Jugendlichen selbst inszenierten Fußballspiele, wie sie früher ‹vor der Haustür›, auf der Straße oder auf dem ‹Bolzplatz› betrieben wurden, sind heute kaum noch zu finden. Der zunehmende Verkehr, insbesondere die von parkenden Autos zugestellten Wohnstraßen, haben den Straßenfußball zum Verschwinden gebracht. Die Funktionalisierung der Räume im Umfeld von Wohnungen und Siedlungen, ihre besondere Kultivierung («unser Dorf soll schöner werden») haben potentielle Spiel- und Bewegungsräume vernichtet.

Kinderfußball hat sich in den organisierten Vereinsbetrieb verlagert. Noch nie hat es so viele F-Jugend-Mannschaften (unter 8 Jahre alte Kinder) in den Vereinen gegeben wie heute. Die Vereine ihrerseits machen nicht unbeträchtliche Anstrengungen, Kinder und Jugendliche für die Vereinsarbeit zu gewinnen; und dieses Anliegen hat sich verstärkt, seitdem die Geburtenziffern rückläufig sind. Die Sicherung eines breiten Nachwuchses ist eine Existenzfrage für manche Sportverbände geworden. Noch immer gilt eine breite Basis von Nachwuchssportlern als die beste Voraussetzung für die angestrebte Leistungsspitze. Deshalb ergreift eine Reihe von Sportverbänden seit Jahren zusätzliche Maßnahmen, um – beispielsweise gemeinsam mit den Schulen – Talente zu suchen und zu fördern. Man trifft sich in der Spielsaison wöchentlich ein- bis zweimal zum «Training», einer Veranstaltung, die für viele Kinder die erste ernsthafte Berührung mit dem Fußballspiel darstellt. Eltern geben dort ihre Kinder ab, wie in der Klavierstunde, in der Gewißheit, sie bei den meist rührigen Übungsleitern in guter Obhut zu wissen.

Der soziale Rahmen, in dem dieses Training stattfindet, definiert zugleich, was Fußball für die Kinder und Jugendlichen ist bzw. sein soll.

Jugendliche im Leistungssport

Das Beispiel des Fußballtrainings B-Jugendlicher vermittelt eher den Eindruck, daß hier Training «nur gespielt» wird. Die sozialen Rahmenbedingungen (wie Verpflichtung zur Anwesenheit, das Rollenspiel zwischen Trainer und Trainiertem und die allgemeine Orientierung auf den Wettkampf hin) sind als wesentliche Merkmale des Trainings zwar erfüllt; was hier im Gegensatz aber zu trainingsintensiven Einzelsportarten im Hochleistungssport kaum vorkommt, ist der systematische, kontrollierte Aufbau körperlicher Leistungsfähigkeit und der im Wettkampf überprüfbare Trainingsaufwand.

Das vorliegende Porträt einer jungen Sportlerin ist dem Handlungsfeld des Leistungssports entnommen. In diesem Dokument über die sechzehnjährige Schwimmerin Stephanie wird die Art und Weise sichtbar, wie Leistungssport heute inszeniert wird und wie dies in die Lebenswelt der Jugendlichen hineinwirkt. Das Schwimmen steht hier für eine trainingsintensive Einzelsportart, die ähnlich dem Turnen schon in relativ früher Jugend begonnen wird. Frühe Spezialisierung und hohe Trainingsintensität sind nach Meinung der Verantwortlichen notwendig, um international bestehen zu können.

Porträt

Stephanie (St.) wird in einem Schwimmbad groß; ihre Eltern betreiben das dort eingegliederte Restaurant. Mit drei Jahren fängt sie an zu schwimmen. Sie wächst in der Obhut der Bademeister auf. Das Schwimmbad wird zu ihrem Lebensraum. Mit sechs Jahren gewinnt sie die erste Stadtmeisterschaft. Ihre Leistungen finden erste öffentliche Anerkennung. Mit zehn Jahren gilt sie als Leistungssportlerin.

Von hier an kann ihre Entwicklung als Sportkarriere beschrieben werden. Sie gewinnt lokale und regionale Meisterschaften; mit fünfzehn wird sie dreifache deutsche Meisterin, schließlich Jugendeuropameisterin; bei der Olympiade in Seoul ist sie beste Deutsche – dreimal auf Platz sieben. Sie verbessert auf den langen Strecken alle Freistilrekorde; ihre Leistungen werden nachdrücklich durch öffentliche Ehrungen bestätigt. Die Medien präsentieren sie und verstärken die allgemeinen Leistungserwartungen der Öffentlichkeit.

Ihr Alltag wird von Sport und Schule bestimmt: 4.45 Uhr Aufstehen – vor dem Frühstück eine Trainingsstrecke von 4,5 km – das Trainingsprogramm, das zeitlich genau definiert ist, wird auch ohne Kontrolle des Trainers von den Schwimmerinnen genau eingehalten – Frühstück vor der Schule, die um acht beginnt – als die Schule nach der sechsten Stunde endet, ist St. bereits acht Stunden auf den Beinen – Schulaufgaben vor dem nächsten Training, das 16 Uhr beginnt – mentales Training, dann Krafttraining im Kraftraum – anschließend wieder Schwimmen mit besonderen belastungsvergrößernden Maßnahmen (Paddles, Schwimmen mit Kleidung...) – 19.30 Ende des Trainings – Abendessen vor dem Fernseher – es bleibt wenig Zeit für Freundschaften – «am Samstag einmal weggehen, das reicht völlig – ich verpasse nichts».

Bei St. gibt es erste Anzeichen, daß sie dem öffentlichen Erwartungsdruck nicht standhält. Aus Heimweh verläßt sie vorzeitig die Olympischen Spiele. Im Fernsehen erlebt sie diese als etwas Fremdes: «Und da soll ich gewesen sein?» Sie bricht in Tränen aus. – Relativ unerwartet nach einer leicht gewonnenen Deutschen Meisterschaft erleidet sie einen Kreislaufkollaps, zwei Tage Intensivstation, vier Wochen Trainingsverbot, Verzicht auf die Europameisterschaft, auf die sie sich ein Jahr hart vorbereitet hat. Auf die Siegerehrung am Fernseher reagiert sie betroffen: «Dieses irre Gefühl hätte ich auch haben können», sie weint. In der Öffentlichkeit und den Medien wird der Verdacht des Dopings geäußert. «Ich hasse die Leute, die einfach so etwas behaupten. Ein Mensch ist doch keine Maschine. Aber als Leistungssportler darfst du einfach nicht krank werden!» – Drei Wochen lang entzieht sie sich ihrer üblichen Lebenswelt und verbringt diese Zeit zurückgezogen mit ihrem Arzt, der über seine sportmedizinische Funktion auch die des beratenden, väterlichen Freundes übernommen hat. Überlegungen, ganz aufzuhören, weist sie zurück: «Nein, nein, der Hochleistungssport ist wie eine Droge. Ich brauche ihn einfach, jeden Tag, immer», und sie fügt hinzu: «Außerdem könnte ich gar nicht aufhören, selbst, wenn ich es wollte. Ich bin schon viel zu weit.» – In ihrem Verhalten zeigt sie sich unausgewogen, widersprüchlich. Mädchen ihres Alters, die sich schminken, findet sie affig; sie selbst klebt sich überlange Fingernägel an, färbt sich die Haare, zieht sich «schrill» an. – Selbstzweifel plagen sie: sie hält sich für noch nicht gut genug, obwohl sie von ihrem Bundestrainer attestiert bekommt, absolute Weltklasse zu sein; sie macht sich Sorgen um die Schule, während der Direktor sich überhaupt keine Sorgen macht; im Sportunterricht reicht es gerade zum «befriedigend». – Sie strebt nach Erfolg, haßt aber den Rummel, der darum gemacht wird – die Kontrolle des Körpergewichts führt zur ständigen Beobachtung des Körpers, der Trainer kanzelt «Sünderinnen» vor versammelter Mannschaft ab; Stephanie selbst konstatiert: «Ich bin dick, fett und rund – 59 kg.» Sie hat sich angewöhnt, keinen Hunger zu haben.

Die Menschen um St.: Der *Vater* wird als der Buhmann für alles beschrieben – der *Trainer*, beschrieben als sympathisch und smart, verfolgt seine Ziele in der Schwimmhalle mit brutaler Konsequenz, fordert Disziplin und Härte, wird manchmal gehaßt und hält das für normal; fühlt sich selbst in puncto Psychologie überfordert – der *Sportmediziner* ist nicht nur zuständig für die trainingsbegleitende Leistungskontrolle und die Gesundheit, sondern ist auch für die Psyche der St. da, gilt als Seelendoktor, als komischer Typ und anachronistische Erscheinung. In Motivationskrisen holt er St. aus den seelischen Tiefs wieder heraus – «behutsam, schonend, subtil»; ihm wird deshalb vom Vater «mindestens 50% Anteil an St. Erfolgen» zugeschrieben – der *Direktor* der Schule findet St. «ganz erstaunlich»: trotz ihres häufigen Fehlens ist sie besser als andere»; um die Schule braucht sie sich nach seiner Meinung überhaupt keine Sorgen zu machen – von den *Mitschülerinnen* erfahren wir nur, daß sie Stephanie ein Transparent «Seoul the goal» auf eine Weltkugel gemalt haben – mit *Freundin* Katja träumt sie von einem Leben in Australien, von Schafzucht und einem Leben ohne Verpflichtungen: «Diese Gesellschaft hier, das Leistungsdenken und der ewige Konkurrenzkampf, das finde ich schlimm, kommentiert St.

ihren Traum von Australien – Die *Journalisten*, die sie in der Öffentlichkeit präsentieren, werden von St. gehaßt; sie wird dort als Sportlerin der Superlative, als Synonym der Hoffnung beschrieben, aber auch des Dopings verdächtigt.

(Das Datenmaterial zum Porträt wurde einer Reportage aus der Zeitschrift «– Sports» (11/89) entnommen. Sie ist von Uwe Janssen geschrieben, der Stephanie Ortwig vier Tage lang begleitet hat. Das Material wurde also aus einer für journalistische Auswertung gedachten teilnehmenden Beobachtung gewonnen. Der Text des Porträts wurde aus den Fakten der Reportage von Janssen zusammengestellt. Die Wertungen und persönlichen Anmerkungen des Journalisten sowie die für unsere Zwecke weniger wichtigen Teile wurden weggelassen.)

Rezension
Im Mittelpunkt der Inszenierung steht die Person der Stephanie. Auf sie hin sind alle Bemühungen der sie umgebenden Personen ausgerichtet. In sie und ihr Training investieren die Menschen ihrer Umgebung und am meisten sie selbst. Sie steht im Zentrum eines relativ festgefügten szenischen Arrangements, das mit dem Ziel aufrechterhalten und gesteuert wird, die körperliche Leistungsfähigkeit zu entwickeln bzw. zu erhalten. Ihr Körper steht somit im Mittelpunkt des Interesses der Personen um sie herum wie auch im Zentrum ihrer eigenen Aufmerksamkeit. Ihre im Alltag betonte Körperwelt wird zum entscheidenden Medium der Weltzuwendung, und in ihr findet sie die Bedingungen, sich selbst zu erfahren.

Unsere Frage ist, welche Möglichkeiten hat St., sich über diese Art des «Leiblichen-in-der-Welt-Seins» als Person zu entwickeln und sich die Welt zu erschließen? Schon als Kind hat sie sich, dem Raumarrangement eines Schwimmbades und der dort arbeitenden Bademeister überlassen, das Wasser als Bewegungs- und Spielraum erobert. Sie ist dort nicht nur heimisch geworden, sondern hat gelernt, diesen Bewegungsraum im Sinne der Erwachsenen zu interpretieren und zu nutzen. Sie erfährt das Schwimmbad als einen Leistungsraum, in dem sie zeigen kann, was man zu leisten imstande ist. Dies gelingt ihr schon sehr früh. Nicht nur die Leute im Schwimmbad, Gäste und Bademeister werden auf sie aufmerksam, mit ihrer Fähigkeit, schneller zu schwimmen als andere, gerät sie erstmals bereits mit sechs Jahren ins Blickfeld des öffentlichen Interesses. Sie wird Stadtmeisterin. Ihr Talent beweist St. in weiteren Meisterschaften.

Bis zu diesem Zeitpunkt ist Schwimmen ein für sie bedeutsamer Erfahrungsbereich. Schwimmen ist ein Teil ihrer kindlichen Lebenswelt. Das ändert sich in dem Moment, in dem sie mit zehn Jahren den Status der Leistungssportlerin erhält. Sporttreiben bekommt eine neue Qualität. Das für sie bis dahin privat bedeutsame Schwimmen wird in einen öffentlichen, gesellschaftlichen Interessenhorizont gestellt. Die ihr gewährte Förderung ist verbunden mit der Erwartung, einen Teil des «gesellschaftlichen Bedarfs» an sportlicher Leistung zu decken. Als Leistungssportlerin öffentlich gefördert zu werden heißt vor allem, Bedingungen zu erhalten, systematisch zu trainieren. Ihre schon sehr frühe, gleichsam in ihrer Lebenswelt wie von selbst gewachsene Sportkarriere zeigt, daß ihr Körper eine Investition wert ist. Er wird zum sozialen Körper. Training und Wettkampf werden aus der persönlichen Verfügung herausgelöst und eingeordnet in das System staatlicher Sportförderung und in deren Organisationsstruktur. In den Ehrungen, die sie erfährt, wird die öffentliche Bedeutung ihrer sportlichen Leistung nachdrücklich zum Ausdruck gebracht. Mit dieser frühen Karriere wird ihre körperliche Leistungsfähigkeit zum zentralen Medium ihrer Selbstdarstellung und Selbsterfahrung. Ihre Körperidentität entwickelt sie vornehmlich in diesem Handlungsfeld. Dabei muß sie zugleich dafür sorgen, daß in Training und Wettkampf das gewonnene Terrain gelingender Selbstdarstellung auch bewahrt wird.

Im Training und in den nicht ausbleibenden Erfolgen verwirklicht sich der Mythos des machbaren, des berechenbaren Körpers. Die soziale Bedeutung ihres Körpers wird in seiner Objektivierung sichtbar zum Ausdruck gebracht: die Trainingsleistungen sind genau bemessen, die Stoppuhr des Trainers und die medizinischen Leistungsdiagnosen geben objektive Auskünfte über die Wirkungen des Trainings, und sie sind Grundlage für eine rationale Trainingsplanung mit genauen Zielpunkten, den Terminen der Internationalen Wettkämpfe. Die in Sekunden definierten Zeiträume der im Training zu erbringenden Schwimmleistungen werden von der Sportlerin selbst strikt eingehalten: längst hat sie sich mit dem Leistungsanspruch des Trainers identifiziert, der inzwischen darauf verzichten kann, sie anzutreiben oder zu kontrollieren. Die im Sport typische Zeitverwendung hat sie als Teil ihrer Körpererfahrung verinnerlicht. Die Fremdkontrolle ist zur Selbstkontrolle geworden.

Die zeitgesteuerte körperliche Disziplin setzt sich in der Gestaltung des Tagesablaufes fort. Schwimmtraining und Wettkampfvorbereitung decken einen Großteil der verfügbaren Zeit ab. Alle anderen

Dinge stehen an Bedeutung dahinter zurück. Neben der zeitlichen Verpflichtung zum Training hat nur noch die Schule Platz. Aber auch sie tritt zurück, wenn Wettkämpfe anstehen.

Die große Welt der Leistungssportlerin bleibt trotz Deutscher Meisterschaft und Olympiade klein. Die Welt vermittelt sich ihr allein über ihren Leistungskörper. Aber diese Reduktion der Person auf einen sozial und öffentlich honorierten sportlichen Körper gelingt nicht. Ihr «privater Körper», oder, besser gesagt, die tabuisierte Seite ihrer leibhaftigen Person, meldet sich unvermittelt, störend zu Wort. Sie empfindet ihren Körper als sperrig. Ständige Gewichtskontrolle ist notwendig. Sie schreibt sich selbst ein Schild: «Ich bin dick, fett und rund – 59 kg.» Diese ironisch interpretierbare Selbstanklage ist Zeichen ihrer Bereitschaft zum Verzicht, der bei ständiger Körperkontrolle beginnt und sich bis in den Bereich der Selbstdarstellung fortsetzt und dort in Widerspruch gerät zu dem, was heute für sechzehnjährige Mädchen üblich ist. Ihre eigenen Versuche der körperlichen Selbstdarstellung bleiben widersprüchlich. So findet sie die Art der Aufmachung gleichaltriger Mädchen «affig»; trotz dieser Abwertung gestartete eigene Versuche (sie klebt sich lange Fingernägel auf, färbt sich die Haare und zieht sich «schrill» an) kann sie nur in geringem Maße in Kommunikationen mit Gleichaltrigen «erproben». Sie laufen gleichsam leer, bekommen nicht die Funktion, die sie üblicherweise haben. Die für dieses Alter so wichtigen Versuche, über Selbstdarstellung eine Geschlechtsidentität zu finden, Leute kennenzulernen, sich mit ihnen probeweise zu identifizieren, eigene Rollenbilder zu entwerfen, bleiben begrenzt: «Am Samstag mal weggehen, das reicht völlig – ich verpasse nichts.»

Trotz rationaler Trainingsplanung und definierter Trainingsziele ist die Leistungsgrenze im Leistungssport nach oben hin prinzipiell offen. Sie immer wieder zu überschreiten ist gerade das Ziel, das zu erreichen von immer komplizierteren und unkalkulierbaren Faktoren abhängt. Das Überschreiten individueller Leistungsgrenzen genießt in unserer Gesellschaft eine hohe Anerkennung. Im Leistungssport wird dies systematisch mit allen verfügbaren Mitteln angestrebt. Dies führt in sensible Bereiche, in denen man trotz aller trainingswissenschaftlichen Kenntnisse auf die Strategie von Versuch und Irrtum zurückverwiesen ist. Der sich unerwartet ereignende Kreislaufkollaps von St. zeigt einen solchen Irrtum an. Der «Körper» hat sich zu «Wort» gemeldet. Was er sagt, bleibt unverstanden. In unserem Porträt bleibt ungeklärt, was eigentlich passiert ist. Wer sollte es klären? Der Trainer, der darauf aus ist, erhöhte Belastungsreize zu setzen? Der Mediziner, der am Leistungszustand der Sportlerin wahrscheinlich nichts Ungewöhnliches entdeckt hat, der vielleicht sogar versucht hat, den Trainingszustand mit seinen Mitteln zu erhalten? Und die Eltern? Können sie die Signale ihrer Tochter noch deuten? Oder betrachten auch sie ihre Tochter nur noch unter dem Gesichtspunkt ihres sportlichen Leistungszustandes? Wie dem auch sei, es wird der in diesem Fall übliche Weg gesucht: Intensivstation, Trainingsverbot, und dann der Rückzug in die wiederum kontrollierte Privatheit des väterlichen Freundes, des Sportmediziners, den St. als ihren einzigen Freund bezeichnet. Die inzwischen in solchen Fällen sensibilisierte Öffentlichkeit setzt auf Dopingverdacht. Das kann man dann auch so in den Medien wiederfinden. Welche anderen Deutungsmöglichkeiten bleiben auch bei einer solch riskanten Leistungssteigerung, die aufs Ganze geht? Angesichts der Unaufgeklärtheit ähnlicher Fälle mit noch tragischeren Folgen ist die Äußerung eines solchen Verdachtes eine verständliche Mutmaßung einer inzwischen aufmerksamen Öffentlichkeit. Sicherlich ist dies auch darauf zurückzuführen, daß Sporttreiben grundsätzlich als etwas Gesundes und Gesundmachendes dargestellt wird. St. reagiert betroffen. Sie haßt die Leute, die sie des Dopings verdächtigen. Aus ihrer Sicht sagt sie etwas sehr Richtiges: «Der Mensch ist doch keine Maschine.» Daß sie dennoch so behandelt wird, mag sie nicht zugestehen. Subjektiv erlebt sie das ganz anders: Ihren Kreislaufkollaps nennt sie eine Krankheit. Sie ist betroffen, daß dies von der Öffentlichkeit nicht verstanden, d. h. nicht als eine normale Krankheit akzeptiert wird. Sie klagt: «Als Leistungssportler darfst du einfach nicht krank werden.» Krankheit, die sie als etwas Persönliches begreifen möchte, wird bei einer Leistungssportlerin zum öffentlichen Thema. Einfach mal krank zu sein ist für St. kein privates Problem mehr.

Die subjektiven Erfahrungen und Deutungen ihrer Lage geraten in Widerspruch zur Einschätzung ihrer Person in der Öffentlichkeit. Die Welt um sie herum muß sie zunehmend als widersprüchlich erfahren. Einerseits wird sie gefördert, verehrt und honoriert, andererseits verdächtigt. Gerade in der Rolle, die die Journalisten und die Massenmedien in diesem Punkte spielen, wird dies für St. sichtbar. Sie haßt diese Leute. Aber sie machen immerhin den Widerspruch transparent, der von den Personen in ihrer unmittelbaren Umgebung eher verdeckt wird.

All diese Erfahrungen nähren ihre Selbstzweifel. Verstärkt wird dies durch die im Prinzip nicht erreichbaren Leistungsziele. Es kann für sie keine Leistung geben, die sie selbst und ihre soziale Umgebung wenigstens für eine gewisse Zeit zufriedenstellt. So fühlt sie sich noch nicht gut genug, obwohl ihr Bundestrainer sie zur Weltklasse zählt, wohl wissend, daß auch er angesichts der internationalen Konkurrenz grundsätzlich auf weitere Leistungssteigerung aus sein muß. Selbstzweifel hat sie als Trainingsmotivation verinnerlicht; sie strahlen auch auf andere Bereiche aus: sie macht sich Sorgen um die Schule; der Direktor der Schule, der solche Einstellung begrüßen müßte, hat im Gegensatz zu ihr selbst den notwendigen Kompromiß zwischen sportlicher und schulischer Leistung zugunsten des Sports entschieden.

Die große Welt von Olympia ist für sie auf den vertrauten Teil von Training und Wettkampf reduziert. Olympische Ehrung wird der auf nationaler Ebene erfolgreichen St. nicht zuteil. Als sie ihren Teil in Seoul erfolgreich überstanden hat, bekommt sie Heimweh und fährt frühzeitig nach Hause. Als sie den Rest der Olympischen Spiele im Fernsehen erlebt, gerät sie gänzlich aus der Fassung: Weinend fragt sie sich: «Da soll ich gewesen sein?» So bleibt selbst die Welt des Sports, wie sie in den Massenmedien präsentiert wird, eine für sie im Grunde unverstandene Welt. Ihre eigene sportliche Leistung (Aktionsleistung) und die damit verbundenen Erlebnisse kann sie nicht mit den in den Massenmedien präsentierten sportlichen Ereignissen in Einklang bringen. «Aktionsleistung» und «Präsentationsleistung» (GEBAUER) fallen gleichsam zu zwei Welten auseinander. Obwohl St. diese Welt des Spitzensports maßgeblich mit erzeugt, bleibt der Zusammenhang, in dem sie selbst agiert, letztlich unbegriffen.

Hier versagt offenbar auch die Schule. Der Schulsport könnte eine Orientierung in der Welt des Sports liefern. Im Sport hat sie im Zeugnis nur «befriedigend». Als Grund wird angegeben, sie habe zu oft gefehlt. Das systematische, auf Schwimmen spezialisierte Training schließt möglicherweise andere Körperübungen als nicht funktional aus. Das Monopol der körperlichen Einwirkung hat der Schwimmtrainer. Eine Orientierung in die Welt des Sports kann durch Sportunterricht so nicht geleistet werden.

So ist St. einerseits eine bedeutende Akteurin auf der Bühne des Weltsports, die Inszenierung des Hochleistungssports erlebt sie eher wie eine Statistin. St. lebt selbst in einer kleinen Welt, in der sie fleißig ihren Part übt. Die Menschen um sie herum vermitteln ihr Zustimmung und bestärken sie. Alle fühlen sich dem gleichen Ziel verpflichtet, St. die Karriere als Sportlerin zu ermöglichen. Daran arbeiten nicht nur ihr Trainer, der Bundestrainer und der Sportmediziner. Auch die Eltern, ihre Mitschüler, der Direktor der Schule wie auch befreundete Schwimmerinnen bestärken sie in ihrem Tun, honorieren Trainingsfleiß und Erfolg.

Schwimmen, Training, Wettkampf sind zu den Hauptthemen des Lebens von St. geworden. Das ist ihre Welt. Von dort aus – und primär von dort – findet sie Zugang zu anderen Menschen und zur Welt um sie herum. Dieser schmale, aber sie voll besetzende Bereich des Sports ist die Bühne der Selbstdarstellung und der Bereich möglicher Selbsterfahrung. Ihre Identifikation mit diesem Bereich des Leistungssports trägt von außen betrachtet zwanghafte Züge. Sie selbst empfindet dies nicht (mehr). Sie hat die Rollenerwartungen an sie verinnerlicht. Sie weist die Überlegungen, nach ihrem Kollaps und den verdächtigenden Reaktionen der Öffentlichkeit, den Leistungssport aufzugeben, zurück: «Nein, nein. Der Hochleistungssport ist wie eine Droge. Ich brauche ihn einfach. Jeden Tag, immer.» Dieses «immer» zeigt, wie wenig realistisch St. angesichts der begrenzten Zeithorizonte für Spitzenleistungen im Sport ihre sportliche Zukunft einschätzt. Die Hoffnung, diese Phase des Lebens als erfolgreiche und aussichtsreiche Sportlerin auf Dauer zu stellen, zeigt zugleich, welche Problematik mit dem Entschluß verbunden ist, mit dem Leistungssport aufzuhören. Dies würde und könnte ihre soziale Umwelt, die sich so sehr bemüht, dieses Ghetto einer leistungsorientierten Lebenswelt zu schaffen, nicht verstehen. Sie selbst würde sich der ihr derzeit verfügbaren Mittel, ihre Identität zu wahren, berauben. Das erkennt sie selbst. Ihrer Aussage, diese Droge Leistungssport jeden Tag und immer zu brauchen, fügt sie hinzu: «Außerdem könnte ich gar nicht aufhören. Ich bin schon viel zu weit.» «Viel zu weit» heißt doch wohl: es gibt keine akzeptablen Gründe aufzuhören. Das würde in ihrem Alter, bei ihrem Leistungsniveau und angesichts der weiteren Erfolgsaussichten niemand verstehen. «Viel zu weit», das kann aus ihrer Sicht aber auch heißen, daß es keine vergleichbare Alternative gibt. Eine eigenständige Entscheidung kann sie unabhängig nicht mehr treffen. Immer wird sie sich gegen allgemein anerkannte Prinzipien, Erwartungen und Rollenzuweisungen entscheiden. Sie ist als Person das Opfer einer Vergesellschaftung geworden, in der private Argumentationen ihren Stellenwert verlieren.

Das System des Leistungssports wird für St. zur «totalen Institution» (GOFFMAN), in der alles vorbestimmt ist: die Prinzipien und Regeln, denen die Handlungen und Entscheidungen folgen, sind eindeutig und transparent, sie sind weitgehend unangefochten und genießen hohe öffentliche Anerkennung. Auswege sind nicht erkennbar. Die Perspektive ist die Bemühung um weiteren Erfolg, aber der ist für sie als Person endlich, ihn anzustreben wird immer riskanter, die Zukunft ist nur als Lebenskrise vorstellbar. Sicherlich wissen oder ahnen das auch die Personen in ihrem Umfeld, die sich bemühen, sie mit dem im System des Leistungssports verankerten Anspruch zu versöhnen. Aber für keine dieser Personen sind solche Überlegungen naheliegend. Sie handeln nicht nur nach persönlich bestem Wissen und Gewissen, sondern, was sie tun, ist in hohem Maße öffentlich legitimiert:

- Tun die Eltern nicht das Beste für ihre Tochter, wenn sie ihr schon so früh den Schritt in eine Welt der Anerkennung und des Erfolgs ebnen? Sollen sie die Chancen ausschlagen, die weit über das hinausgehen, was ihnen im Leben selbst vergönnt war? Dürfen sie nicht auch stolz sein auf ihre Tochter? Und erlegen sie sich nicht selbst eine Menge Entbehrungen auf, um ihr das alles zu ermöglichen?
- Ist der durch staatliche Mittel geförderte Trainer nicht gehalten, genau das zu tun, was er macht: Leistungen nach Plan zu erzeugen, dazu das professionelle Wissen zu nutzen, das Wissenschaft und Technik ihm bereitstellen? Ist es nicht auch legitim, die aufkommenden Widerstände zu überwinden, die aus der Unlust, dem Schlendrian und der zeitweise entstehenden Antriebsarmut der Athletinnen entstehen? Er ist kein Psychologe, wie er selbst von sich sagt. Muß er es denn sein angesichts der sachlichen Forderungen des Trainingsalltags, die zwingend sind?
- Tut nicht auch der Sportmediziner gut daran, neben der Diagnose und ständigen Kontrolle ihrer körperlichen Leistung die ihm zugewachsene Aufgabe als väterlicher Freund zu übernehmen, St. wieder zum Training zurückzubringen, sie aus den seelischen Tiefs wieder hinauszumanövrieren, «behutsam, schonend, subtil»? Hat nicht gerade er eine sehr wichtige Funktion angesichts des Einwirkungsverlustes, den Eltern zur Zeit der Pubertät hinnehmen müssen?
- Ist nicht auch dem Schuldirektor zuzugestehen, daß er die Schulpflicht, die er den Sechzehnjährigen abfordern muß, mitunter lokkert, nicht das ganze Maß möglichen Fleißes und der Leistungsforderung von St. einklagt? Kann er ihr die Erfahrungen, die nur selten junge Menschen in der großen Welt des Sports machen können, versagen? Haben sie nicht einen eigenen bildenden Wert, wie das ja auch in den Lehrplänen steht? Darf er nicht auch ein bißchen stolz darauf sein, St. als Schülerin an seiner Schule zu haben?

Es ist hier besonders hervorzuheben, daß alle Personen, die in St.s Geschichte als wichtige Bezugspersonen vorkommen, in hohem Maße in ihren Handlungen und Entscheidungen legitimiert sind. Sie alle können sich darauf berufen, ihr gegenüber verantwortungsvoll zu handeln. Dies gelingt um so mehr, je mehr sie sich dabei auf allgemeine gesellschaftliche Werte und Prinzipien berufen. Sie sind es, die diese Prinzipien in die Welt von St. hineintragen und durchsetzen. Und eben dadurch bringen sie insgesamt eine ausgesprochen problematische, geradezu pathologische Situation für St. hevor. Sie gehen offenbar davon aus, daß die Durchsetzung gesellschaftlicher Erwartungen (die Vergesellschaftung der Person) legitimiert sei, weil es zum Wohle der Jugendlichen geschehe. Es gelingt ja auch weitgehend durch den Akt der Verinnerlichung zu sichern, daß die gesellschaftlichen Erwartungen den Bedürfnissen des Mädchens «nachweisbar» entsprechen. Daß dies nur um den Preis des Autonomieverlustes von St., nur durch soziale Kontrolle und durch ein starres Rollenspiel aller Beteiligten geschieht, wird angesichts der allgemeinen Anerkennung nicht mehr wahrgenommen.

Es drängt sich die Frage auf, was Pädagogik, was Sportpädagogik in diesem Falle tun soll. Gewiß kann sie Aufklärung leisten und, wie hier versucht wurde, die Lebenssituation von St. anhand der uns vorliegenden Informationen unter erzieherischen Gesichtspunkten auslegen. Sich auf der Grundlage der Ergebnisse solcher Analyse einzumischen bleibt dennoch schwierig. Das kann mit Sicherheit nicht dadurch geschehen, daß ein Erzieher als weitere Person im Umfeld von St. auftritt und einen weiteren Versuch unternimmt, auf St. einzuwirken. Als Erzieher für St. aber gegen rigide gesellschaftliche Erwartungen Partei zu ergreifen würde von allen Seiten als störend empfunden werden, und es würde dysfunktional zum Systemziel wirken. Seine Bemühungen können sich also nicht allein auf St. und ihre Person richten. Es müßten auch systemverändernde Maßnahmen möglich sein, die genügend Spielraum für alternative Lebensperspektiven und für Bereiche autonomer Entscheidung schaffen. Nur so könnte es gelingen, daß das absehbare Ende der sportlichen Laufbahn von St. nicht zwangsläufig in eine in ihren Folgen schwer absehbare, dauerhafte Lebenskrise führt.

Sich so als Pädagoge einzumischen bedeutet allerdings, selbst zum Bestandteil der Inszenierung des Hochleistungssports von Kindern und Jugendlichen zu werden. Da die Interventionen nicht systemfunktional sein können, werden sie in der jetzigen Lage auch nicht erwünscht sein. Bette (1989) hat recht, wenn er sagt, daß die Warnungen der Sportpädgogik vom System des Hochleistungssports bestenfalls als «Rauschen», keinesfalls aber als systemverändernder Impuls wahrgenommen werden. Wie manche Journalisten, so werden auch die Sportpädagogen als lästige Störfaktoren angesehen werden.

Bewegung im Alltag

Wir wissen sehr wenig über unser Bewegungsleben im Alltag. Prinzipiell scheinen wir uns auch kaum darüber Gedanken zu machen, wie wir unsere alltägliche Bewegungspraxis im Hinblick auf ein sinnvolles Bewegungsleben einrichten. Ist es nicht kurios, daß uns solche verrückten Lösungen einfallen, wie Trimmfahrradgestell anstelle von richtigem Fahrradfahren, Vollautomatisierung unserer Wohn- und Arbeitsbereiche und zugleich Fitness-Einrichtungen, eine absurde Konstruktion der Lebenswelten, wie sie v. HENTIG (1976) charakteristisch herausstellt. Zumeist gerät das Alltägliche erst in unser Bewußtsein, wenn sich etwas Besonderes ereignet, wenn Schwierigkeiten in der Lebensbewältigung, wenn erhebliche Abweichungen von der Normalität auftreten, so z. B. aufgrund von Krankheit oder sozialer Mißstände.

Nachfolgende Fallbeschreibung und -diskussion steht exemplarisch dafür, daß eine sportpädagogische Einschätzung der Bewegungsproblematik eines Menschen nur im Rückbezug auf dessen Alltagsleben erfolgen kann und auch entsprechendes Einflußnehmen nur in Kenntnis des gesamten Bewegungslebens sinnvoll zu treffen ist.

«Damir ist noch nicht schulreif!»
(LUTTER/RÖTHIG 1983, 88–91)
Geboren am 7.10.1971 in Jugoslawien, Vater seit 17 Jahren in der Bundesrepublik, arbeitet als Schweißer. Damir und die Mutter läßt der Vater nach Deutschland nachkommen, als Damir 1¼ Jahre alt ist. Die Mutter arbeitet seit einem Jahr als Arbeiterin in der Industrie.

Wohnung:	seit seinem 2. Lebensjahr wohnt Damir im 7. Stock eines achtstöckigen Wohnhauses (Gesamtkomplex für 28 Wohnungen) in einer Großstadt.
Alter:	(z. Z. der Aufnahme) 7,5–7,9 Jahre.
Größe:	135 cm (entspricht der Durchschnittsgröße eines 10j.).
Gewicht:	45 kg (entspricht dem Durchschnittsgewicht eines 13j.).

Auffälligkeit
Aufgefallen ist Damir im Alter von sechs Jahren beim Einschulungstermin. Laut Schulreifetest nicht schulreif, die schulärztliche Untersuchung stellt hohes Übergewicht und körperliche Unbeholfenheit fest.

Die Einschulung wird verschoben. Den Eltern rät man, Damir in einen Kinderhort zu geben, an den eine Vorschule angeschlossen ist. Für zwei Jahre soll Damir diesen Hort und diese Vorschule besuchen, um die Defizite auszugleichen. Die Eltern sind dem Rat gefolgt. Zur Zeit ist Damir, nun 7,9 Jahre alt, sechs Wochen vor dem Übergang ins 1. Schuljahr der Regelschule.

Anmerkungen zur Bewegungsbiographie von Damir
Von seinem 2. Lebensjahr an lebt Damir mit seinen Eltern in der Zweizimmerwohnung (62 m^2). Bis zum Alter von 3 Jahren schläft er im Kinderbett im elterlichen Schlafzimmer, dann auf einer Liege im abgeteilten Wohnzimmer. Vom 2. bis 5. Lebensjahr kann er die Wohnung nur in Begleitung eines Elternteils verlassen. Sein Bewegungs- und Spielleben ist im wesentlichen auf die Wohnung konzentriert. Die Mutter war bis zum 6. Geburtstag von Damir zu Hause, erst dann nahm sie eine Arbeitsstelle an. Die ersten Jahre ihres Deutschlandaufenthalts fühlte sich die Mutter sehr einsam und hatte sehr viel Heimweh. Insbesondere hatte sie das Nichtmiteinander-Sprechen-Können bedrückt. Ihr einziger Trost sei in dieser Zeit ihr Kind gewesen, dem sie sich auch sehr zugewandt – vor allem sehr viel mit ihm gespielt – und mit ihm zusammen Deutsch gelernt hätte.

Zwei Szenen aus Damirs therapeutisch angeordneten Kinderhortsituationen können einen Einblick in das Bewegungsleben von Damir geben. Eine Szene zeigt Damir bei einem von der Kindergärtnerin angeregten Nachlaufspiel der Gruppe auf einem Spielplatz. Die Unbeholfenheit Damirs im Vergleich zu den anderen Mitspielern ist offenkundig. Als Fänger ist er in seinen Bewegungs-Chancen so gut auszumachen, daß jeder sein Neckspielchen mit ihm treiben kann. Erstaunlich ist es, wie lange Damir dieses «Spiel» durchhält, bis ihn schließlich ein barmherziger Freund von seiner Rolle erlöst.

Die zweite Szene gibt einen Einblick in die alltägliche «Bewegungszeit», bei der die Kindergärtnerin versucht, über entsprechende Bewegungsaufgaben bewegungsschulend auf die Kinder einzuwirken. Die Aufnahmen machen den enormen Abstand Damirs vom Bewegungskönnen der übrigen Kinder deutlich. Man kann beobachten, wie Damir sich zunächst am Rande der Szene als Zuschauer aufhält (auch vermuten, daß er sich von sich aus nicht den Bewegungsaufgaben stellen möchte), bis ihn die Kindergärtnerin zum Mitmachen auffordert und er sich der Situation nicht mehr entziehen kann.

Schon der kurze Einblick in das Bewegungsleben von Damir kann einen Eindruck von den Schwierigkeiten vermitteln, in die Damir mit seiner Körperlichkeit gerät, wenn er auf die erwartete Bewegungsnormalität seiner Altersgenossen trifft. Man kann wohl auch leicht nachvollziehen, warum ihn der Schularzt wegen körperlicher Unbeholfenheit vom Schulbesuch zurückgestellt hat. Man kann aber auch – in etwas Distanz zu den Szenen – sich vor Augen führen, aus welchen Blickwinkeln der Fall «Damir» entsteht.

Dem Schularzt fällt Damirs Abweichen vom normalen körperlichen Erscheinungsbild der Altersgruppe auf, einerseits hinsichtlich der Körperausmaße, die einer ganz anderen Altersgruppe zuzugehören scheinen, andererseits hinsichtlich der noch dem Kleinkindstadium verhafteten Motorik.

Der Kindergärtnerin ist Damir als motorisch Zurückgebliebener anvertraut; für sie ist Damir ein bewegungsgehemmtes Kind, das sie wieder an die Altersnorm heranführen soll. Es ist zu vermuten, daß Damir beim Schulantritt im Sportunterricht wiederum «auffallen» wird.

Den unterschiedlichen Blickwinkeln ist eines gemeinsam: Das Kind fällt auf, weil es von der Altersnorm (Bewegungs- und Körpernorm) abweicht. Diese Normabweichung ist am Erscheinungsbild festgemacht und führt aufgrund der Beurteilung dieses Bildes zu entsprechenden therapeutischen Maßnahmen. Jene dürften sich allerdings je nach spezieller Blickrichtung voneinander unterscheiden. (Für einen am Symposium teilnehmenden Sportmediziner schien die Lösung des Falles eindeutig in einer zu verordnenden Diät zu liegen.)

Zweifelhaft aber bleibt, ob solche, aus speziellen Perspektiven vorgenommenen Diagnosen dem Kind wirklich gerecht werden bzw. helfen können. Phänotypische Betrachtungsweisen greifen zu kurz. Sie gehen an der Tatsache vorbei, daß Körper- und Bewegungsentwicklung nicht unabhängig von Lebenshintergründen der betroffenen Individuen verlaufen. Bewegungs- und Lebensgeschichte sind vielmehr untrennbar miteinander verknüpft, so daß Erklärungen zum festgestellten Phänomen auf die Analyse der jeweiligen Lebenswelt angewiesen sind.

Im vorliegenden Fall wissen wir mehr um die Lebenshintergründe Damirs, seine in seiner Entwicklung vorwiegend auf die Wohnung beschränkte Bewegungsumwelt. Wir kennen das Wohnkonzept der Eltern, das den Zuschnitt der Möglichkeiten an Bewegungsanlässen für Damir bildete, um die Vorstellung der Eltern über die Entwicklung ihres Sohnes, die besondere Beziehung der Mutter, die nicht zuletzt aus Heimweh ihr Kind insbesondere mit Süßigkeiten verwöhnt. Seinen Eltern ist Damir nicht «auffällig». Vater und Mutter sehen ihn als ganz normales Kind an, das zwar korpulent entwickelt, aber so «kräftig und robust ist, daß den Jungen so leicht nichts umwerfen kann» (Vater).

Das Wissen um bewegungsbiographische Details verdeutlicht den besonderen Bruch, den Damir zu bewältigen hat, wenn er aus der Normalität seiner Familie in die Normalität der Altersgruppe bzw. der Institution Schule eintritt. Dieses Wissen hält davon ab, allzu vorschnell therapeutische Maßnahmen zu empfehlen. Wenn wir den Fall «Damir» als Paradigma für das Problem bewegungs- und körperbiographischer Entwicklung nehmen, so kann daran deutlich werden, wie wenig wir im allgemeinen über deren lebensweltliche Einbettung wissen. Wir meinen, daß wir uns mehr um jene in den Lebenswelten bestehenden objektiven Bedingungen (Wohn- und Verkehrskonzept) sowie um deren subjektive Deutung und Verarbeitung seitens der Subjekte kümmern müssen, wenn wir sportpädagogische Entwürfe sinnvoll in die Lebenspraxis einbinden wollen.

Bewegung in der technischen Welt

Das Bewegungsproblem ist in der technisch-industriellen Welt, wie wir bereits zu zeigen versuchten, in separierter Form gelöst. Während im Wohn- und Arbeitsbereich alles daraufhin angelegt ist, mit möglichst wenig Bewegungsaufwand auszukommen, sind eigens für Bewegung (Sport) Räume eingerichtet.

Diese zur Inszenierung von Sport, Spiel und Bewegung erstellten Räume sind nicht zuletzt aufgrund sportwissenschaftlicher Unterstützung allgemeingesellschaftlich anerkannt und zählen zum gewohnten Erscheinungsbild moderner Zivilisation.

Die drei nachfolgenden Betrachtungen («Rezensionen») von Muschg (1979), Rumpf (1980) und Thiemann (1987) befassen sich mit der Problematik, die mit der Separierung des Bewegungsproblems einhergeht, so mit der Lösung Spezialraum «Sportstätte» (Muschg und Rumpf) und Spezialraum «Spielplatz» (Thiemann). Mit «fremdem» Blick (Rumpf 1986) betrachten sie die jeweilige Szenerie und bringen das scheinbar allzu Verständliche auf Distanz. Mag man auch als einheimischer Kenner der Szenerie die Bilder als überzeichnet empfinden, so bringen sie wohl doch zum Bewußtsein, wie künstlich und ausgegrenzt unsere Sport- und Spielwelten einerseits sind und wie gerade durch die Spezialisierung auch die Bewegungserfahrungsmöglichkeiten andererseits determiniert sind.

«Magglingen» (Adolf Muschg)

Die nachfolgende Betrachtung stammt aus einer Erzählung des Schweizer Schriftstellers Adolf Muschg. Das hier vorliegende Beispiel scheint besonders reizvoll, weil es sich hier um eine «vorbildliche» sportliche Bewegungsstätte handelt – um die zentrale eidgenössische Aus- und

Fortbildungseinrichtung für Sportlehrer und Übungsleiter (in der Bedeutung vergleichbar etwa mit der Deutschen Sporthochschule in Köln oder der Deutschen Hochschule für Körperkultur in Leipzig).

Wie sich der Literat MUSCHG mit der Inszenierung «Magglingen» auseinandersetzt, entspricht wohl nicht, wie schnell feststellbar sein wird, dem von uns für Unterricht vorgeschlagenen methodischen Programm einer Rezension. Vielmehr porträtiert und rezensiert MUSCHG die sich ihm darbietende Sportszene gewissermaßen zugleich. Auf den ersten Blick scheint die Betrachtung nicht ungewöhnlich. Gleichwohl irritiert der Text den mit jener Inszenierung vertrauten Einheimischen. Pointiert wird Auffälliges geschildert und damit eine Sichtweise von Sportinszenierung vorgestellt, die den Sportfachmann stutzig macht, wenn nicht gar verblüfft. Gerade wegen dieser möglichen Irritation haben wir den Text ausgewählt und meinen, daß eine interpretative Nachfrage nach dem, was an MUSCHGs Blickrichtung so befremdet, eine neue Lesart der besonderen Typik sportlicher Bewegungsinszenierungen in der technischen Welt ergeben kann und sich anschließend daran wieder die Frage aufwerfen läßt, ob das Bewegungsproblem des Menschen in der technischen Welt in solcher Art Reservaten oder (mit WOHLscher Formulierung) in solchen «Bewegungslaboren» tatsächlich so gut aufgehoben ist.

> «Wir hatten den Wald verlassen, auf dem offenen Feld regnete es unmißverständlich, und ich zwängte mich wieder in den rostbraunen Damenregenmantel, den ich die ganze Zeit auf dem Arm getragen hatte. Wir gingen auf dem Asphalt, der anstieg, um mir wieder heiß zu machen; nach einer Einfamilienhaussiedlung breiteten sich oben auf weiter Wiese neue Sportanlagen aus. Links gegen den Wald hin ein Tennisplatz mit hohen weißen Stühlchen, in denen kein Mensch saß. Rechts ein einzelnes Fußballtor vor einem giftgrünen Stück Kunstrasen, der wie ein falscher Frühling in das nicht mehr so heftige Naturgrün eingelassen war. Weiter hinten nochmals eine Anlage, ein weites Oval, um das eine breite lila Bahn lief. Vor uns ein Restaurant mit Gartenmobiliar unter kahlen, schwarz genäßten Kastanien. Der Asphalt hörte auf, wurde zu einem Weg aus Kunststeinfliesen, und als wir ihn weiter gingen, tat sich vorne, bevor das Gelände wieder in Wald abfiel, noch einmal Architektur auf, ein Kunstbehälter aus grünlichem Glas. Drinnen war's belebt, hell wie in einem Aquarium. Man

blickte durch ungeheure Schaufenster auf eine weitläufige grüne Bodenfläche, wo viele Leute alles mögliche trieben. Wir gingen auf den Preßsteinplatten, die den Kubus umliefen, hundert Meter weiter, bis wir eine Tür fanden, die sich öffnen ließ. Drinnen gähnte uns, mit einem Hauch von Chemie, Schweiß und Magnesia, eine plötzliche Wärme ins Gesicht. Wir gelangten, kleiner als unter freiem Himmel, über eine breite Galerie, die mit robustem gelbem Textil bedeckt war, auf die gegenüberliegende Längsseite. Hier führten hüfthohe Stufen, ebenfalls mit dem gelben Textil belegt, auf den Grund der Halle nieder. Aber wir blieben am obersten Rand sitzen, wir waren die einzigen altertümlich angezogenen Leute hier, und der Betrieb ließ uns schweigen.
Das Personal, das sich hier bewegte, war jung und bunt, hellblau, dunkelgrün, ockergelb, rot in allen Schattierungen, am häufigsten rot: weinrot, scharlach, purpur, blutrot. Viele trugen Streifen auf Schultern und Ärmeln, manchmal auch Lettern SCF oder TVA, die gehörten zu einer Vereinigung, einem Club Gleichfarbener oder Gleichgesinnter. Viele zeigten nackte Beine, die andern enge Trikothosen unter nacktem Oberkörper, die Mädchen fröhliche Leibchen. Gerade unter uns stand eine Gruppe solcher Mädchen um eine Hochsprunganlage herum, von Zeit zu Zeit sprang auch das eine oder andere übers Gummiseil auf ein hohes blaues Schaumgummipolster. Ein älterer Mann besprach die Sprünge mit ihnen, er war eisgrau und kräftig, sein grüner Sportanzug paßte zu seiner Bräune. Weiter hinten wurde, mit kurzen wilden Schreien, Diskus geworfen, gegen die Glaswand, aber bevor der Diskus das Glas zerschlagen konnte, wurde er von einem durchhangenden Netz abgefangen und rutschte sachte zu den Werfern zurück. In zwei Kojen, die durch Stellwände gebildet wurden, mußte Tischtennis gespielt werden, denn man sah junge Männer, oder Teile von ihnen, mit Schlägern in der Hand hin und her hüpfen. Gelegentlich bückte sich einer auch nach hinten, dann sah man ihn ganz. Das Klicken der Bälle war unhörbar. In der schwimmenden Akustik der Halle verschlugen sich die Töne. Man hörte auch nicht, wem die Pfiffe galten, die rhythmisch, wie von einer Maschine, abgegeben wurden. Mitten in der Halle, vom Netzwerk abgetrennt, spielten ein paar Leute Basketball. Die Pfiffe, von denen sie angeleitet wurden, kamen unregelmäßiger, aber melodisch-zweistimmig. Ein einzelner Mensch in Türkisblau warf immer denselben Ball immer demselben Korb zu, und da er

ihn auch immer traf, war nicht recht einzusehen, warum er die Übung unaufhörlich wiederholte. Ein Grüppchen Männer übte Rennen, wenigstens die ersten Schritte davon. Sie starteten nur immer und ließen nach zehn Schritten die Glieder erschlaffen, einer aber rannte wirklich davon, hatte ein Signal überhört oder ließ sich nicht halten, umkreiste den ganzen Platz und legte immer wieder, ohne erkennbaren Grund, einen Spurt ein. Im Hintergrund, wo es zu den Garderoben ging, war ein Kommen und Gehen, aber mehr Kommen als Gehen. Neue bunte Figuren traten ins Grüne hinein, warfen Tücher hinter sich und begannen sofort, als wäre der Boden elektrisch geladen, zu hüpfen.

Wir saßen und sahen zu. Sogar Kugelstoßen war in dieser Halle möglich. Freilich schienen die Kugeln nicht aus Eisen zu sein, sonst müßten sie den grünen Boden beschädigt haben. Manchmal kamen andere Zuschauer in die Nähe, aber es waren immer Sportler. Auch die Hochspringerinnen setzten sich auf die Stufen, um sich vom Eisgrauen, der dabei seine eigenen Beine hob, ohne zu springen, eine Haltung erklären oder verbessern zu lassen. An der Decke Beleuchtungskörper dicht an dicht, Schienen, Züge wie in einem Theaterhimmel. Auch Ringe hingen dort, hoch wie Trapeze, aber man konnte sie gewiß herunterlassen, wenn man wußte, wie.

Wir sollten gehen, sonst kommen wir zu spät, sagte Anne.

Zu spät wohin?

Zu den Spaghetti.

Ich könnte hier ewig sitzen bleiben, es ist spannend wie die Hölle und wärmer als draußen.»

(Aus: ADOLF MUSCHG: Noch ein Wunsch. © Suhrkamp Verlag, Frankfurt am Main 1979, S. 108–112)

«Sportstättenbesichtigung – Über die Veränderung des menschlichen Körpers» (Horst Rumpf)

Die Besichtigung des Erziehungswissenschaftlers RUMPF mag den mit der Sportwelt Vertrauten noch mehr befremden als die Eindrucksschilderungen von MUSCHG. RUMPF rezensiert verschiedene Bewegungsszenen, mustert sie mit «fremdem Blick» (RUMPF 1986). Dies geschieht in der Weise, daß er die Szenen, die er überprüft, bewußt aus dem alltäglich wahrgenommenen Zusammenhang herauslöst: Die Straßenbahn wird zum «großen Metallkasten», mittels derer keine Straßenbenutzer befördert, sondern «stillsitzende Körper... vorbeikatapultiert» werden; der auf der Straße dahinrollende Mopedfahrer wird als ein menschlicher Bewegungskörper ohne das Fahrzeug vorgestellt, der gleichsam «regungslos» seine Bahn verfolgt, dem auf der Tartanbahn Runden drehenden Läufer wird die Sportstätte wegretuschiert, um zu zeigen, wie «abgezirkelt», wie «asketisch», wie «monoton» seine Bewegung dem Betrachter erscheint. Mit diesem Kunstgriff gelingt es RUMPF, eine strukturelle Gleichartigkeit leistungsbezogener Sportbewegung mit der beherrschten Bewegung, die in der technischen Welt gefordert ist, zu unterstellen. Damit kann er auf die sportpädagogisch brisante Problematik einer Bewegungslehre in der technischen Welt aufmerksam machen, auf die Fragestellung, die wir in diesem Band insbesondere in der Auseinandersetzung mit der Auffassung WOHLS und UNGERERS aufgegriffen hatten.

> «Kühler Märzvormittag, ich sitze vor dem (Frankfurter) Sportinstitut, am Stadtrand, an einer Ausfallstraße gelegen. Verstehen die Sportleute, die einschlägigen Wissenschaftler, Ausbilder, Lehrer, sich nicht als Spezialisten für die körperliche *Bewegung*? Für menschliche Körperbewegung? Mich verwirrt das immer. *Welche* Bewegung meinen sie?
> Welchen Körper? Warum haben sie's so mit der abstrakten Bewegung? Was bleibt vom tollen Schuß aus dem Gedränge auf dem Parkplatz im Spiel der Zwölfjährigen, wenn man ihn, der Entsetzen, Entzücken weckt, wenn man ihn zur *Torschußbewegung* schrumpfen läßt? Bleibt mehr davon übrig als von einer tollen Musik, wenn man sie zur massierten Luftschwingung, zu einer Schallwellenkombination reduziert?
> Aber ich tue ihnen sicher unrecht und nehme mir vor, ein bißchen bewegungssensibel meine Umwelt zu betrachten.
> Drei Menschen gehen auf und ab, warten offensichtlich darauf, durch Einstieg in einen fahrbaren Apparat anderswohin zu kommen, durch völliges Stillstellen ihrer privaten Bewegungen also ein weites Stück fortbewegt zu werden. Eine Frau öffnet einen PKW, steigt ein, macht eine feinmechanisch abgezirkelte Bewegung mit dem Zündschlüssel; durch eine Minibewegung mit zwei Fingern, durch äußerste Zurückhaltung ihrer Beweglichkeit

schafft sie sich fort, in Windeseile, ohne außer Atem zu kommen, ohne ihren Körper und seine Widerständigkeit zu spüren.
Über die benachbarten Schienen, wohl abgezirkelt, rast zweimal ein großer Metallkasten auf der Straße vorbei, drinnen still sitzende Körper, vorne einer wie festgeschraubt, starr, ganz tot scheinen die Figuren, wenn sie einem so an den Augen vorbeikatapultiert werden. Menschen bewegen sich hier kaum, in diesem Szenario, die Metallkästen bewegen sich, und in den Kästen sitzen starr die Wesen, hinter Glas, nach vorn schauend, den Kopf nicht bewegend.
Zwei Handwerker gehen gemächlich zu einer Tür, einer schlenkert eine Säge – mir fällt diese Bewegung so auf, die ist anderer Art, ein bißchen Überschuß, nicht stramm und starr, mehr als zur Erreichung eines (fernen) Ziels nötig.
Ein Mopedfahrer kommt über eine Eisenbahnbrücke. Ich denke mir, wie grotesk komisch es aussehen würde, würde man ihm in einem Film sein Moped wegretuschieren. In einer idiotisch verkrampften und starren Haltung, den Blick nach vorn gerichtet, würde er über die Straße fliegen, der Stadt zu – und alle seine Gliedmaßen, seine angeborenen Bewegungshelfer, fest aneinanderpressen, damit sie ihn nur ja nicht bei seinem Stadtanflug stören. Regungslos, keine Bewegung ist zu diagnostizieren – den Kopf nach vorn. Eine wahrhaft asketische Selbstbeherrschung. Namens der Fortbewegung von Millionen täglich gefordert und ohne Murren erbracht. Eine falsche Bewegung kann tödlich sein.

In Jahns Turnkunst steht über die Lage von Turnplätzen: ‹Da stellt sich zunächst als eigentlich unerläßliche Bedingung die Anlegung oder Lage eines jeden Turnplatzes außerhalb der Stadtmauern heraus, fern von den Eitelkeiten der Klein- oder Großstädte, womöglich in freier, frischer Waldluft und in der Nähe von spielgerechtem Gebüsch und Knieholz…; heilige Pflicht aber bleibt, aus der Enge des Haus- und Schullebens so oft und so lange als möglich in *Gottes freie Schöpfung* an die Quelle unserer Anschauungs- und Empfindungsweise hinauszuführen.› Eine dreiviertel oder gar eine ganze Stunde Wegentfernung schade gar nichts, meinen die Autoren. Der weitergelegene sei sogar vorzuziehen – ‹denn selbst den jüngeren Turnern von sieben bis zehn Jahren, denen man ohnehin nur leichtere Übungen und bildende

Spiele zumutet, während man ihnen doch so gut wie den größeren den Genuß und Gewinn aus der freien Schöpfung zuführen will, ist schon der Hin- und Heimweg eine treffliche Übung und Vorbereitung.› (Zit. im Enzyklopädischen Handbuch des gesamten Turnwesens, hrsg. von C. Euler. III. Bd. Wien–Leipzig 1896, S. 160/161.)

Lernen die Bewegungen, die sinnlichen Bewegungen im Zaum zu halten – das ist offenbar lebenswichtig. Im Zaum halten, das heißt, sie so ein- und abschalten zu können wie den Strom in einer Tischlampe; es heißt, sie dosieren zu können und, vor allem, die ruckartigen Minibewegungen (Knopfdruck, Tür auf, Fußsensibilität, Hebelempfindlichkeit) sicher im Repertoire zu haben, abgezirkelt.
Und das Sportinstitut, ist's nicht so was wie ein Zentrum des Ausgleichs für diese Minibewegungen? Verstehen sich die Leute nicht so? (Oder bietet es eher das genaue Abbild, die Anbahnung und die Einführung dieser Bewegungswelt, Bewegungsaskese?)
Hinter dem Institut, ich gehe um den Bau rum, wie aus dem Ei gepellt, eine toll perfekte Sportanlage, wie es heute heißt – früher sagte man wohl Sportplatz. Aber ein Platz ist das ja nicht mehr, das wäre zu irdisch, zu banal – das ist eine Anlage, herausgehoben; oder heißt es heute nicht gar *Sportstätte*? Erinnernd an Kultstätte, oder an Schädelstätte? Jedenfalls: ein Hauch des *ganz anderen* weht den Laien schon an, wenn er den Blick schweifen läßt über diese sattroten Laufbahnen, mit den geheimnisvollen farbigen Linien, die gestochen scharf gezogen sind und gewiß eine Vorschrift beinhalten, so unmißverständlich wie die randscharfen Linien. Hier, auf dieser Laufbahn kann man sich nicht gehen lassen, hier ist es ernst – wie in einem Operationssaal, in dem viele dem Laien geheimnisvolle Instrumente auch jede unachtsame Beliebigkeit unmöglich machen.
Ich überlege mir, welche Bewegungen absolut unmöglich sind auf dieser Bewegungsstätte? Welche einen unmöglich machen würden? Jedenfalls alle, bei denen die Körper nicht voll beherrscht behandelt, gesteuert werden. Sich zu räkeln, das geht sicher nicht. Wer diese Stätte betritt, ist im Bewegungsdienst; da kommt auch schon ein Läufer und fängt an, im Trainingsanzug Runden zu drehen, gleichmäßig, beherrscht. Und ich denke, wenn man ihn filmte und die Sportstätte wegretuschierte, wie es wohl aussähe –

wie monoton wie asketisch, Bewegung nur aus einer bestimmten Familie von Bewegung. Nah verwandt mit den Bewegungen, die auf der anderen Seite des Instituts, im Verkehr toleriert werden. Abgezirkelt, von einem sehr strengen und sehr unsichtbaren Kontrolleur beaufsichtigt.

Der Läufer, der da vor mir auf der verdächtig roten, der industrieverdächtig roten Laufbahn seine Runden dreht, er hat vermutlich seinen Wagen vor dem Institut abgestellt, sich umgezogen, um dann eine Trainingseinheit in Angriff zu nehmen, seinen Leib in einen Körper verwandelnd, der wie ein Planet in eherner Gleichmäßigkeit seine Bahnen zieht, eine wie die andere, immer dasselbe Oval wie um einen geheimen Mittelpunkt; er läuft nie Schlangenlinien, er geht nicht einmal ein Stück zu Fuß, er nimmt nicht einmal ein bißchen Gegenkurs, er schneidet nicht den Weg ab und läuft über den schönen grünen Rasen, um schneller drüben zu sein – in seiner Gleichmäßigkeit der Richtung, der Geschwindigkeit, im Fehlen von Schlangenlinien und Zickzack hat diese Bewegung tatsächlich etwas von einem Planeten, der um eine Zentralsonne den Gesetzen seiner Laufbahn gehorcht.

Er ist ein Asket. Mir fällt der etwas dünne Lehár-Text aus dem ‹Land des Lächelns› ein: ‹Doch wie's da drinnen aussieht, geht niemand was an.› Sich, seinen Leib zu einem Körper zu machen, der auf präzis ausgemessener Bahn nichts anderes vollführt als eine präzis meßbare Wegzurücklegung – und alles andere hintanstellt –, der seinen Leib also zu einem möglichst optimalen Wegzurücklegungskörper verwandelt – das fordert eine Askese, eine Unterdrückung oder Beherrschung von Gefühlen, von nach außen drängenden Empfindungen, Phantasien, Wünschen, Stimmungen, die gewaltig ist. Die Stoppuhr und die Laufbahn – das sind die sichtbaren Lehrmeister einer Askese, die offenbar nicht nur auf Sportstätten vonnöten ist, wenn einer nicht unter die Räder kommen will.

Und dann wird mir deutlich, daß es konsequent ist, wenn Lehrerstudenten für das Fach Sport auf einer solchen Sportstätte ausgebildet werden. Die in ihr steckenden, die über sie weitergegebenen Vorschriften sollen ihnen in Fleisch und Blut übergehen, wenn sie Lehrer werden. Diese Sportstätte ist so etwas wie eine *Idee* für eine Umwelt, welche bewegungsfreundlich, bewegungsprovokativ ist – im Sportsinn des Wortes. Für eine Umwelt, die um dieser Bewegung willen äußerste Affektdisziplin fordert, das heißt aber ein Undurchlässigwerden des Körpers für alle Regungen, die vom geraden der Zielerreichung, z. B. also der Zeitverbesserung abführen.

Und wenn man uns so Geschulten – denn wer geht nicht durch diese Bewegungsschule hindurch – erzählt, daß Jahn und seine Schüler einen dreiviertel- bis einstündigen Fußweg zum Turnplatz nicht etwa für ein notwendiges oder unter Umständen hinzunehmendes Übel gehalten haben, sondern für etwas höchst Schätzenswertes und Kostbares, können wir es kaum im Ernst mehr verstehen. Was würde der da unten Trainingseinheiten absolvierende Läufer wohl sagen, wenn ich ihn daran erinnerte, daß seine Sport-Vorväter meinten, in *Gottes freier Schöpfung* an ‹die Quelle unserer Anschauungs- und Empfindungsweise› geführt zu werden, *das* sei durch Turnen im Freien nötig und möglich. Er würde wohl sagen ‹die hatten halt noch mehr Zeit› oder ‹die waren halt noch ein bißchen romantisch›.

Richtig wäre wohl zu sagen: sie hatten einen anderen Leib.»

(*Quelle:* Horst Rumpf: Sportpädagogik 2, 1980, S. 2)

«Bewegungsghettos» (Friedrich Thiemann)

Der nachfolgende Text ist einem Essay des Erziehungswissenschaftlers F. Thiemann «Kinder in den Städten» (1987) entnommen. Das gesamte Buch kann man verstehen als eine bissige Besprechung von Inszenierungen, die eine konsumorientierte technische Welt für Kinder und Jugendliche bereithält.

Mit der Inszenierung «Spielplatz» greift Thiemann eine Lösung des Bewegungsproblems auf, die gerade in die Welt gesetzt wurde, um Kindern einen sicheren, von den Gefährdungen komplexer technischer Umwelt abgesicherten Spielraum zu gewähren. Thiemann rezensiert bewußt parteiisch. Schon die anklagende Kennzeichnung «Bewegungsghettos» macht dies deutlich.

Wir haben dieses Beispiel aus zweierlei Gründen ausgewählt: zum einen, weil diese «Rezension» über den Sport hinaus auf die allgemeine Aufgabe von Sportpädagogik verweist, alle eigens für Bewegungsgelegenheiten eingerichteten Räume zu untersuchen und kritisch in ihrem

Wert zu beurteilen, zum zweiten, weil damit ein «methodisches» Beispiel gegeben wird für kritisches Stellungnehmen eines Wissenschaftlers, der ein sein Fachgebiet betreffendes Problem bewußt zugespitzt der Öffentlichkeit zu vermitteln weiß.

> «Vor dreißig Jahren hatte ich noch in den Straßen und auf den Plätzen gespielt. Jetzt bewegen die Kinder sich höchst kontrolliert, ohne schnörkelige Kurven und in zeitsparender Geradlinigkeit. Das Spielerische ist aus den Bewegungen verschwunden. Zweckrationalität bestimmt.
> Das Spielen ist auf die Spielplätze an den Rändern verschoben worden.
> Inzwischen sind die Spielplätze älter geworden. Lädierter. Kinder zwischen zerbrochenen Tischtennisplatten, an rostenden Stangen mit dem Bauch auf den langsam schon reißenden Blechrutschen. Viele Kinder sind es nirgendwo.
> Seit ungefähr zwanzig Jahren expandieren die Spielplätze. Auf ihnen wird den Kindern in Blech- und Eisenform die verschwindende natürliche Bewegungswelt zurückgegeben. Die Bäume zum Klettern und die Treppengeländer zum Rutschen sind durch Geräte mit begrenzter Bewegungsmöglichkeit ersetzt. Die Bewegungen, die dem Gerät folgen, sind einfach. Sie machen ganze Handlungssequenzen überflüssig. Erkunden, probieren, verwerfen, ändern, neu beginnen muß niemand mehr. Die Spielverläufe dauern nur wenige Minuten.
> Die Spielplätze sind künstliche Bewegungswelten an den Rändern. Ausgezäunt sind Gebüsch, Gras und Wasser. Durch Verbotsschilder ausgegrenzt ist Bewegung mit Bällen und mit Rädern.
> Die Spielplätze an den Rändern haben nie gegriffen. Schon beginnen sie im Rost zu zerfallen. Für die Kinder sind sie nur noch flüchtige Treffpunkte, die sie schon wieder verlassen, wenn ihre Aktionen organisiert sind. In der Umgebung das Gebüsch suchen sie, im Hinterhof den Müllcontainer, auf dem Schulhof, der immer noch nicht ganz asphaltiert ist, die Regenpfütze.
> Kindheit, die, ausgetrieben aus den Zentren des Alltagslebens, an besonderen Orten hatte konserviert werden sollen, findet nicht auf den Spielplätzen statt.
> Neue Versuche gibt es mit Abenteuerspielplätzen. Hütten aus Holz werden gebaut, Wände gezimmert, Sträucher gepflanzt und

Gärten gepflegt. Inmitten solcher Umwelt sollen Kinder ein Stück leben können. Für Stunden außerhalb der Moderne.
Doch das Terrain wird von Sozialarbeitern observiert. Die Platzordnung darf nicht angegriffen, und die Gegenstände auf dem Platz sollen zweckdienlich verwendet werden. Ordnungsstörer werden entfernt. Die Aggressiven, erzählt ein Sozialarbeiter, die Verhaltensauffälligen kommen besonders oft hierher. Sie sind in zerrütteten Familien aufgewachsen. Als Potential, das das Geschehen auf dem Abenteuerspielplatz gefährdet, werden sie von Anfang an beobachtet und im Konfliktfall ausgewiesen.
Abenteuerspielplätze gehören zum Typus eines sich ausweitenden Freizeitsystems, in dem verlorengegangene Tätigkeiten zurückgeholt und unter pädagogischer Kontrolle reorganisiert werden. Die als Abenteuer firmierende Organisation der körperlichen Tätigkeit ist bürokratisch genau vorgezeichnet. Es gibt Öffnungszeiten wie in den Büros und Hausordnungen wie in den Schulen. In Wochenprogrammen sind Tätigkeitsschwerpunkte in einer definierten Zeitfolge angeordnet. Und es gibt Überwachungspersonal, das Zuwiderhandlungen gegen all die Ordnungen ahndet.
Abenteuerspielplätze entstehen seit Jahren in neuen Wohnsilos. Der Beton und der Asphalt drängen die letzten Stücke einer natürlichen Bewegungswelt fort. Die Kinder, die in den Silos aufwachsen, sind gestört in ihrer Motorik. In den verkrampften Körpern lebt die versteinerte Umwelt fort. Es sind nicht die zerrütteten Familien. Der zerstörte Bewegungsraum nimmt Kindern die elementaren Möglichkeiten, sich über ihre Körpertätigkeit zu erfahren. Kaum wissen sie noch, wer sie sind. Kaum wissen sie noch, was sie können. Ohne angestrengte Körpererfahrung kommt die Selbsterfahrung nicht voran.
Und die Abenteuerspielplätze werden als Umwelten angeboten, in denen, wie in einem Ghetto, nachgeholt werden kann, was verlorengegangen ist.
Weil der Wunsch noch lebendig ist nach Abenteuer und Freiheit und Glück und nach einem selbstorganisierten Leben in Buden, kommen die Kinder. Doch sie treten in einen Bereich ein, in dem ihre Tätigkeiten, noch bevor sie begonnen haben, in Plänen festgelegt sind. Verzweifelte Wut, die sich auf die Gegenstände richtet und manchmal auch gegen die anderen.
Die erklärenden Kategorien, welche die überwachenden Sozial-

arbeiter in den Köpfen haben, verschleiern nur den wirklichen Zusammenhang.

Außerhalb der Städte und in der Form von Freizeitparks entstehen ganz neue Bewegungsterritorien.

Wie zu einem Sportfest fahren die Eltern mit den Kindern an. Fast alle tragen Trainingsbekleidung. Die Bewegungsfläche, aus Sand und aus Wiese, verteilt den Menschenstrom in verschiedene Zonen.

In der Wasserzone der Teich. Er ist mit Findlingen umgeben. Kinder klettern auf ihnen herum, von Müttern beobachtet. Und Väter steuern Modellschiffe über den Teich.

In der Kletterzone ragt ein riesiges Gerüst, in dessen Mitte eine bewegliche Hängebrücke sich befindet. Rundherum Holzhütten und ein wenig abseits kreisförmig angeordnete Schaukeln aus Autoreifen, die mit Vätern, Kindern und Müttern besetzt sind.

Eine Zone für Kleinkinder mit einem Kaufmannsladen zum Spielen, mit Holzeisenbahn und Klettergerüst, mit Tieren zum Wippen.

Und eine Zone für Ältere mit Trimmgeräten und Tischtennisplatten.

Der ganze Bewegungsraum ist offen in die Landschaft gebaut. Kleine Waldflächen grenzen an und Weiden. In der Ferne wird an einem Badesee gearbeitet, der in den kommenden Jahren die Anlage komplettieren soll.

Körperbewegung als Massenveranstaltung an den Wochenenden. In Zonen zergliedert und von den Eltern, die die Spielgefährten ersetzt haben, überwacht.

Wiederholbar ist die verlorene Freiheit der Körper, die Wildheit und Zwecklosigkeit ihrer Bewegungen, nicht. Und nicht die Möglichkeit, darin ein Stück sich selbst zu entdecken.»

(*Aus:* FRIEDRICH THIEMANN: Kinder in den Städten. es 1461, © Suhrkamp Verlag, Frankfurt am Main 1987, S. 27–31)

Zur Notwendigkeit weiterer Untersuchungen

Wir halten die Rezension sportpädagogischer Inszenierungen für die zentrale Aufgabe der Sportpädagogik.

Rezensionen setzten an der unmittelbar erfaßbaren Wirklichkeit (bzw. ihrer angemessenen Dokumentation) an. Sie bleiben dieser Wirklichkeit aber nicht verhaftet. Rezensionen sollen auch offenbaren, aus welchem Kontext heraus eine solche Wirklichkeit jeweils neu entsteht, wie sie historisch geworden ist und welche Vorstellungen vom menschlichen Leben sich dahinter verbergen (s. Kap. 3). Dieser Art des mehrschichtigen methodischen Zugriffs «entspricht» der Gegenstand der Betrachtung: die Inszenierung von Spiel, Sport und Bewegung. Der Gegenstand ist (wie wir bei der Kennzeichnung des Inszenierungsbegriffs in Kap. 4 verdeutlicht haben) nicht allein als hier und jetzt stattfindendes Ereignis zu begreifen, sondern zu ihm gehören jene organisatorischen Rahmenbedingungen und gesellschaftlichen Ereignisse, die die Inszenierung insgesamt hervorbringen.

Die sportpädagogische Analyse (sprich Rezension) von Inszenierungen scheint uns aus zwei Gründen unabdingbar:

Zum einen stellen Inszenierungen sozialhistorisch betrachtet eine jeweils zeittypische Lösung des Bewegungsproblems dar und zeigen als Wirkungszusammenhang betrachtet auf, wie das Bewegungsproblem spezifisch verortet ist.

Zum zweiten macht es diese Analyse möglich, in der distanzierten Nachkonstruktion der Inszenierung gesellschaftliche Hintergründe und Notwendigkeiten wiederzugewinnen, die verdeutlichen, warum das Bewegungsproblem genau so und nicht anders jene zeittypische Entsprechung gefunden hat.

Die Inszenierung «Spielplatz» z. B., so macht die Rezension THIEMANNS zunächst deutlich, löst das Problem: Kinder brauchen zu ihrer Entwicklung Spiel- und Bewegungsraum, mit der Ausgrenzungsabsicht, einen Platz nur für Kinder, in sich geschlossen und gegen Gefahren abgesichert, zu schaffen. Es ist dies ein Versuch, eine kindertümliche, heile Welt zu sichern. Als Programm fanden solche Spielplatzlösungen landesweite Verbreitung. Gesetzlich verankert, geben sie die weithin akzeptierte Antwort auf die «Entwicklungstatsache», eine zeittypische Antwort auf die Frage also, was unter erfüllter Kindheit heute verstanden wird. Die kritische Nachfrage THIEMANNS nach möglichen Sinndeutungen und Erfahrungschancen der Kinder auf solchen eigens für sie ausgegrenzten und charakteristisch gestalteten Plätzen macht die Spielplatzlösung obsolet und wirft zugleich die Frage nach dem «Warum» und «Warum-gerade-so» wieder auf. Wir kennen die Beweggründe: ein besonderes Kindheitsverständnis «Jahrhundert des Kindes» und kinderfeindliche Technisierung der Lebenswelten sind hier eine eigentümliche Verbindung eingegangen. Den Kindern «gerecht» zu werden war in einer strukturell kinderfeindlichen Welt offenbar nur dadurch möglich, daß man das Bewegungsleben des Kindes (seinen Explorationsdrang, sein Spiel, sein noch ungerichtetes Verhalten) auslagerte und ihm in der Wohnwelt der Erwachsenen einen isolierten Platz zuwies. Die Ausgrenzung von Kinderspielräumen war aber ebenso gegenüber der kinderfeindlichen technischen Welt (insbesondere dem Straßenverkehr) notwendig. Spielplätze sind so gesehen eine zeitgeschichtliche Konfiguration, die ihre Entstehung ebenso einer «Pädagogik des Kindes» wie der Technisierung der Lebensverhältnisse verdankt.

Eine Rezension der Inszenierung «Spielplatz» macht die Spielplätze als «Reservatlösung» erkennbar. Indem zugleich die Logik ihrer Entstehung im Systemzusammenhang gesellschaftlicher Organisation erfaßt wird, mag auch erkennbar werden, wo Sportpädagogik ansetzen muß, um solche «Lösungen» möglicherweise rückgängig zu machen. Kurz: nur wenn Inszenierungen (wie die Spielplatzlösung) in ihrer Komplexität erfaßt werden, ist es möglich, sie als sportpädagogische Inszenierungen zu analysieren und zukünftig zu gestalten.

Nicht die Bewegungshandlungen, die Kinder auf Spielplätzen ausführen, sind die pädagogisch bedeutsamen Einflußfaktoren, sondern das, was sie in diesen Handlungen und durch sie erfahren, welche Erwartungen an sie als Kinder herangetragen werden, wie sie anderen Menschen (Erwachsenen und Kindern) dort begegnen und schließlich wieweit es ihnen gelingt, das für sie pädagogisch Gemeinte als ihr eigenes Leben zu gestalten oder als das «Gesollte» abzuweisen und umzudeuten.

Die pädagogische Inszenierung (hier am Beispiel Spielplatz) wirkt als Ganzes auf Kinder ein, wird von ihnen aufgenommen und gestaltet. Sportpädagogik bleibt ihrem Gegenstand gegenüber blind, wenn sie ihre Beobachtung auf die Spielhandlungen der Kinder und deren mögliche Gestaltung verkürzte. Sie muß darauf achten, wie Bewegung in bedeutsamen sozialen Inszenierungen (Wohnung, Arbeitsplatz, Stadtquartier, Schule, Heimen) insgesamt (historisch, organisatorisch) eingebunden ist, will sie nicht zu bloßer Substitutionswissenschaft verkümmern, die Entwicklungstendenzen und Zukunftsbedeutungen nicht mehr zu durchschauen vermag.

Sportpädagogik sollte programmatisch in zwei Richtungen arbeiten. Die erste ist perspektivisch darauf gerichtet, wie das Bewegungsproblem in die unmittelbare Lebenswelt reintegriert und sinnvoll gelöst werden kann, wie also bewegungsfreundliche Wohnquartiere, Arbeitsstätten, Verkehrswege, Wohnumfelder und Regionen, Spiel- und Bewegungsmöglichkeiten in Alltagssituationen zu sichern sind (wider die Separierungstendenz).

Die zweite Arbeitsrichtung zielt perspektivisch darauf, wie sowohl in eigens für Bewegung und Spiel erstellten Einrichtungen (Schule, Sportverein, Tanzclub usw.) als auch in nicht organisierten Räumen es gelingen kann, eine erfahrungsträchtige, in sinnvolle Mensch-Umwelt-Bezüge eingebettete Bewegungslehre zu entwerfen und praktisch umsetzbar zu machen (wider ein physio-technisches Körperverständnis).

8 Anhang

Literaturhinweise

ARBEITSGRUPPE BIELEFELDER SOZIOLOGEN (Hg.): Alltagswissen, Interaktion und gesellschaftliche Wirklichkeit. Reinbek 1973.

AUSSCHUSS DEUTSCHER LEIBESERZIEHER (Hg.): Sozialisation im Sport. Schorndorf 1974.

ALLISON, M. T.: Basketball – wie ihn die Anglo-Amerikaner verstehen und die Navajo ihn spielen. Ein kulturspezifischer Zugang zur Sportsozialisation. In: BECKER, P.: Sport und Sozialisation. Reinbek 1982, 115.

ANDERS, G.: Die Antiquiertheit des Menschen. Bd. 1. München 1980, 5. Auflage.

ARIES, P.: Geschichte der Kindheit. München 1984. 6. Aufl.

AYRES, J.: Bausteine kindlicher Entwicklung. Berlin 1984.

BAACKE, D.: Die 6–12jährigen. Weinheim/Basel 1984.

BAACKE, D.: Die 13–18jährigen. Weinheim/Basel 1985. 4. Aufl. (1. Aufl. München 1976).

BAACKE, D.: Jugend- und Jugendkulturen. Weinheim 1987.

BACHLEITNER, R.: Sozialisation oder Selektion im Sport? In: SPORTWISSENSCHAFT, 15 (1985), 341.

BALLREICH, R./BECKER, P./KAYSER, D.: Schulsportcurriculum. Probleme und Lösungsansätze. In: SPORTWISSENSCHAFT 1 (1971), 188–196.

BAMME, A./FEUERSTEIN, G./GENTH, R./HOLLING, E./KAHLE, R./KEMPIN, P.: Maschinen-Menschen, Mensch-Maschinen. Grundrisse einer sozialen Beziehung. Reinbek 1983.

BAUER, D.: Wie Wissenschaft Bewegungserfahrung herstellen kann. In: SONDERHEFT SPORTPÄDAGOGIK: Annäherungen, Versuche, Betrachtungen. Bewegung zwischen Erfahrung und Erkenntnis. O. J., 32–38.

BAUR, J.: Körper- und Bewegungskarrieren, Leverkusen 1988.

BAUR, J.: Zur Bewegungssozialisation in der Herkunftsfamilie. In: SPORTWISSENSCHAFT 12 (1982), 121.

BAYERISCHES TELEKOLLEG: Sport in der Hauptschule. Bayerisches Bildungsfernsehen, 3. Programm. München.

BEBEL, A.: Aus meinem Leben. Bd. 1. Stuttgart 1910. Zitiert nach: HARDACH, G. (Hg.): Kinderalltag. Deutsche Kindheiten in Selbstzeugnissen 1700–1900. Reinbek 1981, 227.

BECKER, H./EIGENBRODT, J./MAY, M.: Pfadfinderheim, Teestube, Straßenleben. Frankfurt 1984.

BECKER, P. (Hg.): Sport und Sozialisation. Reinbek 1982.

BECKER, P.: Aufruf zur Vertreibung aus dem Paradies sportspezifischer Sozialisationsaspekte. In: BECKER, P.: Sport und Sozialisation. Reinbek 1982, 7.

BECKER, P./JUNG, P.: Sozialisation in und durch den Sport. In: RÖTHIG, P./GRÖSSING, S. (Hg.): Sportliches Handeln. Bad Homburg 1982, 39–88.

BECKERS, E.: Ästhetische Erziehung. St. Augustin 1985.

Berg, H. Ch. / Ritter, H.: Gelernt haben wir nicht viel. Braunschweig 1976.
Berg, H. Ch.: Trainieren für die Bundesjugendspiele. In: Sonderheft Sportpädagogik: Annäherungen, Versuche, Betrachtungen. Bewegung zwischen Erfahrung und Erkenntnis. O. J., 62–66.
Berger, P. L. / Luckmann, T.: Die gesellschaftliche Konstruktion der Wirklichkeit. Frankfurt 1980.
Bernett, H.: Die Elementarisierung der Leibeserziehung. In: Leibesübungen 10 (1959).
Bernett, H.: Grundformen der Leibeserziehung. Schorndorf 1965.
Bernett, H.: Der Kanon der Leibeserziehung. In: Die Leibeserziehung 11 (1962).
Bernett, H.: Die pädagogische Neugestaltung der bürgerlichen Leibesübungen durch die Philanthropen. Schorndorf 1960.
Bernett, H.: Über den elementaren Sinn der Leibesübung. In: Leibesübungen 10 (1959).
Bernett, H.: Die «Versportlichung» des Spiels. In: Sportwissenschaft 14 (1984), 141–165.
Bernfeld, S.: Sisyphos oder die Grenzen der Erziehung. Frankfurt 1970.
Bernhard, G. (Red.): Bewegungslehre. Graz 1977.
Bernstein, B.: Soziale Struktur-Sozialisation und Sprachverhalten. Amsterdam 1970.
Bielefeld, J. (Hg.): Körpererfahrung als Grundlage menschlichen Bewegungsverhaltens. Göttingen / Toronto / Zürich 1986.
Bollnow, O. F.: Die anthropologische Betrachtungsweise in der Pädagogik. Essen 1965.
Böhlmann, D.: Warum kein Sport-Gymnasium? In: Die Leibeserziehung 15 (1966).
Böhme, J. O. / Gadow, J. / Güldenpfennig, S. / Jensen, J. / Pfister, R.: Sport im Spätkapitalismus. Frankfurt 1971.
Brettschneider, W. D. (Hg.): Alltagsbewußtsein und Handlungsorientierungen von Sportlehrern. Schorndorf 1984.
Brodtmann, D.: Unterrichtsmethoden – das vernachlässigte Thema der Sportpädagogik. In: Peter, D. / Christmann, E. (Hg.): Zur Standortbestimmung der Sportpädagogik. Schorndorf 1987, 68–83.
Brodtmann, D. / Landau, G.: An Problemen lernen. In: Sportpädagogik 6 (1982), 16–22.
Bronfenbrenner, U.: Die Ökologie der menschlichen Entwicklung. Stuttgart 1981.
Bronfenbrenner, U.: Ökologische Sozialisationsforschung. Stuttgart 1976.
Burger, W. / Groll, H.: Leibeserziehung. Wien / München 1959. 2. Auflage.
Buytendijk, F.: Prolegomena einer anthropologischen Physiologie. Salzburg 1967.
Buytendijk, F.: Allgemeine Theorie der menschlichen Haltung und Bewegung. Berlin / Göttingen / Heidelberg 1956.
Buytendijk, F.: Das Spielerische und der Spieler. In: Ausschuss Deutscher Leibeserziehung (Hg.) Das Spiel. Frankfurt 1959, 13–28.
Buytendijk, F. / Christian, P. / Plügge, H.: Über die menschliche Bewegung als Einheit von Natur und Geist. Band 14. Schorndorf 1962.
Cachay, K.: Strukturen als vorgegebene Bedingungen für Sozialisationsergebnisse. In: Becker, P.: Sport und Sozialisation. Reinbek 1982, 83.

CARLSON, A.: Die deutsche Buchkritik von den Reformisten bis zur Gegenwart. Bern 1964.

CICOUREL, A.: Methode und Messung in den Sozialwissenschaften. Frankfurt 1970.

CHRISTIAN, P.: Vom Wertbewußtsein im Tun. In: BUYTENDIJK/CHRISTIAN/PLÜGGE: Über die menschliche Bewegung als Einheit von Natur und Geist. Band 14. Schorndorf 1962.

DENK, H.: Die Auswahl des Lehrstoffes als didaktisches Problem in der Leibeserziehung. In: DIE LEIBESERZIEHUNG 15 (1966).

DENK, H./HECKER, G.: Texte zur Sportpädagogik. Teil 1. Schorndorf 1981.

DER KULTUSMINISTER DES LANDES NORDRHEIN-WESTFALEN (Hg.): Richtlinien Sport Bd. I–IV. Köln 1980.

DEUTSCHER SPORTBUND: Charakter des Deutschen Sports. Frankfurt 1972.

DIECKERT, J.: Das Exemplarische als didaktische Kategorie in der Leibeserziehung. In: DIE LEIBESERZIEHUNG 17 (1968).

DIEM, C.: Wesen und Lehre des Sports. Berlin 1960. 2. Auflage.

DIETRICH, K.: Zum Problem der Lehrplanentscheidung. Ahrensburg 1972.

DIETRICH, K.: Sportspiel und Interaktion. In: AUSSCHUSS DEUTSCHER LEIBESERZIEHER (Hg.): Sozialisation im Sport. Schorndorf 1974, 55.

DIETRICH, K.: Interaktionsanalyse der Sportspiele. In: DIETRICH, K./LANDAU, G.: Beiträge zur Didaktik der Sportspiele. Teil II. Schorndorf 1977, 140–158.

DIETRICH, K./LANDAU, G.: Handballspielen und Fußballspielen im freien Bewegungsleben der Kinder und Jugendlichen. In: DIETRICH, K./LANDAU, G. (Hg.): Beiträge zur Didaktik der Sportspiele. Teil I. Schorndorf 1974, 53–67.

DIETRICH, K./LANDAU, G.: Soziales Lehren und Lernen. In: SPORTPÄDAGOGIK 1 (1979) 8–15.

DIETRICH, K.: Spielen. In: SPORTPÄDAGOGIK 1 (1980) 13–20.

DRENKOW, E.: Zur didaktischen Reflexion der Sportarten im Lehrplan. In: THEORIE UND PRAXIS DER KÖRPERKULTUR 16 (1967).

DRESSEN, W. (Hg.): Selbstbeherrschte Körper. Berlin 1986.

ECKENSBERGER, L. H.: Die ökologische Perspektive in der Entwicklungspsychologie: Herausforderung oder Bedrohung. In: WALTER, H./OERTER, R. (Hg.): Ökologie und Entwicklung. Donauwörth 1979, 264–281.

EGGERT, D./KIPHARD, E. J.: Die Bedeutung der Motorik für die Entwicklung normaler und behinderter Kinder. Schorndorf 1972.

EHNI, H.: Sport und Schulsport. Schorndorf 1977.

EHNI, H./KRETSCHMER, J./SCHERLER, K.: Spiel und Sport mit Kindern. Reinbek 1985.

EICHBERG, H.: Leistung–Spannung–Geschwindigkeit. Stuttgarter Beiträge zur Geschichte und Politik. Stuttgart 1978.

EICHLER, G.: Soziologische Aspekte einer Didaktik der Bewegungsspiele. In: DIETRICH, K./LANDAU, G.: Beiträge zur Didaktik der Sportspiele Teil II. Schorndorf 1977, 15–30.

ELIAS, N.: Über den Prozeß der Zivilisation. Soziogenetische und psychogenetische Untersuchungen. Bd. 1 und 2. 2. Aufl. Bern/München 1969. (1. Aufl. Basel 1939).

ENGELBERT, A.: Familienumwelt und Kinderalltag. Frankfurt 1986.

FEND, H.: Sozialisation und Erziehung. Weinheim, Berlin, Basel 1969.

FEND, H.: Sozialisierung und Erziehung. Weinheim/Berlin/Basel 1971, 4. Aufl.

FEND, H.: Gesellschaftliche Bedingungen schulischer Sozialisation. Weinheim u. Basel 1976, 3. Aufl.

FETZ, F.: Programmiertes Lernen und methodische Übungsreihen. In: DIE LEIBESERZIEHUNG 18 (1969).

FETZ, F.: Allgemeine Methodik der Leibesübungen. Wien/München 1961 (erweiterte Auflage Frankfurt 1971).

FRANKE, E.: Der Raum sportlicher Handlungen – ein übersehbares Thema sportwissenschaftlicher Grundlagendiskussion. In: KLEIN, M.: Sport, Umwelt und sozialer Raum. Clausthal-Zellerfeld 1985, 19.

FRANKFURTER ARBEITSGRUPPE: Offener Sportunterricht, analysieren und planen. Reinbek 1982.

FRANKFURTER ARBEITSGRUPPE: Sportunterricht realisieren lernen. 3.: Bericht zum Frankfurter Teilprojekt des Modellversuchs «Reformansätze in der Sportlehrerausbildung». Projektleitung: RÖTHIG, P./MARAUN, H. Frankfurt 1981.

FRESE, G.: Sprechen als Metapher für Handeln. In: GADAMER, H. G. (Hg.); Das Problem der Sprache. München 1967, 45–55.

FREY, G.: Trendbericht Trainingslehre. In: DER SPORTUNTERRICHT 32 (1983), 365–381.

FREYER, H.: Theorie des objektiven Geistes. Berlin 1928, 2. Auflage.

FRIEDRICH, P. u. a.: Die «Lücke»-Kinder. Zur Freizeitinitiative von Neun- bis Vierzehnjährigen. Weinheim 1984.

FRIEDRICHS, G.: Lebensweltanalyse von Kleinstkindern unter dem Aspekt der Bewegungsentwicklung. Examensarbeit für das 1. Staatsexamen. Institut für Sportwissenschaft der Technischen Universität Braunschweig. Braunschweig 1984.

FRITSCH, U.: Tanzen – Eine leibliche Ausdrucksweise in der modernen Gesellschaft. Diss. Frankfurt 1987.

FRITSCH, U.: Tanz, Bewegungskultur, Gesellschaft. Frankfurt 1988.

FÜRSTENAU, P.: Neuere Entwicklungen der Bürokratieforschung und das Schulwesen. In: NEUE SAMMLUNG 7 (1967). Göttingen.

FUNKE, J.: Sportunterricht als Körpererfahrung. Reinbek 1983.

FUNKE, J./SPERLE, N./TREUTLEIN, G. (Hg.): Körpererfahrung in traditionellen Sportarten. Wuppertal 1986.

GAMM, H.-J.: Kritische Schule. Eine Streitschrift für die Emanzipation von Lehrern und Schülern, München 1970.

GAULHOFER, K./STREICHER, M.: Natürliches Turnen. Teil I. Wien 1931.

GAULHOFER, K./STREICHER, M.: Natürliches Turnen. Teil II. Wien 1949.

GEBAUER, G.: Auf der Suche nach der verlorenen Natur. In: SPORTWISSENSCHAFT 11 (1981). 46–61.

GEBAUER, G. (Hg.): Körper und Einbildungskraft. Inszenierungen der Helden im Sport. Berlin 1988.

GEHLEN, A.: Anthropologische Forschung. Reinbek 1961.

GEISSLER, A.: Freudvolle Spiele. Frankfurt 1964. 4. Auflage.

GEISSLER, A.: Zur Diskussion über das Elementare in der Leibeserziehung. In: LEIBESÜBUNGEN 11 (1960).

GESSMANN, R./QUANZ, D.: Sollwertverständnis und Curriculumansatz in der Sensumotorik. In: SPORTWISSENSCHAFT 3 (1973), 154–174.

GÖHNER, U.: Bewegungsanalysen im Sport. Ein Bezugssystem zur Analyse sportlicher Bewegungen unter pädagogischen Aspekten. Schorndorf 1979.

GÖHNER, U.: Zur Analyse von Bewegungsaufgaben. In: SPORTPÄDAGOGIK 3 (1979), 8–13.

GOFFMANN, E.: Wir alle spielen Theater. Die Selbstdarstellung im Alltag. München 1973. 2. Auflage.

GOFFMANN, E.: Interaktionsrituale. Über Verhalten in direkter Kommunikation Suhrkamp 1971.

GOLDSCHMIDT, D.: Raumschiff Erde. Nachdenken über «Wege in der Gefahr». In: MEYER-ABICH, K. M. (Hg.): Physik, Philosophie und Politik. Festschrift für Carl-Friedrich von Weizsäcker zum 70. Geburtstag. München 1982, 119–133.

GROLL, H.: Grundtätigkeiten, Grundübungen. In: NATÜRLICHES TURNEN IV, Wien 1956.

GROTEFEND, R.: Das wahrhaft Elementare in der Leibeserziehung. In: LEIBESÜBUNGEN 10 (1959).

GROTEFEND, R.: Elementarisierte Leibeserziehung. In: LEIBESÜBUNGEN 10 (1959).

GRUPE, O.: Leibliche Erziehung in einer gewandelten Schule. Ratingen 1967.

GRUPE, O.: Grundlagen der Sportpädagogik. München 1969.

GRUPE, O.: Grundlagen der Sportpädagogik. Schorndorf 1984. 3. Aufl.

GRUPE, O.: Einleitung in die Sportwissenschaft. In: SPORTWISSENSCHAFT 2 (1971), 7–18.

GUTS MUTHS, J. C. F.: Gymnastik für die Jugend. In: FETZ, F. (Hg.): Studientexte zur Leibeserziehung. Band 7. Frankfurt 1970.

GUTS MUTHS, J. C. F.: Turnbuch. Wiesbaden 1973. Erstausgabe 1817.

HAAG, H. (Hg.): Das Studium der Sportwissenschaft. Schriftenreihe der DSLV. Schorndorf. Mehrere Jahrgänge.

HAAG, H.: Der Ruf nach dem «Sportgymnasium» – Analyse der Problematik. In: Die Leibeserziehung 16 (1967).

HABERMAS, J.: Anthropologie. In: FRENZEL, J. (Hg.): Das Fischer-Lexikon «Philosophie». Frankfurt 1959.

HABERMAS, J.: Soziologische Notizen zum Verhältnis Arbeit und Freizeit. In: PLESSNER, H./BECK, H.-E./GRUPE, O. (Hg.): Sport und Leibeserziehung. München 1967.

HABERMAS, J.: Technik und Wissenschaft als Ideologie, Frankfurt 1970. 4. Aufl.

HABERMAS, J.: Stichworte zu einer Theorie der Sozialisation 1968. In: HABERMAS, J.: Kultur und Kritik. Frankfurt 1973. 118–194.

HABERMAS, J.: Theorie des kommunikativen Handelns. Band 1 und 2. Frankfurt 1981.

HABERMAS, J./LUHMANN, N.: Theorie der Gesellschaft oder Sozialtechnologie. Frankfurt 1971.

HABERMAS, J.: Zur Entwicklung der Interaktionskompetenz. Frankfurt 1975.

HAGEDORN, G.: Spielen. Praxis und Theorie. Reinbek 1987.

HÄGELE, W.: Zur Konstitutionsproblematik des Sports. In: SPORTWISSENSCHAFT 12 (1982), 195–201.

HAMMELSBECK, O.: Leibeserziehung in der Gesamterziehung. Schorndorf 1961.

HANEBUTH, O.: Grundschulung zur sportlichen Leistung. Frankfurt 1956. 2. Aufl.

HARTFIEL, G.: Bildungssoziologie. In: WULF, C. (Hg.): Wörterbuch der Erziehung. München 1974, 98–104.

HARTMANN, H. (Hg.): Emanzipation im Sport? Giessen/Lollar 1975.

HASELOFF, O. W.: Probleme der empirischen Bewährungsprüfung von Erziehungszielen. In: SCHULE UND ERZIEHUNG. Berlin 1960.

HAUG, W. F./MÜLLER-WIRTH, C.: Das Argument – Schule und Erziehung I. Karlsruhe 1968. 4. Aufl.

HEID, H.: Zur pädagogischen Legitimität gesellschaftlicher Verhaltenserwartungen. In: ZEITSCHRIFT FÜR PÄDAGOGIK 16 (1970).

HEINEMANN, K.: Sozialisation im Sport. In: SPORTWISSENSCHAFT 4 (1974), 49–71.

HEINEMANN, K./KAMPER, D./KEIL, A./NEIDHARDT, F./TAUSCH, R.: Podiumsdiskussion zum Kongreßthema «Sozialisation im Sport». In: AUSSCHUSS DEUTSCHER LEIBESERZIEHER (Hg.): Sozialisation im Sport. Schorndorf 1974, 11.

HEINEMANN, K.: Einführung in die Soziologie des Sports. Schorndorf 1983. 2. Aufl.

HENTIG, H. v.: Fahrstuhl, Kniebeuge, Goldmedaille – oder die Dialektik des Sportunterrichts. In: AUSSCHUSS DEUTSCHER LEIBESERZIEHER (Hg.): Sport lehren und lernen. Schorndorf 1976.

HENTIG, H. v.: Vorwort zur 7. Auflage von ARIES, P.: Geschichte der Kindheit. München 1985, 34–35.

HERRLITZ, H. G.: Schule–Schultheorie. In: WULF, C. (Hg.): Wörterbuch der Erziehung. München 1974.

HILDENBRANDT, E.: Alles fürs Training? – Training für alle! In: DVS-SPORTPROTOKOLLE Nr. 6. 4. Sportwissenschaftl. Hochschultag, Clausthal-Zellerfeld 1982.

HILMER, J.: Aspekte und Probleme einer Didaktik der Leibeserziehung, dargestellt am Spiel. In: DIE LEIBESERZIEHUNG 12 (1963).

HOMANS, G. C.: Funktionalismus, Verhaltenstheorie und sozialer Wandel. In: ZAPF, E.: Theorien des sozialen Wandels. Köln/Berlin 1970. 2. Aufl.

HURRELMANN, K.: Einführung in die Sozialisationstheorie. Über den Zusammenhang von Sozialstruktur und Persönlichkeit. Weinheim/Basel 1986.

JAHN, F. L./EISELEN, E.: Die deutsche Turnkunst. Berlin 1816.

JENSEN, J.: Curriculumrevision als Mittel und Gegenstand gesellschaftspolitischer Auseinandersetzung. In: JOST, E. (Hg.): Sportcurriculum. Band 2. Schorndorf 1973.

JOPPICH, G.: Die Theorie des pädagogischen Naturalismus. In: ZEITSCHRIFT FÜR PÄDAGOGIK 2 (1956).

JOST, E. (Hg.): Sportcurriculum. Entwürfe–Aspekte–Argumente. Schorndorf 1973.

JOST, E.: Spielanregungen – Bewegungsspiele. Reinbek 1985.

JOST, E.: Spielkultur und Sportdidaktik – Zur kulturellen Interpretation des Bewegungsspiels und ihrer Bedeutung für die Sportdidaktik. In: OELKERS, J. (Hg.): Fachdidaktik und Lehrerausbildung. Bad Heilbrunn 1986, 102–123.

KAISER, H. J. Erkenntnistheoretische Grundlagen pädagogischer Methodenbegriffe. In: MENCK, P./THOMA, A.: Unterrichtsmethode. München 1972, 129–144.

KAMINSKI, G. (Hg.): Umweltpsychologie, Perspektiven, Probleme, Praxis. Stuttgart 1976.

KAMPER, D.: Statement zum Thema ‹Sozialisation im Sport›. In: AUSSCHUSS DEUTSCHER LEIBESERZIEHUNG (Hg.): Sozialisation im Sport. Schorndorf 1974.

KAMPER, D. (Hg.): Sozialisationstheorie. Freiburg 1974.

KAMPER, D./RITTNER, V.: Zur Geschichte des Körpers. München, Wien 1976.

KAMPER, D./WULF, C.: Die Wiederkehr des Körpers. Frankfurt 1982.

KARGER, H.: Sportwissenschaftliches Institut und Sportgymnasien. In: DIE LEIBESERZIEHUNG 16 (1967).

KATZ, D.: Aufbau der Tastwelt. Unveränderter Nachdruck der Ausgabe Leipzig 1925. Darmstadt 1969.

KIEPER, M.: Lebenswelten «verwahrloster» Mädchen. München 1980.

KLAFKI, W.: Das pädagogische Problem des Elementaren und die Theorie der kategorialen Bildung. Weinheim 3. u. 4. durchgesehene und ergänzte Aufl. 1964.

KLAFKI, W.: Bildung und Erziehung im Spannungsfeld von Vergangenheit, Gegenwart und Zukunft 1958. In: STUDIEN ZUR BILDUNGSTHEORIE UND DIDAKTIK. Weinheim 1964. 2. Aufl.

KLAFKI, W.: Didaktik. In: GEISTESWISSENSCHAFTLICHE DIDAKTIK AM AUSGANG IHRER EPOCHE – E. Weniger, hg. v. DAHMER, J. und KLAFKI, W. Weinheim, Berlin 1968.

KLAFKI, W.: Erziehungswissenschaft als kritisch-konstruktive Theorie: Hermeneutik, Empirie, Ideologiekritik. In: ZEITSCHRIFT FÜR PÄDAGOGIK, Weinheim 17 (1971).

KLAFKI, W.: Studien zur Bildungstheorie und Didaktik. Weinheim 1964. 2. Aufl.

KLAFKI, W.: Zum Verhältnis von Didaktik und Methodik. In: ZEITSCHRIFT FÜR PÄDAGOGIK, 22 (1976), 77–99.

KLAFKI, W.: Replik auf Peter Mencks «Anmerkungen zum Begriff Didaktik». In: ZEITSCHRIFT FÜR PÄDAGOGIK 22 (1976), 803–810.

KLAFKI, W.: Zur Lehrplanrevision in der Sekundarstufe in Hessen. Bericht der vorbereitenden Kommission. Wiesbaden o. J.

KLAFKI, W.: Organisation und Interaktion in pädagogischen Feldern. In: ZEITSCHRIFT FÜR PÄDAGOGIK. 13. Beiheft (1977), 11–38.

KLEIN, M.: Die Sozialisation zum Sport ist lebenslang. In: BECKER, P.: Sport und Sozialisation. Reinbek 1982, 49.

KLEIN, M. (Red.): Sozialräumliche Gegebenheiten und Lebenswelten in ihrem Einfluß auf sportliche Betätigung. In: KLEIN, M. (Red.): Sport, Umwelt und sozialer Raum. DVS. Clausthal-Zellerfeld 1985, 65.

KNAUF, K.: Zielbereiche der Leibesübungen. Über die funktionelle Bedeutung der Bewegung im Bereich der Leibesübungen. In: DIE LEIBESERZIEHUNG 21 (1971).

KOB, J.: Die Interpedenz von Gesellschafts- und Erziehungssystem. In: KIPPERT, K. (Hg.): Einführung in die Soziologie der Erziehung. Freiburg/Basel/Wien 1970.

KOFFKA, K.: Beiträge zur Theorie der Gestalt. Leipzig 1919.

KOHL, K.: Zum Problem der Sensumotorik, Frankfurt 1956.

KOHL, K.: Sportpsychologische Erörterung zum Bewegungsproblem im Anschluß an Meinels Buch «Bewegungslehre». In: DIE LEIBESERZIEHUNG 10 (1961), 255–262.

KOHLBERG, L.: Zur kognitiven Entwicklung des Kindes. Frankfurt 1974.

KREIBICH, R.: Die Wissenschaftsgesellschaft. Frankfurt 1986.

KREISS, F.: Der Förderungsplan zum Leistungssport im Lande Nordrhein-Westfalen – Konsequenzen für die Unterrichtsplanung. In: DIE LEIBESERZIEHUNG 21 (1971).

KREPPNER, .: Sozialisation in der Familie. In: HURRELMANN, K./ULRICH, D.: Handbuch der Sozialisationsforschung. Weinheim/Basel 1980, 395–422.

KREPPNER, K./PAULSEN, S./SCHÜTZE, Y.: Kindliche Entwicklung und Familienstrukturen. Zur Erforschung der frühkindlichen Sozialisation in der Familie. In: ZEITSCHRIFT FÜR PÄDAGOGIK 28 (1982), 221–244.

KUNZE, E.: Eine Generation aufkeimender Kraftmenschen – Ein Beitrag zur historisch orientierten Sozialisationsforschung. In: BECKER, P.: Sport und Sozialisation. Reinbek 1982, 24.

KURZ, D.: Elemente des Schulsports. Schorndorf 1977.

KURZ, D.: Training im Schulsport. In: SPORTWISSENSCHAFT 8 (1978), 125–141.

KURZ, D.: Sport: Pädagogische Begründung. In: SPORTPÄDAGOGIK 4 (1979), 25–29.

KURZ, D.: Handlungsfähigkeit im Sport. In: PETER, D./CHRISTMANN, E. (Hg.): Zur Standortbestimmung der Sportpädagogik. Schorndorf 1987, 52–67.

LANDAU, G.: Zum Begriff der Spielreihe. In: DIE LEIBESERZIEHUNG 18 (1969).
LANDAU, G.: Kurse. In: SPORTPÄDAGOGIK 5 (1981), 8–13.
LANDAU, G.: Ordnung im Sportunterricht. Band 79. Schorndorf 1979.
LANDAU, G.: Zum Sinn von Training – sportpädagogische Anmerkungen. In: SONDERHEFT SPORTPÄDAGOGIK: Annäherungen, Versuche, Betrachtungen: Bewegung zwischen Erfahrung und Erkenntnis, o. J., 22–25.
LANDAU, G.: Bewegungsraum Wasser. In: SPORTPÄDAGOGIK 9 (1985), 18–24.
LANDAU, G.: Sozialisationsmechanismen im Sportunterricht. In: AUSSCHUSS DEUTSCHER LEIBESERZIEHER (Hg.), Sozialisation im Sport. Schorndorf 1974, 161.
LANDAU, G./MARAUN, H.-K.: «Morgen haben wir Sport!» – Gedanken zur ersten Sportstunde. In: DIE GRUNDSCHULE 9B (1977), 458.
LANDAU, G.: Wettkämpfe. In: SPORTPÄDAGOGIK 4 (1980), 12–17.
LANDAU, G.: Die Typik der Sportschwimmbäder. In: Sportpädagogik 4 (1980).
LANDAU, G.: Damir ist noch nicht schulreif. In: RÖTHIG, P./LUTTER, H. (Hg.): Das leistungsschwache Kind im Schulsport. Schorndorf 1983, 88–92.
LANDAU, G./MIEDZINSKI, K.: «Bewegungsbaustelle». In: ADL (Hg.): Schüler im Sport, Sport für Schüler. Red. KUHLMANN, D./KURZ, D., Schorndorf 1984, 336–338.
LANGE, H./LEIST, K. H./LOIBL, J.: Zur Bedeutung der Körpererfahrung für das motorische Lernen. In: BIELEFELD, J.: Körpererfahrung als Grundlage menschlichen Bewegungsverhaltens. Göttingen/Toronto/Zürich 1986, 59–86.
LANGER, S. K.: Philosophie auf neuem Wege. Das Symbol im Denken, im Ritus und in der Kunst. Frankfurt 1984.
LEDIG, M./NISSEN, U., u. a.: Kinder und Wohnumwelt, eine Literaturanalyse zur Straßenspielsozialisation. München 1987.
LEIST, K. H.: Vernachlässigte Bezugsgrundlagen für das Lehren und Lernen sportlicher Bewegung. In: SPORTPÄDAGOGIK: Annäherungen, Versuche, Betrachtungen. Bewegung zwischen Erfahrung und Erkenntnis. O. J., 13–21.
LEIST, K. H.: Körpererfahrung. In: SONDERHEFT SPORTPÄDAGOGIK. Annäherungen, Versuche, Betrachtungen. Bewegung zwischen Erfahrung und Erkenntnis, o. J. 38–44.
LEIST, H./LOIBL, J.: Zur bewegungspädagogischen Bedeutung von Körpererfahrung. In: BIELEFELD, J.: Körpererfahrung als Grundlage menschlichen Bewegungsverhaltens. Göttingen/Toronto/Zürich 1986, 36–58.
Leitfaden für den Turnunterricht in den Preußischen Volksschulen. Berlin 1895.
LEMBERG, E.: Zum bildungstheoretischen Ansatz der Hess. Bildungspläne 1956/57. In: RUNDGESPRÄCH. Sonderheft 5. Frankfurt 1969.
LENK, H.: Notizen zur Rolle des Sports und der Leistungsmotivation in einer künftigen Gesellschaft. In: DIE LEIBESERZIEHUNG 21 (1971).
LENK, H.: Auf der Suche nach dem Wesen des Sports. In: SPORTWISSENSCHAFT 12 (1982), 202–213.
LENZEN, D. (Hg.): Pädagogik und Alltag. Stuttgart 1980.
LEONTJEW, A. N.: Probleme der Entwicklung des Psychischen. Frankfurt 1973.
LEVERINGHAUS, E.: Über die elementaren Grundlagen der Leibeserziehung. In: LEIBESÜBUNGEN 10 (1959).
LÜPKE, C.: Möglichkeiten zu einer elementaren Leibeserziehung. In: LEIBESÜBUNGEN 10 (1959).
LÜSCHEN, G.: Die Funktion des Sports in der modernen Gesellschaft. In: DIE LEIBESERZIEHUNG 12 (1963).

LUHMANN, N.: Soziologische Aufklärung. Opladen 1986. 3. Auflage.

LUHMANN, N.: Sinn als Grundbegriff der Soziologie. In: HABERMAS, J./LUHMANN, N.: Theorie der Gesellschaft oder Sozialtechnologie. Frankfurt 1971, 25–100.

LUHMANN, N.: Vertrauen... Ein Mechanismus der Reduktion sozialer Komplexität. Stuttgart 1973. 2., erweiterte Auflage.

MASSMANN, H. F.: Was ist fortan zu tun? Denkschrift von 1841. In: DENK, H./HECKER, G.: Texte zur Sportpädagogik. Schorndorf 1981, 162–168.

MARAUN, H. K.: Der «Heimliche Lehrplan» – Aspekte einer Theorie des Sportunterrichts. In: ZEITSCHRIFT FÜR SPORTPÄDAGOGIK 1977, 170–186.

MARAUN, H. K.: Analysieren und Planen als Handlungsprobleme des Sportlehrers. Schorndorf 1981.

MARAUN, H. K./PASCHEL, B./SCHELL, D.: Der Kampf mit der Schwere und das Spiel mit der Leichtigkeit. Balancieren und Klettern als erfahrungsoffenes Bewegungsthema. In: TREBELS, A. H.: Spielen und Bewegen an Geräten. Reinbek 1983.

MARAUN, H. K.: Erfahrung als didaktische Kategorie. In: SONDERHEFT SPORTPÄDAGOGIK. Annäherungen, Versuche, Betrachtungen. Bewegung zwischen Erfahrung und Erkenntnis. O. J., 26–31.

MEAD, G. H.: Geist, Identität und Gesellschaft. Frankfurt 1973.

MECHLING, H.: Bewegungswissenschaft. In: CARL, K./KAYSER, D./MECHLING, H./PREISING, W.: Handbuch Sport. Band 2. Düsseldorf 1984.

MEINBERG, E.: Die Körperkonjunktur und ihre anthropologischen Wurzeln. In: SPORTWISSENSCHAFT 16 (1986), 129–147.

MEINBERG, E.: Warum Theorien sportlichen Handelns Anthropologie benötigen! In: SPORTWISSENSCHAFT 17 (1987), 20–36.

MEINEL, K.: Bewegungslehre. Berlin 1960.

MEINEL, K.: Bewegungslehre. Abriß einer Theorie der sportlichen Motorik unter pädagogischem Aspekt. Berlin (Ost) 1966. 1. Aufl.

MEINEL, K.: Bewegungslehre. Abriß einer Theorie der sportlichen Motorik unter pädagogischem Aspekt. Berlin (Ost) 1975. 2. Aufl.

MEYER-ABICH, K. M.: Wege zum Frieden mit der Natur. München 1984.

MENCK, P./THOMA, G. (Hg.): Unterrichtsmethode. München 1972.

MENCK, P.: Anmerkungen zum Begriff Didaktik. In: ZEITSCHRIFT FÜR PÄDAGOGIK 22 (1976), 793–802.

MENCK, P.: Der Gegenstand alltäglichen Unterrichts. In: LENZEN, D. (Hg.): Pädagogik und Alltag. Stuttgart 1980.

MERLEAU-PONTY, M.: Phänomenologie der Wahrnehmung. Berlin 1966.

MERLEAU-PONTY, M.: Die Struktur des Verhaltens. Berlin/New York 1976.

MESTER, L.: Aktuelle Fragen im Spannungsfeld der Didaktik. In: DIE LEIBESERZIEHUNG 12 (1963).

MESTER, L.: Grundfragen der Leibeserziehung. Braunschweig 1969. 3. Aufl.

MESTER, L.: Planvolle Leibeserziehung im Kindesalter. Gießen 1965. 7. Aufl.

MESTER, L.: Vorwort zu HECKER, G./TREBELS, A. H.: Sportdidaktik. Wuppertal 1970.

METZGER, W.: Psychologie. Darmstadt 1975.

MIEDZINSKI, K.: Die Bewegungsbaustelle, Kinder bauen sich ihre Bewegungsanlässe selbst. Dortmund 1983.

MIETHLING, W.-D.: Zur Entwicklung des Alltagsbewußtseins von Sportlehrern. In: Sportwissenschaft 17 (1987) 3, 270–279.

MITTELSTRASS, J.: Wissenschaft als Lebensform. Frankfurt 1982.
MOLDENHAUER, H.: Was verstehen wir unter elementarer Leibeserziehung. In: LEIBESÜBUNGEN 10 (1959).
MOLLENHAUER, K.: Anpassung. In: FLITTNER, A./SCHEUERL, H. (Hg.): Einführung in pädagogisches Sehen und Denken. München 1967.
MOLLENHAUER, K.: Theorien zum Erziehungsprozeß. München 1972.
MOLLENHAUER, K./BRUMLICK, M./WUDKE, H.: Die Familienerziehung. München 1975, 37–86.
MOLLENHAUER, K.: Erziehung und Emanzipation, München 1968.
MOLLENHAUER, K.: Erziehung und Emanzipation, München 1969, 2. Aufl.
MRAZEK, J.: Zur Bedeutung des Begriffs «Sport». In: SPORTWISSENSCHAFT 12 (1982), 185–194.
MRAZEK, J./RITTER, V.: Sozialisation und Sport. In: CARL, K./KAYSER, D./MECHLING, H./PREISING, W.: Handbuch Sport. Band 2. Düsseldorf 1984, 589–606.
MUMFORD, L.: Mythos der Maschine. Kultur, Technik und Macht. Die umfassende Darstellung der Entdeckung und Entwicklung der Technik. Frankfurt 1977.
MUSCHG, A.: Noch ein Wunsch. Frankfurt 1979.
NITSCHKE, A.: Das verwaiste Kind der Natur. Aus dem Nachlaß von A. NITSCHKE zusammengestellt. Forschungen zur Anthropologie und Pädagogik 5. Tübingen 1962.
OERTER, R.: Moderne Entwicklungspsychologie. Donauwörth 1976. 16. Auflage.
OEVERMANN, H. W.: Sprache und soziale Herkunft. Frankfurt 1972.
PALAGYI, M.: Wahrnehmungslehre. Leipzig 1925.
PAROW, E.: Die Dialektik des symbolischen Austauschs. Frankfurt 1973.
PARSONS, T.: Definition von Gesundheit und Krankheit im Lichte der Wertebegriffe und der sozialen Struktur Amerikas. In: MITSCHERLICH, A./BROCHER, T.: Der Kranke in der modernen Gesellschaft. Köln/Berlin 1967.
PARSONS, T.: Das Problem des Strukturwandels: eine theoretische Skizze. In: ZAPF, W.: Theorien des sozialen Wandels. Köln/Berlin 1970.
PARSONS, T.: The social system. Glencoe, III. The Free Press 1951.
PASCHEN, K.: Bewegungserziehung. Frankfurt 1961. 2. Aufl.
PASCHEN, K.: Didaktik der Leibeserziehung. Frankfurt 1961.
PASCHEN, K.: Didaktik der Leibeserziehung. Frankfurt 1970. 3. Aufl.
PASCHEN, K.: Zur Frage nach dem Elementaren in der Leibeserziehung. In: LEIBESÜBUNGEN 11 (1960).
PIAGET, J.: Nachahmung, Spiel und Traum. Die Entwicklung der Symbolfunktion beim Kinde. Stuttgart 1969.
PIAGET, J.: Das moralische Urteil beim Kinde. Zürich 1954.
PIAGET, J.: Einführung in die genetische Entwicklungstheorie. Frankfurt 1981. 2. Aufl.
PLESSNER, H.: Die Stufen des Organisatorischen und der Mensch. Frankfurt 1981.
PLESSNER, H.: Die Funktion des Sports in der industriellen Gesellschaft. In: KLOHN, G.: Leibeserziehung und Sport in der modernen Gesellschaft. Weinheim 1961.
PLESSNER, H./BECK, H.-E./GRUPE, O. (Hg.): Sport und Leibeserziehung. Sozialwissenschaftliche, pädagogische und medizinische Beiträge. München 1967.
PORTMANN, A.: Zoologie und das neue Bild des Menschen. Reinbek 1962. 2. Aufl.
REINERT, G. B./ZINNECKER, J. (Hg.): Schüler im Schulbetrieb. Reinbek 1978.
RETTER, H.: Zum gegenwärtigen Stand der Lehre von den Entwicklungsphasen in der Leibeserziehung. In: DIE LEIBESERZIEHUNG 18 (1969).

RIGAUER, B.: Sportsoziologie – Grundlagen, Methoden, Analysen. Reinbek 1982.

RIGAUER, B.: Sport und Arbeit. Frankfurt 1969.

RITTNER, V.: Handlung, Lebensrecht und Subjektivierung. In: KAMPER, D./RITTNER, V. (Hg.): Zur Geschichte des Körpers. München 1978, 13–66.

RITTNER, V.: Sport und Gesundheit. In: SPORTWISSENSCHAFT 15 (1985), 136–154.

RITTNER, V.: Sport und Sportwissenschaft – Schwierigkeiten mit einem populären Gegenstand. In: EBERSPÄCHER, H./TREBELS, A. H. (Red.): Sportwissenschaftliche Forschung als Praxisproblem. Bad Homburg 1979, 46–50.

ROBINSOHN, S. B.: Bildungsreform als Revision des Curriculum. Und: Ein Strukturkonzept für Curriculumentwicklung. Neuwied 1967.

ROBINSOHN, S. B.: Bildungsreform als Revision des Curriculum. Neuwied 1969. 2. Aufl.

ROLFF, H. G./ZIMMERMANN, P.: Kindheit im Wandel. Weinheim 1985.

ROUSSEAU, J.-J.: Emile oder Über die Erziehung. In: DENK, H./HECKER, G. (Hg.): Texte zur Sportpädagogik. Band 1. Schorndorf 1981, 47–75.

ROUSSEAU, J.-J.: Emile oder Über die Erziehung. In: ROUSSEAU, J.-J.: Die Krisis der Kultur. Ausgewählte Werke. Stuttgart 1956, 129–229.

RÖTHIG, P:/LUTTER, H. (Red.): Das leistungsschwache Kind im Schulsport. Schorndorf 1983.

ROTH, H.: Pädagogische Anthropologie. Band 1. Bildsamkeit und Bestimmung. Hannover 1966.

RUMPF, H.: Das Einfache, das not tut... In: LEIBESÜBUNGEN 10 (1959).

RUMPF, H.: Der Menschenkörper – ein Bewegungsapparat? In: SONDERHEFT SPORTPÄDAGOGIK. Annäherungen, Versuche, Betrachtungen. Bewegung zwischen Erfahrung und Erkenntnis, O. J. 1983, 10–12.

RUMPF, H.: Mit fremdem Blick. Weinheim 1986.

RUMPF, H.: Belebungsversuche, Ausgrabungen gegen die Verödung der Lernkultur. München 1987.

SAKMANN, P.: Vorbemerkung zu Rousseaus Politika. In: ROUSSEAU, J.-J.: Die Krisis der Kultur. Stuttgart 1956, 232–234.

SBRZESNY, H.: Die Spiele der !Ko-Buschleute unter besonderer Berücksichtigung ihrer sozialisierenden und gruppenbildenden Funktionen. München/Zürich 1976.

SCHELER, M.: Die Wissensformen und die Gesellschaft. Leipzig 1926.

SCHENKER, S.: Hilfe, noch ein Spielplatz. Ein Plädoyer für das Abschaffen von «Spielplätzen». In: ZACHARIAS, W. (Hg.): Spielraum für Spielräume. Zur Ökologie des Spiels. München 1985.

SCHERLER, K.: Sensomotorische Entwicklung und materielle Erfahrung. Schorndorf 1975.

SCHERLER, K.: Umwelt als Bewegungsraum. In: SPORTPÄDAGOGIK 3 (1979), 16–25.

SCHERLER, K.: Elementare Didaktik. Weinheim 1989.

SCHERLER, K. u. a.: Lernbereich Ästhetik. Beitrag Sport. In: LENZEN, D. (Hg.): Enzyklopädie Erziehungswissenschaft. Stuttgart 1986, 193–201.

SCHIERZ, M.: Bewegungsspiele unterrichten. Frankfurt a. M. 1986.

SCHMIDT, B.: Das «Sportgymnasium» im Spannungsfeld von Leistungssport und Leibeserziehung. In: DIE LEIBESERZIEHUNG 16 (1967).

SCHMITZ, H.: Der Leib. System der Philosophie. Band 2, 1. Teil. Bonn 1965.

SCHMITZ, J. N.: Allgemeine Grundlagen der Sportpädagogik. Schorndorf 1979.

SCHMITZ, J. N.: Studien zur Didaktik in der Leibeserziehung. Band 1 und 2, Schorndorf 1966 und 1967.

SCHMITZ, J. N.: Das Problem der Didaktik in der Leibeserziehung. In: DIE LEIBESERZIEHUNG 14 (1965).

SCHNULLER, A.: Probleme bei der Festlegung des Begriffs «Sport». In: Sportwissenschaft 15 (1985), 423–429.

SCHÖNEBERG, H.: Das Abenteuer des Elementaren. In: LEIBESÜBUNGEN 10 (1959), 3–4.

SCHÜTZ, A.: Der sinnhafte Aufbau der sozialen Welt. Wien 1932.

SCHÜTZ, A./LUCKMANN, T.: Strukturen der Lebenswelt. Darmstadt 1975.

SCHÜTZE, Y.: Von der Mutter-Kind-Dyade zum familialen System. Neue Beiträge aus der Psychologie, Humanethologie und Psychoanalyse zur Erforschung der frühkindlichen Sozialisation. In: ZEITSCHRIFT FÜR PÄDAGOGIK 28 (1982), 203–220.

SCHULZ, N.: Das Rousseau-Bild in der Sportpädagogik. Kritik und Neuansatz. Köln 1982.

SCHULZ, W.: Aufgaben der Didaktik. In: PÄDAGOGISCHE ARBEITSBLÄTTER 21 (1969).

SOBOTKA, R.: Zur Definition des Sports. In: SPORTWISSENSCHAFT 11 (1981), 103–104.

SÖLL, W.: Jugendsportschule oder Sportgymnasium. In: DIE LEIBESERZIEHUNG 17 (1968).

SPIELER, J.: Biopädagogik. In: DIE LEIBESERZIEHUNG 8 (1959).

SPIESS, A.: Das Turnen in den Gemeinübungen. Basel 1874.

SPIESS, A.: Die Lehre als Turnkunst. Basel 1874.

SPITZER, G./SCHMIDT, D. (Red.): Sport zwischen Eigenständigkeit und Fremdbestimmung. Pädagogische und historische Beiträge aus der Sportwissenschaft. Sonderdruck.

STARKE, K.: Elementares Üben. In: LEIBESÜBUNGEN 10 (1959).

STEINBACH, M.: Sport und Gesundheit, wissenschaftliche und politische Aspekte. In: KAPUSTIN, P./KREITER, C. (Red.): 4. sportwissenschaftlicher Hochschultag. Würzburg 1982.

STORCH, O.: Erbmotorik und Erwerbsmotorik. In: ANZEIGER DER MATHEMATISCH-NATURWISSENSCHAFTLICHEN KLASSE DER ÖSTERREICHISCHEN AKADEMIE DER WISSENSCHAFTEN, Wien 1949.

STORCH, O.: Die Sonderstellung des Menschen in Lebensspiel und Vererbung. Wien 1948.

STRAUSS, E.: Vom Sinn der Sinne. Ein Beitrag zur Grundlegung der Psychologie. Berlin 1978. 2. Auflage.

STREICHER, M.: Pestalozzis Einleitung auf den Versuch einer elementaren Gymnastik. In: KL. PÄD. TEXTE. Weinheim 1962.

SUTTON-SMITH, B.: Zur Dialektik des Spiels. Schorndorf 1975.

SUTTON-SMITH, B.: Die Idealisierung des Spiels. In: GRUPE, O./GABLER, H./GÖHNER, U.: Spiel, Spiele, Spielen. Schorndorf 1983, 60–75.

TAMBOER, J.: Sich-Bewegen – ein Dialog zwischen Mensch und Welt. In: SPORTPÄDAGOGIK 3 (1979), 14–19.

THIEMANN, F.: Kinder in den Städten. Frankfurt 1987.

THIERSCH, H.: Hermeneutik und Erfahrungswissenschaft. Zum Methodenstreit in der Pädagogik. In: DIE DEUTSCHE SCHULE. 58 (1966).

THOLEY, P.: Erkenntnistheoretische und systemtheoretische Grundlagen der Sensumotorik aus der gestalttheoretischen Sicht. In: SPORTWISSENSCHAFT 10 (1980), 7–35.

THOLEY, P.: Sensumotorisches Lernen als Organisation des psychischen Gesamtfeldes. In: HAHN, K. (Hg.): Festschrift für Kurt Kohl. Bielefeld 1986, 11–27.

THOLEY, P.: Prinzipien des Lehrens und Lernens aus gestalttheoretischer Sicht. In: JANSEN, P./STRANG, H. (Hg.): Bericht über die Jahrestagung der ASP in Kiel 1986. Köln 1987.

TOUIMIN, S./GOODFIELD, J.: Materie und Leben. München. O. J.

TREBELS, A. H./CRUM, B.: Turnen. In: SPORTPÄDAGOGIK 4 (1980), 12–18.

TREBELS, A. H.: Spielen und Bewegung an Geräten. Reinbek 1983.

TREPL, L.: Geschichte der Ökologie. Frankfurt 1987.

TÜTKEN, H.: Lehrplan und Begabung. In: ROTH, H. (Hg.): Begabung und Lernen. Gutachten und Studien des Deutschen Bildungsrats. Band 4. Stuttgart 1969.

UEXKÜLL, J. v.: Bedeutungslehre. Hamburg 1956.

UEXKÜLL, J. v.: Streifzüge durch die Umwelten von Tieren und Menschen. Reinbek 1956.

UNGERER, D.: Aphorismen zur techno-motorischen Evolution. In: DIE LEIBESERZIEHUNG 9 (1960).

UNGERER, D.: Bewegungslehre. In: Einführung in die Theorie der Leibeserziehung. Schorndorf 1968.

VESTER, F.: Unsere Welt – ein vernetztes System. München 1983.

VIETH, A.: Versuch einer Encyklopädie der Leibesübungen. Teil 2. Berlin 1795.

VOLCK, G. (Hg.): Schwimmen in der Schule. Schorndorf 1977.

VOLKAMER, M.: Zur Definition des Begriffes «Sport». In: SPORTWISSENSCHAFT 14 (1984), 195–203.

VOLMERG, B./SENGHAAS-KNOBLOCH, E./LEITHÄUSER, T.: Betriebliche Lebenswelt. Opladen 1986.

VOSS, U.: Kindheiten, Gesammelte Lebensberichte. München 1984.

WALTER, H./OERTER, R. (Hg.): Ökologie und Entwicklung. Donauwörth 1979.

WALTER, H. (Hg.): Sozialisationsforschung – Erwartungen, Probleme, Theorieschwerpunkte. Band 1. Stuttgart 1973.

WALTER, H. (Hg.): Sozialisationsforschung – Sozialisationsinstanzen, Sozialisationseffekte. Band 2. Stuttgart 1973.

WEINGARTEN, E./SACK, F./SCHENKBEIN, J.: Ethnomethodologie. Beiträge zu einer Soziologie des Alltagshandelns. Suhrkamp 1976.

WEISHAUPT, H.: Sport und Lebensraum – Überlegungen zu einem ökologischen Verständnis der Sportsozialisation. In: BECKER, P.: Sport und Sozialisation. Reinbek 1982, 67–82.

WEIZSÄCKER, V. v.: Der Gestaltkreis. Stuttgart 1973.

WEIZSÄCKER, V. v.: Über die menschliche Bewegung als Einheit von Natur und Geist. In: ADL (Hg.): Beiträge zur Lehre und Forschung. Band 14. Schorndorf 1963, 19–45 (erstmals erschienen Stuttgart 1948).

WELLENDORF, F.: Schulische Sozialisation und Identität. Weinheim u. Basel 1973.

WENIGER, E.: Didaktik als Bildungslehre, Teil I.

WENIGER, E.: Didaktik als Bildungslehre, Teil II. Weinheim 1963. 3. Auflage.

WENIGER, E.: Theorie der Bildungsinhalte und des Lehrplans. Weinheim. O. J.

WESTERHAUS, H.: Pädagogisches und Didaktisches zum Problem des Natürlichen und Elementaren in der Leibeserziehung. In: DIE LEIBESERZIEHUNG 9 (1960).

WILLIMCZIK, K.: Wissenschaftstheoretische Aspekte einer Sportwissenschaft. Frankfurt 1968.

WILLIMCZIK, K./ROTH, K.: Bewegungslehre. Grundlagen, Methoden, Analysen. Reinbek 1983.

WISSENSCHAFTLICHER BEIRAT DES DEUTSCHEN SPORTBUNDES: Zur Definition des Sports. In: SPORTWISSENSCHAFT 10 (1980), 437–439.

WITTGENSTEIN, L.: Tractatus logico-philosophicus. Frankfurt 1963.

WOHL, A.: Körperkultur als soziales Produkt und als sozialer Wert. In: SPORTWISSENSCHAFT 2 (1972).

WOHL, A.: Soziologie des Sports. Köln/Berlin 1981.

WOLF, N. (Red.): Dokumente zum Schulsport. Bemühungen des Deutschen Sportbundes 1950–1974. Schorndorf 1974.

WULF, C. (Hg.): Wörterbuch der Erziehung. München 1974.

ZACHARIAS, W. (Hg.): Zur Ökologie des Spiels. München 1985.

ZACHARIAS, W. (Hg.): Spielraum für Spielraum für Spielraum. Zur Ökologie des Spiels 2. München 1987.

ZACHARIAS, W. (Hg.): Gelebter Raum; Beiträge zu einer «Ökologie der Erfahrung». München 1989.

ZEIHER, H.: Die vielen Räume der Kinder. Zum Wandel räumlicher Lebensbedingungen seit 1945. In: PREUSS-LAUSITZ, U. u. a.: Kriegskinder, Konsumkinder, Krisenkinder. Weinheim 1983.

ZEUNER, M.: Elementare Leibeserziehung bedeutet ganzheitliche Beteiligung aller leiblich-seelischen Kräfte. In: LEIBESÜBUNGEN 10 (1959).

Sachregister

Die Autoren

Dr. Knut Dietrich, Jahrgang 1936, ist Professor für Sportpädagogik am Fachbereich Sportwissenschaft der Universität Hamburg, *Dr. Gerhard Landau*, Jahrgang 1933, Professor für Sportpädagogik an der Universität Gesamthochschule Essen.

Beide haben zwischen 1959 und 1961 am Pädagogischen Institut in Jugenheim studiert und sind an Schulen in Hessen als Sportlehrer tätig gewesen. Sie sind beide in die Hessische Lehrerausbildung zurückgekehrt, die dann 1962 in die Universitäten integriert wurde. Im Bereich der Sportlehrerausbildung der Universität Frankfurt entwickelten sie mit anderen Kollegen die Ausbildungskonzeption des Didaktischen Praktikums. In dieser Zeit liegen auch die ersten gemeinsamen Veröffentlichungen. Sie sind Herausgeber von drei Bänden mit Beiträgen zur Didaktik der Sportspiele.

Nach ihrer Promotion in Erziehungswissenschaft folgten sie dem Ruf an die Universitäten Hamburg (Dietrich) bzw. an die Technische Universität Braunschweig und an die Gesamthochschule Essen (Landau). Beide sind Mitbegründer der seit 1979 erscheinenden Zeitschrift *Sportpädagogik*. In der mehrjährigen Herausgebertätigkeit liegt wohl die intensivste Zeit gemeinsamer sportpädagogischer Arbeit.

Mit der Aufnahme von Tätigkeiten an unterschiedlichen Universitäten haben sich auch die Schwerpunkte ihrer wissenschaftlichen Arbeit verlagert. Die stark auf Schulsport reduzierte Sportpädagogik versuchen sie durch eine Ausfächerung des Gegenstandsgebietes auf außerschulischen Sport neu zu begründen.

Schulsport Praxis

Frankfurter Arbeitsgruppe
Offener Sportunterricht – analysieren und planen
(7601)

Helmut Digel
Sport verstehen und gestalten
(7602)

Andreas H. Trebels (Hg.)
Spielen und Bewegen an Geräten
(7605)

Jürgen Funke (Hg.)
Sportunterricht als Körpererfahrung
(7608)

Dieter Brodtmann/Gerhard Landau (Hg.)
Wettkämpfe, Sportfeste, Spielfeste
(7610)

Dieter Brodtmann/
Andreas H. Trebels (Hg.)
Sport begreifen, erfahren und verändern
(7612)

Ulrich Joeres/Willibald Weichert
Schwimmen – Bewegen und Spielen im Wasser
(7614)

G. Frey/E. Hildenbrandt/D. Kurz
Laufen, Springen, Werfen
(7616)

Herausgegeben von Dieter Brodtmann und Knut Dietrich

ro ro ro

C 2123/2

Schulsport Praxis

Herausgegeben von Dieter Brodtmann und Knut Dietrich

Dieter Brodtmann (Hg.)
Unterrichtsmodelle zum problemorientierten Sportunterricht
(7623)

Ursula Fritsch (Hg.)
Tanzen (7626)

Horst Ehni/Jürgen Kretschmer/
Karlheinz Scherler
Spiel und Sport mit Kindern
(7629)

Knut Dietrich (Hg.)
Sportspiele
(7630)

Gerhard Landau (Hg.)
Erlebnistage im Schulsport
(7632)

Eike Jost (Hg.)
Spielanregungen – Bewegungsspiele
(7634)

ro ro ro

C 2123/4a